Robert Antelme

Das Menschengeschlecht

Aus dem Französischen von
Eugen Helmlé

Carl Hanser Verlag

Die Originalausgabe erschien unter dem Titel
»L'espèce humaine«
bei den Editions Gallimard, Paris 1957

ISBN 3-446-14873-6

Schutzumschlag: Claus Seitz
Satz: LibroSatz, Kriftel/Taunus
Druck und Bindung: May + Co, Darmstadt
Printed in Germany

Für meine Schwester Marie-Louise,
die deportiert wurde und
in Deutschland gestorben ist.

Vorwort

Vor zwei Jahren, als wir gerade zurückgekehrt waren, haben wir in den ersten Tagen, glaube ich, alle unter dem Druck eines regelrechten Fieberwahns gestanden. Wir wollten sprechen, endlich angehört werden. Man sagte uns, unser physischer Zustand allein sei schon beredt genug. Aber wir kamen gerade zurück, wir brachten unsere Erinnerung mit, unsere noch ganz lebendige Erfahrung, und wir verspürten ein irrsinniges Verlangen, sie so auszusprechen, wie sie war. Und doch schien es uns vom ersten Tag an unmöglich, die uns bewußt gewordene Kluft zwischen der Sprache, über die wir verfügten, und jener Erfahrung, die wir größtenteils immer noch am eigenen Leib verspürten, auszufüllen. Aber wie sollten wir uns damit abfinden können, auf den Versuch zu verzichten, zu erklären, wie wir in diesen Zustand geraten waren, in dem wir uns immer noch befanden? Und doch war es unmöglich. Kaum begannen wir zu erzählen, verschlug es uns schon die Sprache. Was wir zu sagen hatten, begann uns nun selber *unvorstellbar* zu werden.

Dieses Mißverhältnis zwischen der Erfahrung, die wir gemacht hatten und dem Bericht, der darüber möglich war, bestätigte sich in der Folge immer mehr. Wir hatten es also tatsächlich mit einer jener Wirklichkeiten zu tun, von denen es heißt, daß sie die Vorstellung übersteigen. Damit war klar, daß wir nur durch Auswählen, und das heißt wiederum durch unsere Vorstellungskraft versuchen konnten, etwas über sie auszusagen.

Ich habe hier den Versuch unternommen, das Leben eines Kommandos* (Gandersheim) aus einem deutschen Konzentrationslager (Buchenwald) nachzuzeichnen.

Heute weiß man, daß es in den deutschen Konzentrations-

* Außenkommando des Konzentrationslagers Buchenwald (A. d. Ü.)

lagern alle möglichen Grade der Unterdrückung gegeben hat. Abgesehen von den unterschiedlichen Organisationsmodellen zwischen manchen Lagern konnte auch die unterschiedliche Anwendung gleicher Vorschriften die Überlebenschancen unverhältnismäßig steigern oder mindern.

Allein schon die Größe unseres Kommandos brachte einen engen und ständigen Kontakt zwischen den Häftlingen und dem leitenden SS-Apparat mit sich. Die Rolle der Mittelsleute blieb von vornherein auf ein Minimum beschränkt. In Gandersheim war es so, daß der Apparat der Mittelsleute ausschließlich aus Kriminellen bestand. Wir waren etwa fünfhundert Mann und wir konnten dem Kontakt mit den SS-Leuten nicht ausweichen. Beaufsichtigt wurden wir nicht von politischen Häftlingen, sondern von Mördern, Dieben, Betrügern, Sadisten oder Schwarzmarkthändlern, die unter dem Oberbefehl der SS unsere direkten und absoluten Herren waren.

Es ist wichtig darauf hinzuweisen, daß der Kampf um die Macht zwischen den politischen Häftlingen und den Kriminellen nie die Form eines Kampfes um die Macht zwischen zwei aufbegehrenden Gruppen angenommen hat. Es war der Kampf zwischen Menschen, deren Ziel es war, eine Legalität zu errichten, soweit eine Legalität in einer planmäßig als Hölle angelegten Gesellschaft überhaupt möglich ist, und Menschen, deren Ziel es war, die Errichtung einer solchen Legalität um jeden Preis zu verhindern, weil sie sich nur in einer gesetzlosen Gesellschaft Vorteile verschaffen konnten. Unter ihnen konnte nur das nackte Gesetz der SS herrschen. Um zu leben und sogar gut zu leben mußten sie ganz einfach das Gesetz der SS verschärfen. In diesem Sinne haben sie die Rolle von Spitzeln und Aufwieglern gespielt. Hartnäckig und mit bemerkenswerter Logik haben sie unter uns jenen Zustand der Anarchie hervorgerufen und erhalten, den sie brauchten. Sie spielten das Spiel bestens und erwiesen sich damit in den Augen der SS nicht nur als etwas von uns völlig Verschiedenes, sondern auch als unentbehrliche Hilfskräfte, die es wirklich verdient hatten, gut zu leben. Einen Menschen auszuhungern, um ihn dann, wenn er Gemüseabfälle gestohlen hat, strafen zu können und sich dadurch von seiten der SS eine Belohnung zu verdienen, zum Beispiel eine zusätzliche Portion Suppe, was wiederum auf Kosten dieses ausgehungerten Menschen geht, das war das Prinzip ihrer Taktik.

Unsere Lage kann also nicht mit der von Häftlingen verglichen werden, die sich in Lagern oder Kommandos befanden, die politischen Gefangenen unterstanden. Selbst wenn diese politischen Kader sich korrumpieren ließen, was tatsächlich vorgekommen ist, war es doch selten, daß sie sich nicht ein gewisses Gefühl der alten Solidarität und einen Haß auf den gemeinsamen Feind bewahrt haben, was sie daran hinderte, bis zu jenen Exzessen zu gehen, zu welchen sich die Kriminellen hemmungslos hinreißen ließen.

In Gandersheim waren unsere Aufpasser unsere Feinde.

Da der Verwaltungsapparat demnach das noch verschärfte Unterdrückungsinstrument der SS war, mußte ein kollektiver Kampf von vornherein zum Scheitern verurteilt sein. Scheitern bedeutete die langsame Ermordung durch die SS und die Kapos. Alle Versuche, die manche von uns unternahmen, waren vergeblich. Gegenüber dieser allmächtigen Koalition wurde unser Ziel immer bescheidener. Es ging uns nur noch darum, am Leben zu bleiben. Diesen Kampf, der unser gemeinsamer Kampf war, haben die Besten von uns nur auf individuelle Weise führen können. Selbst die Solidarität war eine individuelle Angelegenheit geworden.

Ich berichte hier über das, was ich erlebt habe. Das Schreckliche hat hier nichts Gigantisches. In Gandersheim gab es weder Gaskammer noch Krematorium. Das Schreckliche bestand hier in der Ungewißheit, in dem völligen Mangel an Anhaltspunkten, in der Einsamkeit, der ständigen Unterdrückung, der langsamen Vernichtung. Den Auftrieb zu unserem Kampf bezogen wir aus dem wahnsinnigen und an uns selbst gestellten Anspruch, bis zum Ende Menschen zu bleiben.

Wir glauben nicht, daß die Helden, die wir aus der Geschichte oder der Literatur kennen, ob sie nun die Liebe, die Einsamkeit, die Angst vor dem Sein oder Nichtsein, die Rache aus sich herausgeschrien oder ob sie sich gegen Ungerechtigkeit oder Demütigung erhoben haben, sich jemals dazu veranlaßt sahen, als einzigen und letzten Anspruch ein starkes Gefühl der Zugehörigkeit zur Gattung Mensch zum Ausdruck zu bringen.

Zu sagen, wir hätten damals das Gefühl gehabt, als Mensch, als Angehöriger der Gattung in Frage gestellt zu werden, mag wie ein Rückblick, wie eine nachträgliche Erklärung anmuten. Aber es war genau das, was wir damals unmittelbar und ganz schmerzhaft erlebten, und es war übrigens auch das, genau das, was die andern wollten. Sobald das eigentliche Menschsein in Frage gestellt wird, stellt sich ein fast biologischer Anspruch auf Zugehörigkeit zur Gattung Mensch ein. Er dient in der Folge dazu, über die Grenzen dieser Gattung nachzudenken, über das, was sie von »der Natur« trennt, über ihre Beziehungen zu dieser Natur, über eine gewisse Vereinzelung der Gattung also, vor allem aber dazu, eine klare Ansicht von ihrer unteilbaren Einheit zu gewinnen.

1947

Erster Teil

Gandersheim

Ich bin pinkeln gegangen. Es war noch Nacht. Andere neben mir pinkelten ebenfalls; wir sprachen nicht miteinander. Hinter der Pinkelrinne war die Latrinengrube mit einer niedrigen Mauer, auf der andere mit heruntergelassener Hose saßen. Die Latrinengrube war überdacht, die Pinkelrinne nicht. Hinter uns Geräusche von Holzpantinen, Husten, das waren wieder andere, die hereinkamen. Die Latrinen waren nie leer. Zu jeder Tageszeit stand eine Dunstwolke über den Pinkelrinnen.

Es war nicht dunkel; es war hier nie ganz dunkel. Die dunklen Vierecke der Baracken, durch deren Ritzen schwache gelbe Lichter drangen, standen in langen Reihen nebeneinander. Vom Flugzeug aus waren diese gelben, in gleichmäßigen Abständen voneinander entfernten Flecken mitten in der schwarzen Masse der Wälder, die über ihnen zusammenwuchs, sicherlich zu sehen. Doch zu hören war von oben nichts; man hörte wahrscheinlich nur das Brummen des Motors, nicht die Musik, die wir hörten. Man hörte nicht das Husten, das Geräusch der Holzpantinen im Schlamm. Man sah auch die Köpfe nicht, die zu dem Geräusch in der Luft aufblickten.

Einige Sekunden später, sobald das Lager überflogen war, sah man andere gelbe, ziemlich ähnliche Lichter: die der Häuser. Sicherlich war man dort tausendmal, einen Kompaß auf der Landkarte, über den Wald, über die dem Motorengeräusch zugewandten Köpfe, über die auf den Dielen Schlafenden und über den Schlaf der SS-Leute hinweggeflogen. Bei Tag sah man sicherlich nur einen hohen Schornstein, wie den von einer Fabrik.

Ich bin in die Baracke zurückgegangen, weil es in dieser Nacht draußen in der Luft einfach nichts zu sehen gab. Es gab nichts am Himmel und sicherlich würde auch nichts kommen. Die Baracke, das war unser Heim, da waren wir zu

Hause. Dort schliefen wir, dort waren wir eines Tages angekommen. Ich bin wieder auf meinen Strohsack geklettert. Paul, mit dem ich zusammen verhaftet worden war, schlief neben mir. Gilbert, den ich in Compiègne wiedergetroffen hatte, ebenfalls. Georges darunter.

Die Nacht war still in Buchenwald. Das Lager war eine riesige, schlafende Maschine. Von Zeit zu Zeit leuchteten auf den Beobachtungstürmen die Scheinwerfer auf: die Augen der SS öffneten sich und schlossen sich. In den Wäldern, die das Lager umgaben, drehten die Patrouillen ihre Runden. Ihre Hunde bellten nicht. Die Wachen waren unbesorgt.

Der Nachtwächter unseres Blocks, ein spanischer Republikaner, ging in Sandalen im Mittelgang der Baracke zwischen den beiden Bettreihen auf und ab. Er wartete auf das Wecken. Es war mild. Das Licht brannte schwach. Es war kein Geräusch zu hören. Ab und zu stieg einer von seinem Strohsack herunter und ging pinkeln. Sobald er sich anschickte herunterzukommen, kam der Nachtwächter herbei und wartete, bis er den Fuß auf den Boden gesetzt hatte. Er hoffte, der andere würde mit ihm reden, aber der nahm seine Schuhe in die Hand, um keinen Lärm zu machen und begab sich zur Tür. Trotzdem fragte ihn der Nachtwächter leise:

»Wie gehts?«

Der andere schüttelte den Kopf und antwortete:

»Es geht so.«

An der Tür schlüpfte er in seine Schuhe und ging dann hinaus, um zu pinkeln. Der Nachtwächter nahm seine Wanderung wieder auf.

In dieser Baracke lagen nur Franzosen sowie einige Engländer und Amerikaner. Viele französische Kameraden waren in den wenigen Wochen, die wir hier waren, wieder auf Transport geschickt worden.

Heute waren wir an der Reihe.

Seit zwei Tagen wußten wir, daß wir weg sollten. Wir wußten sogar, daß man uns an diesem Morgen, den 1. Oktober 1944, aufrufen würde.

Ein Transport war immer schlecht, das wußten wir. Ein Transport war das, was alle hier fürchteten. Doch sobald man dazu bestimmt war, fand man sich damit ab. Zumal die Angst vor dem Transport für uns, die wir neu waren, abstrakt war. Wir fragten uns, was es wohl noch Schlimmeres geben könne als diese zwar riesige, aber übervölkerte Stadt, in der man erstickte und von der man nicht begriff, wie sie funktionierte. Wenn der Blockälteste, ein deutscher Häftling, sagte: *»Alle Franzosen sind Scheiße«*, dann fragten sich die Kameraden, die noch nicht Bescheid wußten, in was für eine Riesenfalle sie da geraten waren. Sie, die Franzosen, sahen sich nicht nur von den Nazis als die schlimmsten Feinde des Nazismus behandelt, sondern auch von Leuten, die »ihresgleichen« waren, von solchen, die wie sie Feinde der Nazis waren, und das mit einer ganz besonderen, grundlosen Feindseligkeit. In den ersten Wochen waren sie versucht zu glauben, daß ihre deutschen Kameraden verloren waren, daß man sie umgedreht hatte. Daß, mit der einzigen Ausnahme der Franzosen, die gesamte Bevölkerung von Buchenwald aus einem Volk von Unter-SS-Leuten, von minderwertigen SS-Leuten bestand und daß alle, ob geschoren oder nicht, vollkommene Imitatoren ihrer Herren waren und eine Sprache sprachen, die diese ihnen nach und nach eingetrichtert hatten. Die Gewohnheit, sagten wir uns: eine solche Sprache ist ansteckend. Aber diese Sprache wirkte wie ein Verrat an allen Wörtern: *Scheiße, Schweinskopf*, weit davon entfernt, hier die SS-Leute zu bezeichnen, wie man hätte erwarten können, dienten nur noch dazu, die Franzosen zu benennen. Infolgedessen hatten wir bei unserer Ankunft den Eindruck, die ärmsten Häftlinge, die allerletzte Häftlingsklasse zu sein.

Die meisten von uns wußten nichts über die Geschichte des Lagers; eine Geschichte jedoch, die einigermaßen die Regeln erklärt, die die Häftlinge sich notgedrungen geben mußten, aber auch den Menschentyp, der daraus hervorgegangen war. Wir meinten, hier sei das Lagerleben am schlimmsten, weil Buchenwald riesig war und wir uns darin wie verirrt vorkamen. Da wir die Grundlagen und Gesetze dieser Gesellschaft nicht kannten, war unser erster Eindruck der einer Welt, die sich wild und grausam gegen die Lebenden richtete und dem Tod ruhig und gleichgültig gegenüberstand. In Wirklichkeit handelte es sich oft nur um Selbstbeherrschung im Grauen. Wir hatten noch keine Zeit gehabt, mit einem Untergrund Kontakt aufzunehmen, dessen Vorhandensein die Neuankömmlinge nicht einmal ahnen konnten.

Doch einer unserer Kameraden, der zur gleichen Zeit angekommen war wie wir, im August, war bei einem der ersten Appelle im Kleinen Lager von einem deutschen Kapo dermaßen terrorisiert worden, daß er darüber den Verstand verlor. Wenn jetzt einer von uns mit einem Stück Brot und einem Messer in der Hand in seine Nähe kam, versteckte er sein Gesicht im gekrümmten Arm und flehte: »Bring mich nicht um!« Die zuletzt Gekommenen hatten den Eindruck, sie könnten sich nur unter sich verstehen. Deshalb glaubten sie, daß sie sich auf einem zahlenmäßig kleinen Transport zusammenfinden und ihre »eigene« Art zu leben wiederfinden könnten. Folglich wünschten sich jetzt, wo vom Transport die Rede war, viele wegzukommen. »Schlimmer als hier kann es nicht sein«, sagten sie. »Lieber fünf Jahre in Fresnes als einen Monat hier. Ich will nichts mehr vom Krematorium hören.«

Als an diesem Morgen nach dem Wecken also der belgische Stubendienst* aus seinem Zimmer kam, hatte er eine mit der Schreibmaschine geschriebene Namensliste in der Hand. Er war ein schmaler Kerl mit einem winzigen Kopf und kleinen Augen und einer breiten Baskenmütze auf dem Kopf. Es war kaum Tag geworden. Wir standen im Mittelgang der Baracke. Er fing an, unsere Namen aufzurufen. Paul, Geor-

* Häftling, der für die Verwaltung der Baracke zuständig ist und der Weisungsbefugnis des Blockältesten untersteht, der selber wiederum der Weisungsbefugnis des Lagerältesten (Chef der Kapos, verantwortlich für das Funktionieren des Lagers gegenüber der SS) untersteht.

ges, Gilbert und ich lehnten uns an die Pfosten unserer Bettstellen. Wir warteten. Wir wurden nicht in alphabetischer Reihenfolge aufgerufen. Jene, die bereits aufgerufen worden waren, sammelten sich vorn in der Baracke, in der Nähe der Tür. Von diesem Augenblick an gehörten sie zum Transport.

Die Namen folgten einander. Die Gruppe der Aufgerufenen wurde immer größer. Und für jene, die noch nicht aufgerufen waren, wurde der Aufbruch zu einer neuen Wirklichkeit; es wurde zur Gewißheit, daß diese Kameraden nie wieder im Steinbruch arbeiten, daß sie nie wieder den Schornstein des Krematoriums rauchen sehen würden. Niemand wußte, wo der Transport hingehen würde, aber er erschien plötzlich in erster Linie und in der vollen Bedeutung des Wortes als eine Veränderung. Je größer die Zahl der Aufgerufenen wurde, um so ängstlicher fragten sich die andern, ob sie etwa um das Abenteuer, um die Reise gebracht werden würden.

Paul wurde aufgerufen. Wir sahen ihn weggehen, zu den andern hinüber. Dann kamen andere. Georges, Gilbert und ich standen immer noch an die Pfosten unserer Bettstellen gelehnt. Wir machten Paul ein Zeichen, aber der verlor sich bereits in der Menge, verdeckt hinter den neu Aufgerufenen, schon verirrt, halb verloren.

Schließlich rief der Stubendienst auch uns, Georges, Gilbert und mich, auf. Die Liste war bald zu Ende gelesen. Wir waren also neu zusammengestellt. Ich hatte damals wirklich Lust, wegzugehen.

Draußen hat man uns antreten lassen. Wir waren etwa sechzig Mann. Der Tag war angebrochen. In der gegenüberliegenden Baracke begannen die Leute vom Arbeitsdienst bereits den Boden aufzuwischen. In den Gängen begannen Lagerschutzpolizisten und Kapos herumzulaufen. Der belgische Stubendienst führte uns zur Kleiderkammer. Zwei Stunden später kamen wir in die Baracke zurück. Als wir hereinkamen, folgten uns die andern, die, die bleiben mußten, mit den Augen und sie betrachteten uns bereits mit anderen Gesichtern. Wir trugen blauweiß gestreifte Anzüge mit einem roten Dreieck auf der linken Brust und einem schwarzen F in der Mitte und hatten neue Holzpantinen. Wir waren gewaschen, rasiert, sauber, wir schritten ungezwungen dahin. Jene, die in dieser Buchenwalder Maskerade mit kleinen spitzen Hüten, mit Matrosenmützen oder Russenkäppchen ausstaffiert worden waren, jene, die in einem ungarischen Bauernkostüm und mit einer Warschauer Straßenbahnermütze im Steinbruch Steine gefahren hatten, jene, die eine Jacke getragen hatten, die ihnen nur bis zum Hintern ging und dazu eine Schiebermütze auf dem Kopf, sie hatten an jenem Morgen aufgehört, groteske Figuren zu sein; sie waren verwandelt.

Die Kameraden, die nicht wegkamen, sahen uns verlegen an. Manche waren in diesem Augenblick versucht, uns zu beneiden. Wir würden der erdrückenden Atmosphäre, der Inkohärenz dieser Stadt entgehen. Doch die meisten schienen ängstlich und verlegen zu sein, wie man es jenen gegenüber ist, denen gerade ein Unglück zugestoßen ist, von dem sie noch nichts wissen. Nur eines stand für uns alle fest: in Deutschland zumindest würden wir uns nie wiedersehen.

Wir gingen im Mittelgang der Baracke auf und ab. Alles nahm sich jetzt anders aus. Die Strohsäcke, der Ofen, das »Mobiliar«, von dem wir im Kleinen Lager geträumt hatten, besaß für uns keine Existenz mehr. Wenn wir die Kameraden ansahen, so grotesk, so unzeitgemäß in ihrer Lagerkleidung, empfanden wir noch keinen Schmerz, sondern nur so etwas wie eine Bitterkeit. Morgen würden sie wieder stundenlang beim Appell dabeisein müssen, doch wir wären nicht mehr da. Für sie gäbe es wieder jeden Tag den Steinbruch, den Schornstein, den Appell vorm Aufbruch zur Arbeit unter den Scheinwerfern des Wachturms, auf die Tausende grauer Köpfe gerichtet, die niemand dem Namen, der Nationalität oder auch nur dem Ausdruck nach zu unterscheiden vermocht hätte.

Ganz Buchenwald war für uns schon überholt, und überholt auch die Kameraden. Sie blieben. Wir bedauerten sie fast.

Wir wußten, daß wir weder nach Dora noch in die Salzbergwerke kämen; man hatte uns sogar gesagt, daß es kein schlimmer Transport sei. Von daher kam ein irgendwie euphorischer Zustand und dieser Luxus der Halbtrauer, den wir uns den Kameraden gegenüber leisteten.

Den Tag brachten wir damit zu, in der Baracke umherzuirren. Erst am Abend ließ uns der Blockälteste antreten. Er ließ Brot an uns austeilen und ein Stück Wurst. Wir standen in Fünferreihen im Mittelgang der Baracke. Die, die nicht fortgingen, standen um uns herum. Der Blockälteste sah uns ruhig und gelassen an, doch mit einem Gesicht, als denke er trotzdem an uns. Er war blond (die Häftlinge, die seit einer gewissen Anzahl von Jahren da waren, durften sich die Haare wachsen lassen), sein Gesicht, an sich ziemlich zart, wirkte durch einen schiefen Mund hart. Ihm fehlte der halbe Fuß und er hinkte. Früher war er Boxer und Anhänger der Freikörperkultur gewesen. Es war ein Politischer: er sprach und verstand kein Wort französisch. Daher glaubte er manchmal, wenn er uns lachen sah, wir machten uns über ihn lustig. Es war uns nur mit Mühe gelungen, ihm begreiflich zu machen, daß wir uns nicht über ihn lustig machten, aber er blieb mißtrauisch, und wenn er uns zuhörte, belauerten uns seine Augen ununterbrochen. Er hatte ein grausames Aussehen, das nicht vulgär war, einen Zynismus, der weder aggressiv noch verächtlich war. Er schien immer zu lächeln, über eine Antwort zu lächeln, die er zu kennen schien, aber für sich selbst behalten wollte, das Lächeln von jemand, der ständig Illusionen zunichte macht. Er war seit elf Jahren da. Er war eine Persönlichkeit, einer der Akteure von Buchenwald. Seine Umgebung, das war der Wachturm, der Schornstein, die Ebene von Jena mit den kleinen deutschen Häusern in der Ferne, wie das seine, das er vor elf Jahren verlassen hatte. Und dazu die SS-Leute, immer die SS-Leute, von Anfang an – elf Jahre lang der gleiche Feind – die gleiche Mütze, die man vor der gleichen grünen Mütze mit dem Totenkopf abziehen mußte. Seit elf Jahren gefügig, ein Mensch der gleichen Sprache wie sie, im vollkommensten Haß lebend, so vollkommen, daß er über den unseren nur lächeln konnte. Und dieses Lächeln wollte die Illusion zerstören, der wir uns hingaben, wenn wir glaubten, sie zu kennen. Er und seine Kameraden konnten sie kennen und sie hatten weitaus ältere Gründe sie zu hassen als wir. Wenn man mit ihm über den Krieg sprach und ihm zu sagen versuchte, daß wir hofften, bald nach Frankreich zurückzukehren und daß er selber befreit werden würde, dann machte er »Nein« mit dem Kopf und lachte ein wenig hochmütig und abweisend, als habe er es mit Kindern zu tun. Bis 1938 hatte er auf diesen Krieg gewartet und das München der Tschechoslowakei war auch das der Lager gewesen. Er war schon in den Anfängen Buchenwalds da, als es nur Wald dort gab, als viele von uns noch zur Schule gingen. Wir waren gerade erst in diese Stadt gekommen, die sie selber erbaut hatten mit diesem von ihnen errichteten Schornstein, in diese Stadt, die sie dem Wald abgetrotzt hatten und die Tausenden ihrer Kameraden das Leben gekostet hatte, und wir sagten: »Bald werden wir frei sein!« Er lachte und sagte: »Nein, ihr werdet nicht frei sein. Ihr wißt nicht, wer Hitler ist. Selbst wenn der Krieg bald zu Ende geht, werden wir alle hier verrecken. Die SS wird das Lager bombardieren lassen, sie werden es in Brand stecken, aber wir werden nicht lebendig hier herauskommen. Tausende und Abertausende der unseren sind gestorben und auch wir werden hier sterben.« Wenn er so sprach, wurde seine Stimme, die leise war, lauter, das Sprechtempo beschleunigte sich, sein Blick wurde starr, doch er behielt sein Lächeln, er sprach nun nicht mehr zu uns; behext vom Drama, sprach er sich diese Grabrede immer wieder selber vor. Von dem, was wir Befreiung nannten, konnte er sich natürlich keine Vorstellung machen. Wir hätten ihm gern gesagt, daß es noch möglich war, daß es sogar gewiß war, daß das, worauf sie elf Jahre lang warteten, eintreffen würde, doch er konnte uns nicht glauben. In seinen Augen waren wir Kinder.

Eines Tages waren Kumpels zu ihm gegangen, um mit ihm über einen Kameraden zu sprechen, der sehr krank war und den man für einen Transport bestimmt hatte. Wenn er fort mußte, war es durchaus möglich, daß er auf der Fahrt sterben würde. Er hat gelacht und immer wieder gesagt: »Ihr wißt wohl nicht, warum ihr hier seid?« Und jedes Wort betonend: »Ihr müßt endlich begreifen, daß ihr hier seid, um zu sterben. Geht hin zur SS und sagt, euer Kamerad sei krank, dann werdet ihr schon sehen!«

Die Kameraden hatten geglaubt, der Gedanke an den Tod eines Menschen könne ihn noch erschüttern. Aber das Ganze verlief so, als ob nichts, was einem Menschen an Vorstellbarem zustoßen konnte, in ihm Mitleid oder Bewunderung, Ekel oder Empörung auszulösen imstande sei; als vermöchte die menschliche Form ihn nicht mehr zu rühren. Sicherlich war das die Abgebrühtheit des Lagermenschen. Aber dieser Abgebrühtheit, dieser Disziplin, die er sich, mühsam vielleicht, selbst auferlegt hatte, war er schließlich selber auf den Leim gegangen. Die Widerstandskraft eines jeden einzelnen hat Grenzen, die schwer festzulegen sind. Doch ihm wäre es wahrscheinlich schwergefallen, nur nach außen hin den Gleichgültigen zu spielen. Sicherlich war er auf diese Weise soweit gekommen, das nicht mehr zu empfinden, was nicht ausgedrückt werden durfte und das auszudrücken so und so nichts genutzt hätte.

Die Kameraden erinnerten sich wieder an den Ausspruch des Kapos, an einem unserer ersten Tage im Lager: »Hier gibt es keine Kranken; hier gibt es nur Lebende und Tote.« Es war genau das, was der Blockälteste sagen wollte, das, was sie alle sagten.

Der Blockälteste hatte weitergesprochen: »Euer Kamerad muß mit. Was hier zählt, ist nur der Transport, die SS-Leute dürfen sich unter keinen Umständen um unsere Angelegenheiten kümmern, denn dann würdet ihr was anderes erleben.« Er hatte einen Augenblick kopfschüttelnd innegehalten und dann wiederholt: »Euer Kamerad muß mit!«

Und dann sprach er weiter: »Ihr kennt die SS nicht. Um hier durchzuhalten, braucht man Disziplin, und die habt ihr nicht. *Ich habe für alles Verständnis, nur nicht für Disziplinlosigkeit.* Ihr raucht in der Baracke. Das ist verboten. Es ist verboten, weil ihr bei einem Feuer, das ausbricht, eingeschlossen seid und bei lebendigem Leib verbrennt. Ihr dürft nämlich nicht raus. Wenn ihr trotzdem rausgeht, werdet ihr von den Maschinengewehren der SS niedergemäht. Jeder von euch hat zwei Decken. Einige zerschneiden sie zu Fußlappen, das ist ein Verbrechen. Es ist keine Kohle da, um den Ofen zu heizen, eure Kameraden werden diesen Winter keine Decken haben und erfrieren.«

Im allgemeinen sprach er wenig. Es hieß, »er möge die Franzosen nicht«. Vor uns waren Kriminelle aus Fort-Barrault in der Baracke gewesen. Sie stahlen einander das Brot. Der Blockälteste schlug drauf. Sie hatten ihn umbringen wollen. Die Kameraden konnten ihm noch so oft beteuern, daß er es jetzt mit politischen Franzosen zu tun habe, er blieb skeptisch. Manchmal jedoch versuchte er sich zu rechtfertigen; er sagte, daß er nicht gern schlage, daß es aber oft notwendig sei. Die Kameraden hörten ihm zu, sie ließen ihn reden. Seine eigenen Worte vor Leuten zu hören, die nicht zu den seinen gehörten, machten ihn unmerklich mit uns vertraut. Aber was konnten wir verstehen? Wir waren noch keine Vertrauten des Todes, zumindest nicht des hiesigen Todes. Seine Sprache und seine Ängste waren ganz davon durchtränkt, auch seine Ruhe. Wir glaubten noch, ein Ausweg sei möglich, daß man nicht einfach »so« sterben würde, daß man Rechte geltend machen könne, wenn die Frage schließlich akut werden würde und vor allem, daß man nicht einfach zusehen dürfe, »ohne etwas zu tun«, wenn ein Kamerad starb.

Seine Kameraden waren alle gestorben. Er war allein geblieben.

Der Tod stand hier in jeder Sekunde gleichberechtigt neben dem Leben. Der Schornstein des Krematoriums rauchte neben dem der Küche. Bevor wir hier waren, hatte es Knochen von Toten in der Suppe der Lebenden gegeben, und das Gold aus den Mündern der Toten wurde seit langem eingetauscht gegen das Brot der Lebenden. Der Tod war auf furchtbare Weise in den Kreislauf des täglichen Lebens einbezogen.

Wirklich, wir waren Kinder.

*

Wir standen da mit dem Brot und der Wurst in der Hand. Wir bissen nicht hinein. Das Licht fiel auf uns herab, andere Stellen der Baracke lagen im Dunkeln. Der Blockälteste sah uns ernst an. Kein Zynismus in seinem Gesicht, sein Lächeln war verschwunden. Wir waren zwar Neue, aber wir gingen jetzt auf Transport. Auch er hatte früher einmal das Lager verlassen, war dann zurückgekommen. Wir würden einem Weg folgen, der dem seinen ganz ähnlich war. Es war also noch nicht gesagt, daß wir, obgleich so spät in Deutschland angekommen, nichts von den Lagern kennenlernen würden; daß wir Franzosen wären, die Glück hätten und sich in Sicherheit wiegen könnten gegenüber denen, die andere Zeiten des Konzentrationslagerlebens durchgemacht hatten. Mit Sicherheit hatte er viele Transporte erlebt, er hatte sogar gewußt, was aus den Leuten geworden war. Dies war nur ein Transport mehr. Und trotzdem, wie er da vor uns stand, war er es, der blieb und wir diejenigen, die gehen mußten. Er verachtete uns nicht mehr.

Man hatte uns mehrere Male gezählt. Alle Operationen waren abgeschlossen. Jene, die blieben, hielten sich abseits, sie schienen sich von uns entfernt zu haben. Der Unterschied zwischen uns wurde deutlicher und gleichzeitig entstand der unmittelbare Wunsch, miteinander zu reden. Wir machten uns irgendwelche Zeichen. Jene, die sich sonst beschimpft hatten, riefen sich zu: »Nur Mut.« Jene, die immer nur wenige Worte miteinander gewechselt hatten, fragten sich eilig: »Wo wohnst du?«

Es war zu spät. Zu spät, einander kennenzulernen. Man hätte früher miteinander reden müssen; diese Unbekannten, die in aller Eile voneinander Kenntnis nahmen, waren ungeschickt. Zu spät. Aber das hieß auch, daß wir noch zu Gefühlen fähig waren; wir waren noch nicht tot. Im Gegenteil, das Leben war gerade aus dem beginnenden Schlaf der Lager erwacht. Wir waren noch imstande, traurig zu sein, wenn wir die Kameraden verließen, waren noch frisch, menschlich. Das beruhigte uns. Wir brauchten bereits eine solche Beruhigung. Das ist vielleicht der Grund, weshalb manche es mit einer gewissen Selbstgefälligkeit taten.

Der Blockälteste hatte seine Baskenmütze aufgesetzt und seine Weste mit der Armbinde angezogen. Offiziell, aber nicht streng. Er wußte, daß wir morgen die Kameraden bereits vergessen hätten. Zwischen unseren beiden Gruppen stellte er das Gewissen von Buchenwald dar; seine Anwesenheit ließ diese wenigen Augenblicke zur Ausführung einer Vorschrift werden, zur Probe, zur Gewohnheit. Auch er hatte das alles erlebt. Man konnte sich somit hier auf Wiedersehen sagen, Freunde, die sich trennen mußten, konnten sogar rote Augen bekommen. Er erinnerte sich an die Zeit, wo er sich vor so etwas in acht genommen hätte. Es war heikel. Er wußte, daß diese Minute wie Milliarden anderer in der Geschichte des Lagers dahingehen würde, aufgelöst in den Stunden des Appells und der Kälte. Er wußte, daß man sich zwischen dem Leben eines Kameraden und dem eigenen für das eigene entscheiden würde und daß man das Brot eines toten Kameraden nicht verderben lassen würde. Er wußte, daß man unbeweglich zusehen konnte, wie ein Kamerad niedergeknüppelt wurde und daß man, so groß auch das Verlangen sein mag, dem Schläger das Gesicht, die Zähne, die Nase zu zertreten, stumm und ganz tief drinnen das *Glück* des Körpers spüren würde: »Ich bin es nicht, den es trifft.«

»*Fertig!*« sagte der Blockälteste.

Darauf zerbrachen die, die dablieben und die sich nicht unter uns mischen durften, stürmisch die Entfernung, die uns von ihnen trennte. Sie schrien immer wieder: »Es wird nicht mehr lange dauern!« »Nur Mut!« Wir riefen uns noch einmal Adressen zu: »Erinnere dich!« Wir drückten die Hände jener, die wir nicht gekannt hatten. Jene, die einander nicht mochten, schauten sich endlich ins Gesicht. Jeder gab sein Bestes. Die härtesten Gesichter waren so geworden, wie man sie wohl zu Hause die meiste Zeit gesehen hatte. Es zeigte sich, daß jeder die Möglichkeit hatte, freundlich zu sein. Wir brachen auf, wir brachen auf. Aber sie folgten uns, wir würden sie kennenlernen, wir brachen auf. Wäre es ein falscher Abschied gewesen, alles wäre wieder so geworden wie zuvor, und das wußten wir auch, aber es tat gut: eine Hand blieb auf deiner Schulter liegen und tat so, als wolle sie dich zurückhalten. Wir würden jetzt auseinandergehen und hätten das Gefühl, uns gegenseitig zu verstümmeln. Wir hatten keine Zeit. Aber für einige Sekunden empfanden wir das als einen tiefen Schmerz. Es war dies sicherlich eine Regung der unmöglichen Liebe. Sie wollten uns im Leben zurückhalten. Gleich würde es vorbei sein, man würde uns nicht mehr verlieren, man würde uns sogar vergessen. Sie wußten es und wir wußten es. Aber wir fragten uns gemeinsam, sie und wir, ob wir immer die Kraft hätten, den andern im Leben zurückhalten zu wollen. Und ob wir, selbst in einer relativen Ruhe und nicht gehetzt, soweit kommen würden, nicht mehr zu wollen, nicht mehr die Kraft zu haben, es zu wollen? Dann wären wir sicherlich der erwachsene Mensch des Lagers geworden, der Blockälteste, eine Art neuer Mensch.

*

Nacht mit Sternen. Wir haben die Baracke verlassen und sind den kleinen Abhang hinaufgegangen, der zum Appellplatz führt, auf dem wir uns jetzt befinden. Er ist dunkel und bildet ein riesiges Viereck. Ganz oben und ringsum die Arrestzellen und die Büros der SS mit dem Wachturm in der Mitte. Der Turm hat eine Art Terrasse, auf der die Wache hinter einem auf den Platz gerichteten Maschinengewehr steht. Die längs der Terrasse aufgestellten Scheinwerfer sind erloschen. Am Fuße des Turms ist das Gewölbe, durch das man hindurch mußte, um zur Arbeit zu gehen oder zu den Transporten.

Wir haben uns anderen Gestreiften angeschlossen, die mit demselben Transport abgehen. Sie sind wie wir in Fünferreihen angetreten. Die meisten sind Franzosen, einige Belgier, einige Russen, Polen, einige Deutsche. Gilbert, Paul, Georges und ich stehen im selben Glied.

Von Zeit zu Zeit ertönt eine Lautsprecherstimme. Es ist eine tiefe, klangvolle, fast melancholische Stimme. Spricht man so mit einem der unseren? Es ist ein SS-Mann, der spricht. Ruhig und ernst ruft er einen Blockältesten, einen Kapo oder sonst einen Funktionsträger, aber immerhin wendet er sich an einen Häftling. Diese Stimme hatte man schon oft gehört und zwar im Lautsprecher in der Baracke. Sie war im ganzen Lager zu hören: »Kapos . . . Kapos!« Mit einem tiefen »a«. Es war das Wort, das am häufigsten vorkam. Anfangs war uns das geheimnisvoll erschienen. Diese Stimme und dieses Wort bedeuteten in Wirklichkeit die gesamte Organisation. Ruhig befahl diese Stimme alles. Zunächst war es unmöglich, zwischen der Stimme und dem von der SS auferlegten Regime eine Verbindung herzustellen. Dabei waren Stimme und Regime ein und dasselbe. Die Maschine stand bereit, wunderbar aufgezogen und diese ruhige Stimme mit der sachlichen Festigkeit war die Stimme des Bewußtseins der SS, die absolut über das Lager herrschte.

Die Scheinwerfer des Wachturms flammten auf. Einige sind auf uns gerichtet, andere gleiten über den Platz. Die SS-Leute sind noch nicht da. Der Blockälteste, der uns begleitet hat, steht abseits und schwatzt mit einem vom Lagerschutz. Auf dem Platz gehen einige Häftlinge auf und ab. Ihr Gang ist friedlich. Sie haben sich eingewöhnt, sie verstehen es, ihre Ruhepausen auszuleben. Es gehört zu ihren Rechten, abends nach der Arbeit hier spazierenzugehen, und sie üben dieses Recht gern aus.

Hinter dem Stacheldraht, jenseits des Steinbruchs, funkeln in der Ebene von Jena einige schwache Lichter. Auf der entgegengesetzten Seite, hinter uns, der Schornstein des Krematoriums.

Wir haben lange gewartet. Es muß jetzt elf Uhr sein. Der Blockälteste ist weggegangen. Er hat nichts zu uns gesagt, er hat nur die Kolonne angesehen, er hat sich nicht durch irgendein Zeichen verabschiedet. Morgen werden wir in seiner Baracke ersetzt werden. Er hatte nicht den geringsten Grund, uns die Hand zu drücken. Diese Welt hatte ihre Männer geschaffen. Und er selber, ein Feind der SS, war einer dieser Männer. Ich habe nie geglaubt, er könne einen Namen haben, ich habe mich nie gefragt: »Wie heißt er?«

Während wir alle unsere Geschichten noch ganz frisch im Kopf haben, während wir sagen, so, als wären wir erst gestern von zu Hause fortgegangen: »Bald werden wir wieder daheim sein!« und noch glauben, wir hätten die Kleider nur für kurze Zeit gewechselt, hat er elf Jahre Lagergeschichten im Kopf. Den SS-Mann hat er auf die Welt kommen und dann SS-Mann werden sehen, er kennt ihn in- und auswendig. Und er selber hat vor den Augen dieses SS-Mannes, den er zur Welt kommen sah, dieses Lager aufgebaut.

Wir sind Fremde, verspätete Satelliten, Gruppen aus Völkern, die gerade erst erwachen und herbeilaufen, während die Schlacht schon längst begonnen hat. Wir sind eine Zahl, nur eine Zahl, und auch wir können für ihn keinen Namen tragen; wir gehören nicht dazu.

Doch auch wir, die mit den letzten Gefangenentransporten des Monats August gekommenen Franzosen werden Gelegenheit finden, nun ebenfalls einige Stadien bei der Errichtung einer Lagergesellschaft mitzuerleben. Und so sind wir zum Beispiel, noch bevor die zweite Nacht des Transports zu Ende gegangen ist, Zeugen des Phänomens geworden, wie ein Kapo entsteht.

Die fünf Deutschen in der Kolonne lachen miteinander. Sie sind unsere zukünftigen Kapos. Sie wissen, daß sie unsere Vorgesetzten sein werden, sobald wir beim Kommando ankommen. Sie sind bereits als unsere Vorgesetzten für den Transport bestimmt worden. Sie halten bereits auf Distanz. Es sind Kriminelle, Zivilhäftlinge. Etwas abseits steht ein anderer Deutscher. Er ist blond, mit einem viereckigen Kopf und ziemlich korpulent, er trägt einen schönen Schal. Er hat Gilbert, der deutsch spricht, gesagt, er sei *Schreiber*. Er wird Lagerältester werden. Er ist ein Politischer.

Wir wissen noch nicht, wie sehr die Rollen bereits verteilt sind.

Jetzt stehen nur noch wir auf dem Platz. Die Kameraden in den Baracken schlafen. Die aus unserer Baracke denken nicht mehr an uns; sie wähnen uns fern, und wir stehen noch auf dem Platz. Für sie ist die Abreise bereits eine vollendete Tatsache. Wir stellen sie uns einige hundert Meter von hier entfernt vor, wie sie im Halbschlaf pinkeln gehen. Wir sind wach und aufgeregt. Sie sind jetzt die Unschuldsengel. Wir sehen sie an, wie man Blinde ansieht. Das nächtliche Leben von Buchenwald läuft ohne uns ab; wir stehen auf der Grenze, in der Nähe des Wachturms. Es gibt nie einen anderen Grund, nachts hier zu sein, als den Abtransport.

Die Scheinwerfer erhellen die Gesichter und die gestreifte Kleidung. Man hat uns also nicht vergessen. Man weiß, daß wir da sind. Die Gesichter sind die gleichen wie die, die morgens zur Arbeit gehen. Die Schultern fallen nach vorn. Uns ist kalt. Das Grau in Grau der zusammengedrängten Kolonne, Stimmengewirr der Belgier, der Polen, der Franzosen; jeder hat sich seinen Weggefährten ausgesucht, die Gespanne sind zusammengestellt. Der Mann, an den man sich erinnert, der jetzt verkleidet, rasiert, transportbereit und nur noch verkleidet lebensfähig ist, der die Pferde und die Kühe beneidet, weil sie als Pferde und als Kühe akzeptiert werden, dieser Mann hat noch seine eigenen Augen und seinen eigenen Mund und unter seinem glatten Schädel alle seine Bilder eines Menschen in Zivilklamotten und seine Worte eines Menschen in Zivilklamotten.

Der Durchgang unterm Turm ist jetzt beleuchtet. Die SS-Leute kommen: zwei mit Helm, die andern, die Wachen, mit Feldmütze und Gewehr. Sie zählen ab. Ein Polizist vom Lagerschutz ruft die Namen auf, wobei er sie verstümmelt. Mein Name ist dabei, mitten unter polnischen und russischen Namen. Gelächter bei meinem Namen und ich antworte: »Hier!« Er nahm sich in meinem Ohr wie ein Sprachschnitzer aus, aber ich habe ihn erkannt. Für einen kurzen Augenblick bin ich hier also genannt worden, man hat sich an mich allein gewandt, man hat mich ganz speziell angesprochen, mich, der ich nicht austauschbar bin. Und ich bin erschienen. Es hat sich jemand gefunden, der »ja« gesagt hat bei diesem Geräusch, das doch zumindest ebenso mein Name war wie ich hier ich selber war. Und ich mußte ja sagen, um in die Nacht zurückzukehren, zum Stein des namenlosen Gesichts. Hätte ich nichts gesagt, dann hätte man mich gesucht, die andern wären nicht weggekommen, bevor man mich gefunden hätte. Man hätte noch einmal gezählt und man hätte festgestellt, daß einer nicht ja gesagt hatte, einer, der nicht wollte, daß er er sei. Und die SS-Leute hätten mir, nachdem sie mich gefunden hätten, in die Fresse gehauen, damit ich anerkenne, daß ich hier wirklich ich bin und ich mir diese Logik fest hinter die Löffel schreibe: daß ich wirklich ich bin und daß dieses Nichts, das den Namen trug, den man gerade vorgelesen hatte, wirklich ich war.

Nach dem Appell zählen die SS-Leute zusammen mit dem Lagerschutz von neuem ab. Dann geht der Lagerschutz weg. Nur die SS-Leute sind noch da. Sie sind ruhig, sie brüllen nicht. Sie schreiten die Kolonne ab. Götter. Kein Knopf ihrer Uniformjacke, kein Nagel ihres Fingers, der nicht ein Stück Sonne wäre: die SS glüht. Wir sind die Pest des

SS-Mannes. Man darf sich ihm nicht nähern, man darf seine Augen nicht auf ihn richten. Er glüht, er blendet, er läßt zu Staub werden.

In Buchenwald mußte man beim Appell stundenlang warten. Tausende, die standen. Dann hieß es: »Er kommt! Er kommt!« Er war noch weit fort. Nun galt es, nichts mehr zu sein, vor allem nichts anderes als die Tausende. »Er kommt!« Er ist noch nicht da, aber er vertreibt die Luft, macht sie dünner, zieht sie aus der Entfernung an. Nur Tausender, da es ja nichts hier gibt, niemanden, nur die Karrees der Tausendschaften. Er ist da. Man hat ihn noch nicht gesehen. Er erscheint. Allein. Ein unbedeutendes Gesicht, ein unbedeutender Mensch, aber ein SS-Mann, der SS-Mann. Die Augen sehen das Gesicht eines x-beliebigen Menschen. Es ist der Mensch. Der Gott mit der Zwölfendervisage. Er schreitet die Tausendschaften ab. Er ist vorbeigegangen. Leere. Er ist nicht mehr da. Die Welt bevölkert sich wieder.

Zu unserem Kommando werden nur einige Hundert gehören. Wir werden immer dieselben SS-Leute sehen. Wir werden sie uns merken. Wir werden lernen, sie auseinanderzuhalten. Es wird keinen Wachturm geben. Auch sie werden dazu verurteilt sein, mit uns zusammenzuleben, immer dieselben Köpfe zu sehen und unter diesen Köpfen sogar die *richtigen* herauszufinden, deren sie sich bedienen können.

»*Zu fünfen! Fertig!*« ruft ein SS-Mann mit Schirmmütze. Die Kolonne erstarrt. Wir setzen uns in Bewegung. Wir gehen unter dem Turm hindurch.

*

Der Mond ist aufgegangen. Schweigend zieht die Kolonne auf der Landstraße dahin, die zum Lagerbahnhof hinaufführt. Einige hundert Meter sind zurückzulegen. Die Wachen mit der Feldmütze gehen zu beiden Seiten neben uns her, den Gewehrkolben unterm Arm, den Lauf auf den

Boden gerichtet. Hinter uns ziehen Kameraden einen Karren mit dem Gepäck der SS-Leute.

Der Zug ist da: einige Vieh- und ein Personenwagen. Der Bahnhof ist menschenleer. Wir werden noch einmal abgezählt; die SS-Leute sind ruhig.

Wir sind nicht zahlreich in unserem Waggon. Wir haben uns an die Wände gelehnt; der Boden ist feucht und schmutzig. Es ist kalt, wir drängen uns aneinander. Die Tür ist offen geblieben, das Mondlicht fällt herein und zeichnet ein breites Viereck. Die Deutschen, die bald unsere Kapos werden, sitzen in diesem Viereck. Man sieht sie ganz deutlich. Noch sind sie Häftlinge wie wir. Wir sehen sie immer noch an wie Leute, die man zum ersten Mal sieht. Sie haben nichts besonderes an sich. Wir stellen uns keine Fragen. Sie sprechen halblaut miteinander; sie scheinen sich schon lange zu kennen.

Auf jeder Seite des Vierecks gruppieren sich Schatten, einige undeutliche Flecken von Gesichtern und Händen tauchen auf und verschwinden wieder. Der hintere Teil des Waggons ist völlig schwarz.

Dieser Zug könnte lange stehenbleiben. Wir sind nicht in einem Waggon, sondern in einer Kiste; wir haben nicht den Eindruck, daß es da Räder gibt, daß sich etwas bewegen wird. Draußen, um den Zug herum, gibt es kein anderes Geräusch als das Knirschen der Schuhe der auf und ab gehenden SS-Leute. Wir sind in einer bleiernen Reglosigkeit.

Ein Zischen. Es ist die Lokomotive. Sie ist mitten aus dem Wald gekommen. Sie nähert sich. Eine Erschütterung; etwas hat diesen Waggon zum Bewegen gebracht, das Leben ist in Gang gekommen, in den Rädern fließt Blut. Die Schuhe der SS-Leute knirschen jetzt anders, wir sind nicht mehr in einer Kiste, die SS-Leute kommandieren nun nicht mehr die Kiste, sondern die Lok kommandiert jetzt sie. Wenn sie pinkeln gehen und zu lange wegbleiben und der Zug abfährt, kann es passieren, daß sie ihn verpassen, und dann werden sie dumme Gesichter machen vor dem abfahrenden Zug, dumme Gesichter vor uns.

Wir werden auf den Gleisen dahingleiten. Der Kerl auf der Lok ist kein SS-Mann. Er weiß vielleicht gar nicht, wen er da durch die Gegend fährt, aber er setzt den Zug in Bewegung. Wenn er verrückt werden würde, wenn alle deutschen Bahnhofsvorsteher verrückt werden würden, könnten wir, so wie wir sind, in unserer gestreiften Kleidung, bis tief in die Schweiz hineinfahren.

Aber wir fahren zwar von Buchenwald ab, doch nicht irgendwohin. Die Weichen werden nicht verfehlt, wir bleiben in der richtigen Richtung, die SS-Leute können ruhig schlafen, alles wird ordnungsgemäß ablaufen. Die Gleise, auf denen die Hochzeitsreisen dahingleiten, werden auch unter unserem Zug so glatt sein wie immer; bei Tag wird man auf dem Land zusehen, wie der Zug dahinfährt; selbst wenn wir zu Ratten werden, zu einer Sendung Ratten, wird das Land ruhig und die Häuser an ihrem Platz bleiben und der Eisenbahner wird Kohlen in den Kessel schaufeln.

Es stimmt gar nicht: auch der ungewöhnlichste Gedanke setzt keinen Stein in Bewegung. Ich kann die aus der Heimat herbeirufen, mich ausleeren und sie an meine Stelle setzen, in meine Haut: sie schlafen dort, während ich hier auf dem Holzboden sitze. Ich bin nicht einmal Herr über einen Meter Raum, ich kann nicht aussteigen, um zuzusehen, ich bin nur Herr über den Raum meiner Füße und es wären Hunderte von Kilometern zurückzulegen. Auch sie, in der Heimat dort, müssen das erdrückende Haus verspüren und werden wohl nichts anderes mehr denken können als dies: daß selbst der heftigste Gedanke keinen Stein in Bewegung setzt. Wenn ich tot wäre und sie es wüßten, würden sie nicht mehr auf der Landkarte nachsehen und die Kilometer ausrechnen. Die Hügel, die wilden Flüsse würden das Haus nicht mehr einmauern; die höllischen Entfernungen würden aufgehoben werden, der Raum würde befriedet werden, sie wären nicht mehr ausgeschlossen aus dem Teil der atembaren Welt.

Ein Pfiff der Lokomotive, albern, sonderbar. Für wen? Ein beruhigendes Pfeifen, das für alle gilt: es ist das gleiche

Signal für die SS-Leute wie für uns. Die SS-Leute müssen sich dem Pfeifen unterwerfen. Wir werden wohl nie von dieser kindischen Manie loskommen, überall Lästerzeichen, Ermunterungen zu suchen. Gewiß, sie können einfach nicht glauben, daß wir das gleiche Pfeifen hören wie sie. Ein Pfiff: sie steigen in den Zug. Aha, wir werden wohl ungläubig! Sie herrschen also nur über uns; ein Stein kann sie zu Fall bringen ... Wenn sie den Zug verpassen, wird sehr schnell ein freier Raum entstehen zwischen dem Platz ihrer Füße und der Stelle, an der sich der Zug befindet; ein freier Raum wie der zwischen dem Platz unserer Füße und dem Haus. Sie herrschen nicht über den Raum, und was hinter der Stirn des SS-Manns vorgeht, wird keinen Stein bewegen, wird nicht die Entfernung ausfüllen, die seine Füße von dem abgefahrenen Zug trennt ...

Der unserem Waggon zugeteilte Wachmann ist eingestiegen. Es ist ein alter Mann, ein Sudetendeutscher. Er hat einen langen Schnurrbart. Man hat ihm zwar einen Totenkopf auf die Feldmütze geheftet, aber es ist ein falscher SS-Mann. Er hat eine Bank an die Tür gestellt, die er halb geschlossen hat. Er hat eine Kerze angezündet, die er mit Wachs auf der Bank befestigt hat und sein Gewehr zwischen die Beine gestellt.

Ein Stoß unterbricht das schwache Gesumm der Unterhaltungen. Der alte Wachmann gerät ins Schwanken, hin und her geschüttelt. Es ist so weit, die Räder drehen sich. Der Holzboden vibriert. Die Vibration teilt sich den Gliedern mit, erwärmt sie. Einige Ausrufe hören sich an, als handele es sich um einen üblichen Aufbruch in den Krieg, in die Kaserne. »Es ist geschafft!« sagt ein Kamerad, als ob das Leben von neuem begänne. Allerdings war nichts so unerträglich wie dieser bewegungslose Waggon, unheilvoller als ein Grab. Der Zug fährt jetzt; es geht durch den Wald, der sich bis nach Weimar hinunter erstreckt. Der Waggon wird furchtbar gerüttelt. Wir lassen uns gehen und der geschaukelte Körper entspannt sich. Der Zug rollt dahin und wir haben die Illusion, den Raum zu bezwingen. Doch sobald wir angekommen sind, wird er wieder da sein, intakt, dieser Raum, der uns von der Heimat trennt. Wir fahren nur innerhalb Deutschlands umher, und diese Entfernung ist neutral, und diese Bewegung verwischt nur, was gestern endgültig war und es morgen wieder sein wird. Es werden Leichen geschüttelt.

Der Wachmann, der sich hin und her schaukeln läßt, raucht eine dicke Pfeife, die ihm bis zum Kinn reicht. Der Zug fährt jetzt bergab. Ab und zu erlischt die Kerze, der Alte zündet sie wieder an und wendet sich uns lachend zu; einige von uns lachen ebenfalls. Die künftigen Kapos, die Tabak haben, bitten ihn um Feuer, er gibt ihnen welches. Vielleicht will er zeigen, daß er mutig ist. Er ist allein, es ist Nacht, er ist alt, er ist gerade eingezogen worden, man hat ihn von seinem Hof heruntergeholt; man wird nicht in einigen Tagen SS-Mann.

Die zukünftigen Kapos sprechen die gleiche Sprache wie er. Einer von ihnen, ein Dicker, der Ernst heißt, steht auf und nähert sich der Tür. Sie steht halb auf; der Wachmann hat ihn bis an die Tür kommen lassen. Der Dicke streckt den Kopf hinaus und schnuppert die Luft, der Alte rührt sich nicht. Der andere zieht den Kopf wieder ein, dreht sich nach dem Wachmann um, der ihn beobachtet und sagt etwas auf deutsch. Der Alte lacht in seinen Schnurrbart und dreht sich nach uns um. Der Dicke lacht ebenfalls. Er ist fast zahnlos. Die andern Deutschen nutzen die Gelegenheit, um nun gleichfalls zu lachen, ziemlich laut, und der Wachmann wendet sich ihnen nun voll zu und nickt mit einem Lächeln, das in seinem Schnurrbart hängenbleibt. Wir wissen nicht, was der Dicke gesagt hat. Der Alte fühlt sich wohl leicht bedroht, einerseits ganz allein und doch weniger allein. Aber nur die Deutschen haben gelacht, der übrige Waggon hat nicht gelacht, die Sprache hat die Gefahr eingegrenzt. Der Dicke bleibt neben dem Wachmann stehen. Er spricht und der andere antwortet von Zeit zu Zeit. Es ist keine Unterhaltung. Der Dicke möchte zu einem Gespräch kommen, doch der Alte weiß nicht, ob er sich darauf einlassen soll. Die Sprache beruhigt ihn zwar, aber immerhin, wir sind auch noch da. Die anderen Deutschen verfolgen die Bemühungen des Dicken, der versucht, dem Wachmann die Hierarchie des Waggons begreiflich zu machen: da ist zunächst er, der Wachmann, dann sie, die Deutschen, unsere Kapos, und ganz zum Schluß wir.

Wir fahren schon eine ganze Weile. Alles ist ruhig. Die Lage der Deutschen konsolidiert sich. Jetzt stehen sie zu dritt um den Wachmann herum. Einer unserer Kameraden ist aufgestanden. Er hatte eine Zigarette. Er ist zu der Gruppe hinübergegangen und hat den Dicken um Feuer gebeten, indem er ihm vor den Augen des Wachmanns auf die Schulter geklopft hat. Der andere hat sich nicht getraut, ihm das Feuer abzuschlagen, aber er hat eine Miene aufgesetzt, die so ungeduldig, so verächtlich wie möglich war.

Der Wachmann sitzt mit gesenktem Kopf auf der Bank; er hört den andern zu und sieht nur selten auf. Wenn er lächelt, vermeidet er es, sie anzusehen, um die Tragweite seines Lächelns einzuschränken. Er hält sein Gewehr am Lauf fest, zwischen den Beinen. Die drei andern lassen ihn nicht los, sie reden unaufhörlich auf ihn ein.

Am andern Ende des Waggons fängt ein Franzose, den man nicht sieht, zu singen an. Eine süßliche Schmalzstimme, widerlich. Es ist von einer Frau die Rede, die an einer unheilbaren Krankheit leidet. Wir hören zu. Die Frau stirbt am Ende.

Der Waggon schaukelt alles durch die Gegend: uns, völlig erschöpft, die kleine deutsche Insel mit den dreien und dem Wachmann, den Kerl mit dem Lied. Dann die gleichen, aber ohne Lied. Der Rücken des Wachmanns schien breiter, als unser Landsmann sang: eine Mauer. Ein anderer fängt ein anderes Lied zu singen an. Wieder ein Franzose. Die drei zukünftigen Kapos, die um den falschen SS-Mann herumstehen, drehen sich um: sie meckern, weil französisch gesungen wird.

»Du kannst mich mal!« antwortet unser Kamerad, der sein

Lied unterbrochen hat. Die drei sind noch keine Kapos. Er singt weiter. Der Alte hat sich unterbrochen, als die drei sich eingemischt haben, als ob diese Einmischung ihm zu Bewußtsein gebracht habe, daß die Ordnung gestört war. Er war einen Augenblick lang beunruhigt. »Darf man sie singen lassen?« Dann hat er sich nach der Tür umgedreht – nein, niemand hat rausspringen können –, hat die drei angesehen und sein Gewehr wieder angehoben, das etwas weggerutscht war.

Durch den Türspalt und die Ritzen der Wände dringt eine eisige Luft. Ich mache es mir zwischen Paul und Gilbert bequem, die vor sich hindösen. Immer noch diese pappige Helligkeit, die von der Tür her kommt, man weiß nicht, ob es der heraufdämmernde Tag oder der Mondschein ist. Die Kerze ist fast heruntergebrannt; die drei Deutschen sind wieder an ihren Platz zurückgekehrt. Der Waggon schläft. Der Kopf des Wächters fällt fast auf den Gewehrlauf herab. Er hebt ihn mit einem Ruck und dreht ihn flüchtig uns zu, dann schaut er auf den offenen Türspalt. Aber die Spaltbreite ist immer noch die gleiche. Es sind noch alle da.

Später hält der Zug dann. Ein anderer Wärter ist gekommen, um den Alten abzulösen. Er ist etwas jünger, aber er ist auch kein richtiger SS-Mann.

Mit dem Heraufziehen des Tages tauchen die Zebras auf dem Holzboden bis weit in den Waggon hinein auf: eine graublau-violette Masse, die im schwachen Morgenlicht verschwimmt; die Streifen folgen der Bewegung des Körpers, der Arme, der angezogenen Beine; die Streifen reichen bis zu den Füßen, den Füßen, die in dicken, neuen Holzpantinen mit Holzsohlen und gelbschwarzen Pappkartonschäften stecken, die wir bei der Abreise bekommen haben. Sie glänzen. Die Streifen sind ganz neu, die Sohlen unserer Schuhe sind noch ganz, unsere Schädel, gestern frisch rasiert, sind noch glatt, es ist eine ganz frische Ladung und jeder von uns ist ein mustergültiger, hergerichteter und gelungener Häftling. Wir haben noch keinen Schmutz auf den Kleidern, haben, seit wir die neuen Kleider haben, noch keine Schläge bekommen. Eine andere Gefangenschaft hat gerade angefangen.

In jener Nacht hat nur die Kerze das reglose Profil des Wachmannes beleuchtet. Neben mir schliefen Gilbert und Paul. Ich hatte die Augen geöffnet und andere neben mir hatten wohl ebenfalls die Augen geöffnet und starrten in die gelbliche Flamme und auf den herabhängenden Schnurrbart des Wachmannes, immer auf die Flamme und den Schnurrbart, auf dieses Stück Licht, auf das der Wachmann ein Anrecht hatte, wie um auf sich selber aufzupassen, und das nur ihn beschien. Es gab kein anderes Geräusch als das des Waggons, der vibrierte und den Körper abstumpfte. Diese Vibrationen, diese Abstumpfungen gaben ihm vorübergehend sein früheres Empfindungsvermögen zurück. Mitten im Schlaf der andern war derjenige, der die Augen geöffnet hatte, allein, und das heißt, daß er mit den Angehörigen aus der Heimat zusammen war. Und wenn man sich nur mit den Händen über die Beine fuhr, entdeckte man wieder diese Eigenschaft, die er mit den Seinen gemein hatte, nämlich einen eigenen Körper zu haben, über den er verfügen konnte und dank dessen man ein ganzer Mensch war. Und dank dieses Körpers wiederum, den man in der Halb-Starre wiedergefunden hatte, schien es, als ob man von neuem, als ob man immer wieder einen Augenblick individuellen, persönlichen Schicksals durchleben könne. Den Blick in die Flamme gerichtet, lauschte man darauf, wie man im Kopf die alte Flamme neu erschuf und stoßweise fand man sich in der lebendigen, unerträglichen Nähe jener wieder, die man sich einfach nicht vorzustellen vermochte. Man brach aus den grauvioletten Gitterstäben aus und entdeckte sich als den wieder, der dort, in der Heimat, anerkannt und geduldet war. Man war schon weit fort, mit steifem Körper, die Augen auf das Licht gerichtet, und plötzlich flackerte dieses Licht, die Augen kehrten wieder zur Oberfläche der Flamme zurück und verbrannten sich an seiner Klarheit. Es war heller Wahnsinn. Es wäre besser gewesen zu schlafen. Es war Wahnsinn, die Kameraden verlassen, den SS-Mann aus den Augen gelassen zu haben. Man spürte jetzt die Streifen wie auf die Haut gemalt, den Schädel, der stach, wenn man mit der Hand drüberfuhr und man kehrte zu dem reglosen Wachmann zurück, der möglicherweise eine Frau hat, die von der SS akzeptiert wird, auch sein Haus, die Krankheit, die Sorgen, und dessen Tod ein Unglück wäre.

*

Der Zug ist den ganzen Tag über gefahren. Wir haben das Brot gegessen, das wir gestern in der Baracke gefaßt haben. Wir sind von unserem Platz aufgestanden, sind zur Tür gegangen und haben durch den Spalt hinaus aufs Land geschaut: Felder, Äcker, und mittendrin kleine, gebückte Menschen. Der Raum wollte unschuldig aussehen, aber auch die Kinder auf den Straßen der Dörfer, eine kleine Lampe auf dem Tisch im Innern eines Hauses, das Gesicht eines Schrankenwärters, die Fassaden der Häuser und diese friedliche Behaglichkeit, die wir von Deutschland erhaschten; und auch die SS-Leute, die auf einer Straße gingen, wollten unschuldig aussehen. Doch über allem lag ein unsichtbares Make-up, zu dem wir allein den Schlüssel hatten, von dem nur wir genau Bescheid wußten. Gegen Ende des Nachmittags wurden die Wachen wieder ausgewechselt und der Alte von der Nacht zuvor kam zurück. Die künftigen Kapos haben unaufhörlich gesprochen und gelacht. Wir haben herauszufinden versucht, wo es hinging. Wir fuhren Richtung Norden, Richtung Hannover. Dann wurde es Abend und wir haben uns wieder auf den Fußboden gelegt.

*

Wir werden bald ankommen. Das Gesamtbild von Buchenwald wird jetzt in der Erinnerung wieder vollständig zusammengesetzt: das riesige Loch des Steinbruchs und diese Massenanziehung winziger Menschen mit dem Stein auf der Schulter vor der Ebene von Jena; die Parade des Aufbruchs zur Arbeit in aller Frühe, noch vor Tagesanbruch, auf dem Appellplatz mit den zwanzigtausend Männern unter den Scheinwerfern und der Zirkusmusik auf der Mitte des Platzes; die Jazzproben neben den Latrinen; die riesigen Latrinen, in denen man manchmal die Nacht zugebracht hatte; der Invalidenboulevard mit den Einbeinigen im Nebel, morgens um vier Uhr, und die Blinden, die Alten, die Verrückten; jene grauenhaften vierzehn Tage, die wir scheißetragend in der Scheiße zubringen mußten und der Schornstein des Krematoriums im Morgengrauen unter dem ungewöhnlichen Spiel der Wolken. Und ringsum der Stacheldraht, die brennende Grenze, der man sich nicht nähern durfte und zu der, lange bevor wir angekommen sind, Männer hingegangen waren, um mit vollen Händen hineinzugreifen, vor den Augen eines friedlichen SS-Mannes, der von seinem Wachturm aus darauf wartete, daß diese Hände den Stacheldrahtzaun wieder losließen.

Viele sind in den drei Monaten, die wir in Buchenwald zugebracht haben, gestorben, vor allem Alte: zwei Männer hielten das Ende einer Decke, in der etwas Schweres lag. Sie gingen vorüber und riefen: »Achtung!« Wir traten zurück, und sie trugen das Schwere ins Leichenhaus. Manchmal gingen Kameraden hinterher. Sie gingen bis zum Leichenhaus, das am Ende der großen Scheißhäuser lag; vor dem großen Gang, der dorthin führte, war eine Scheibe. Sie drückten den Kopf gegen die Scheibe und hielten die Hände an beide Seiten des Gesichts, um die Lichtreflexe abzuhalten, doch sie konnten nichts sehen. So wurden jene voneinander getrennt, die sich seit zwanzig Jahren kannten, Vater und Sohn oder Brüder. Derjenige, der zurückblieb, strich manchmal um das Leichenhaus herum, aber die Tür blieb geschlossen und durch die Scheibe konnte man nichts sehen.

Ich erinnere mich an den ersten, den ich habe sterben sehen. Wir waren bereits seit einigen Stunden zum Appell angetreten. Der Tag ging zur Neige. Auf einer Anhöhe des Kleinen Lagers, einige Meter vor der ersten Reihe der Häftlinge, standen vier Zelte. Die Kranken lagen in dem, das unmittelbar vor uns stand. Ein Zipfel des Zeltes wurde hochgehoben. Zwei Männer, die eine Decke an beiden Enden hielten, kamen heraus und legten sie auf den Boden. Auf der ausgebreiteten Decke wurde etwas sichtbar: grauschwarze Haut, die über Knochen gespannt war, das Gesicht. Zwei violette Stöcke sahen unter dem Hemd hervor: die Beine. Er sagte nichts. Zwei Hände haben sich aus der Decke emporgestreckt und jeder der Männer hat eine Hand erfaßt und daran gezogen. Die beiden Stöcke hielten sich aufrecht. Er drehte uns den Rücken zu. Er bückte sich und wir sahen zwischen zwei Knochen einen breiten, schwarzen Spalt. Ein Strahl flüssiger Scheiße schoß in unsere Richtung. Die tausend Männer, die da standen, haben den dunklen Spalt und die Kurve des Strahls gesehen. Er hat nichts gesehen, weder die Kameraden noch den Kapo, der uns überwachte und der *Scheiße*! geschrien hatte und dabei auf ihn zustürzte, ihn jedoch nicht berührte. Dann ist er umgefallen.

Als die beiden Männer herauskamen, wußten wir nicht, daß in dieser Decke jemand lag. Wir warteten nur auf den SS-Mann. Es war die Stunde des Appells. Wir dösten im Stehen. Es dauerte endlos, wie jeder Appell. Und der Strahl war losgegangen, die Scheiße des Kameraden hatte in unseren Halbschlaf hineingedröhnt. Tausend Männer zusammen hatten so etwas noch nie gesehen.

Der Kamerad blieb draußen ausgestreckt auf der Decke liegen. Er rührte sich nicht. Seine runden Augen standen offen. Er war allein auf der Anhöhe. Die Tausend, die da standen, schauten mal, ob der SS-Mann käme, mal nach ihm. Die beiden, die ihn aus dem Zelt getragen hatten, sind zurückgekommen. Sie haben sich über ihn gebeugt, aber sie wußten nicht, ob er tot war. Sie haben ihn sachte am Hemdsärmel gezogen, doch er bewegte sich nicht. Sie wagten nicht, seine Haut zu berühren. Man konnte nicht genau wissen, ob er tot war. Vielleicht würde er wieder wach werden und noch einmal scheißen? Nur wegen der Scheiße haben wir gemerkt, daß er noch lebte und weil der Kapo gebrüllt hatte, das hieß, daß er noch lebte, denn der Kapo verstand sich darauf, die Toten aufzuspüren.

Der Mann auf der Decke rührte sich nicht. Die beiden Träger standen unbeweglich da und betrachteten ihn.

Der Kapo kam heran. Er war riesig; von seinem Gesicht sah man vor allem einen mächtigen Unterkiefer. Er hat den Körper des Kameraden mit dem Fuß berührt. Nichts hat sich gerührt. Er hat noch einen Augenblick gewartet. Er hat sich über das schwärzliche Gesicht gebeugt. Die beiden Träger haben sich ebenfalls gebückt. Die tausend Männer sahen nach den drei über die Decke Gebeugten. Dann hat sich der Kapo wieder aufgerichet und gesagt: »*Tot*!« Er hat den beiden Trägern ein Zeichen gegeben. Sie haben die Decke hochgehoben, die sich zum Boden hin ein wenig gewölbt hat und haben ihn wieder ins Zelt zurückgetragen.

*

Diese Paraden, dieses Gesamtbild wird es jetzt nicht mehr geben. Doch sie haben uns geformt. Jeder von uns, wo immer er auch sein mag, verändert von nun an das Gewöhnliche, den Alltag. Ohne Krematorium, ohne Musik, ohne Scheinwerfer, wir allein genügen schon.

*

Wir kommen in Gandersheim an, auf dem Zufahrtgleis einer Fabrik. Wir steigen aus, es ist tiefe Nacht. Die Wachtposten schreien herum; von uns spricht niemand. Nur die Holzpantinen machen Lärm. Wir gehen in den Lagerraum der Fabrik, das Licht geht an, wir sehen uns zuerst einmal an. Wir sind etwa zweihundert. Die Wachtposten stoßen uns nach vorn, drängen uns zusammen.

Die beiden SS-Leute mit den Schirmmützen kommen an; es sind Unteroffiziere. Der eine ist jung, groß, sein Gesicht ist eher schlaff, weiß. Der andere ist kleiner, vierzig Jahre alt, mit einem rötlichen Gesicht, hager, verschlossen. Zunächst beobachten sie uns; ihre Blicke wandern die Kolonne entlang. Wir lassen sie schauen. Dann laufen sie mit großen Schritten im Lagerraum herum, sie gestatten sich Auslauf. Dann bleibt der kleine SS-Mann stehen und gibt einem der Wachtposten den Befehl, uns zu zählen. Der Wachmann zählt. Wir lassen ihn zählen. Man kann bei nichts so gleichgültig sein wie beim Zählen. Die zukünftigen Kapos halten sich etwas abseits. Sie werden zwar auch gezählt, aber sie schwatzen leise miteinander und lächeln ab und zu, wobei sie zu den SS-Leuten hinübersehen. Sie wollen damit zeigen, daß sie genau begreifen: auch wenn man sie mitzählt, geht sie diese Sache nur noch halb was an.

Niemand ist getürmt. Der junge SS-Mann ist zufrieden. Er lächelt und nickt mit dem Kopf, während er uns anschaut. Wir sind ihm völlig wurscht. Er lächelt, als habe er uns angesehen, daß wir die Absicht hatten, zu türmen, uns das aber nicht gelungen ist. Er steht jetzt unbeweglich da, mit gespreizten Beinen und durchgedrückten Knien. Doch diese Zurschaustellung seiner Macht vor uns genügt ihm noch nicht. Es müßte noch etwas von uns dazukommen, damit es vollkommen wäre, wir müßten zum Beispiel zu ihm sagen: »Ja, du bist der Stärkste, wir sagen es dir, weil du verdienst, daß man es dir sagt, daß du der Stärkste bist. Wir haben nie etwas so Starkes gesehen wie dich. Wir haben früher auch einmal geglaubt, wir seien stark, aber jetzt wissen wir, daß du stärker bist, als wir es je gewesen sind; es versteht sich doch von selbst, daß wir uns nicht von der Stelle rühren werden. Was immer du auch tun wirst, wir werden nie versuchen, unsere Kraft mit der deinen zu messen, nicht einmal in Gedanken.«

Der andere SS-Mann läuft umher. Die zukünftigen Kapos betrachten die beiden SS-Leute. Sie suchen ihre Blicke. Sie halten ein Lächeln bereit für den Fall, daß ihre Augen denen der SS-Leute begegnen. Sie sprechen jetzt lauter. Wir verfolgen die beflissene Gymnastik dieser Augen, diese berechnende Anbiederung durch Gesichtsmimik, diesen ausgiebigen und ostentativen Gebrauch der deutschen Sprache – jene Sprache, die hier die Sprache des Guten ist, ihr Latein –, die die gleiche wie die der SS-Leute ist. Aber sie sind noch nicht besser dran als wir. Die SS-Leute sind einige Meter von ihnen entfernt. Sie sondern sich zwar schon ab, aber sie gehören noch zur Gruppe der Häftlinge, sie nehmen noch keine Sonderstellung ein. Es geht jetzt darum, über diese wenigen Meter hinwegzukommen.

Einer der zukünftigen Kapos macht einen lauten Witz; sie lachen und warten, was der junge SS-Mann für ein Gesicht machen wird. Er deutet ein Lächeln an. Es haut hin. Bald wird der Kapo aus dem Ei schlüpfen.

Wir werden jetzt gleich den Lagerraum verlassen; ein Wachmann zählt uns wieder. Einer unserer Kameraden ist nicht an seinem Platz. Der rotgesichtige SS-Mann schreit ihn an. Einer der zukünftigen Kapos geht zu unserem Kameraden hin und stößt ihn an seinen Platz zurück. Der Kamerad reagiert, indem er seitlich den Ellbogen hebt, um sich zu schützen. Der zukünftige Kapo wirft einen Blick auf den kleinen SS-Mann. Die anderen zukünftigen Kapos sind gespannt, die Situation verlangt eine Entscheidung. Der kleine SS-Mann brüllt unseren Kameraden heftig an. Der zukünftige Kapo ist Kapo.

*

Wir verlassen den Lagerraum immer noch nicht. Der kleine SS-Mann hat sich noch weiter von uns entfernt. Mit einem Blick, den er über die Kolonne schweifen läßt, gebietet er Ruhe. Er spricht jetzt. Seine Stimme ist gedämpft, abgehackt. Fast niemand versteht ihn. Dabei bedient er sich aller Intonationen, um einen Satz deutlich vom nächsten abzuheben, als ob wir den ersten schon begriffen hätten. Da er spricht, müssen wir ihn auch verstehen. Als er aufhört, übersetzt Gilbert: »Der SS-Mann hat gesagt, daß wir hierher gekommen sind, um zu arbeiten. Er will, daß wir uns diszipliniert verhalten. Wenn wir uns diszipliniert verhalten und arbeiten, wird man uns in Ruhe lassen und wir werden sogar Bier bekommen. Er hat was von Prämien gesagt, für die, die am besten arbeiten.« Gilbert lächelt.

»Jetzt werden wir Suppe fassen.« Lucien, ein Pole, der lange in Frankreich gelebt hat, übersetzt ins Russische.

Der SS-Mann ist zufrieden. Er hat geschwiegen, damit einer der unseren in unserer Sprache sprechen kann. Er hat einen von uns laut sprechen lassen, er hat nichts verstanden, er war *ausgeschaltet* und er hat es hingenommen.

Wir haben zugehört wie die Ochsen. Man hätte uns alles mögliche andere erzählen können, wir hätten es auf die gleiche Weise aufgenommen. Aber da ist die Suppe. Das ruft allgemeine Unruhe hervor.

»Ruhe!« brüllt der lange SS-Mann, der sich seit einer Weile nicht mehr bemerkbar gemacht hat.

Man führt uns aus dem Lagerraum der Fabrik und bringt uns in die Kantine der Arbeiter. Es ist ein langer, niedriger Raum mit weißen Wänden und zwei Reihen Tischen, die durch einen Gang getrennt sind. Eine Tür mit einem Schalter führt zur Küche. In der Küche rührt eine Frau mit einem Stock in einem großen Kochtopf. Die Kapos machen sich nützlich. Sie sind in die Küche gegangen. Sie haben sofort dort die Macht übernommen, wo das Essen ist. Sie werden mehrere Kochgeschirre voll essen. Sie teilen das Essen am Schalter aus. Die beiden SS-Leute passen auf.

In der Küche wird herumgeschrien. Die meisten Kameraden sitzen auf den Bänken vor den Tischen.

Die Suppe ist heiß, sie besteht aus Wasser mit Karotten- und Kohlrübenstücken. Die Kameraden versuchen, Nachschlag zu bekommen, aber es gibt keinen. Durch den Schalter hindurch sehen wir die Kapos ihre Suppe essen.

Es gibt zwar keinen Nachschlag, aber dafür Licht; wir sitzen auf einer Bank oder auf dem Boden, es ist eine Atempause. Von der heißen Suppe ist uns etwas warm geworden. Wir müssen auf den Augenblick der kommenden Ruhe achten, wir dürfen ihn nicht verpassen. Wir müssen uns irgendwo hinsetzen, uns für einen Augenblick niederlassen. Das ist die Kunst der Russen, darin sind sie unschlagbar.

Hinten im Raum lehnt einer vom Werkschutz in Uniform und dunkelgrauer Mütze an der Wand; er hält sein Gewehr am Lauf, der Kolben steht auf dem Boden. Sein Gesicht ist verschlossen. Er ist kein SS-Mann. Er gehört auch nicht zur Gestapo, wenn er auch in irgendeiner Weise zur Polizei gehört. Ein Mann mit einem Gewehr, und dieses Gewehr kann nur uns betreffen. Aber das Gewehr ist nicht immer ein Hindernis. Auf der Schulter des alten sudetendeutschen Wachmanns zum Beispiel beeindruckte es kaum stärker als ein Stock, und die beiden SS-Leute mit der Schirmmütze haben kein Gewehr.

Wir gehen zu dem Polizisten vom Werkschutz hin. Wir versuchen in Erfahrung zu bringen, wo wir genau sind und was das eigentlich für ein Kommando ist. Zuerst gibt er keine Antwort; er behält das andere Ende des Raums im Auge, wo sich die beiden SS-Leute befinden. Dann spricht er zwischen den Zähnen, ohne den Kopf zu bewegen, wobei er starr vor sich hinsieht. Wir sind ganz in der Nähe von Bad Gandersheim, zwischen Hannover und Kassel. Über das Kommando, das neu ist, weiß er nichts. Er ist 1918 in Frankreich Kriegsgefangener gewesen. Kriegsgefangener zu sein ist nicht lustig. Er versteht. Er hält sein Gewehr gut fest. Andere Kameraden, die uns gehört haben, kommen nun ebenfalls herbei, bilden einen Kreis um ihn. Er ist unruhig, er schaut zu den SS-Leuten hinüber. Er gibt keine Antwort mehr.

»Antreten«, schreit ein SS-Mann. Wir stellen uns wieder

am Ausgang der Kantine auf. Diesmal sind es die Kapos, die uns abzählen.

Draußen ist es sehr dunkel und bei weitem nicht so kalt wie in Buchenwald. Der Himmel scheint nicht so dahinzutreiben. Man bemerkt starre Massen, Kräne, kleine Baracken. Wir werden dort nicht schlafen. Über einen kleinen, ansteigenden Weg erreichen wir eine Erdaufschüttung, auf der eine alte, in eine Scheune umgewandelte Kirche steht. Dort werden wir schlafen – acht Tage lang, sagt der junge SS-Mann – in Wirklichkeit waren es drei Monate.

*

Die Kirche ist in zwei Teile geteilt. Auf der einen Seite erstreckt sich über die ganze Länge hinweg ein ziemlich breiter Gang; der Boden ist ungefliest, Lehmboden. Auf der anderen Seite liegt Stroh.

Wir gehen ins Stroh, das reichlich vorhanden ist. Es ist gesund, trocken, gelb, ganz frisch. Wir greifen mit beiden Händen in die Garben hinein, wir graben tiefe Löcher und finden immer noch Stroh. Es ist Stroh im Überfluß. Der junge SS-Mann schaut zu, wie wir darin herumwühlen, doch er sagt nichts. Wir wissen, daß er etwas sagen könnte, weil es zuviel Stroh für uns gibt, weil die Kameraden, die die Strohgarben packen und sie an ihren Platz tragen, lachen; weil das Stroh weich und tief ist, weil der, der im Stroh vergraben ist und den Kopf herausstreckt, ein König ist und den SS-Mann nun ebenfalls wie ein König ansehen könnte. Weil wir den SS-Mann getäuscht haben. Nicht wir, sondern die Dinge. Weil er nicht vorausgesehen hatte, daß wir so auf dem Stroh herumlaufen würden, daß wir dieses Gesicht machen würden, daß sich die Bauern, in den Strohgarben wühlend, wieder wohlfühlen könnten. So gebettet, würden wir unheimlich gut schlafen.

Der SS-Mann schaut auf das Stroh, auf den angerichteten Schaden. Das Stroh war reichlich, anständig, für die deutschen Kühe des benachbarten deutschen Bauernhofes, die den deutschen Kindern Milch geben; ein guter, deutscher Kreislauf. In dieses Stroh haben wir die Pest gebracht und wir haben bei dieser Orgie auch noch gelacht.

Der SS-Mann ist weggegangen. Einige elektrische Birnen beleuchten die Kirche. Ich habe mich hingelegt. Der Spanier, der neben mir liegt, schläft schon. Wir liegen eng aneinander gepreßt. Wir rühren uns nicht. Die Schlafschwere überkommt uns, der Körper ist allein, in seinem Strohloch liegend. Nichts, was uns erschüttern kann: weder das Haus noch die Straße dort noch das Morgen hier, in der Kälte. Fühlen wir uns wohl hier? Die Ruhe kann sich auch hier ausbreiten, ich muß mich anstrengen, um festzustellen, daß ich mich hier wohlfühle, ausschließlich hier und nicht anderswo. Das gleiche Identitätsprinzip, das die SS gestern schon aufstellen wollte, als sie von mir verlangte, bei meinem Namen mit »ja« zu antworten, werde ich jetzt unentwegt wieder zusammenzusetzen versuchen, um mir darüber klarzuwerden, daß ich es tatsächlich bin, der hier ist. Aber diese Gewißheit wird immer wieder fliehen, so wie sie auch jetzt flieht. Es ist ganz einfach, wenn ich mich bewege, weckt das Stroh die Wunde am Schienbein, die im Kopf dann die Straße dort aufweckt, die wiederum D. aufweckt, die mit schlenkernden Armen von der Arbeit heimkommt, und schon ist die Ruhe dahin, und dann glaube ich, daß ich es wirklich bin, der hier ist.

Ich muß jetzt schlafen. Wir haben einen Anspruch auf Schlaf. Die SS-Leute erkennen es an, das heißt, daß sie für ein paar Stunden damit einverstanden sind, nicht mehr unsere SS-Leute zu sein. Wenn sie morgen noch SS-Material vor sich haben wollen, müssen wir schlafen. Dieser Notwendigkeit können sie sich nicht entziehen. Und wir wiederum müssen neue Kraft tanken. Wir *müssen* also schlafen: wir dürfen keine Zeit verlieren. Wir haben es eilig. Der Schlaf ist nicht Ausdruck der Erholung, er bedeutet nicht, daß wir der SS wieder um einen Tag davongekommen sind, sondern daß wir uns durch eine Arbeit, die Schlaf heißt, darauf vorbereiten, vollkommenere Häftlinge zu sein.

Die SS duldet auch, daß wir pinkeln und scheißen. Sie hat uns dazu sogar eine besondere Stelle vorbehalten, die *Abort* heißt. Pinkeln hat für die SS nichts Schockierendes; jedenfalls viel weniger, als einfach nur dazustehen, mit hängenden Armen, und vor sich hinzustarren. Die SS beugt sich der offenkundigen Unabhängigkeit, der freien Verfügung eines Mannes über sich selber, der pinkelt: sie ist wohl der Ansicht, daß Pinkeln für den Häftling ausschließlich ein Zwang ist, dem er nachgibt, um besser zu werden, um besser arbeiten zu können und ihn somit abhängiger zu machen von seiner Aufgabe; die SS ahnt nicht, daß man beim Pinkeln flieht. Deshalb stellen wir uns manchmal an eine Mauer, machen den Hosenstall auf und tun so als ob; die SS geht vorüber wie der Kutscher an einem Pferd.

*

Ich muß bereits einige Stunden geschlafen haben. Seit einer Weile höre ich ein rhythmisches Geräusch. Jetzt wird es deutlich: *Auf, ab! Auf, ab!* Die laute Stimme eines Turnlehrers. Sie kommt von unten, vom Gang. Kein Geräusch folgt auf diese Stimme. Es ist eine Turnübung, die befohlen wird. Das Licht brennt. Der Spanier neben mir hat die Augen geöffnet. Andere Kameraden heben hier und da den Kopf, lauschen und sehen sich an, ohne ein Wort zu sagen. Wir halten fast den Atem an. Die Tür der Kirche ist geschlossen. Es muß noch Nacht sein.

Peng! Ein Schlag; es war tatsächlich ein Schlag. Wir sind hellwach. Da wird geschlagen.

»Auf, ab! Auf, ab!«

Die Stimme setzt wieder ein, noch brutaler. Keine Antwort folgt auf den Schlag, keine Klage.

Ich erhebe mich leise aus meinem Loch und versuche durch die Ritzen der Dielen auf den Gang zu schauen. Der junge SS-Mann lehnt an der Wand, die Beine gespreizt und die Hände in den Taschen. Er ist es, der die Kommandos gibt. Vor ihm drei unserer Kameraden, nur mit Hemd und Hose bekleidet. Sie stehen in einer Reihe, die Hände in den Hüften, gehen auf Befehl des SS-Manns in die Knie und richten sich wieder auf.

Einer der Kameraden ist ganz rot im Gesicht und hält ein. Ein Schlag. Er richtet sich auf, macht zweimal die Bewegung, hält wieder ein. Ein Fußtritt gegen die Knie. Der SS-Mann lacht und droht. Sein Mund steht halb offen, seine Augen sind schwer, er sieht betrunken aus. Die Gesichter unserer Kameraden sind aufgelöst, sie wissen nicht, was man von ihnen will.

Ein Kerl, der laufend vom Pinkeln kommt, wirft sich neben uns aufs Stroh.

»Er ist betrunken«, sagt er leise. »Das geht schon eine halbe Stunde so . . . Er hat sich die Jungens geschnappt, als sie pinkeln gingen, um die Turnübungen mit ihnen zu machen. Mich hat er nicht gesehen.«

In diesem Augenblick steht ein Kamerad, der offenbar nicht mehr an sich halten kann und nicht begriffen hat, um was es hier geht, auf, um pinkeln zu gehen. Er läuft zur Latrine hin.

»He, du, komm mal hierher, komm, komm!« brüllt der SS-Mann und zeigt auf die andern.

»Los!«

Und der Junge fängt an mitzuüben. Ich sehe den Spanier an, der aus seinem Loch gekrochen ist und das Gesicht an die Dielen hält. Wir sind nahe daran, aus Nervosität zu lachen; wenn man begreift, kann man lachen (wie zum Beispiel am Tag unserer Ankunft in Buchenwald, als man uns verkleidet hat und wir uns, als wir wieder zusammenkamen, nicht mehr wiedererkannten). Sie haben es schon geschafft, uns zum Lachen zu bringen. Wir könnten alle anfangen zu lachen, der reine Irrsinn, ein wahnwitziges Spiel, wir sollten einfach lachen. Wir brauchen gar nicht zu begreifen, das lohnt sich nicht, es ist ein Spiel, endlos und sinnlos, das ewig so weitergehen kann.

Unsere Kameraden unten im Gang sind niedergeschmettert. »Warum die Turnübungen? Warum die Schläge? Was haben wir getan?« Den Kameraden steht nichts anderes im Gesicht als dieses: »Warum?« Das bringt den SS-Mann in Wut. Er schlägt zu. Zwei liegen am Boden. Sie rühren sich nicht. Der SS-Mann teilt Fußtritte aus. Sie fangen wieder an; sie sind erschöpft und völlig ratlos. Wir hingegen, wir sind hinter den Dielen, auf dem Stroh, in Sicherheit.

Bisweilen lacht der SS-Mann höhnisch und zeigt wie für sich selbst mit dem Finger auf einen der Kameraden. Der nutzt das Lachen des SS-Manns aus, um ihm vorzumachen, daß er zwar der Ansicht ist, daß es sich um ein Spiel handelt, daß man aber vielleicht Schluß machen könne. Darauf geht der SS-Mann auf ihn zu und schlägt ihn. Der Kamerad macht das Spiel wieder mit, er weiß nicht, wann es aufhören wird.

»Auf, ab! Auf, ab!«

Er macht weiter.

Der SS-Mann hat aufgehört, er verliert die Lust. Die Kameraden stehen. Er tritt auf sie zu und stiert sie an. Er hat keine Lust, sie noch etwas anderes machen zu lassen, er sieht sie an und es fällt ihm einfach nichts anderes mehr ein. Er war eine Weile außer Rand und Band, und nun stehen sie wieder, zwar außer Atem, doch unversehrt, vor ihm. Damit sie ihn nicht mehr ansehen, müßte er jetzt seinen Revolver ziehen und sie töten. Er sieht sie eine Weile an. Keiner rührt sich. Die Stille, die hat er gemacht. Er nickt mit dem Kopf. Er ist der Stärkere, aber sie sind da, und sie müssen da sein, damit er der Stärkere sein kann; da gibt es keinen Ausweg.

»Weg!«

Er schleudert ihnen das plötzlich ins Gesicht, und sie haben sich eilends davongemacht. Er ist reglos stehengeblieben, als stünde er noch vor den Vieren, die nicht mehr da waren. Dann hat er sich rasch umgedreht und hat brüllend Fußtritte ins Leere ausgeteilt.

Wir sehen ihn durch die Ritzen der Dielen hindurch. Er steht allein im Gang. Er hört nichts. Er dreht sich um sich selbst, schaut auf die elektrische Birne. Alle Augen sind jetzt geöffnet. Das Stroh birgt Schweigen und furchtbare Erwartung. Das lastet auf ihm, damit wird er nicht fertig. Er macht einige Schritte zur Tür hin. Wir *begleiten* seinen Abgang. Der hintere Teil der Kirche atmet bereits auf. Aber wir hören noch kein Geräusch. Er bleibt stehen, wir sehen seinen Nacken, seinen Rücken. Das zurückgehaltene Raunen spannt sich, erfüllt die ganze Kirche, stößt ihn hinaus, er geht. Der SS-Mann ist nicht mehr da.

*

Wir sind bereits einige Tage hier. Am Tag nach unserer Ankunft hat man uns wieder vor der Kirche antreten lassen und die Zivilisten haben sich diejenigen herausgesucht, von denen sie annahmen, daß sie in der Fabrik arbeiten konnten. Wir sahen, wie unter den Streifen ein Dreher, ein technischer Zeichner, ein Elektriker usw. zum Vorschein kam.

Nachdem alle Spezialisten aussortiert waren, haben die Zivilisten nach anderen Kerlen Ausschau gehalten, die die schwere Arbeit in der Fabrik machen könnten. Zu diesem Zweck sind sie an denen vorübergegangen, die noch dastanden. Sie haben sich unsere Schultern angesehen und auch unsere Köpfe. Die Schultern allein genügten nicht, es bedurfte auch eines Kopfes, eines Blickes vielleicht, die der Schultern würdig waren. Sie blieben vor jedem einen Augenblick stehen. Wir haben sie schauen lassen. Wenn einer gefiel, sagte der Zivilist: *»Komm!«* Dann trat der Angesprochene vor und schloß sich der Gruppe der Spezialisten an. Manchmal fing der Zivilist vor einem Kameraden zu lachen an und wies einen anderen Zivilisten mit dem Finger auf ihn hin. Der Kamerad rührte sich nicht. Er erregte zwar Heiterkeit, aber er gefiel nicht.

Die SS-Leute hielten sich abseits. Sie hatten die Ladung

zwar herangebracht, aber sie sortierten nicht aus, es waren die Zivilisten, die aussortierten. Wenn ein Kamerad auf die Frage nach seinem Beruf mit *»Dreher«* antwortete, nickte der Zivilist zufrieden und drehte sich nach dem SS-Mann um, wobei er mit dem Finger auf den Kameraden zeigte. Der SS-Mann begriff nicht sofort; er hatte die Ladung herangebracht, aber er hatte nicht gedacht, daß sie Dreher enthalten könne. Er sah den Zivilisten ernsthaft, aber nicht bewundernd an, eben so, wie man einen kompetenten Menschen ansieht, jemanden, dem es geglückt war, in diesem Haufen einen Menschen zu finden, der sogar in Deutschland mit seinen Fingern etwas zustandezubringen vermochte und in der Fabrik die gleiche Arbeit verrichten konnte wie ein deutscher Arbeiter. Wenn der Dreher aus der Reihe trat, drehte sich der SS-Mann um und folgte ihm mit den Augen; er glaubte, was ihm der Zivilist gesagt hatte; vielleicht hätte er es in diesem Augenblick nicht gewagt, den Gestreiften zu schlagen, der diese geheimnisvolle Macht besaß, die er, der SS-Mann, zwar nicht entdeckt hatte, die aber doch bewirkte, daß der Gestreifte von einem anderen Deutschen bemerkt worden war.

Jene, die in der Fabrik arbeiten sollten, wurden von den andern abgesondert. Die Zivilisten kümmerten sich um sie, zusammen mit den Kapos, die ihre Namen notierten. Die beiden SS-Leute hatten sie aufgegeben und waren jetzt zu uns zurückgekehrt, zu denen, die hierblieben und die keine nützliche Arbeit verrichten konnten. Frei von den Zivilisten, die Wertunterschiede zwischen uns festgestellt hatten, fanden die SS-Leute in uns mit gutem Gewissen ihre richtigen Häftlinge wieder, jene, in denen sie sich nicht getäuscht hatten. Bauern, Angestellte, Studenten, Kellner usw. Wir besaßen keine Fingerfertigkeiten; wie Pferde würden wir draußen arbeiten und Balken und Bretter schleppen, würden Baracken bauen, in denen das Kommando später Unterkunft finden sollte.

Die Auswahl, die hier vollzogen wurde, war von größter

Wichtigkeit. Jene, die in der Fabrik arbeiten sollten, würden teilweise der Kälte und dem Regen entgehen. Für die vom *Zaunkommando* würde die Gefangenschaft anders aussehen. Daher träumten auch die für den Außendienst Bestimmten unablässig davon, in die Fabrik zu kommen.

*

Es sind die ersten Oktobertage. Der Tag ist noch nicht angebrochen. Die Kameraden, die in der Fabrik arbeiten, sind bereits weg. Eine halbe Stunde später verläßt auch das Zaunkommando die Kirche und stolpert den Weg hinunter, der nach Gandersheim führt. Wir kommen an der Fabrik vorbei, einer viereckigen Masse mit Flachdach, die in einer Mulde zwischen Hügeln steht. Die Fabrik ist beleuchtet und funkelt in der Dunkelheit.

Die Bahnlinie, auf der wir angekommen sind, liegt über einer Wiese, die sich von der Fabrik bis zum Fuß eines bewaldeten Hügels erstreckt, den ein Bahntunnel durchschneidet. Auf dieser Wiese sollen wir die Baracken bauen. Die Böschung des Bahndamms liegt voller Balken und Bretter, die wir sortieren müssen. Einige Stapel lagern bereits auf der Wiese.

Wir haben den Weg nach Gandersheim verlassen und sind jetzt auf der Wiese. Wir sind etwa fünfzig Mann, die meisten davon Franzosen. Es sind drei Kolosse von Russen darunter und einige Spanier. Wir sind ganz steif. Der Boden der Wiese ist feucht und weich. Wir verdrücken uns unter eine Planke, die an einem der Haufen lehnt.

Wir sind einige Kameraden, die dicht aneinandergedrängt im Dunkeln sitzen. Hinter uns bildet der Hügel einen harten Schatten, der sich scharf vom weicheren Himmel abhebt. Von der Fabrik dringt das Geräusch des Kompressors herüber, der zu arbeiten beginnt. Die Schultern eingezogen und die Hände in den Taschen, schweigen wir. Es wird gleich sechs Uhr sein; wir müssen bis Mittag durchhalten. Wir haben noch nicht mit der Arbeit angefangen. Wie fängt man an? Wie schafft man die erste Bewegung für diese primitive Arbeit: einen Balken aufnehmen, ihn auf der Schulter tragen, gehen. Man könnte es zwar mit geschlossenen Augen tun, doch man müßte die Hände aus den Taschen nehmen, einen Schritt nach vorn tun, sich bücken. Das ist schwierig.

Dabei sind wir noch gar nicht sehr geschwächt; aber wir haben schon aus dem Schlaf auftauchen müssen, wir haben antreten müssen, wir haben hierherkommen müssen, wir werden die Hände aus den Taschen nehmen müssen, wir werden die Balken schleppen müssen, wir werden am Nachmittag wiederkommen müssen, wir werden nach der Suppe dem Hunger Widerstand leisten müssen, wir werden warten müssen, bis es Nacht wird, wir werden schlafen müssen, wir werden morgen von neuem beginnen müssen, wir werden bis Sonntag morgen warten müssen, wir werden am Montag von neuem beginnen müssen, wir werden warten müssen, bis sie am Rhein sind, es muß einfach sicher sein, daß das kommen wird, wir werden uns nichts vorstellen, werden nichts träumen dürfen, wir werden genau wissen müssen, daß wir ausschließlich hier sind und daß die SS über jeden unserer Tage herrscht, es wissen müssen bis zum letzten Augenblick, zur letzten Minute, bis die, die hinter ihrem Mikrophon sagen: »In einem Monat . . . im nächsten Frühjahr . . .«, bis die, die Zeit haben, ankommen, sich zeigen und sagen: »Ihr seid frei!«

Die Hände aus den Taschen nehmen, einen Schritt machen, heißt, bis dahin etwas tun, heißt warten. Es ist noch nicht die Kälte und nicht die Müdigkeit, was uns lähmt, auch nicht die Vergangenheit, es ist die Zeit.

*

Denen in der Heimat erscheint das Leben nicht wie ein unaufhörlicher Kampf gegen den Tod. Jeder arbeitet und ißt und weiß, daß er sterblich ist, aber sein Stück Brot ist nicht das, was sogleich den Tod zurückweichen läßt, ihn auf Distanz hält; die Zeit ist nicht ausschließlich das, was den Tod näherbringt, sie trägt das Tun der Menschen. Der Tod ist unausweichlich, wird auch angenommen, doch jeder handelt so, als ob es ihn nicht gäbe.

Wir dagegen sind alle nur hier um zu sterben. Das ist das Ziel, das die SS für uns gewählt hat. Sie hat uns weder erschossen noch aufgehängt, doch jeder von uns muß, nachdem ihm rationell das Essen entzogen worden ist, in einer variablen Zeit zum vorgesehenen Toten werden. Das einzige Ziel eines jeden einzelnen ist es also, sich daran zu hindern zu sterben. Das Brot, das wir essen, ist gut, weil wir Hunger haben, doch wenn es auch den Hunger stillt, so wissen und spüren wir doch, daß sich mit ihm das Leben im Körper wehrt. Die Kälte ist schmerzhaft, aber die SS will, daß wir vor Kälte sterben, wir müssen uns gegen die Kälte schützen, denn in der Kälte lauert der Tod. Die Arbeit ist ermüdend – und für uns absurd –, aber sie verbraucht und nützt ab, und die SS will, daß wir durch die Arbeit sterben; daher müssen wir uns bei der Arbeit schonen, weil auch da der Tod drin lauert. Und dann ist da noch die Zeit: die SS meint, wenn wir nichts zu essen bekommen und arbeiten müssen, werden wir am Ende sterben; die SS meint, daß sie uns durch die Müdigkeit besiegen wird, das heißt durch die Zeit, und der Tod lauert in der Zeit.

Aktiv sein heißt hier vernünftig gegen den Tod kämpfen. Die meisten Christen lehnen den Tod hier mit der gleichen Hartnäckigkeit ab wie die andern. Er verliert in ihren Augen seinen gewohnten Sinn. Nicht durch dieses Leben mit der SS, sondern durch jenes andere in der Heimat wird das Jenseits sichtbar und vielleicht beruhigend, ermutigend. Hier heißt die Versuchung nicht genießen, sondern leben. Und wenn sich der Christ so verhält, als sei hartnäckig leben wollen eine heilige Aufgabe, so kommt das daher, daß die Kreatur noch nie so nahe daran gewesen ist, sich selbst als einen geheiligten Wert zu betrachten wie hier. Sie kann verbissen den Tod ablehnen, sich eindeutig den Vorzug geben: der Tod ist das absolut Böse geworden, er hat aufgehört, ein möglicher Ausweg zu Gott hin zu sein. Diese Befreiung, die der Christ zu Hause im Tod zu finden glauben konnte, kann er hier nur in der materiellen Erlösung seines gefangenen Körpers finden. Das heißt in der Rückkehr zu einem Leben in der Sünde, das es ihm erlauben wird, zu seinem Gott zurückzukehren, den Tod als eine Spielregel anzuerkennen.

Daher ersetzt der Christ hier Gott durch die Kreatur bis zu dem Augenblick, in dem er, wieder frei, mit Fleisch auf den Knochen, zu seiner Unterwerfung unter Gott zurückfinden kann. So hat der kahlgeschorene, abgeschliffene, von der SS als Mensch geleugnete Mensch im Christen die Möglichkeit gefunden, den Platz Gottes einzunehmen und seine Bedeutung zu erlangen.

Später jedoch, wenn sein Blut ihm wieder zu seinem Schuldgefühl verhilft, wird er die Offenbarung der herrschenden Kreatur, die sich hier Tag für Tag durchsetzt, nicht anerkennen. Er wird bereit sein, sie immer wieder unterzuordnen – er wird es zum Beispiel hinnehmen, daß man ihm sagt, der Hunger sei etwas Niedriges –, um selbst nachträglich noch Vergebung zu finden für jene Zeit, in der er die Stelle Gottes eingenommen hat.

*

Es fängt an hell zu werden. Wir sind immer noch unter der Planke. Unsere Schultern sind schwer, unsere Hände in den Taschen sind aus Blei. Der Übergang von der Nacht zum Tag vollzieht sich spielend, es gibt keine Spur von Anstrengung am Himmel. Die Gestalten beginnen aus der Nacht herauszutreten, doch die Zigarette des Kapos, der uns bewacht, leuchtet noch. Wir bleiben unter der Planke. Einige unserer Kameraden sind bereits zur Latrine gegangen, um nicht auf der Wiese zu sein, um zwischen vier Holzdielen zu sein, die sie umgeben, und dazu die gute Angst, weil man sich drückt.

Nachts kann man nichts von uns verlangen; durch nichts kann erreicht werden, daß wir nachts draußen arbeiten, weil man uns nicht überwachen kann. Deshalb wird so lange gewartet, bis es richtig Tag ist. Erst bei Tag kann die SS sehen, daß wir nichts tun, daß unsere kleinen Gruppen Ärgernis geben. Man wartet darauf, daß das Licht das Ärgernis auslöst.

Schon sehen wir uns besser. Die Kameraden schwatzen zu zweit oder zu dritt miteinander; die drei Russen lachen. Wir bieten ein Bild der Unordnung, das bald unbestreitbar sein wird. Der aufgehende Tag zeigt uns, wie wir sind; jetzt kann der SS-Mann nicht mehr wegsehen. Der Kapo spürt es; er löscht seine Zigarette, der Unterschlupf ist entdeckt, wir sind im Hellen. Es wird gleich zu Ende sein.

»An die Arbeit, los!« schreit der Kapo.

Es ist soweit. Der Ruf ist nicht nur ein Signal, er ist ein entrüsteter Befehl, in der Nacht gereift. Es wird nie ein anderes Signal geben. Wir werden immer zu spät dran sein. Für die SS und für die Kapos wird es jeden Morgen von der Nacht her ein Manko an Geschrei geben, das sie jetzt nachholen. Es gibt keinen Anfang bei der Arbeit. Es gibt nur Unterbrechungen; die nächtliche Unterbrechung, obwohl anerkannt, ist ein Skandal. Im Schlaf, der uns darauf vorbereitet, besser zu arbeiten, schöpft der SS-Mann neue Kraft für sein nächstes Geschrei.

»Los!« Eine einzige Silbe mit energischem Zungenschlag. Das ging von *los!* zu *los!* bis hierher; die ersten bekamen wir in Paris zu hören; seit Fresnes ist es eine einzige Folge, die nur in der Nacht unterbrochen und voller Empörung am Morgen wieder aufgenommen wird.

Die Hände in den Taschen zu haben ist verboten. Das weist auf zuviel Unabhängigkeit hin. Häufig stecken die SS-Leute in unserer Gegenwart die Hände in die Taschen; es ist das Zeichen der Macht. Wenn wir das tun ist es ein Skandal. Man muß unsere violetten Hände herabhängen sehen; wenn wir in Buchenwald unter dem Turm hindurch zur Arbeit gingen, durften wir nicht einmal mit den Armen schlenkern.

Jetzt sind wir unter der Planke hervorgekommen. Wir gehen langsam zur Materialstelle hinüber, wo die Bretter und die Balken liegen. Wir haben schon den Gang, den wir beibehalten werden. Nur ein Arschtritt des SS-Manns oder des Kapos kann uns zu einigen schnellen Schritten bewegen, aber laufen können wir nicht mehr. Beim Gehen schauen wir auf den Boden. Die Wiese ist grün und naß. Wir entdecken Löwenzahn. Die Sonne zeichnet Streifen im Nebel. Sie kommt hinter dem Hügel hervor, der gegenüberliegt, auf der anderen Seite der Eisenbahnlinie, auf der anderen Seite der Straße, am Ende einer anderen Wiese. Wir schleppen uns langsam durch die Wiese, ohne anzuecken. Der SS-Mann ist weit weg, in Richtung Fabrik. Der Kapo achtet nicht auf uns.

Am Materialplatz bleiben wir stehen. Es liegen viele Bretter und Balken da, wir sind etwa fünfzig Mann. Wir können uns aus eigenem Antrieb nicht zur Arbeit entschließen. Auf ein erstes *Los! Arbeit!* hin haben wir uns in Bewegung gesetzt. Wir sind jetzt am Fuße der Böschung angelangt und keiner rührt sich mehr. Der Kapo kommt. Er ist klein, er hat ein rotes Gesicht, blaue Augen. Er sieht aus wie ein Pennbruder. Es ist ein deutscher Zivilsträfling, ein Bauer: er hat auf dem schwarzen Markt Schweine verkauft und Himmler hat ihn hierhergeschickt. Neben den andern ist er eher harmlos. Die SS-Leute haben ihn für das schlechteste Kommando bestimmt, fürs Zaunkommando. Er dachte nicht an uns, vielleicht hatte er uns gar nicht gesehen. Jetzt entdeckt er die Bescherung und ist bestürzt; doch noch immer rührt sich kein Aas. Darauf gerät er in Erregung. *Los, los, Arbeit!* brüllt er. Er läuft schreiend herbei, doch das Geschrei gleitet an uns ab.

»Schon gut, schon gut«, gibt einer der Kameraden zur Antwort.

Wir gehen auf die Bretter zu.

»Sollen wir?«

Der Kamerad, der dem Kapo geantwortet hat, klettert auf den Materialhaufen. Wir teilen uns in Gruppen auf. Ich arbeite zusammen mit Jacques, einem Medizinstudenten, und einem anderen, einem Kellner. Jacques ist lang, mager und spricht wenig. Er ist 1940 verhaftet worden und seitdem in Haft.

Der, der oben auf dem Haufen steht, läßt einen langen Balken herunter. Wir nehmen ihn zu dritt auf die Schultern. Ich lege ihn mir gut zurecht, neige ein wenig den Kopf, stecke die Hände in die Taschen. Wir verlassen langsam die Böschung. Jeder hat eine andere Gangart, wir müssen uns abstimmen. Nur die Stelle der Schulter, die den Balken trägt, ist bei der Sache. Wir gehen wie Schlafwandler. Die Wiese ist weich. Der Balken sichert uns eine Art Frieden. Den Balken tragen, das ist alles, was man von uns verlangen kann. Wenn wir den Balken nicht trügen, sondern auf dem Wege wären, um ihn zu holen, würde der Kapo brüllen: *Los!* Jetzt haben wir unsere notwendige Ergänzung, unsere Last, wir entsprechen den Normen, wir erregen keinen Anstoß mehr.

Ich habe die Hände in den Taschen. Der kleine SS-Mann, der Rote, kommt von der Fabrik her über die Wiese. Der Kapo hat ihn gesehen, er stürzt sich auf mich.

»Die Hände! . . .«

Ich ziehe die Hände heraus. Wir gehen weiter, ohne uns um den SS-Mann zu kümmern. Die Sonne ist gestiegen. Die blau und lila Gestreiften schweben über die Wiese.

Der Kellner trägt in der Mitte. Er hat eine Brille, eine lange Nase, sein Käppi reicht ihm bis zu den Ohren. Er flucht, weil er der größte ist und am meisten tragen muß. Wir hätten uns anders verteilen müssen. Er spricht beim Tragen. Man ißt gut bei ihm zu Hause, in der Auvergne. Morgens gibt es Milchkaffee, Brot und Butter. Tagsüber serviert er viele Aperitifs. Auch mittags ißt er gut. An seinem freien Tag trinkt er mehrere Aperitifs. Er ist verheiratet. Seine Frau backt ihm Kuchen. Wenn er zu seiner Mutter geht, ißt er ebenfalls gut. In der Auvergne wird eben gut gegessen. Da gibt es Schweinefleisch und Käse. Ab und zu wird ein Schwein geschlachtet, und da haut man ganz schön was in sich rein! Wenn man wenigstens noch Pakete bekäme!: Und wenns zu Mittag Bohnensuppe gäbe! Im Gefängnis gab es Pakete; fünf Päckchen Zigaretten in jedem Paket. Er hat sich mit dem Wachtposten arrangiert und ihm eines von den Paketen abgegeben, dafür ließ der Boche sogar den Schnaps durch. In Clermont hat man ihn verpfiffen. Die Sache ist noch nicht ausgestanden. Die lassen sich lange Zeit. Wenn seine Frau ihn so sehen würde! Sie würde flennen. Die können sich gar kein Bild machen. Das ist auch besser so. Er hatte alles, was er brauchte. Wenn man gewußt hätte, wie es hier ist, dann wäre man schon in Compiègne getürmt, egal wie. Ein Paradies, Compiègne. Er hat es verstanden, immer was zu essen zu kriegen. Er glaubt, daß sie Kartoffeln holen gegangen sind für die Suppe. Gestern wars die reinste Lapperbrühe. In Buchenwald war sie dicker. Sie war gut, vor allem die weiße. Da war ein Alter, der seine nicht aß und sie ihm abgab. In Buchenwald konnte man sich durchwursteln. Es war besser organisiert. Dort bekam man seinen Liter voll. Hier füllen sie die Kelle nicht und rühren die Suppe nicht bis zum Boden um. In Buchenwald war das korrekter. Arbeiten und nichts zu fressen kriegen, wenn das so weitergeht, wird in drei Monaten die Hälfte des Kommandos verreckt sein. Wenn sie sich ein bißchen anstrengten, wäre es nicht unmöglich, daß zu Weihnachten alles vorbei ist. Dann könnte man im Januar zu Hause sein. Ja, ich werde gut zu essen kriegen, wenn ich zu ihm komme. Ich bin eingeladen.

Er redet unaufhörlich und antwortet auf seine eigenen Fragen. Wir spüren den Balken nicht. Wir sind an der Stelle angekommen, an der bereits ein Haufen davon liegt. Ein gemeinsamer Schulterstoß, und schon ist er abgeworfen. Die Schulter ist frei. Ein anderer Balken wartet auf uns. Wir gehen ganz langsam zurück. Wir verstehen uns gut, wir werden versuchen, zusammenzubleiben. Wir werden den Kellner vorn gehen lassen.

So hatten wir begonnen, miteinander zu reden, wir spürten den Balken nicht mehr. Wir glauben jetzt, daß wir nachher wieder anfangen können, heute nachmittag, auch morgen. Wir glauben auch, daß wir heute abend in der Kirche miteinander reden können. Wir glauben es wirklich. Doch wenn wir nachher aus irgendeinem Grund (zum Beispiel, weil der Balken zu kurz ist, um zu dritt getragen zu werden) voneinander getrennt werden, werden wir uns nicht mehr kennen. Jeder hat für sich gesprochen, um sich seine Reichtümer zu zeigen, denn wenn man laut darüber spricht, sieht man sie besser. Heute abend werden wir vor dem Schalter so sehnsüchtig auf die Suppe warten, daß wir, selbst wenn wir nebeneinanderstehen, vielleicht kein Wort miteinander reden werden. Morgen werden wir uns vielleicht nicht einmal Guten Tag sagen.

Nachher schon wird man mit einem anderen zusammen sein; er wird erklären, wie seine Mutter den Flanpudding macht, weil es ihn drängt, über Pudding, Milch und Brot zu reden. Man wird ihm zuhören, man wird den Pudding sehen, den Milchkaffee; man wird sich gegenseitig zum Essen einladen, denn wenn man sich zum Essen einlädt, sieht man noch mehr Fleisch, noch mehr Brot. Und wenn es heute abend bei der Suppe einen Nachschlag geben sollte, wird derjenige, der den Kameraden mit seiner Frau zum Essen eingeladen hat, ihn vielleicht beiseite stoßen.

Die Kleinbahn kommt aus dem Tunnel; es ist in der Hälfte des Vormittags. Die Bahn fährt an uns vorüber. Wir haben sie bereits mehrere Male gesehen. Sie verbindet Gandersheim mit einer kleinen Stadt auf der Linie nach Hannover, einige Kilometer von hier entfernt. Es sind alte Wagen mit Plattformen; es sitzen vor allem Kinder drin.

Wir schauen nach dem Zug; wenn wir einen Balken tragen, bleiben wir stehen und drehen uns um, damit wir ihm nachsehen können. Jedesmal die gleiche Verblüffung. Diejenigen, die im Zug sitzen, sind freier als die SS-Leute. Sie kaufen sich eine Fahrkarte, und schon sitzen sie drin. Sie können sogar bis in die Nähe Frankreichs fahren, sogar die Deutschen. Sie tun es ganz natürlich, so wie man sich zu Tisch setzt oder sich ins Bett legt. Wenn man frei ist, begnügt man sich nicht damit zu essen, man verreist auch. Diese Deutschen sind näher bei den Unseren als wir. Und wenn sie sich mit den Unseren treffen würden, käme es zu Abmachungen. Es könnte sogar passieren, daß sie sich in der Schweiz treffen würden, daß sie miteinander sprechen.

Soweit müssen auch wir kommen, in einen Zug einsteigen, wie sie. Doch dazu muß man uns erst holen kommen; man wird uns dann von diesen Klamotten befreien müssen. Wieder einfache Leute werden, wie sie. Aber das wird endlos lange dauern. Dann ist das Ende gekommen, wenn wir in den Zug einsteigen können; das Ende des Krieges ist möglich, aber in einen Zug steigen . . .

»Ein Wagen der französischen Eisenbahn!« ruft einer der Kameraden.

Er ist ganz am Ende. Es ist ein Güterwaggon. Wir folgen ihm mit den Augen, bis er in der Kurve verschwunden ist. »Der Waggon hat Glück!« Wir sehen ihn einfach nur an. Ein Waggon, der ein Waggon ist, ein Pferd, das ein Pferd ist, die Wolken, die aus dem Westen kommen, alle Dinge, die die SS nicht in Frage stellen kann, sind großartig; sogar die Schwerkraft, die dafür sorgt, daß ein SS-Mann fallen kann. Für uns sind die Dinge nicht mehr leblos. Alles spricht, und man hört alles, alles besitzt eine Macht; der Wind, der den Westen herbeibringt, wendet sich gegen die SS, die vier Buchstaben S.N.C.F., die sie nicht einmal bemerkt, ebenfalls. Mit allem sind wir heimlich verschworen. Nur, weil die SS beschlossen hat, daß wir keine Menschen sind, sind die Bäume noch lange nicht vertrocknet und abgestorben. Wenn ich zum Ausläufer des Waldes hinüberblicke und dann den SS-Mann sehe, kommt er mir winzig vor, ebenfalls eingesperrt innerhalb des Stacheldrahts, zu uns verurteilt, eingeschlossen in die Maschinerie seines eigenen Mythos. Unaufhörlich geht man den

Raum an, befragt ihn. Vorhin, um sechs Uhr, war ich hier; zu Hause schlief noch alles. Sie schliefen gut, während ich hier war; gestern abend sprachen sie von mir, während ich schlief. Als ich den Schlag auf den Kopf bekam, erinnerten sie sich an eine Spazierfahrt nach Tamaris mit mir. Gestern sprachen sie von mir, als ich auf die Suppe wartete und nur an die Schöpfkelle dachte, nur sie sah, die in den Kübel eintauchte und wieder auftauchte. In diesem Augenblick mochte ich sie nicht, in meinem Kopf war nur die Suppe; ich liebe sie nicht *die ganze Zeit über*, und sie mich auch nicht.

Eines Abends habe ich gerufen; sie haben wohl noch nicht geschlafen. Die Kameraden schliefen. Ich habe leise und lange gerufen, einen Augenblick lang sicher, daß sie mich hören würden. Die reinste Hexerei. Nie ganz sicher, daß man wirklich nur hier ist, daß man hier auch sterben kann. Es ist vielleicht die Sprache, die uns täuscht; es ist dort die gleiche wie hier; wir bedienen uns der gleichen Wörter, wir sprechen die gleichen Namen aus. Und so beginnt man sie zu schätzen, sie anzubeten, denn sie ist das letzte Gemeinsame geworden, über das wir verfügen. Wenn ich in der Nähe eines Deutschen bin, kommt es vor, daß ich das Französische mit einer größeren Achtsamkeit spreche, so, wie ich es normalerweise nicht spreche, wenn ich zu Hause bin, ich baue den Satz sorgfältiger, ich spreche alle Endungen aus, und zwar so genau und mit einer solchen Lust, als ob ich ein Lied sänge. In der Nähe des Deutschen klingt die Sprache, ich sehe, wie sie sich abzeichnet, während ich sie entstehen lasse. Ich lasse sie aufhören und wieder hervorsprudeln, ganz wie ich will, ich verfüge über sie. Innerhalb des Stacheldrahts, bei der SS, sprechen wir, wie wir zu Hause sprechen, und der SS-Mann, der nichts versteht, duldet es. Unsere Sprache bringt sie nicht zum Lachen. Sie ist nur eine weitere Bestätigung unseres Zustands und unserer Situation. Ob leise, ob laut, selbst im Schweigen ist sie immer die gleiche, unverwundbar. Sie vermögen viel, aber sie können uns keine neue Sprache, etwa eine Häftlingssprache, beibringen. Im Gegenteil, unsere

Sprache ist eine weitere Rechtfertigung für unsere Gefangenschaft.

Wir werden immer diese selbst für unsere Leute zu Hause unkenntliche Gewißheit haben, wieder dieses gleiche Stammeln der Jugend, des Alters zu gebrauchen, diese fortwährende und letzte Form der Unabhängigkeit.

Der Zug ist schon lange vorbei. Die Balken und Bretter türmen sich. Die Kameraden machen langsamer bei der Arbeit. Bei jeder Strecke bleiben sie am Fuße der Böschung stehen und bummeln herum.

Ich habe mich hinter einen Stapel Bretter verdrückt. Die Russen, ebenfalls von einem Bretterstapel geschützt, haben sich auf eine Planke gesetzt. Der Kapo Alex geht an ihnen vorbei, doch er sagt nichts zu ihnen. Sie sind sehr kräftig, halten zusammen, und der Kapo würde nicht die Hand zum Schlag gegen sie erheben.

Er entdeckt mich hinter dem Bretterstapel.

»Los! Mensch, Arbeit!«

Ich komme langsam aus meinem Versteck hervor. Er sieht mich mit seinen kleinen, blauen Augen an. Er weiß nicht, ob er schimpfen soll oder nicht.

»Franzose?«

»Ja.«

Ich gehe neben ihm, auf die Böschung zu. Er senkt den Kopf, dann sieht er plötzlich zu mir auf, wie erleuchtet:

»Ach! Alexandre Dumas?«

»Ja.«

Er lacht und ich ebenfalls.

Ich bin an der Böschung angekommen. Ich habe einen kleinen Balken genommen und bin wieder zur Wiese zurückgegangen. Ich gehe ganz langsam. Alex, der an der Böschung stehengeblieben ist, stürzt auf mich zu: *»Los, los, Mensch!«* und hebt seinen schweren Gummiknüppel, der ihm als Schlaginstrument dient. Ich beeile mich etwas.

Lucien lehnt an einem Bretterstapel; er tut nichts. Lächelnd folgt er der Szene. Lucien ist Pole, Krimineller, er hat lange in Frankreich gelebt. Er spricht russisch, deutsch, polnisch, französisch. Er ist blond mit dicken, bläulichen Augen in einem schlaffen Gesicht. Er ist Dolmetscher. Er übersetzt die Befehle der SS und der Kapos. Er braucht nicht zu arbeiten und bekommt doppelte Rationen. Bald wird er Vorarbeiter sein, das heißt, er wird den Auftrag bekommen, die Arbeit, wie er selber sagt, »voranzutreiben«. Dann wird er noch mehr Essensrationen bekommen.

Lucien ist mit uns angekommen, als gewöhnlicher Häftling. Er hat sich seine Kenntnis mehrerer Sprachen zunutze gemacht. Eines Tages haben wir uns auf der Wiese herumgedrückt. Er hat zu uns gesagt: »Der SS-Mann kommt, arbeitet.« Wir haben nicht darauf gehört. Später, als der SS-Mann dann da war, hat er gebrüllt. »Arbeitet, arbeitet, verdammt nochmal!«, wobei er zu dem SS-Mann hinübergeblickt hat, der nichts gesagt hat. Schließlich hat er eines Tages einen jungen Spanier, der sich drückte, bei einem Kapo verpfiffen, der ihn wiederum der SS verpfiffen hat. Der Kleine hat fünfundzwanzig Schläge auf den Arsch bekommen. Jetzt hat Lucien seinen Druckposten. Er hat begriffen: wenn man überleben will, darf man nicht arbeiten, sondern man muß die andern arbeiten lassen, muß dafür sorgen, daß sie Schläge bekommen und darf dafür doppelte Rationen essen. Darum wird Lucien dick. Er ist ständig beim Kapo. Er schmeichelt ihm und bringt ihn zum Lachen. Er gehört bereits zu dieser Kategorie von Häftlingen, die man dann die – ausschließlich aus Kriminellen gebildete, denn unsere Kapos sind keine Politischen, sondern deutsche Kriminelle – *Aristokratie* des Kommandos nennen wird. Sie bekommen zu essen, zu rauchen, sie bekommen Mäntel und richtige Schuhe. Sie werden herumschreien, wenn wir schmutzig sind, wo es doch nur einen Wasserhahn für fünfhundert Häftlinge gibt, während sie selber sich mit warmem Wasser waschen und ihre Wäsche wechseln.

Das zusätzliche Brot, das sie zu essen bekommen, die

Margarine, die Wurst, die Zusatzrationen an Suppe, sie gehören uns, sie haben sie uns gestohlen. Die Rollen sind verteilt: damit sie leben und dick werden, müssen die andern arbeiten, vor Hunger krepieren und werden dazu noch geschlagen.

*

Ende November. – Die Eisenbahnböschung ist abgeräumt. Ein Teil des Zaunkommandos ist dazu bestimmt worden, entlang des Weges Stacheldraht zu ziehen. Die übrigen sollen die Wiese umgraben, den Boden einebnen und Baracken errichten.

Es hatte viel geregnet. Abends kam man durchnäßt zurück und am nächsten Tag waren die gestreiften Anzüge noch feucht und lagen eisig auf der Brust. Wir steckten Papier zwischen Hemd und Jacke. Wir hatten Angst um unsere Lungen. Es war eine Kollektivangst. Es gab nichts, um eine Lungenentzündung zu heilen. Die abgehärtetsten Bauern, die sich noch nie über ihre Gesundheit Gedanken gemacht hatten, fühlten sich durch den Regen bedroht. Sie spürten plötzlich die Zerbrechlichkeit ihres Körpers, der bisher allem widerstanden hatte und von dem sie nicht geglaubt hatten, daß er schwach werden könnte; sie wußten, wie bedrohlich ein Platzregen sein konnte. Sie sprachen über die Krankheit wie Leute, die daran gewöhnt sind, krank zu sein, wie Leute, die an sich herumkurieren. Angstvoll sahen sie nach den dicken Wolken, sahen, wie der Himmel schwarz wurde. Diese Angst würde sie nicht mehr loslassen. Sie konnten noch so sehr die Schultern einziehen, sich die Arme reiben, um gegen die Kälte zu kämpfen, sich einmummen, sich von einem Kameraden den Rücken reiben lassen, vielleicht saß die Krankheit bereits in ihnen; sie wußten, daß sie hilflos waren.

Eines Morgens kam Kapo Fritz auf die Wiese, um einige Häftlinge für die Arbeit in der Fabrik auszusuchen. Mit einigen anderen hat er auch mich dazu bestimmt. Die Kameraden haben aufgehört umzugraben und schauen uns nach. Es war kalt. Es hatte aufgehört zu regnen, jetzt würde es bald schneien.

Wir haben die Wiese schnellen Schrittes verlassen; wir sahen uns lächelnd an. Die Kameraden blieben immer weiter hinter uns zurück, wir sahen uns nicht um. Als wir vor der Fabrik angekommen sind, habe ich noch einmal zurückgeschaut: sie hatten wieder angefangen umzugraben und Kapo Alex brüllte: *»Los, Arbeit!«*

Ich bin dem Lagerraum der Fabrik zugeteilt worden. Wenn es einen Druckposten gab, dann war es der. Ich hatte ein Dach überm Kopf. Die Kameraden, die hier arbeiteten, fühlten sich sicher, sie waren daran gewöhnt; sie waren locker und entspannt, sie hatten keine Angst um ihre Lungen. Sie langweilten sich. Sie zählten die Stunden, sie steckten mitten in der Gefangenschaft, die sie ganz festhielt. Sie waren in ihrem Konzentrationslager, ich hatte gerade das meine verlassen.

Ich hatte eine Freiheit erlangt, ich fror nicht mehr. Allmählich vergaß ich meinen Körper. Eine ganze Reihe von Erleichterungen: die Füße gingen glücklich über den Zementboden. Nirgends Schlamm. Die Kameraden bearbeiteten mit ihren Fingern Eisenstücke oder sie bedienten eine Maschine: man sah ihnen keine Anstrengung mehr an; sie brauchten sich nicht mehr zu bücken oder die Knie krummzumachen. Es war der Einbruch der Zivilisation hier in der Fabrik.

Ich lief wie ein Bauer im Lagerraum herum. Fritz rief mich. Er befahl mir, ein Büro auszufegen und im Ofen Feuer zu machen. Es war im Stockwerk über dem Lagerraum.

Ich bin hinaufgegangen. Auf dem ersten Treppenabsatz war die Türöffnung mit einem grauen Vorhang verdeckt. Ich habe den Vorhang beiseite geschoben und bin hineingegangen.

Ich habe mein Käppi abgenommen. Eine junge, dunkelhaarige Frau saß vor einem Tisch; sie war blaß, schwarz gekleidet und hatte einen malvenfarbenen Schal um den Hals. In dem geräumigen Büro stand noch ein anderer Tisch mit einer Schreibmaschine und Papieren drauf. Es gab auch Stühle und einen Sessel.

Ich hielt mein Käppi in der Hand und schaute auf die Frau. Sie ist aufgestanden, hat in einer Ecke einen Besen genommen und ihn mir von weitem hingehalten. Mit dem Zeigefinger hat sie auf den Fußboden gezeigt.

In diesem Augenblick ist Fritz gekommen. Er hat sein Käppi abgenommen. Ich hatte den Besen in der einen Hand, das Käppi in der andern. Fritz war zwar nicht glatt geschoren, doch in diesem Büro sah auch er wie ein Häftling aus; ein anständiger Häftling zwar, doch ein Häftling. Er hat »guten Tag« zu der Frau gesagt, doch sie hat nur kurz genickt.

Er hat von weitem mit mir gesprochen, dienstlich. Ich mußte gut und schnell fegen und dann Feuer anmachen, und zwar ebenfalls schnell; und jedesmal, wenn ich hereinkäme, müsse ich mein Käppi abnehmen.

Er blickte die Frau an, während er sprach, und sie nickte leicht mit dem Kopf. Sie stand, an den Tisch gelehnt. Fritz sprach in ihrer Sprache mit ihr und in dieser Sprache gab er mir auch die Befehle; für sie war er ein Deutscher aus dem Lager, sonst nichts. Dann ist er weggegangen, sie hat nicht weiter darauf geachtet.

Ich war allein mit ihr, und ich fing an zu fegen. Sie blieb stehen und sah mir zu. Wir hatten keine zwei Worte miteinander gewechselt. Sie hatte das F auf meiner Jacke gesehen, sie wußte, daß ich Franzose war. Ich war Franzose und war in ihrem Büro, kahlgeschoren, und ich fegte schlecht. Ich fegte in der Tat sehr langsam. Unmerklich kam ich in die Nähe ihrer Füße; sie rührte sich nicht. Sie blickte auf den Haufen Staub, den ich zusammengefegt hatte. Ich behielt mein langsames Tempo bei. Als ich gerade im Begriff war, ihre Füße zu berühren, trat sie plötzlich einen Schritt zurück.

Ich hielt inne und schaute auf, ihr Gesicht war verkrampft. Sie war angespannt und setzte sich nicht hin.

Ich habe wieder angefangen zu fegen, ich habe den Staubhaufen vor mir hergeschoben, und wieder hat sie plötzlich den Platz gewechselt. Sie hat sich umgesehen, und als sie dann nicht mehr wußte, wohin sie schauen sollte, hat sie auf den Staub gesehen. Schließlich konnte sie nicht mehr an sich halten:

»Schnell, schnell, Monsieur!«

Das waren ihre ersten Worte.

Ich habe mich wieder aufgerichtet und sie angesehen, wobei ich hilflos die Achsel zuckte. Ihre Augen waren hart.

Sie hatte in einem Bett geschlafen, war um sechs Uhr früh aufgestanden, ins Büro gekommen und hatte wie etwas Selbstverständliches ein Paket, in dem Butterbrote sein mußten, auf den Tisch gelegt. Sie war auf ein solches Zusammentreffen nicht gefaßt gewesen, hatte nicht gedacht, mit mir allein zu sein. Wenn ich schnell und gut gefegt hätte, wäre ich ihr kaum aufgefallen; aber ich fegte schlecht. Ich war da, in ihrem Büro, von Staubwolken umhüllt, und nun hatte sie sich dabei ertappen lassen, daß sie einen von uns genau angesehen hatte. Darauf war sie nicht gefaßt gewesen.

Jetzt sah sie mich von Zeit zu Zeit von der Seite an; sie konnte mich nicht mehr ertragen. Ich lastete auf ihr, ich brachte sie aus der Fassung. Wenn ich den Ärmel ihrer Bluse berührt hätte, wäre ihr schlecht geworden. Und das alles war die ungewöhnliche Wirkung des kahlgeschorenen Kopfes und des gestreiften Anzugs. Die Verkleidung verstärkte den Druck noch.

Ich hatte wieder angefangen zu fegen, aber ich beeilte mich auch jetzt nicht. Sie umklammerte den Rand des Tisches, an den sie sich anlehnte. Das konnte so nicht mehr weitergehen. Tatsächlich riß sie mir plötzlich den Besen aus der Hand und machte sich daran, wie wild zu fegen.

Ich stand reglos mitten im Büro, ich tat nichts. Ich hatte die Hände in die Hüften gestützt und betrachtete die Wände;

ich fühlte mich sicher. Sie fegte. Nachdem sie einen Haufen gleichmäßig zusammengefegt hatte, gab sie mir den Besen zurück. Ich blickte auf den Staub und nickte, dann sah ich wieder zu ihr; sie hatte gut gefegt.

Ich habe den Staub auf die Schaufel gekehrt, bin hinausgegangen und habe mein Käppi wieder aufgesetzt.

Einige Augenblicke später bin ich zurückgekommen. Im Büro waren jetzt Männer. Das Mädchen hatte wieder mit der Arbeit begonnen; hinter ihr stand eine dichte Menge deutscher Männer, Zivilisten aus Gandersheim. Wieder habe ich mein Käppi abgenommen. Für sie existierte ich nicht. Ich habe ein Stück Papier aufgelesen, das neben dem Fuß von einem von ihnen lag. Er hat ganz mechanisch den Fuß zurückgezogen und sich dabei mit einem anderen weiter unterhalten. Dann habe ich das gleiche mit einem anderen Stück Papier neben einem anderen Fuß getan. Der Deutsche hat seinen Fuß zurückgezogen, wie man sich im Schlaf, ohne aufzuwachen, eine Fliege von der Stirn jagt. Ich ging durch ihren Schlaf. Ich konnte sie, wenn ich wollte, dazu veranlassen, ihren Fuß zu bewegen; sie bemerkten mich nicht, aber ihr Körper bewegte sich; in dem Maße, in dem ich nicht für sie existierte, leisteten sie mir Folge.

Sie dagegen war wach. Sie beobachtete mein Treiben; sie wußte, daß ich spielte; sie wußte, daß ich das Stück Papier neben dem Fuß nur auflas, um mich den Göttern zu nähern und sie zu veranlassen, ihren Fuß zu bewegen.

Sie konnte sich nicht über mich beschweren, dazu hätte es einer Erklärung bedurft, man hätte das nicht sofort verstanden; sie hätte damit gezeigt, daß die Herren nicht so mächtig waren wie sie, da sie mich ja bemerkt hatte. Sie hätte mich in Erscheinung treten lassen müssen und man hätte darauf mit mir sprechen, Worte für mich formulieren müssen, um mich aufs neue völlig verschwinden zu lassen.

Als ich alles Papier aufgelesen hatte, bin ich daran gegangen, Feuer zu machen. Ich ging zum Ofen und fing damit an, ihn auszuräumen. Das Mädchen hat gemerkt, was los ist, sie ist aufgesprungen, dann hat sie ganz ruhig zu mir gesagt, daß das genüge und daß ich gehen könne.

Ich habe das Büro verlassen und mein Käppi wieder aufgesetzt. Auf der Treppe bin ich zu nahe an einen Zivilisten herangekommen. Er trug einen grauen Kittel, Stiefel und einen kleinen, grünen Hut.

»Weg!« hat er mich mit heiserer Stimme angefahren.

Aber das glitt an mir ab. Das hatte hier vielleicht gar keine große Bedeutung. Aber es war die typische Bewegung der Verachtung – das Übel der Welt –, die immer noch mehr oder weniger offen alle menschlichen Beziehungen beherrscht. In jener Welt, aus der man uns ausgesondert hatte. Aber hier war es deutlicher zum Ausdruck gekommen. Wir gaben der verachtenden Menschheit die Möglichkeit, sich völlig zu entlarven.

Der Zivilist hatte ganz schnell zu mir gesagt: *»Weg!«* Er war nicht stehengeblieben, er hatte es im Vorbeigehen gesagt und das Wort hatte ihn beruhigt. Er hätte nicht deutlicher ausdrücken können, was er meinte: »Ich will nicht, daß du existierst.« Aber ich existierte dennoch. Er machte keinen Eindruck.

Dem verachtetsten Proletarier ist die Vernunft gegeben. Er ist weniger allein als der, der ihn verachtet und dessen Platz immer kleiner wird, der unabdingbar immer einsamer und einsamer wird, immer ohnmächtiger. Ihre Schmähung kann uns nicht treffen, so wenig wie sie den Alpdruck greifen können, den wir in ihrem Kopf verursachen: immer wieder geleugnet, sind wir nach wie vor da.

*

René besitzt ein Stück Spiegel, das er in Buchenwald nach dem Fliegerangriff vom August gefunden hat. Er nimmt es nur zögernd heraus, weil wir uns sofort allesamt draufstürzen und es ihm abverlangen. Wir wollen uns anschauen.

Das letzte Mal, als ich den Spiegel hatte, war es schon lange her, daß ich mich nicht mehr angeschaut hatte. Es war an einem Sonntag; ich saß auf meinem Strohsack und ließ mir Zeit. Ich habe nicht sofort nachgeschaut, ob ich eine gelbe oder gräuliche Gesichtsfarbe hatte, wie meine Nase oder meine Zähne aussahen. Zuerst sah ich ein Gesicht auftauchen. Ich hatte es vergessen. Ich trug immer nur ein Gewicht auf den Schultern. Der Blick der SS, ihre immer gleiche Haltung uns gegenüber bedeuteten, daß es für sie keinen Unterschied zwischen diesem oder jenem Häftlingsgesicht gab. Beim Appell in Fünferreihen mußte die SS in jeder Reihe fünf Köpfe zählen könnnen. *»Zu fünf, zu fünf«*, fünf, immer fünf Köpfe. Ein Gesicht hob sich aus der Masse nur dann heraus, wenn ihm noch ein Gegenstand beigefügt war: zum Beispiel eine Brille, die sich in dieser Hinsicht als eine Katastrophe erwies. Und wenn jemand hervorgehoben, erfaßt *bleiben* sollte, damit man ihn nicht aus den Augen verlor, dann zeichneten ihm die Kapos einen roten Kreis und einen weißen Kreis auf den Rücken seiner gestreiften Jacke.

Auf der anderen Seite hatte niemand durch sein Gesicht der SS gegenüber etwas auszudrücken, das der Beginn eines Dialogs hätte sein können und auf dem Gesicht des jeweiligen SS-Mannes etwas anderes hätte hervorrufen können als diese ständige und für alle gleiche Ablehnung. Da also ein Gesicht in unseren Beziehungen zur SS nicht nur unnötig war, sondern ungewollt sogar gefährlich werden konnte, war jeder von uns bemüht, von sich aus sein eigenes Gesicht zu verleugnen, womit wir uns in Übereinstimmung mit der SS befanden. Verleugnet, zweimal verleugnet, oder aber so lächerlich und provozierend wie eine Maske – etwas von unserem alten Gesicht, der Maske des Menschen, auf unseren Schultern zu tragen, hieße in der Tat, einen Skandal hervorrufen – hatte sich unser Gesicht schließlich auch für uns selbst aus unserem Leben entfernt. Denn selbst in den Beziehungen der Häftlinge untereinander blieb das Gesicht mit diesem Nichtvorhandensein belastet, war fast zu diesem Nichtvorhandensein geworden. Bei den gleichen Streifen, dem gleichen geschorenen Schädel, der fortschreitenden Abmagerung, dem gleichen Lebensrhythmus hier, war das, was dem einzelnen von den andern auffiel, im Grunde tatsächlich nur ein weitgehend kollektives und anonymes Gesicht. Daher diese Art eines zweiten Hungers, der uns alle dazu trieb, uns durch den Zauber des Spiegels wiederzufinden.

An jenem Sonntag hatte ich mein Gesicht im Spiegel. Nicht schön, nicht häßlich, blendete es mich. Es war mitgekommen und lief hier herum. Es war jetzt zwar ohne Beschäftigung, aber es war da, das Gesicht, diese Ausdrucksmaschine. Die Visage der SS verblaßte daneben. Und die Gesichter der Kameraden, die sich ebenfalls betrachten würden, blieben in dem Zustand, den die SS ihnen aufgedrückt hatte. Nur das Gesicht im Spiegel war deutlich. Nur es wollte etwas ausdrücken, das man hier nicht empfangen konnte. Dieses Stück Glas öffnete sich auf eine Zauberlandschaft, eine Fata Morgana. So sahen wir hier nicht aus. So sahen wir nur im Spiegel aus, ganz für sich, und worauf die Kameraden so begierig warteten, das war dieses Stück glänzende Einsamkeit, in dem die SS-Leute und alle anderen ertrinken sollten.

Doch man mußte den Spiegel aufgeben, ihn einem anderen weiterreichen, der schon gierig darauf wartete. Man stand Schlange für dieses Stück Einsamkeit. Und während man sie in der Hand hatte, seine Einsamkeit, bedrängten einen die andern.

Aber selbst wenn ich den Spiegel nicht an einen anderen hätte abgeben müssen, hätte ich ihn doch weggelegt, weil ich das Gesicht, das drin war, bereits ansteckte, es infizierte; es wurde alt, es glich sich dem der Kameraden an, es hing herab, sah elend aus, so wie die Hände, die man mit leeren Augen anschaut. Und es war auch besser so. Dieser neue, vereinzelte, eingerahmte Gegenstand hatte hier nichts zu schaffen. Er konnte nur eine radikale Hoffnungslosigkeit hervorrufen, auf unerträgliche Weise eine Entfernung ausmessen lassen, die ihrem Wesen nach selber unerträglich ungewiß war: es handelte sich hier nicht um einen vergangenen Zustand, an den man sich nur zu erinnern gehabt hätte wie an alle anderen vergangenen Zustände, und der ebenso gewesen wäre wie alle andern auch, nämlich einfach herzzerreißend. Es war vernichtend. Es war das, was man morgen wieder werden konnte, wirklich wieder werden konnte, und gerade dies war das Unmöglichste.

*

Im Lagerraum, der im Kellergeschoß der Fabrik lag, arbeite ich mit Jacques, dem Medizinstudenten, zusammen. Wir haben unsere Ruhe. Wir räumen Flugzeuggestellteile in die einzelnen Fächer ein. Der Zivilist, der uns übergeordnet ist, ist ein Rheinländer. Er ist ziemlich groß, blond; er trägt immer einen weichen, kastanienfarbenen Hut, den er nach hinten geschoben hat. Er muß so um die Fünfundvierzig sein. Er macht ein trauriges Gesicht, sein Gang ist schwer, langsam, abwesend. Er macht einen gelangweilten Eindruck. Er könnte krank sein, an einer chronischen, hartnäckigen, aber nicht sehr schlimmen Krankheit leiden.

Eines Morgens ist er im Kellergewölbe auf uns zugekommen. Er hat uns eine Weile ausdruckslos bei der Arbeit zugesehen. Dann ist er nähergekommen und hat mit ruhiger, ziemlich deutlicher Stimme gesagt:

»Langsam!«

Wir haben uns nach ihm umgedreht, als hätte er gerade ein dröhnendes Signal gegeben. Wir haben ihn angesehen ohne zu antworten, ohne das geringste Zeichen des Einverständnisses zu geben. Auch er hat uns angesehen, er hat sonst nichts gesagt. Er hat nicht gelächelt, hat nicht mit den Augen gezwinkert. Er ist wieder weggegangen.

Langsam! Das genügte durchaus.

Das, was er gerade zu uns gesagt hatte, genügte, ihn in ein Lager zu schicken und einen Gestreiften aus ihm zu machen wie wir es waren. Zu Leuten wie uns, die hier sind um zu arbeiten und zu krepieren, *langsam* zu sagen, bedeutet, daß man gegen die SS ist. Wir haben ein Geheimnis mit diesem Deutschen aus der Fabrik, das er mit keinem anderen Deutschen aus der Fabrik teilt. Wenn er mit den anderen Zivilisten spricht, von denen die meisten Nazis sind, sind wir die einzigen, die wissen, daß er ihnen gegenüber lügt. Wenn sie nicht mehr bei ihm sind, wird er zu anderen Häftlingen gehen und zu ihnen sagen: *langsam*. Er wird das von Zeit zu Zeit von sich geben, nachdem er die, denen gegenüber er sich zurückhält, beobachtet hat, und er wird dann weggehen, ohne etwas hinzuzufügen.

Er langweilt sich. Er tut so, als interessiere er sich für den Bau der Flugzeugrümpfe. Aber er weiß seit langem, daß sie zu nichts anderem dienen, als andere Deutsche für nichts und wieder nichts sterben zu lassen. Er wußte es schon vor dem Krieg. Sein Gesicht des Überdrusses, seine Krankheit kommen nur davon. Wir hätten es ahnen können. Wir verstehen jetzt, wo wir Bescheid wissen, daß dieser Überdruß höchst aufschlußreich ist. Die SS könnte alle Deutschen erschießen lassen, die diesen Überdruß zeigen. Man könnte jetzt fast der Ansicht sein, daß er sich nicht genügend in acht nimmt.

Oft bleibt er an einem Fenster der Fabrik stehen und schaut lange aufs Land hinaus. Wenn er abends dicht an uns vorbeigeht, während wir den Flur des Kellergeschosses fegen, vermeidet er es, uns anzusehen. Er mußte dieses *langsam* sagen.

Fünfzig polnische Häftlinge sind aus Auschwitz angekommen. Es sind ausgesprochene Herren. Die meisten sind kräftig; sie haben rosige Wangen. Sie tragen keine gestreiften Anzüge. Sie haben warme Überzieher, Pullover. Manche haben goldene Uhren. Wir wissen schon, wo das herkommt. Wir kennen Auschwitz. Natürlich haben sie auch Tabak.

Sie sprechen fließend deutsch. Sie sind seit vier Jahren im Konzentrationslager. Sie werden alle Druckposten bekommen, hier wie schon zuvor. Sie waren in Auschwitz daran gewöhnt, zu essen zu bekommen; auch hier werden sie immer zu essen bekommen. Einer von ihnen ist bereits Ordonnanz beim SS-Lagerführer, ein anderer ist in der Küche, wieder ein anderer in der Kantine der SS . . .

Drei von ihnen kommen in den Lagerraum: ein Zahnarzt, ein Offizier, ein Transportunternehmer. Er ist am dicksten: er war in Auschwitz im Lebensmittelmagazin beschäftigt. Sie sind sauber und vergnügt. Der Rheinländer erklärt ihnen, was sie zu tun haben. Sie verstehen sofort. Sie sprechen sehr korrekt und beherrschen die Aussprache so, daß sie dem Zivilisten unbefangen gegenübertreten. Sobald sie ihre Anweisungen bekommen haben, zeigen sie sich beflissen, doch nicht auf dümmliche Weise, sondern interessiert, intelligent sogar. Wenn einer der Meister kommt und von Jacques oder von mir ein Ersatzteil verlangt, kommen sie uns zuvor und stellen einige Fragen, die zeigen, wie sehr ihnen an der Sache gelegen ist. Der Rheinländer betrachtet sie mit einer gewissen spürbaren Neugier.

»Wir sind *besondere* Häftlinge«, hat uns einige Tage später der Zahnarzt mit näselnder Stimme erklärt.

Der Zivilist, der im Kellergeschoß die Leitung hat, kommt; er ist ein Nazi. Er hat das Aussehen und das Gehabe eines Junkers. Die drei Neuen nehmen die Mütze ab und schlagen die Hacken zusammen. Sie stehen stramm und schauen dem Zivilisten gerade und ergeben ins Gesicht. Der Zivilist ist zufrieden. Er sieht uns an. Die andern sind dicker, sauberer.

Wir sind zuviel. Der Zivilist spricht. Wir verstehen *Zaunkommando*: das bedeutet Erdarbeit, im Schnee zur Zeit. Es ist das Strafkommando geworden. Der Zivilist hat zu Ende gesprochen. Wir rühren uns nicht; er geht weg.

»Was hat er gesagt?« fragen wir den Zahnarzt.

Der weiß, was er gesagt hat; er hat genau verstanden. Wie immer blieben wir außerhalb, wir hatten so gut wie nichts mitgekriegt. Wir hatten nur das Wort gehört, aber wie war es in den Satz gekommen? Auf jeden Fall ist eine Entscheidung getroffen worden, wir wagen nicht zu erraten was für eine, sicherlich betrifft sie uns, uns, die wir immer außerhalb von dem sind, was hier geschieht, wie zwei Taube, und die wir uns jetzt bei dem andern, der ganz neu ist, erkundigen: »Was hat er gesagt?«

»Ich glaube, ihr kommt zum Zaunkommando«, antwortet der Zahnarzt.

Er hat das Urteil weitergegeben und ruhig, mit einem Gefühl der Zufriedenheit, läßt er uns stehen.

Ein Meister kommt, um ein Werkstück zu holen. Schließlich findet er es, doch er bleibt stehen, das Werkstück in der Hand: das Fach, in dem er es gefunden hat, entspricht nicht dem, das in der Kartei angegeben ist. Er fragt den Zahnarzt, wer das eingeräumt hat.

»Der Franzose«, antwortet der Zahnarzt.

Der Zivilist zuckt die Achseln, er weiß schon, daß wir wegkommen. Wir kommen weg, weil wir nicht deutsch sprechen, weil wir unsere Arbeit nicht rasch genug verrichten, weil wir häßlich ausschauen, weil der Leiter des Kellergeschosses nicht einen Augenblick zwischen diesen Neuen und uns schwanken kann. Wenn wir nicht deutsch sprechen, wenn wir mager sind und häßlich aussehen, wenn wir nicht vor einer Werkbank zu gebrauchen sind, stellen wir für die SS und die Nazis die Quintessenz des Übels dar. Für uns gibt es nur das Zaunkommando. Das ist unser Platz.

Morgen werden wir nicht wie an den anderen Tagen mit denen vom Lagerraum antreten. Wir werden sie von nun an als die großen Drückeberger ansehen. Wir werden von neuem zu der kleinen Gruppe gehören, die draußen arbeitet. Die Gesichter dort sind nicht die gleichen: Schnee und Wind sind über sie hinweggegangen. Beim Zaunkommando sind die Gesichter geschwollen, die Bewegungen langsam. In ihren Augen, die nicht mehr reagieren, den Dingen nicht mehr folgen, liegt ein Ausdruck hoffnungslosen Elends. Draußen läßt man sie jetzt in Frieden: die Kälte genügt. Man hat sie buchstäblich wieder der Kälte ausgesetzt. Man sieht sie morgens zu zweit oder zu viert dahingehen, wobei sie ein

Brett oder einen Balken tragen oder versuchen, ein Loch in den gefrorenen Boden zu graben. Mehrere Male ist einer von ihnen, der nicht mehr konnte, in die Fabrik gekommen und ist verstört zum Ofen gelaufen. Die andern, die Kameraden, die ihn bemerkt hatten, sahen ihn verstohlen an, ohne sich zu rühren, sie zitterten um ihn. Der, der den Ofen zu heizen hatte, versuchte rasch, ihn hinauszukomplimentieren. »Du, paß auf, das ist verboten, ich werde wegen dir angeschissen!« Der Junge gab keine Antwort und blieb mit verkrampftem Körper und roten Augen an den Ofen gedrückt stehen. Man hatte ihn bis dahin immer noch nicht bemerkt. Als er sich etwas aufgewärmt hatte, wagte er nachzusehen, woher die Gefahr kommen würde. Und sie kam. Ein Zivilist, zehn Meter von ihm entfernt, fing an zu brüllen und stürzte auf ihn zu. Der Kamerad ließ ihn herankommen, bis zum Schluß an die Wärme geklammert. Als der Zivilist dicht bei ihm war, ließ er sich schlagen, zuerst ins Gesicht, wobei er sich nur mit den Armen schützte. Dann kamen die Fußtritte in den Arsch, die Faustschläge in den Rücken. Der Zivilist geriet über diese Sturheit, über diese tierische Hartnäckigkeit in Wut. Der Kamerad floh schließlich, ein paar Meter weit verfolgt. Aus dem Paradies vertrieben. Die andern sahen zu. Irgend etwas tun, aber nicht zum Zaunkommando kommen.

Schon verspürte ich die Angst im ganzen Leib, in allen Teilen des Körpers. Ich weiß nicht, wie ich diese Teile schützen werde und welchen Teil zuerst. Ich kann es mir nicht aussuchen. Aber ich kann mir nicht vorstellen, wie ich sieben Stunden hintereinander die Kreuzhacke in den gefrorenen Boden schlagen kann, bei dem Wind, der durch alle Öffnungen bläst und sogar direkt durch den Stoff dringt.

Es sind gestreifte Kapuzenmäntel und andere Mäntel verteilt worden. Die Aristokratie hat die besten bekommen. Eines Nachts, als ich pinkeln ging, habe ich unterwegs auf dem Boden einen Kapuzenmantel gefunden und an mich genommen. Er stank. Er war dünn und zerrissen. Auch die zerrissene Hose rauht mir die Schenkel auf. Ich bin gekrümmt, ziehe den Kopf ein, ich bin alt. Seit Wochen habe ich von meinem Fleisch nur die Hände gesehen.

Der Gedanke ans Zaunkommando quält mich, ich werde versuchen, nicht hinzugehen. Ich werde versuchen, in der Fabrik einen Druckposten zu finden, eine Stelle zu finden, wo ich so tun werde, als arbeitete ich, schließlich wird man sich an mein Gesicht gewöhnen; der Kapo wird denken, daß ich vielleicht hier eingeteilt worden bin. Ich werde versuchen, nicht zum Zaunkommando zu gehen.

Das Kellergeschoß der Fabrik wird durch einen Gang in zwei Hälften geteilt. Auf der einen Seite liegen die Gewölbefelder des kleinen Lagerraums, auf der anderen sind die Löträume, die Drehbänke und die Schmiede. Das Zivilpersonal kommt durch die große Kellertür herein, die auf die Wiese und die Straße nach Gandersheim geht. Am anderen Ende des Kellergeschosses ist ein kleiner Ausgang, der auf einen Abhang geht, von dem aus man auf die zur Kirche führende Straße kommt. Weiter unten, links von der Fabrik, wenn man nach Norden schaut, liegt eine Reihe Baracken: die Kantine des Personals, die der SS, die Lebensmittelmagazine, die Stromverteilung, die Schuhmacherwerkstatt usw. . . .

Im Erdgeschoß der Fabrik ist die *Halle*. Dort werden die Duraluminiumstücke geformt und die Flugzeugrümpfe montiert. Paul arbeitet in der Halle. Er bringt seinen Tag vor einem Schraubstock zu und schlägt dabei auf Duralplatten. Er verpfuscht soviele wie möglich, die er dann draußen auf den Schrotthaufen werfen geht und sich so vor der Arbeit drückt. Tagsüber sehen wir uns kaum, Paul und ich. Wir kommen erst abends in der Kirche wieder zusammen, mit Gilbert. Gilbert, der gut deutsch spricht, fungiert als Dolmetscher zwischen den Häftlingen in der Halle und den Meistern, die die Arbeit beaufsichtigen. Die Meister haben eine gewisse Achtung vor ihm, weil er ihre Sprache spricht, die Sprache des guten Deutschlands, die Sprache, die sie auch im Bett sprechen. Sie wissen nicht so recht, wie sie ihn einordnen sollen, diesen Kerl, der wie wir einen gestreiften Anzug trägt und der sie sofort versteht und den auch sie auf der Stelle kapieren, wie einen der ihren. Weil er die Sprache der Meister spricht, gelingt es Gilbert oft, den Kameraden Schläge zu ersparen. Das geht dann gewöhnlich so vor sich:

Der Kamerad arbeitet in seiner Werkstatt; der Meister kommt. Er sieht sich das Werkstück an, das in den Schraubstock gespannt ist. Es ist verpfuscht. Der Meister weist den Kameraden darauf hin, manchmal in ruhigem Ton. Der Kamerad versteht nicht, er gibt keine Antwort, er zuckt nur die Achsel. Darüber regt sich der Meister auf. Er schreit. Gleich wird es passieren. Der Kamerad spürt, daß es gleich passieren wird. Darauf sagt er zu seinem Nachbarn: »Geh Gilbert holen!« Aber das dauert lang und man muß den Dolmetscher erst finden. Es heißt also Zeit gewinnen.

»Moment, Moment, Dolmetscher«, sagt er zum Meister, und zeigt mit dem Finger ans andere Ende der Fabrik.

»Dolmetscher? Was Dolmetscher?« empört sich der Meister. Wenn der Kamerad dann Glück hat, kommt Gilbert darüber hinzu. Sofort spricht er deutsch mit dem Meister. Er nagelt ihn fest. Mit seiner eigenen Sprache zieht er ihn an sich. Man mußte zuerst einmal den Kameraden freibekommen, das ist geschehen. Jetzt sprechen der Meister und der Dolmetscher deutsch miteinander. Der Kamerad ist nicht mehr gefragt. Was sie erzählen, hat keine Bedeutung mehr: daß der Kamerad die Arbeit nicht kennt, daß es nicht sein Beruf ist und daß man von ihm nicht verlangen kann, etwas, das er zum ersten Mal tut, richtig zu machen; daß er kein Deutsch versteht und daß das nicht seine Schuld ist. Sie sprechen deutsch, das geht in Ordnung. Diesmal wird er ihn nicht verdreschen. Das Gebell des Meisters wird schon zu einem Knurren; er sieht Gilbert von der Seite an und geht schließlich weg.

So greift Gilbert bald in dieser, bald in jener Werkstatt ein, und die von ihm gehandhabte deutsche Sprache wird zu einem Schutzschild für die Kameraden. Aber mit der Zeit ist er aufgefallen und hat die Kapos gegen sich aufgebracht: vor allem Fritz, mit dem er sich schon gekloppt hat. Das war allerdings, bevor die SS offiziell erklärt hat, daß der, der einen Kapo anfaßt, gehängt wird. Die Kapos wollen nicht dulden, daß der Dolmetscher, der natürlich großen Einfluß auf die Häftlinge hat – Gilbert ist der einzige politische Franzose, der eine offizielle Verantwortung hat –, nicht mit ihnen gemeinsame Sache macht. Sie möchten, daß er die Kameraden schlägt, anstatt sie zu verteidigen. Sie möchten, daß er eindeutig das Spiel der Aristokratie mitspielt. Da aber Gilbert weder bei den Schlägen, noch beim Schwarzhandel mitmacht, beschuldigen sie ihn der Agitation. Sie zeigen ihn beim Lagerältesten an, der ihn nun wiederum in der Reserve hält, um ihn, sobald es für ihn nützlich sein kann, der SS auszuliefern. Auf jeden Fall wird Fritz später einmal sich dieses Vorwands bedienen, um zu versuchen, sich für den Faustschlag, den er bekommen hat, zu rächen.

Andere arbeiten in einem großen Gebäude hinter der Fabrik, genau an der Bahnlinie. Es ist der große Lagerraum. Dorthin kommen aus Rostock, aus dem Mutterhaus Heinkel, die Hauptwerkstücke. Im großen Lagerraum gibt es auch eine Menge kleiner, wertvoller Gegenstände: Nägel, kleine Dosen, in denen man seine Ration Margarine aufbewahren kann, Nageltütchen aus steifem Papier, in denen man Papiere sicher aufbewahren kann, Eisendraht, um das zusammenzubinden, was uns noch an Schuhen bleibt, Teerpapier, das die vom Zaunkommando benützen, um sich vorm Regen zu schützen. Wir haben uns oft dort herumgetrieben. Es ist dort still und der Ort wird kaum überwacht. Ständig ist ein russischer Häftling da, er ist mit der Bestandsaufnahme des Materials beauftragt. Manchmal, wenn er die Nase in eines der Gewölbe steckt, sieht er einen Kerl, der auf dem Boden kauert und sich eifrig zu schaffen macht. Es ist ein Mann, der klaut. Der Russe sagt nichts.

Manchmal, wenn man eine Tüte mit Klammern in der

Hand hält, träumt man, daß dieses so schwere und so volle Ding ein Säckchen mit Körnern sein möge. Aber hier ist es unmöglich, etwas anderes zu finden als Eisen.

Wir sind immer noch in dem kleinen Lagerraum im Erdgeschoß, Jacques und ich. Bald ist es halb eins, die Zeit der Suppenausgabe. Wir bekommen mittags noch eine Suppe, aber das wird nicht mehr lange dauern. Bald werden wir noch morgens das Brot mit der Margarine bekommen und abends die Suppe. Während wir darauf warten, daß die Sirene ertönt, habe ich mich in eines der Gewölbe verdrückt. Ich bin seit einigen Minuten dort, als eine deutsche Frau kommt. Sie sucht ein Werkstück. Ich tue so, als suchte ich auch. Ich beobachte sie aus den Augenwinkeln. Sie ist jung, mager, ziemlich groß und hat bläuliche Augen in einem bleichen Gesicht und helles Haar.

Sie sieht zu mir herüber; ich tue immer noch, als suchte ich etwas. Damit es natürlicher aussieht, höre ich sogar auf, sie zu beobachten und verliere sie für einige Sekunden aus den Augen. Sie ist ans Ende des Gewölbes gegangen, nach außen zu. Sie streckt den Kopf vor, wobei sie mir den Rücken zuwendet, es sieht so aus, als ob sie im Gang etwas beobachte. Dann wendet sie sich mir zu, kehrt ins Gewölbe zurück, geht auf mich zu, bleibt stehen und lehnt sich an ein Regal. Ich lehne mich ebenfalls an ein Regal, zwei Meter von ihr entfernt. Ich weiß nicht, was sie will. Sie schaut wieder zu mir hin. Sie zögert. Sie rückt seitlich an mich heran, immer noch dem Regal zugewandt. Ich rühre mich nicht. Sie kommt bei mir an. Sie dreht rasch den Kopf um, sieht zum Gang hin. Dann steckt sie die linke Hand in die Tasche ihrer Schürze. Sie zieht sie heraus, die Hand umschließt etwas. Ihr Gesicht verkrampft sich. Sie hält mir die geschlossene Hand hin.

»Nichts sagen«, sagt sie leise.

Ich nehme, was sie in der Hand hat.

»Danke.«

Was sie in der Hand hatte, ist hart. Ich drücke drauf, es knackt.

Ihr Gesicht entspannt sich.

»Mein Mann ist Gefangener.«

Und sie geht weg.

Sie hat mir ein Stück Weißbrot gegeben.

Ich stecke die Hand in die Tasche, ich lasse das Stück nicht los.

Nach diesem Ereignis halte ich es hier nicht mehr aus. Ich verlasse das Gewölbe, die Hand in der Tasche. Die Kameraden im Lötraum beugen sich über ihren Schneidbrenner. Ihnen ist nichts dergleichen zugestoßen. Es ist, als betrachte ich sie von außerhalb des Stacheldrahts.

Es ist eine Frau aus der Fabrik. Sie arbeitet zusammen mit den anderen Frauen, die lachen, wenn ein Meister einen unserer Kameraden schlägt. Auch der Rheinländer arbeitet bei ihnen. Die Kameraden wissen nicht, was sich zugetragen hat zwischen dieser Frau und mir, der ich einer der ihren bin. Sie haben ihr Gesicht nicht gesehen, als sie mir das Brot hingehalten hat, und ihr Gesicht, als sie es losgelassen hat. Krume und Rinde: das ist Gold. Die Zähne werden es verderben, sie werden auch davon eine Kugel machen, die sofort hinuntergeschluckt wird. Es ist kein Brot aus der Fabrik Buchenwald, Brot = Arbeit = Schläge = Schlaf; es ist menschliches Brot. Man muß ganz langsam damit machen; aber selbst wenn man langsamer macht als gewöhnlich, wird dieses Brot aufgegessen werden; und weil das zum Essen ist, hat sie gesagt *nichts sagen*. Ich muß es also essen. Danach wird es vorbei sein; es wird kein anderes Stück von diesem Brot geben.

So wie das, was sich mit dem Rheinländer ereignete, unvollständig blieb, so blieb auch das, was sich mit dieser Frau ereignete, unvollständig. Sie sind für einen Augenblick im Dunkel des Gewölbes aufgetaucht. Sie haben ein Zeichen gegeben. Im Lötraum, in der Halle, draußen im Tageslicht werden sie uns auch weiterhin aus dem Weg gehen. Wenn wir der Frau begegnen, wird sie vielleicht unmerklich mit dem Kopf nicken und wenn wir in den Korridoren der Fabrik an dem Rheinländer vorbeikommen, wird er zwischen den Zähnen *»Guten Morgen, Monsieur«* murmeln. Das ist alles. Man wird sich damit zufrieden geben müssen, das zu wissen. Doch die Macht der Erwartung ist ungeheuer geworden. Überzeugungen werden durch Zeichen vermittelt. *Nichts sagen, langsam:* durch die Sprache werde ich nie mehr von ihnen erfahren.

Wie das Stück Brot sind auch diese Worte der Schlüssel zu diesem schwarzen Keller, zu diesen für uns fast völlig unzugänglichen Katakomben: dem Gewissen – das, was es damals in Deutschland an Gewissen gab.

Wir werden auf ihn lauern, wir werden ihn wittern, den verborgenen Deutschen, der der Meinung ist, daß wir Menschen sind.

Die Sirene ist gegangen. Wir stürzen los, um die ersten in der Reihe zu sein und als erste unsere Suppe zu bekommen. Wenn es dann einen Nachschlag gibt, haben wir Zeit, unser Glück zu versuchen.

Wir stellen uns an dem Hang, der zur Kirchstraße hinabführt, in Fünferreihen auf. Fritz zählt ab und nennt dem roten SS-Mann die Zahl, der damit einverstanden ist. Wir laufen in Reihen den Hang hinab, wir passieren das Stacheldrahttor. Wir gehen schnell. Heute gibt es Bohnensuppe. Wieder wird in einer halben Stunde alles vorbei sein; doch im Augenblick haben wir noch nicht angefangen: wie immer müssen wir uns zwingen, damit ein Gedanke den andern verjagt.

Der Himmel ist grau. Die Straße ist mit schmutzigem Schnee bedeckt. Heute geht kein Wind; es ist nicht allzu kalt. Wir stapfen durch den Schmutz, als wir den Hang wieder hinaufgehen, der zur Erdaufschüttung führt, auf der die Kirche steht. Der Lagerälteste und der junge SS-Mann, der die Kameraden die Freiübungen machen ließ, warten. Auf dem Kirchenvorplatz zählt uns Fritz noch einmal. Der Lagerälteste zählt ebenfalls. Die Rechnung stimmt. Auf das Signal hin stürzen wir in den Hof, innerhalb des Stacheldrahtzauns.

Der Koch hat den Suppenkübel herausgebracht. Er dampft. Der SS-Mann kommt und steigt auf den Tisch, der an der Küchenwand steht. Wir stehen da in mehreren Reihen, und ein Stimmengewirr kommt auf.

»Ruhe!« brüllt der SS-Mann.

Man hört nichts mehr. Der Küchenbulle fängt an auszuteilen. Wenn wir an dem SS-Mann vorbeikommen, müssen wir unsere Mütze abnehmen. Müssen sie danach unter den Arm nehmen und dann, wenn wir vorm Koch stehen, das Kochgeschirr mit beiden Händen an den Kübel halten. Die Suppenkelle kommt heraus und der Inhalt fällt ins Kochgeschirr. Wir stellen uns auf die Zehenspitzen, um die Suppe zu sehen.

»Ist sie schön?« fragt man hinter uns.

»Ruhe!« brüllt der SS-Mann.

Der, der gerade seinen Schlag bekommt, gibt keine Antwort; er stürzt kopfüber davon und flüchtet sich mit seinem Kochgeschirr in die Kirche.

Der Koch ist mächtig. Wenn er will, kann er nachher dem Kerl, dessen Nase ihm gefällt, nochmals eine Portion geben. Er braucht nur ein zweites Mal die Kelle in den Kübel zu tauchen, sie wieder herausziehen, und der Bauch wird zweimal gefüllt. Jetzt komme ich gleich dran. Ich sehe sie jetzt. Sie ist schwarz, dick. Die Kelle taucht tief hinein und kommt wie ein Baggereimer wieder hoch. Sie ist für den, der vor mir dran ist. Sie ist schwer, sie läuft über, ist fettig. Die Oberfläche der Suppe im Kübel bewegt sich nicht; kein Glanz, kein Plätschern, ein einziger Block. Ich komme vor dem Kübel an, die Mütze unterm Arm. Der Küchenbulle sieht mich an. Er taucht die Kelle bis auf den Grund ein. Ich halte das Eßgeschirr an den Kübel, er zieht die Kelle aus der Suppe. Es ist ungeheuer: Bohnen, Bohnen, eine dicke, unergründliche Masse. Als die Kelle aus dem Suppenbrei herauskam, hat es ein dumpfes, schlammartiges Geräusch gegeben; der Koch hält die Kelle richtig, er läßt nichts herausfallen; er hat alles in das Kochgeschirr gekippt, das schwer ist und voll bis zum Rand. Es ist undenkbar, daß diese Suppe verschüttet werden kann.

Schon sind die ersten fertig. An der Kirchentür klebend, warten sie auf den Nachschlag. Man muß unaufhörlich schreien, damit sie Platz machen und dazu das Kochgeschirr schützen. Sie schauen auf das meine, das noch voll ist.

»Du bist gut bedient worden«, sagen sie.

Ihr Kochgeschirr ist bereits leer. Die Augen auf dem meinen, müssen sie etwas sagen.

Ich komme an meinem Platz an. René ist bereits da. Er hat seine Portion fast aufgegessen. Die beiden vom Nachbarbett ebenfalls, zwei Auvergnaten, von denen der eine in der Fabrik fast blind geworden ist. Ich setze mich vorsichtig auf den Strohsack. Sie sind fertig. Sie rühren sich nicht. Sie sehen nach dem vollen Kochgeschirr, das ich auf meinen Knien halte. Ich nehme meinen Löffel und fange langsam an, meine Suppe abzuschöpfen.

»Sie ist schön heute«, sagte René und sieht sie mit schrecklichen Augen an.

Die andern sagen nichts. Ich auch nicht. Nach einigen Löffeln halte ich einen Augenblick inne. Ich sehe sie an, es ist weniger geworden. Ich habe das Flüssigste abgeschöpft. René bemerkt ebenfalls, daß es weniger geworden ist. Bald werde ich dasitzen wie er. Das beruhigt ihn.

Jetzt kommt das Dicke dran. Diese Suppe stopft; das Blut steigt zu Kopf. Die Frage, ob sie nun gut ist oder nicht, stellt sich erst gar nicht: sie ist schön. Ich mache langsam, aber sie wird weniger. Ich mache noch einmal eine Pause. Es bleiben nur noch einige Löffel voll übrig. Ich kratze zunächst den Bohnenbrei ab, der sich am Rand festgesetzt hat. Das Kochgeschirr ist fast leer, die beiden Kameraden schauen nicht mehr hin. Ich mache mich nun an den Rest. Der Löffel kratzt über den Boden, ich spüre es. Jetzt taucht dieser Boden auf, man sieht nur noch ihn. Es ist keine Suppe mehr da.

Draußen gibt es Geschrei wegen des Nachschlags. René ist schon weg. Ich *müßte* eigentlich auch hingehen. Ich weiß, daß ich keinen bekommen werde, aber man muß es versuchen.

Etwa hundert Mann drängen sich um den Küchenbullen, der sie mit seiner Kelle bedroht. Der Küchenkapo kommt aus der Baracke und läßt sie in Reihen aufstellen.

»Keine Disziplin, kein Nachschlag!« schreit der Kapo.

Die Kameraden wissen, was das heißt, die Disziplin, die vor allem die Disziplin der kriminellen Kapos ist. Das heißt, daß der Schreiner, der für den Lagerältesten kleine Arbeiten macht und ihm zu Weihnachten Spielzeug schnitzt, daß der französische Stubendienst, diese kleine Tunte, ebenfalls ein Krimineller, der mit diesem Lagerältesten schläft, und andere kleine Kumpels bereits ihren Nachschlag bekommen haben. Das heißt, daß Lucien bereits gekommen ist, um einige Kochgeschirre mit Nachschlag abzuholen, für sich und jene, mit denen er sie gegen Tabak eintauscht; ganz zu schweigen von den Kapos selber. Da also nur noch ein paar Liter Suppe übrigbleiben, kümmern sich die Kameraden einen Dreck um die Disziplin. Es ist ein Ansturm. Der Kapo greift mit einem Strahl Wasser ein. Naß bis auf die Knochen hauen sie schimpfend ab. Der Wasserstrahl hat aufgehört. Sie stürmen wieder auf den Kübel zu. Jetzt fängt der Kapo an zu prügeln, der Küchenbulle haut mit der Kelle drauf. Er ist besten Gewissens empört.

Die Leute drängen sich um den Kübel und versuchen, ihr Kochgeschirr dranzuhalten. Die Hinteren laufen um die Menschentraube herum, um eine Lücke zu finden.

»Keine Suppe!« brüllt der Kapo.

Die, die das Kochgeschirr nicht über eine Schulter hinwegreichen können, versuchen von unten an den Kübel heranzukommen. Sie lassen sich auf die Köpfe treten.

»Es wird nichts mehr ausgeteilt!« brüllt der Küchenbulle.

»Saubande, die haben sich den Bauch vollgeschlagen!« schreien die Leute, die sich gegen den Kübel drängen und sich gegenseitig auf die Füße treten.

Der Kapo befiehlt dem Küchenbullen, den Kübel hineinzubringen.

»Ihr seid die reinsten Tiere!« brüllt der Küchenbulle.

Schluß. Es gibt keinen Nachschlag mehr.

»Scheiße!« schließt der Kapo und blickt über die Masse der Männer hinweg.

Der Küchenbulle hat den Kübel in die Küche gebracht; der Kapo ist ebenfalls hineingegangen und hat die Tür hinter sich abgeschlossen. Die Männer bleiben an der Tür kleben. Sie warten immer noch. Der Kapo kommt heraus, er bespritzt sie von neuem mit dem Wasserstrahl. Darauf gehen sie mit baumelndem Kochgeschirr in die Kirche zurück.

Lucien, an die Tür gelehnt, ißt in aller Ruhe sein zweites Kochgeschirr leer. Ich bin mit einigen andern im Hof geblieben. Wir wußten, daß es keinen Nachschlag geben würde. Ich behalte mein Kochgeschirr in der Hand und sehe nach der Küchentür. Wir wissen, daß nichts kommen wird. Noch ein Blick auf das Kochgeschirr.

»Scheiße!«

Ich habe das Kochgeschirr auf den Tisch an der Küchenwand gestellt.

»Antreten!« brüllt Fritz.

Es geht in die Fabrik zurück.

*

Wir hören diese Nacht schon eine ganze Weile die Flugzeuge. Es ist ein gleichmäßiges, sicheres Geräusch. Sie fliegen über uns hinweg, das Geräusch erfüllt die Kirche und hält uns wach. Dieses Geräusch ist ebenso stark wie die Nacht, es durchdringt alles, brummt in den Ohren der SS, die darüber genauso winzig wird wie wir. Es macht dem dicken, fetten SS-Mann in seinen warmen Laken Angst. Uns aber streichelt es den Leib auf dem Strohsack.

Die Zeit, in der jedes einzelne der Flugzeuge das Kommando überfliegt, ist sehr kurz. Unser Universum ist eng, ein paar Dutzend Quadratmeter. Sie wissen nicht, daß sie über uns hinwegfliegen. Für sie gibt es nachts eben Bahnhöfe, Fabriken und irgendwo dazwischen in diesem Netz empfindlicher Punkte auch Lager wie das unsere. Sie werfen die Bomben ganz in der Nähe ab, das dröhnt, verbreitet Schrecken. Wir fühlen uns nicht mehr so verlassen. Sie sind da, das Geräusch dauert fort, wir richten uns auf, wir lauschen; sie sind mächtig, ungreifbar. Die SS zittert. Wir haben keine Angst, und wenn wir Angst haben, ist es eine Angst, die gleichzeitig auch lachen macht. Sie sitzen in ihrer kleinen Kabine, sie sind gekommen, um eine Stunde über Deutschland zu verbringen, sie werden nie wissen, wer wir sind, doch die Bombardierung buchen wir für uns. Wir kosten die Angst der SS ganz aus.

Wenn sie bei Tag über uns hinwegfliegen und die SS da ist, ergibt sich eine neue Gleichheit zwischen ihnen und uns. Sie blicken hinauf in den Himmel, dann beobachten sie uns. Die Flugzeuge erinnern sie daran, warum wir hier sind; dann sind wir für einen kurzen Augenblick vielleicht keine *Banditen* mehr, sondern sie sehen uns als Feinde, sogar als Gegner an?

Die Melodie dieses Geräuschs in der Nacht. Ruhig und lang. Wir sind unter ihrem Dach. Und dann fängt es an: vor einer Stunde waren sie zu Hause, in einer Stunde werden sie wieder zurück sein. Der Traum: ein Flugzeug landet auf der Wiese, nimmt uns an Bord, wir fliegen davon; zwei Stunden später läute ich an meiner Tür. Es wäre zwei Uhr morgens. Um zwei Uhr morgens, gleich nachher, in einer Stunde, in der ich hier sein werde, könnte ich zu Hause sein. Das rechnen wir uns mehrmals in der Nacht aus. Wir klammern uns an alles, was die Entfernung aufhebt, an alles, was darauf hinweist, daß sie überwindbar ist, daß wir nicht wirklich in einer anderen Welt leben: fünf Tage Fußmarsch, und wir sind in Holland, acht Tage Fußmarsch, in Köln. Durch das Zurücklegen einer Entfernung mit meinen Beinen, durch einen einfachen Fußmarsch, kann ich wieder zu dem werden, der um zwei Uhr morgens an seiner Tür geläutet hätte, wenn das

Flugzeug ihn mitgenommen hätte. Es gibt unendliche Möglichkeiten.

Es ist nicht einmal notwendig, Kilometer zurückzulegen. Dort, hinter dem Stacheldraht, nur einige Schritte und ich bin auf der Straße. Es ist geschafft. Ich brauche nur dieser Straße zu folgen und mich nach den Sternen zu richten: ich bin wieder in der Welt von jedermann. Alles ist möglich in dieser Nacht. Die Hindernisse, die ich vor mir aufstelle: die gestreifte Kleidung, die fehlende Nahrung, mein geschwächter Körper, alle Möglichkeiten des Scheiterns, das Erhängen, wenn ich wieder geschnappt werde, Hindernisse über Hindernisse. Ich kann sie überwinden. Es gibt nichts Unmögliches, denn ich weiß, daß es den Westen gibt, und ich weiß, wo ich hingehen will. Doch im gleichen Augenblick, in dem ich das weiß, weiß ich auch, daß beim Erwachen dieses Gleichgewicht zwischen dem Möglichen und dem Unmöglichen zerstört sein wird. Nur, im Augenblick weiß ich nicht, ob ich beim Erwachen recht habe oder jetzt. Meine in der Nacht wiedergefundene Macht wird sich beim Erwachen auflösen. Die Straße wird nur noch das Stück Straße sein, das zur Fabrik führt; der Westen wird jenes Wäldchen sein, das dahinter liegt; der Rest wird ausgelöscht sein. Überall wird es den Stacheldrahtzaun geben, einen Wachtposten und mein Gefangenendasein. Wenn ich denke und mich fortbewege, werde ich hinter mir stets den Stacheldraht, den Kapo, den Hunger, die Wunden haben; ich werde den Kopf einziehen, werde zusammengekrümmt sein, bereits ein Produkt der Gefangenschaft und nicht von vorher. Dazu spreche ich französisch, und es soll vorkommen, daß ich, genau wie die Kameraden, noch *Umgangsformen* habe und mich entschuldige, wenn ich einen Kameraden anrempele: und es wird wohl eher dies sein, was mich beim Erwachen auf den Gedanken bringt, daß wir alle verrückt sind. Denn was ist, ist; was wir sind, sind wir; und beides zusammen ist unmöglich.

Würde ein unerfahrener Beobachter uns einige Tage zuschauen, wie wir leben, so würde er vielleicht daran zweifeln, daß wir alle für die gleiche Sache kämpfen, und daß die Leute, die hier sind, einmal gekämpft haben.

In der Fabrik würde er einen Franzosen sehen, der für die Kinder des Meisters Spielzeuge macht: kleine »Tiger«-Panzer; wie ein Vorarbeiter einen anderen Franzosen anschreit, weil er nicht arbeitet, wie der erste Franzose weiterhin Spielzeug macht, wie der Meister ihm auf die Schulter klopft und ihm Brot gibt, dann einem Russen, der nebendran steht und nicht genug arbeitet, eine schmiert, wie neben dem Russen ein anderer tschechischer Häftling ebenfalls ein kleines Spielzeug herstellt und dafür Brot bekommt, wie ein anderer Franzose sich zusammenknüppeln läßt, weil er schlecht arbeitet, und wie ein Russe seine dritte Suppe ißt.

Bei der morgendlichen Brotverteilung, noch vor Anbruch des Tages, im Hof der Kirche, würde er unsere Schreie hören, Schreie der Italiener, der Franzosen, der Russen, die sich gegenseitig wegdrängen und sich kloppen, um nicht die letzten zu sein, und er würde sehen, wie der Kapo für Ordnung sorgt.

Denn es genügt der SS nicht, daß sie die Häftlinge geschoren und verkleidet hat. Damit ihre Verachtung vollkommen gerechtfertigt ist, müssen die Häftlinge sich ums Essen prügeln, müssen sie angesichts der Nahrung verkommen. Und die SS tut alles hierzu. Aber im Grunde sind sie in dieser Hinsicht nur ordinäre Idealisten. Denn die Häftlinge, die den Kübel mit dem Nachschlag stürmen, bieten sicherlich ein *gemeines* Schauspiel, doch sie erniedrigen sich nicht, wie die SS meint, wie dieser Beobachter meinen würde und wie es jeder von uns hier meint, wenn er nicht gerade hinter dem Nachschlag her ist.

Nicht sterben zu müssen, das ist hier das wirkliche und einzige Ziel der Schlacht. Weil jeder Tote ein Sieg der SS ist. Doch die Häftlinge haben nicht beschlossen, sich gegenseitig auszubeuten, um am Leben zu bleiben. Sie werden alle von der SS und den Kapos, die keine Politischen, sondern Kriminelle sind, ausgebeutet. Der grundlegende Widerspruch für den Beobachter zwischen dem Krieg, der zu Hause weitergeht, und diesem Gewimmel hier, das ist zuallererst das volle Gesicht des Kapos (der seine *menschliche Gestalt* gewahrt hat – und nie ist sie so unverschämt, so gemein gewesen wie hier, nie hat sie eine solch gigantische Lüge enthalten), und zweitens das Lächeln der SS, das den Schlüssel dazu liefert.

Die Männer, die sich so schlagen oder beschimpfen, sind keine Feinde. Sie nennen sich ja untereinander zu Recht *Kameraden*, weil sie sich nicht zu diesem Kampf entschlossen haben, sondern weil er ihr natürlicher Zustand ist.

Ich bin direkt in die Fabrikhalle gegangen. Es war halb sieben morgens. Draußen war es noch dunkel und es schneite. Ich bin einen Augenblick lang in der Halle umhergeirrt, durch die Werkstätten gestreift; der Lärm des Kompressors hat die Fabrik erschüttert. Der dicke Kapo Ernst, der als Polizist in der Halle fungiert, saß hinter seinem Tisch neben dem Heizkessel. Er hatte in der Kirche bereits sein erstes Viertel Brotlaib gegessen. Jetzt machte er sich über ein großes Stück Zivilbrot und einen Topf Marmelade her.

Die Kameraden, die über den Schraubstock gebeugt waren, beobachteten ihn. »Diese dicke Sau.« Ernst, der mit seinem zahnlosen Mund oft mit den Zivilisten lachte, manchmal auch mit den SS-Leuten und mit seinen Kapokollegen, aß heute mit fast finsterem Gesicht. Auf einem Stuhl sitzend, breitete er die Ellbogen auf dem Tisch aus und beugte den Oberkörper vor. Niemand, nicht einmal ein Zivilist, wäre auf den Gedanken gekommen, ihn daran zu hindern, während der Arbeitszeit zu essen. Trotzdem achtete er darauf, sein Brot hinter den Händen zu verstecken. In die halbgeöffnete Tischschublade hatte er den Marmeladentopf gestellt. Ernst schnitt ein Stück ab, tauchte es in die Marmelade und schob es sich in den Mund. Er war noch nicht lange Kapo; er traute sich noch nicht, seinen Topf offen auf den Tisch zu stellen und ungeniert zu essen. Daher machte diese enorme Masse – er war zwar nur ein etwas dicker Mann, doch hier wirkte er wirklich als enorme Masse – kleine, hastige Bewegungen, die zu seinem Gesicht im Widerspruch standen. Wenn er sich das Stück Brot in den Mund schob, hob er schnell den Kopf und seine Augen blickten aufmerksam um sich und erwarteten eine Gefahr, die nicht kam. Wenn er das Stück Brot dann im Mund hatte, war Ernst noch finsterer, vielleicht, weil er nun nicht mehr beunruhigt war. Aus dem Mund konnte man ihm das Brot nicht mehr wegnehmen, das war ein sicherer Ort. Darauf blähten sich seine Backen auf, die Kiefer begannen ernsthaft zu mahlen, seine Augen bewegten sich nicht mehr. Ernst tat seine Pflicht. Er hatte keine Lust zu lachen. *Essen, essen!* Nicht jeder verdiente das; und er verachtete jene, die nichts zu essen bekamen und die mager waren; sie hatten nichts mit ihm zu schaffen.

Ich bin einen Augenblick aus dem Fabrikgebäude getreten; es wurde Tag. Die Lichter in der Halle leuchteten blasser. Die Wiese war schneebedeckt; die vom Zaunkommando kamen an.

Auf der Latrine – ein von vier hohen Brettern umgebener Raum mit einem Graben in der Mitte – traten die Kameraden in dem Schlamm aus Schnee und Urin herum. Sie kamen nicht nur zum Scheißen und zum Pinkeln hierher, sondern sie kamen auch, um sich einen Augenblick hier aufzuhalten, die Hände in den Taschen. Auf der Latrine sagte man sich am Morgen zum ersten Mal guten Tag und stellte einander Fragen.

»Was gibts Neues?«

»Nichts Neues.«

Polen und Russen rauchten eine Kippe am Rande der mit einer Schicht Schnee bedeckten Scheißgrube. Andere kamen hinzu. Längs der Bahnlinie konnte man von der Böschung aus ins Karree hineinsehen. Das Tageslicht ließ die Gestreiften auftauchen, die an der Grube zu dritt oder zu viert eng zusammenstanden. Dann kündigte einer Fritz oder Alex an und die, die eine Kippe rauchten sowie die, die die Hände in den Taschen hatten, verschwanden. Die andern, die am Scheißen waren, blieben; man konnte nichts zu ihnen sagen. Man ließ sie in Ruhe, weil sie am Rande der Grube kauerten. Sie unterhielten sich leise über die Suppe. Fritz kam plötzlich herein. Sie schissen, sie rührten sich nicht. Fritz sah sie an. Sie schissen wirklich. Er ging wieder weg.

Da ich in der Fabrik in keiner Werkstatt unterkommen konnte, habe ich einen Besen genommen. Ich mußte etwas in den Händen haben, aber der Besen war den Alten vorbehalten. Ich bin eine ganze Weile in der Halle herumgegangen und wenn ein Zivilist näherkam, fegte ich. Zuerst haben die Zivilisten nicht darauf acht gegeben, dann haben sie gemerkt, daß ich kein Alter war. Sie haben mich angeschaut, als ob ich mich mit dem Besen über sie lustig machte; ich arbeitete weniger als sie. Mein Fegen war für sie der reinste Hohn, und der Flugzeugrumpf, an dem sie arbeiteten, war mir wurscht. Die Kameraden waren in ihrer Werkstatt. Jeder Meister hatte seine Leute, die für den Flugzeugrumpf arbeiteten, und ich lief umher. Ich lief umher mit einem Fraueninstrument, während ihre Frauen das Eisen für den Rumpf bearbeiteten und nicht umherliefen.

Ich habe den Besen in die Ecke gestellt, als ich merkte, daß ich allzuviel Anstoß damit erregte. Ich tat es, bevor ich angepfiffen wurde. Ich habe einen großen Korb genommen und angefangen, die auf dem Boden herumliegenden Duralabfälle aufzulesen. Ich mußte mich bücken, mich wieder aufrichten, einige Schritte tun, mich von neuem bücken. Ich arbeitete zwar nicht am Flugzeugrumpf, aber diese Arbeit mußte die Zivilisten wohl beruhigen, weil ich mich unablässig bückte und Abfälle auflas. Da ich nicht ein außergewöhnlicher Häftling war, ein Dreher oder Mechaniker, war ich wenigstens der Abfallhäftling, der mit den Füßen umhergeht und mit den Händen Abfälle auﬂiest. Es war die völlige

Deckungsgleichheit von Arbeit und Mensch; diese Harmonie beruhigte sie, das war sicher.

Sie hatten Achtung vor dem, der an seiner Maschine arbeitete, weil er methodisch etwas herstellte, das einen Nutzen hatte, und sie dachten wohl, daß dieser Arbeiter, der höher geachtet wurde, auch freier war.

Sie wußten nicht, daß das wahllose Auflesen von Abfällen, gebückt und völlig unbeachtet, einen ebenso glücklich machen konnte wie pinkeln.

Ein anderer Häftling tat es wie ich. Es war ein etwa fünfzigjähriger Deutscher. Er war ziemlich groß, blond, leicht vornübergebeugt. Er war als »Kriegsdienstverweigerer« verhaftet worden, er war Bibelforscher. Er trug ein lila Dreieck.

Die Nazis hatten jene Deutschen, die aus religiösen Gründen im Lager waren, durch die Farbe des Dreiecks unterschieden. Ihre Behandlung war die gleiche, aber das lila Dreieck bedeutete »Kriegsdienstverweigerer«. Der Kriegsdienstverweigerer war einer, der Gott Hitler entgegengestellt hat. Bei dem Verweigerer erkannte man ein *Gewissen*. Durch dieses Gewissen, das sich widersetzte, und von dem sie sich nicht lösen konnten, waren sie Feinde. Die Politischen, rotes Dreieck, wurden nicht als Feinde auf Grund ihres Gewissens angesehen. Bei denen stellte sich die Frage des Gewissens erst gar nicht. In der Mythologie der Nazis hatte das Erscheinen Hitlers das Böse offenbar gemacht, und alle roten Dreiecke waren nach und nach von selber, eines nach dem andern, durch die Macht des Exorzismus, durch Deutschland hindurch aufgetaucht.

In Buchenwald waren einige der Kriegsdienstverweigerer für diesen von den Nazis gemachten Unterschied empfänglich. Sie spürten, daß sie ein Gewissen, fast ein gutes Gewissen hatten; das Gewissen der Politischen stellte für sie oft ein unreines Element, ein Element der Unordnung dar. Selbst dort hielten einige an dieser Rangordnung der Gewissen wie an etwas Naturgegebenem fest, wobei sie ihr eigenes Gewissen als das oberste ansahen.

Der Bibelforscher, der bei uns war, erkannte sich kein anderes, von dem unseren verschiedenes Gewissen zu.

Er hatte keinen Korb; er ist zu mir gekommen und wir haben beschlossen, zusammenzuarbeiten. Er sprach und verstand kein Wort französisch und ich sprach kaum deutsch.

Wir gingen langsam durch die Fabrik und hielten jeder einen Henkel des Korbes. Ab und zu blieben wir stehen, lasen ein Stück Dural auf, warfen es in den Korb und gingen dann weiter.

Die Fabrik war vom Lärm des Kompressors und der Niethämmer erfüllt. Unsere Arbeit geschah still und leise und hatte den geringsten Nutzen. Der schlechteste Hilfsarbeiter hätte sein Leben nicht mit dem Auflesen von Duralstücken zubringen mögen; es ging eigentlich nur darum, sich zu bücken, um nicht mit hängenden Armen herumzustehen; eine Scheinarbeit; eine fast erfundene Arbeit, jenseits von der es nichts mehr gab.

Der Bibelforscher sprach nicht, doch wenn wir haltmachten, sah er mich an, und dieses Gesicht mir gegenüber, ganz nahe vor mir, strahlte ebenso wie das, das ich in dem Stück Spiegel gefunden hatte. Aber er konnte sich darüber hinaus nicht verständlich machen. Ich versuchte mit ihm deutsch zu reden, und dieser ungeheuere Wille zu sprechen holte Satzfetzen aus mir heraus, die mit den gleichen Sprachschnitzern durchsetzt waren, die mir für die Kapos und die Meister dienten. Er antwortete. Ich ließ den gleichen Satz mehrmals wiederholen und manchmal begriff ich ihn dann: »Deutschland hat den Gottesbegriff verloren«, »Die Freude, die ich morgens empfinde, das ist Gott, der in mir ist«. Ich begriff kaum die Sprache, von der die SS-Leute jedes Wort verstanden hätten, die Sprache des Kriegsdienstverweigerers, der sagte, daß er glücklich sei.

Nach jedem dieser anstrengenden Versuche, sich gegenseitig zu verstehen, schwiegen wir dann ohnmächtig, jeder auf einer Seite des Korbes. Sein Gesicht versuchte sich unablässig auszudrücken, und mit jedem Wort, das er formulierte und das ich nicht verstand, entzog er sich mir. In diesem Sprachgestrüpp schnappte ich manchmal das Wort *Musik, Musik* auf; er sprach es genauso aus, wie es die SS-Leute ausgesprochen hätten. Er sprach von Mozart. Um uns herum beugten sich die Kameraden über ihre Schraubstöcke. Ein Meister versetzte einem Kameraden Fußtritte. *Musik* hallte im Kopf wider und überdeckte den Lärm der Fabrik. Ich hatte das Wort erfaßt und ließ ihn den Satz nicht wiederholen. Der Bibelforscher sprach allein weiter. Seine Augen waren blau und sanft. Ich verstand zwar nichts mehr, doch das Wort, das ich begriffen hatte, erleuchtete den ganzen Satz. Als er fertig war, schüttelte ich verneinend den Kopf und sprach nun meinerseits französisch, er antwortete auf deutsch, und verzweifelt und gewissermaßen voller Scham, daß wir zu keinem Ergebnis kamen, schwiegen wir.

Wir waren durch die ganze Fabrik rundgegangen, wobei wir ab und zu den Korb auf den Boden stellten. Der Korb war fast leer. Der Korb war fast voll. Wir sind hinausgegangen, um ihn hinter der großen Lagerhalle am Bahndamm auszuleeren.

Die Sonne schien ganz blaß auf den Schnee; der Wind war kalt. Wir gingen langsam und gleichmäßig. Wir verstanden uns zwar nicht, aber was hätten wir auch zu erklären gehabt? Wir spürten weder die Kälte, noch den Hunger, noch die SS. Wir waren noch fähig uns anzusehen, nur um uns anzusehen und uns die Hand zu drücken. Ich durfte diesen Mann nicht verlieren. Sicherlich hatten wir noch nie ein solches Verlangen gehabt, vor Freude zu schreien, während die SS ihren Totenkopf über die Wiese spazierenführte. Wir versuchten diese Freude zurückzuhalten, zu überlegen, wie man sie so lange wie möglich zurückhalten könne, sich nicht von ihr zu trennen.

Wir sind hinter der Lagerhalle, wo schon Haufen von Duralabfällen und von rostigem Eisen lagen, stehengeblieben. Wir waren allein. Wir haben den Korb auf einen der Haufen gekippt und ihn dann auf den Boden gestellt. Etwas weiter weg, auf der Eisenbahnlinie, gingen die Wachen auf und ab. Unterhalb davon schnüffelte Fritz in den Latrinen herum.

Wir sind einen Augenblick lang regungslos neben dem Korb stehengeblieben. Der Bibelforscher sah auf den Wald, die Wiese und den Hügel auf der anderen Seite der Straße. Dann hat er sich nach mir umgedreht:

»Das ist ein schöner Wintertag«, hat er gesagt.

Sein Gesicht war gut. Die Wälder waren sehr schön. Wir haben sie noch lange betrachtet.

Dann haben wir wieder den Korb genommen, jeder an einem Henkel, und sind in die Fabrik zurückgegangen.

*

Ein Sonntag Anfang Dezember. Wir sind immer noch in der Kirche untergebracht. Heute morgen schreit Karl nicht herum. Wir kommen immer aus jener gleichen Nacht zurück, in der wir täglich nach Hause zurückkehren. Ich habe nicht geträumt – ich träume sehr selten –, aber ich bin mit dem Volumen meines Zimmers im Kopf wachgeworden. Mit dem Schlaf hatte ich meine Schwere wiedergefunden, meine angezogenen Beine, und das Erwachen hat mich zerstückelt, mir den Kopf heruntergezogen; ich habe nichts mehr wiedererkannt. Dann habe ich den Körper Renés gespürt und langsam ist das Bild wieder hochgekommen, das Zimmer hat sich verändert, die Kirche war wieder da.

Die normale Weckzeit ist bereits überschritten. Ebenso der kurze Augenblick der Angst, der gleich danach kommt, in dem man sich fragt, ob man nicht einfach in den Genuß einer schlichten Verspätung Karls gekommen ist. Beunruhigtes Staunen, es nicht eilig zu haben. Wir selbst sind einen Augenblick verwirrt über diese Art Anarchie, die in der Kirche herrscht. Diese Unordnung ist nur die Unterbrechung des gewöhnlichen Rhythmus. Ein Kamerad geht sich gemütlich waschen. Sein Nachbar liegt noch im Bett. Ein anderer zieht sich langsam an. Andere haben angefangen sich zu unterhalten. Diese Langsamkeit ist etwas Kostbares. Sich Zeit zu lassen, um seine Schuhe anzuziehen, sich in aller Ruhe guten Tag zu wünschen, langsam pinkeln zu gehen, bei allem länger zu verweilen: das ist die Falle des Sonntagmorgens. Denn man wird uns nicht in Ruhe lassen. Die SS erträgt diese Kirche, in der die einen schlafen, die andern wach sind, in der andere wiederum zu schreiben versuchen, nur mit Mühe. Dieser Tag darf sich für uns nicht derart von den andern unterscheiden. Die Meister gehen sonntags nicht in die Fabrik, also wird man eine andere Arbeit für uns finden.

Aber trotzdem wollen die SS-Leute etwas länger schlafen, und uns genügt es, daß die gewöhnliche Zeit des Weckens überschritten ist, damit dieser Tag anders ist als die andern. Die SS-Leute können den Sonntag nicht ganz besiegen, so wenig wie den Schlaf. Wir haben einen gewissen Rhythmus der Woche bewahrt und wir haben auch unseren eigenen Kalender. Zunächst unseren großen Kalender. Wir haben uns Stationen gegeben. Da ist der 11. November gewesen, der Tag des Waffenstillstandes von 1918. Dann Weihnachten. Anschließend wird Ostern kommen: die großen mythologischen Daten des Endes. Doch es gibt auch bescheidenere Ruhepunkte, und das sind die Sonntage. Weil es die Sonntage gibt, wissen wir, daß fünf Sonntage vergangen sind und daß sicherlich Zeit dahingegangen ist, gewonnene Zeit. Unser Leben hat so wenig Spiel, wir sind derart von der Welt abgeschnitten, in der etwas geschieht, daß der Dienstag völlig dem Montag gleicht, der Mittwoch dem Dienstag und so fort, ohne jeglichen Anhaltspunkt. Nur der Sonntag vermag uns von diesem Kleister gleichförmiger Dauer loszulösen, Einschnitte zu setzen, so daß ein Teil eindeutig in die Vergangenheit geworfen werden kann. Wir liebkosen diese Vergangenheit, je weiter sie sich erstreckt. Die einzige mögliche Gewißheit liegt hinter uns.

Weil der Tag zu Ende geht, geht auch die Woche zu Ende, geht der Monat zu Ende. Aber diese Zeiteinteilung kann noch enger sein: Um neun Uhr morgens in der Fabrik sind bereits drei Stunden vorbei, die Hälfte der Zeit bis Mittag: um Mittag, die Hälfte des Tages. Am Nachmittag werden die Stunden kostbarer, man verschlingt sie buchstäblich; vier Uhr: noch zwei Stunden. Um neun Uhr morgens war es eine andere Welt, wie hat man nur um 9 Uhr morgens hier sein können, dazu noch zehn Stunden in der Fabrik vor sich? Wie hat eigentlich jede Stunde vorbeigehen können? Zunächst einmal die erste Stunde von 6 bis 7, in der man den Tag hinnehmen mußte, in ihn eindringen mußte. Es war schon so etwas wie eine Beruhigung, daß es einem gelungen war, in ihn einzudringen. Die Stunde, die nun folgt, ist sehr lang; man kann das, was hinter einem liegt, noch nicht abschätzen, nicht überblicken, es ist zu wenig. Die Pause um neun Uhr, und so weiter ... Man könnte sich auch vorstellen, daß man dem, was man tut, so fremd bleibt, daß man den ganzen Tag damit verbringt, die vergangenen und die kommenden Viertelstunden auszurechnen, daß man seine Zeit damit verbringt, die Zeit zu zählen. Tatsächlich erscheint einem die Zeit erst in den Mußestunden völlig nackt und so unmöglich zu durchqueren wie die Leere. Doch wenn man auf das Werkstück sieht, vergeht die Zeit; wenn man Schläge auf den Kopf bekommt, vergeht die Zeit; wenn man auf die Latrine geht, vergeht die Zeit; wenn man sich eingehend das Gesicht ansieht, das man haßt, vergeht die Zeit.

»Alles raus!«

Die Kapos sind in die SS-Baracke gegangen. Sie haben dort die Befehle erhalten.

»Alles raus!«

Niemand rührt sich. Die Tür steht offen, man sieht den Tag. Es muß sieben Uhr vorbei sein. Wir haben bereits das Verbot übertreten. Daß der Kapo brüllt, ist ohne Bedeutung. Wir sind zwei Stunden länger auf dem Strohsack geblieben, etwas ist dem Unmöglichen entrissen worden. Er brüllt von einem Ende der Kirche zum andern: *Alles raus! Alles raus!*, aber wir rühren uns nicht. Selbst Prügel nützen nichts. Die einen werden sie einstecken, die andern werden sich nicht rühren.

Dann ist die SS notwendig geworden. Ein SS-Mann kommt. Er hat sich von sich aus bemüht. Daß er seine Macht delegiert hat, hat nicht ausgereicht, uns aus den Betten zu bringen. Er mußte persönlich da sein. Die Maschine rostet ein. Weiß man es denn nicht? Dabei wissen wir genau, was passieren wird, wenn wir uns aufspielen wollen.

Diesmal sind wir aufgestanden. Er ist da. Er kommt nicht herein. Er bleibt an der Tür stehen, etwas daneben, damit man ihn sieht, seinen Schlagstock in der Hand, doch ohne den Durchgang zu versperren. Er sieht nicht wütend aus. Erst als einer von den Männern, seine Mütze abnehmend, schnell an ihm vorbei will, rastet er aus. Er schlägt mit kalter Kraft zu, die der Zorn nicht steigern könnte. Zum Antreten draußen auf dem Platz müssen wir an ihm vorbei. Darum bleiben wir drinnen, versuchen uns zu verkrümeln und hoffen, daß er sich entweder entfernt oder sich umdreht. Aber der Kapo, der die Leute hinten in der Kirche aufgestöbert hat, kommt wieder zu uns: *Raus! Los!* Wir müssen hinaus. Der SS-Mann ist immer noch da. Wenn wir einzeln hinausgehen, werden wir bestimmt Prügel einstecken. Doch je länger wir warten, um so größer wird die Gefahr. Fünf oder sechs Kameraden stürmen in einem Klumpen hinaus, wobei die einen die anderen stoßen und drängen. Er schlägt zu. Aber er kann immer nur einen treffen. Während er schlägt, laufen die andern hindurch. Der Vorgang wiederholt sich.

Bald sind alle draußen bis auf die Kranken, die hinten in der Kirche auf ihrem Strohsack liegen. Wir bleiben eine gute halbe Stunde auf dem Platz stehen. Kälte und Wind sind entsetzlich. Es gibt zwar keine Arbeit, aber wir dürfen trotzdem nicht hinein. Wir dürfen keine Gelegenheit bekommen, das kleinste Zeichen glücklichen Erstaunens zu erleben. Das dauert an. Wir kommen den ganzen Vormittag über nicht mehr hinein. Wir werden in den Steinbruch gehen.

Das Land sieht nach Sonntag aus. Kein Mensch auf der Straße, auf den Wiesen, am Waldesrand.

Der Himmel ist sehr dunkel. Der kleine Kreis der Hügel um uns herum ist geschlossen. Man sieht uns hier bestimmt wie Spielzeugfiguren. Ob man uns von nahem oder von weitem sieht, wir wiegen nicht schwer, wir haben keine Gewalt über die Dinge.

Wer auf der Straße am Stacheldraht entlanggeht, eine kleine schwarze Silhouette auf dem Schnee, ist eine Macht auf Erden. Doch wenn er uns hinter dem Stacheldraht sieht, wenn es einfach nur vorkommt, daß er bedenkt, etwas anderes sei in der Natur noch möglich als ein Mensch zu sein, der frei auf einer Straße geht, wenn er sich auf einen solchen Gedanken einläßt, dann läuft er schnell Gefahr, sich von allen diesen kahlgeschorenen Köpfen bedroht zu fühlen, von allen diesen Köpfen, von denen er niemals auch nur einen kennenlernen wird und die für ihn das Unbekannteste auf Erden sind. Und diese Männer werden ihm nun vielleicht die Bäume verseuchen, die in der Ferne den Stacheldraht umgeben, und der, der auf der Straße ist, wird sich dann womöglich sogar von der ganzen Natur erdrückt fühlen, als habe sie sich über ihm zusammengeschlossen.

Das Reich des Menschen, ob aktiv oder bedeutungsvoll, währt fort. Die SS kann unsere Gattung nicht verändern. Sie selbst ist in der gleichen Gattung und in der gleichen Geschichte eingeschlossen. *Du sollst nicht sein:* eine ungeheuere Maschinerie ist auf diesem lächerlichen Idiotenwillen aufgebaut. Sie haben Menschen verbrannt und es gibt tonnenweise Asche, sie können diese neutrale Masse nach Tonnen wiegen. *Du sollst nicht sein*, aber sie können nicht an Stelle dessen, der gleich nachher Asche sein wird, bestimmen, daß er nicht ist. Sie müssen mit uns rechnen, solange wir leben, und es hängt immer noch von uns ab, von unserer Hartnäckigkeit zu sein, daß sie in dem Augenblick, in dem sie uns umgebracht haben werden, die Gewißheit haben, daß sie in jeder Hinsicht betrogen worden sind. Sie können auch dieser Geschichte nicht Einhalt gebieten, die diese trockene Asche fruchtbarer machen muß als das fette Skelett des Lagerführers.

Doch wir können nicht machen, daß die SS nicht existiert oder nicht existiert hat. Sie werden Kinder verbrannt haben, sie werden es gewollt haben. Wir können nicht machen, daß sie es nicht gewollt haben. Sie besitzen eine Macht wie der Mann, der auf der Straße geht, eine besitzt. Und wie wir, denn selbst jetzt können sie uns nicht daran hindern, unsere Macht auszuüben.

Tatsächlich ist eines Morgens, vor einem Monat – einige Tage, nachdem er zu uns *langsam* gesagt hatte – der Rheinländer in eines der Gewölbe im Lagerraum des Kellergeschosses gekommen. Jacques und ich waren dort und haben Werkstücke aussortiert. Er hat uns die Hand hingestreckt. Auch das konnte ihm Lagerhaft einbringen. Wir haben sie ihm gedrückt. Jemand kam, er hat sie zurückgezogen. Für ihn war es an diesem Morgen natürlich ein Bedürfnis, zu uns zu kommen und uns die Hand zu drücken. Er hat es so eingerichtet, daß er es gleich nach seiner Ankunft in der Fabrik hat tun können. Er ist zu uns gekommen. Er war düster, schüchtern. Er roch nach einem sauberen Menschen, es war der Geruch seines Anzugs, und dieser Geruch störte. Wir standen ganz nahe bei ihm. Für jeden anderen als für uns drei war er ein Deutscher, der *Häftlingen* Arbeitsanweisungen gab: tote Augen, die über eine gestreifte Jacke hinweggehen, eine Stimme, die gefangenen Händen Befehle erteilte.

Wir waren Komplizen geworden. Aber er war nicht so sehr gekommen, um uns aufzumuntern, als selber eine Sicherheit, eine Bestätigung zu finden. Er kam, um *unsere* Macht zu teilen. Das Gebell der Tausenden von SS-Leuten, der ganze Apparat der Öfen, der Hunde, des Stacheldrahts, des Hungers, der Läuse vermochte nichts gegen diesen Händedruck.

Die wahre SS-Seele konnte nicht deutlicher enthüllt werden als uns gegenüber. Aber dieser andere Deutsche wiederum hatte sich vielleicht seit Jahren nicht mehr so sehr sich selber zurückgegeben gefühlt wie in dem Augenblick, in dem er einem von uns die Hände schüttelte. Und diese heimliche, einsame Gebärde hatte dennoch keinen Privatcharakter, aus Opposition zum öffentlichen, unmittelbar historischen Tun der SS. Jede menschliche Beziehung eines Deutschen zu einem von uns war das Zeichen eines bewußten, entschlossenen Aufstands gegen die gesamte Ordnung der SS. Was dieser Rheinländer getan hatte – sich einem von uns gegenüber als Mensch verhalten zu haben –, das konnte man nicht tun, ohne sich dadurch historisch einzuordnen. Indem die SS uns als Menschen verneinte, hatte sie uns zu historischen Objekten gemacht, die unter keinen Umständen die Objekte einfacher menschlicher Beziehungen sein konnten. Diese Beziehungen konnten solche Folgen haben, es war so unmöglich, sie auch nur anzuknüpfen, ohne sich des ungeheuren Verbots bewußt zu werden, gegen das man sich auflehnen mußte, um es zu tun; man mußte sich derart von der durch den Kampf noch verstärkten Gemeinschaft gelöst haben, mußte die Gefahr der Unehrenhaftigkeit, die Schande der Fahnenflucht, selbst den Verrat auf sich genommen haben, damit diese Beziehungen, kaum angebahnt, sich sogleich in die Geschichte hinein fortsetzten, als seien sie die eigentlichen, schmalen, heimlichen Wege, die die Geschichte hier einzuschlagen gezwungen war.

Es ist eine Art Steinbruch, nicht weit von der Kirche entfernt, etwas unterhalb. Hier muß man Steine herausschlagen und sie auf einer Lore zu einem in Bau befindlichen Lager neben der Fabrik transportieren.

Ein Teil der Häftlinge muß die Steine herausschlagen, der andere muß die Lore schieben. Aber es gibt nicht genug Hacken. Die meisten von denen, die nicht die Lore schieben, trippeln in der Kälte auf der Stelle. Wir haben nichts zu tun, aber wir müssen draußenbleiben; das ist die Hauptsache. Wir müssen hierbleiben, zusammengedrängt in kleinen Gruppen, die Schultern eingezogen, zitternd. Der Wind bläst in die gestreiften Anzüge, der Kiefer wird starr. Das Knochengestell ist dünn, es ist schon fast kein Fleisch mehr drauf. Der Wille besteht nur noch im Innern, ein trostloser Wille, der uns aber erlaubt, durchzuhalten. Der Wille zu warten. Zu warten, bis die Kälte vorbeigeht. Die Kälte greift die Hände an, die Ohren, alles, was den Körper töten kann, ohne daß man dabei stirbt. Die Kälte, die SS. Der Wille, auf den Beinen zu bleiben. Man stirbt schließlich nicht im Stehen. Die Kälte wird vorbeigehen. Man darf nicht schreien, sich nicht auflehnen, zu fliehen versuchen. Man muß innerlich einschlafen, alles mit sich geschehen lassen, wie bei der Folter, hinterher wird man frei sein. Bis morgen, bis zur Suppe, Geduld, Geduld . . . In Wirklichkeit wird nach der Suppe der Hunger die Kälte ablösen, dann wird die Kälte wieder kommen und den Hunger einhüllen; später werden die Läuse die Kälte und den Hunger einhüllen, dann wird die Wut unter den Schlägen Läuse, Kälte und Hunger einhüllen, dann wird der Krieg, der einfach nicht zu Ende gehen will, Wut, Läuse, Kälte und Hunger einhüllen und der Tag wird kommen, an dem das Gesicht, im Spiegel, wieder brüllen wird *Ich bin noch da*; und die Augenblicke werden kommen, in denen ihre Sprache, die nie aufhört, Läuse, Tod, Hunger, Gesicht einschließen wird, und immer wird der unüberwindbare Raum alles im Kreis der Hügel eingeschlossen haben: die Kirche, in der wir schlafen, die Fabrik, die Latrinen, den Platz der Füße und den Platz des Steins, der hier ist, schwer, eisig, den man mit seinen gefühllosen, geschwollenen Händen losmachen, hochheben und auf den Karren werfen muß.

Wir sind ganz häßlich anzusehen. Und das ist unsere Schuld. Weil wir eine menschliche Pest sind. Die SS hier hat keine Juden zur Verfügung. Wir dienen ihr als solche. Sie sind allzusehr daran gewöhnt, es mit Schuldigen von Geburt an zu tun zu haben. Wären wir keine Pest, wären wir auch nicht violett und grau, dann wären wir sauber, rein, würden uns gerade halten, würden die Steine hochheben wie es sich gehört, wären nicht rot angelaufen von der Kälte. Und schließlich würden wir uns trauen, der SS, diesem Muster an

Kraft und Ehre, dieser Säule männlicher Disziplin, einer Disziplin, der sich nur das Böse zu entziehen sucht, offen ins Gesicht zu blicken.

Die Bäuerin, die neben der Kirche wohnt, hat ein Sonntagskleid und Stiefel angezogen. Sie ist rotbackig, kräftig und lacht immer, wenn sie uns sieht ... Sie dachte wohl nicht, daß es eines Tages neben dem Bauernhof eine Versammlung so lächerlicher Burschen geben würde. Dank ihrer SS kann sie das nun sehen.

Ihr Sohn, ein Hitlerjunge, trägt heute die Uniform mit dem Dolch und der Hakenkreuzbinde. Er hinkt ein wenig, das strafft ihn. Er hat die unvollendete Visage eines bartlosen Armleuchters. Eine so prächtige hat man selten gesehen. Auch er ist stolz auf seine SS.

Manchmal schlachtet die Bäuerin für den Lagerführer ein Huhn. Der Hals des Huhns sowie der Kopf und der Kamm liegen an der Hofmauer auf dem Boden herum.

Der Sohn bringt dem SS-Führer das Huhn. Er redet ernsthaft mit ihm und schaut dabei auf uns. Er stellt ein Bein vor und verschränkt die Arme. Er muß etwa sechzehn sein. Zum ersten Mal in seinem Leben sieht er Russen, Polen, Franzosen, Italiener ...

Deutschland ist ein großes Land. Es ist gelungen, viele von dieser Sorte nach Deutschland zu bringen. Natürlich hätte der Führer sie töten lassen können. Aber der Führer ist ein guter, geduldiger Mensch. Trotzdem ist es abstoßend, so häßlich zu sein. Welche Gründe kann der Führer wohl haben, so häßliche Typen am Leben zu lassen? Wenn mitten im Hof ein Eimer Suppe steht, fangen sie alle an zu springen, brüllen, schimpfen, versetzen sich Schläge. *Scheiße, Scheiße!* Wenn Menschen so wenig diszipliniert sind, kann man da der Meinung sein, daß sie zu leben verdienen? Das sollen Deutschlands Feinde sein? Ungeziefer, keine Feinde. Deutschland kann nicht solche Feinde haben. Denken sie überhaupt etwas? Wenn ich den SS-Mann über sie befrage, schneidet er eine Grimasse – manchmal lacht er auch – und sagt *Scheiße!* Wenn ich dann in ihn dringe, sagt er, daß da nicht viel zu sagen sei. Er scheint nichts von ihnen zu denken, scheint überhaupt nicht an sie zu denken.

Der kleine Armleuchter betrachtet uns, wie wir uns im Steinbruch zusammendrängen. Er spricht jetzt mit einem Wachtposten. Der Wachtposten ist alt, er wäre lieber zu Hause. Der Armleuchter begreift nicht, daß der Wachtposten ihm nicht viel zu sagen hat und daß er uns einfach so, wie eine Viehherde, unsere Arbeit machen läßt. Immerhin trägt er eine Hitlerjugenduniform, ihm kann man also schon sagen, was Sache ist. Der Alte schaut etwas zur Seite. Der kleine Armleuchter sagt sich, daß es wohl keinen Spaß macht, als Hüter einer Hammelherde Krieg zu führen. Der Alte denkt überhaupt nicht über den Krieg nach. Er trägt einen Pelz von der russischen Front. Das Gewehr über der Schulter, hat er keine Lust auf uns zu schießen oder uns auch nur auf den Wecker zu gehen. Der Armleuchter fährt mit der Hand über seinen Dolch; er kann die Augen nicht von uns lassen. Der Wachtposten hat gute Lust, ihn zum Teufel zu jagen, aber die Bäuerin hat vielleicht ein Stück Schweinefleisch übrig, und außerdem ist der Bursche ein Hitlerjunge.

Der Armleuchter denkt, daß der Wachtposten ihn für ein Kind hält und geht steif davon.

In der Mulde des Steinbruchs haben sich etwa zehn Mann zu einer Menschentraube zusammengedrängt, um sich gegen die Kälte zu schützen. Diejenigen, die außerhalb der Menschentraube sind, versuchen sich hineinzudrängeln. Der Unterkiefer ist starr vor Kälte. Wenn wir zu sprechen versuchen, gleitet die Zunge ab, wir können nur die Hälfte der Wörter bilden. Wir liefern uns eine Minischlacht, um Zentimeter anzuknabbern oder zu verteidigen, um mitten in die Menschentraube zu gelangen oder sich darin zu halten. Wir sind zusammengeklumpt. Wir reiben uns aneinander, wir kämpfen heimlich, um den herauszudrängen, der in der Mitte ist – ohne auf ihn zu schimpfen, ohne etwas zu sagen, außer manchmal »die Säue!« –, den dann ebenfalls die Kälte von außerhalb der Traube trifft und der als Schutzschild dienen wird. Manchmal hört man einen, der vor Kälte zu lachen beginnt. Es ist, als ob sein Gesicht platzen würde. Außen fühlt man sich nackt. Immer diese Angst um unsere Lungen. Daran hatten wir nie gedacht. Wir können nie wissen, ob wir nicht gerade etwas abkriegen. Die Lungen spüren den Biß der Lungen nicht. Das Reich der Kälte breitet sich still und ohne Brutalität aus. Wir wissen nicht sofort, ob wir zum Tode verdammt sind; später werden wir dann merken, daß wir keine Widerstandskraft mehr haben. Den Lungen kann man nicht befehlen, man kann sie auch um nichts bitten. Weder Wille noch Gebet richten hier was aus. Die Kälte hat eine größere Macht als die SS. Der SS-Blockführer – der Stellvertreter des Lagerführers – ist auf uns zugekommen. Er ist ein großer, vierschrötiger Kerl, die klassische Visage des Ariers der Riesenstatuen aus der Nazi-Produktion.

Die Menschentraube hat sich aufgelöst. Wir sind zur Wand des Steinbruchs gegangen, und mit geschwollenen Fingern – wir können kaum die Hände zumachen – nehmen wir einen Stein und tragen ihn zur Lore, die wartet. Der Wachtposten ist näher gekommen. *Los, los!* sagt er ohne große Überzeugung. Er ist nicht gewohnt zu brüllen. Mit gespreizten Beinen und durchgedrückten Knien, die Reitpeitsche in der Hand, den Helm mit dem Totenkopf über den Augen, sieht der SS-Führer zu.

Du armes Arschloch, du siehst nichts. Wenn ich dich jetzt beim Kragen packen, dich schütteln könnte, dann möchte ich dir als erstes einmal klarmachen, daß ich bei mir zu Hause ein Bett habe, daß ich eine Tür habe, die ich abschließen kann, daß man an meiner Tür läuten muß, wenn man mich sehen will. Und daß unter den Leuten, die man hier sieht, nicht ein einziger ist, dessen Name daheim nicht auf einer Liste steht, auf den man wartet, und den man um-ar-men möchte. Unvorstellbar, wie? Und es sind Mädchen wie die deutschen Mädchen, für die Männer zu sterben bereit gewesen wären,

Männer, deren Bild auf Fotos gebannt worden ist, die man im Augenblick in warmen Häusern betrachtet, Männer, die jetzt Greise in gestreiften Anzügen sind, ähnlich diesem Ungeziefer, das vor dir steht. Und es gibt alte Frauen wie deine Großmutter und Mütter wie die deine, die niedergekommen sind wie die deine, die dich aus ihrem Bauch herausgeholt hat, und die sich ums Essen schlagen und deren graue Haare man geschoren hat. Und wenn man zu dir sagen würde, daß wir einmal die gleichen quäkenden Kinder gewesen sind und daß man sich über dich genauso liebevoll gebeugt hat wie über mich, daß man auch von dir, kleiner SS-Mann, einmal sagen konnte, du seist »niedlich«, wenn man das zu dir sagen würde, würdest du höhnisch lachend zur Antwort geben: »Jawohl!« Und du würdest sagen, daß du jetzt ein SS-Mann bist und daß die deines Alters SS-Leute sind.

Man glaubt, daß man sich wünscht, den SS-Mann umbringen zu können. Doch wenn man ein wenig darüber nachdenkt, weiß man, daß man sich irrt. So einfach ist das gar nicht. Man möchte ihn nämlich zunächst einmal mit dem Kopf nach unten aufhängen, die Beine in die Luft. Und sich schieflachen, sich wirklich schieflachen. Jene, die Menschen sind, wir, die wir menschliche Wesen sind, wir möchten auch ein wenig spielen. Wir würden des Spiels zwar schnell müde werden, aber was wir möchten, ist dies: Kopf nach unten, Füße in die Luft. Das möchten wir gern mit den Göttern tun.

Die Lore, die zum Lager abgefahren war, ist zurückgekommen. Was müssen wir tun? Ganz einfach: einige haben gehackt und Steine losgeschlagen; diese Steine werfen andere auf die Lore und wieder andere schieben die Lore bis zum Lager. Das müssen wir tun, aber wir wissen es kaum. Die Kapos wissen es und jene, die die Straße entlanggehen, von dort aus müssen sie es sehen. Wir haben es vergessen. Der Wachtposten ebenfalls.

Als wir vom Steinbruch zurückkamen, haben wir unsere Suppe gegessen. Eine der dünnsten und wäßrigsten seit wir hier sind. Immer der gleiche Vorgang: zuerst hat man die Brühe abgeschöpft, die wenigen Stücke Kartoffeln sind auf dem Boden des Kochgeschirrs geblieben; nachdem wir die Brühe getrunken haben, haben wir einen Augenblick gewartet, haben uns das Häufchen Kartoffeln auf dem Boden des Kochgeschirrs betrachtet und uns dann darüber hergemacht. Dann ist nur noch der Boden des Kochgeschirrs da, das Blech, das man abkratzt und das scheppert.

Am Nachmittag dieses Sonntags hat man uns in Ruhe gelassen. Es war sehr kalt in der Kirche; in meine Decke eingerollt, habe ich mich auf dem Strohsack ausgestreckt. René, der auf dem gleichen Strohsack saß, schrieb sein Tagebuch.

Der Blinde, der im Bett nebenan schläft, hat sich eine Decke übergehängt und ist zu einem Kameraden gegangen, der etwas weiter weg vor sich hindöste. Er hat ihm einen richtigen Besuch abgestattet. Der Blinde hoffte, daß der Kamerad ihm was zu erzählen hätte. Aber der Kamerad hat fast gleich darauf angefangen, ein Stück Brot zu essen, das er sich seit dem Morgen aufbewahrt hatte. Er sah zu, wie das Stück Brot immer kleiner wurde und hatte für sonst nichts Augen.

Er hat sein Schweigen nur aufgegeben um festzustellen, daß Köln immer noch nicht eingenommen und daß Weihnachten im Eimer sei. Den Termin für das Frühjahr wagte er noch nicht zu bestimmen. Wahrscheinlich wußte er nicht, ob es hoffnungslos weit fort oder noch zu früh war. »Dabei sind doch neulich nachts unheimlich viele Flugzeuge in der Luft gewesen! Müssen die abgeladen haben, nach der Fresse zu urteilen, die die Meister am nächsten Tag machten!«

Der Blinde hörte begierig zu. Er hatte die Fresse der Meister nicht gesehen. Ihm wäre es lieb gewesen, wenn der Kamerad noch mehr davon erzählt hätte. Aber der Kamerad wollte schlafen. Er ließ das Gespräch fallen. Darauf hat der Blinde die Geduld verloren.

»Du hast keine Moral«, hat er gesagt.

Der Blinde ist den ganzen Tag allein in der Kirche. Man läßt ihn in seiner Ecke in Ruhe. Er verbringt seine Zeit damit, auf uns zu warten, zu hoffen, daß wir ihm eine Neuigkeit mitbringen. Für ihn sind wir die Außenwelt. Wenn ihm ein Kerl, um ihn loszuwerden, irgendeinen Schwindel erzählt, bemächtigt er sich seiner. Er erzählt es weiter, fragt, was man davon hält. Man sagt ihm, daß es eine Falschmeldung sei, daß man die Schnauze voll habe, daß man nur noch dem deutschen Kommuniqué Glauben schenken wolle, daß man uns schon vor drei Monaten verkündet habe, Köln sei eingenommen, und daß Köln jetzt immer noch in der Hand der Deutschen sei. Darauf meckert er rum und schimpft uns Defätisten. Er sagt, daß es uns hier wohl gefalle, daß keiner Lust habe, von hier wegzugehen, daß wir keinen Mumm in den Knochen hätten, denn man sehe ja, daß wir zwar Augen hätten, um zu sehen, daß wir aber nicht einmal versuchten, abzuhauen. Er will nicht hier bleiben. Er hat einem Elektriker Brot versprochen, damit er ihm einen Kompaß macht; er wird mit einem Kameraden abhauen. Er sucht noch, wer dieser Kamerad sein wird.

Wieder einmal hat er das alles zu dem andern gesagt, der ihm keine Antwort gab. Darauf hat er zu ihm gesagt, wir seien alle völlig abgestumpft. Dann hat er geschwiegen; der Kamerad hat so wenig reagiert wie zuvor.

Blond, noch nicht allzu mager, den Kopf über die Hände geneigt, ist der Blinde einen Augenblick am Fußende des Strohsacks sitzengeblieben. Die Decke, die er sich umgehängt hatte, reichte ihm bis zum Nacken. Er sagte nichts mehr. Wieder einmal hatte er, vielleicht, weil Sonntag war und er dachte, die Kameraden würden ihm, weil sie etwas Zeit hatten, keine Abfuhr erteilen, gehofft, es würde ihm etwas bringen, wenn er einen von ihnen aufsuchte. Er glaubte ganz schlicht und einfach, daß einer, der sah, viel mehr Gründe haben mußte zu hoffen, auf jeden Fall besser wissen mußte, wie sich der Krieg demnächst weiterentwickeln würde, als er, der blind war und sich alles ausdachte.

Als ob wir mit unseren Augen den Krieg und die Zeit besser hätten sehen können als er. Aber der Kamerad wollte schlafen: montags die Fabrik, dienstags die Fabrik, Fabrik–Suppe, Fabrik–Suppe–Schlaf; er überließ den Blinden sich selbst.

Der verließ schließlich mit hängendem Kopf den Strohsack. Tastend kehrte er zu seinem Platz zurück. Er hat sich hingesetzt. Ich lag immer noch ausgestreckt. Ich rührte mich nicht. Ich habe nichts gesagt. Aber an meinem Atem muß er wohl gemerkt haben, daß ich nicht schlief.

»Wie denkst denn du über den Krieg?« fragte er mich und wandte den Kopf in meine Richtung.

»Weißt du, ich denke überhaupt nicht darüber nach, wir wissen ja doch nichts.«

René schrieb immer noch, er hörte nicht zu.

»Ich glaube, daß in zwei Monaten alles vorbei sein wird.«

Ich habe ihm keine Antwort gegeben.

Und dann hat er wieder angefangen:

»Ihr kriegts immer mehr mit der Angst zu tun, ihr alle, es ist zum Kotzen.«

Es war anstrengend mit ihm, wir antworteten ihm kaum. Um seinen Fragen zu entgehen, habe ich mich erkundigt, ob er jetzt besser sehe. Er hat mir gesagt, daß er das Licht erkennen könne und daß er an meinem Platz einen Schatten sehe.

Im Kirchengang sind einige Kameraden hin- und hergelaufen, mit gekrümmtem Rücken und in ihre Decke eingehüllt. Die meisten Häftlinge lagen. Sonntags gab es abends keine Suppe. Vom Tag war nichts mehr zu erwarten bis zum Brot am nächsten Morgen.

Der Blinde ist aufgestanden und ans äußerste Ende seines Strohsacks gegangen. Er hat nach der Büchse getastet, in der er sein Brot aufbewahrt. Er hat sie aufgemacht und das Stück Brot herausgeholt, das noch drin war. Dann hat er sich hingesetzt und das Messer aus seiner Tasche genommen. Ich sah ihm zu. Seine Bewegungen waren langsam, genau und ebenso sicher, als ob er das, was er tat, ebenso deutlich sähe wie ich selber. Man hätte meinen können, er zerlege etwas in seine Bestandteile.

Er hat das Messer aufgeklappt und das Brot in drei Teile geschnitten. René schrieb immer noch. Ich betrachtete die aufgeschnittenen Brotstücke, die er in beiden Händen hatte. Er hat sie abgetastet, um ihre Größe abzuschätzen. Er sagte nichts. Es war beängstigend. Worauf wartete er? Er tastete die Brotstücke ab. Es wurde schlimm.

Er hat eines davon hingehalten. Ich habe es genommen. Dann hat er ein anderes hingehalten; ein Stoß mit dem Ellbogen in Renés Rücken. René hat sich umgedreht. Die Hand des Blinden war ausgestreckt, das Stück Brot zwischen Daumen und Zeigefinger. Renés Gesicht hat sich aufgelöst. Er hat das Brot genommen.

Der Blinde hat nichts gesagt; sein Gesicht hat sich nicht verändert. Er war mächtig. Eine Mutter.

Ich habe ein kleines Stück abgeschnitten, René auch, der Blinde auch. Zuerst haben wir uns nicht angesehen, jeder aß für sich, aber es war für jeden das gleiche.

Ich habe langsam gekaut. Das Brot hat ein wenig Widerstand geleistet. Ich kaute, ich tat nichts anderes mit meinem ganzen Körper. Ob Köln eingenommen war oder nicht, ich kaute. Ob das Ende des Krieges in zwei Monaten oder in einem Jahr war, ich kaute. Ich wußte zwar, daß der Hunger mich nicht loslassen würde, aber ich kaute, darauf kam es an und nur darauf.

Das Stück Brot ist feucht geworden, dann hat sich auf meiner Zunge ein Teig gebildet. Ich sah das Stück an, das ich noch in der Hand hatte. Dann habe ich angefangen, stückchenweise das hinunterzuschlucken, was ich im Mund hatte. Es dauerte lange.

Dann habe ich nichts mehr im Mund gehabt. Ich habe einen Augenblick innegehalten. Dann habe ich ein kleineres Stück abgeschnitten, doch bevor ich es in den Mund steckte, habe ich erst nachgesehen, wieviel ich noch in der Hand hatte. Ich habe angefangen zu kauen.

René hat einen Augenblick aufgehört; nachdem er das Stück, das er in der Hand hielt, angesehen hatte, hat er auf meines gesehen, dann wieder auf seins. Auch ich habe auf seins gesehen. Wir haben uns gegenseitig beobachtet, wir versuchten, unser Kautempo zeitlich aufeinander abzustimmen, um nicht allein ohne Brot zurückzubleiben, während der andere noch kaute.

Der Blinde war fertig, er hatte sein Brot in großen Stücken aufgegessen, ohne große Umstände zu machen. Er hat sich hingelegt.

Ich saß unbeweglich da; kauen war so etwas wie ein guter Schlaf. Bald würde ich nur noch das Messer in der Hand haben. Es gab kein Brot mehr und Brot kann man keines erschaffen, man kann nirgends welches finden, auf keine Weise. Sogar die Brotkrumen, das Brot, das nach der Mahlzeit auf dem Tisch herumfliegt, das Brot, das manche Frauen nicht essen, das Brot, das achtlos in den Mülleimer gestopft wird, das ganz alte Brot, das hart ist wie Stein, das kann man nicht erfinden. Ich habe einen Augenblick lang gewartet. Ich habe mich gefragt, ob ich das Stück, das mir noch verblieb, in zwei kleine Würfel schneiden sollte. Ich habe geschwankt.

René hat gesagt:

»Wenn es alle ist, dann ist es eben alle.«

Und er hat das letzte Stück hinuntergeschluckt.

Ich habe meines nicht in zwei Stücke geschnitten. Ich habe mir gedacht, daß es besser ist, am Schluß ein dickes Stück im Mund zu haben. Ich habe mit unbeweglichem Kopf lange daran gekaut, es dann zwischen Zunge, Gaumen und Wangen durchgeknetet; das Stück Brot hat sich allmählich aufgelöst und ist schließlich geschluckt worden.

Ich habe das Messer in der rechten Hand behalten. In der linken war kein Brot mehr. Es war wirklich keines mehr drin. Man konnte es auf dem Fußboden suchen, herumschaben, es sich in den Formen vorstellen, in denen man es herumliegen läßt, es sich als harte Rinde vorstellen, das die Hühner aufpicken, als Rinde, auf die man das Rattengift legt, als Krumen, die man mit der Hand von der Tischdecke fegt oder die man von der Hose abschüttelt, es war nicht vorhanden. Es gab nichts mehr zu kauen. Nichts. Bei keiner anderen Sache ruft der Mangel so sehr nach diesem Wort: nichts.

Schon schließt der Hunger uns ein. Wir leiden nicht darunter, es tut nirgends weh, aber wir sind besessen vom Brot, vom Viertel, vom Fünftel Brotlaib. Der Hunger ist nichts anderes als eine Obsession.

Als wir in Fresnes angekommen sind, haben wir zwei Tage lang nichts essen können; einige Tage darauf haben wir dann schon die Krumen aufgelesen.

Auch in Buchenwald hatten wir, als wir ankamen, keinen allzu großen Hunger. Dann fingen wir unmerklich damit an, das Brot aufzusparen. Wenn ein Kamerad, dem es zuviel war, einem die Hälfte von seiner Suppe abgab, fühlte man sich reich und der ganze Tag wurde zu einem schönen Tag. Sobald man dann nach dem Wecken sein Brot gefaßt hatte, schmierte man sich Margarine drauf und aß die Margarinestullen; aber man quälte sich noch nicht bei dem Gedanken, daß es einige Minuten später kein Brot mehr geben würde. Der Hunger war erträglich; es war ein innerer Hof, der einem noch nicht allzu viel ausmachte.

Hier in Gandersheim hat es angefangen. Die Suppe in Buchenwald war wunderbar, verglichen mit dieser hier. Aber da gibt es keinen genauen Zeitpunkt, wo es angefangen hätte. Der Hunger hat sich ganz allmählich und heimlich ausgebreitet und jetzt sind wir von ihm besessen. Wenn der Schreiner mit einem Kochgeschirr voller Kartoffeln aus der Küche zurückkommt, dann schauen wir nach dem Kochgeschirr und sehen sonst nichts mehr. Wir müssen uns dazu entschließen, es nicht mehr anzuschauen, und zwar mit einer richtigen Kraftanstrengung.

Jetzt beeilen wir uns, unser Brot zu fassen, und wir kämpfen gegen uns selber, damit es uns gelingt, eine Scheibe davon bis zum Abend aufzuheben. Wenn wir es fassen, und sogar schon bevor wir es fassen, wissen wir, daß es verderblich ist, und der Gedanke bedrückt uns bereits, daß wir es essen müssen. Brot altert nicht wie die Haut und die Schönheit, es hat keine Dauer, es ist zu nichts anderem bestimmt, als vernichtet zu werden. Noch bevor es entsteht, ist es bereits verurteilt. Ich könnte ausrechnen, welche Mengen ich zum Vernichten haben müßte, um fünf Jahre, zehn Jahre zu leben ... Es sind Berge von Brot, diese Brot-Jahre zwischen dem Tod und uns.

Taucht das Brot auf, taucht auch eine gewisse gesicherte Zukunft auf. Der Verzehr des Brotes entspricht dem Aufzehren des Lebens: man stürzt sich wieder in die Gefahr, ins Leere, in die Zerbrechlichkeit einer jeden Sekunde.

Man müßte es behalten, es anschauen, müßte warten können. Wenn man in dem kleinen Holzkasten hinter dem Strohsack immer ein Stück sich aufheben könnte, wäre man beruhigt. Doch man hebt es fast nie auf. Wenn es wirklich einmal vorkommt, ist der Kamerad, der seins am Morgen auf einen Schlag aufgegessen hat, verbittert. Er sagt: »Du bist ein dummes Arschloch, daß du dein Brot aufhebst. Ich esse meins auf einen Schlag, und dann denke ich nicht mehr daran. Wenn ich die sehe, die es in kleine Scheiben, in kleine Würfel schneiden, kann ich nur lachen. Das ist menschenunwürdig. Ich esse es absichtlich in ganz normalen Bissen. Da spürt man wenigstens etwas beim Essen, und hinterher denkt man nicht mehr daran.«

Und am Abend sieht er auf das Brot, das sich der Kamerad aufgehoben hat. Er hat nichts, der andere dagegen hat noch etwas, und er denkt, so ein Feigling, so ein Profitjäger, der mit seinem Brot Kapital bildet; am liebsten dächte er, daß der Bursche eben keinen Hunger hat oder daß er sich vielleicht auf andere Weise durchhilft, daß er Beziehungen hat. Er denkt, daß er auf jeden Fall ein gemeiner Hund ist, sein Brot vor den Augen des Kameraden hervorzuholen, der den »Mut« gehabt hat, seins auf einen Schlag zu essen. Und natürlich wird er auch kein Stück davon abgeben. Er ist ja auch kein Verschwender, er geht ja auch nicht das Risiko ein, am Abend keins mehr zu haben. Er wird ganz bestimmt nicht sagen: »Scheiß drauf, wenn keins mehr da ist, dann ist eben keins mehr da.« Er steht nie mit leeren Händen da. Er verdiente es fast, daß man es ihm stiehlt. Man muß sein Brot auf einen Schlag essen, denkt der Kamerad, weil man Hunger hat und weil ein gesunder Mensch, wenn er Hunger hat, sein Brot aufißt. Danach geht es einem genau wie den Kameraden, man darf nichts mehr in der Hand haben; man muß Hunger haben wie die Kameraden, und man darf auch nichts besitzen wie die Kameraden.

»Nix gut Kamerad«, hat ein Russe einmal zu mir gesagt, weil ich mittags noch ein Stück Brot vom Morgen her in der Tasche hatte.

Im Hof der Kirche warten wir auf die Suppe. Wir unterhalten uns.

»Gestern war sie schön. Ich bin gut weggekommen: fünf Stück Kartoffel«, sagt einer.

»Ich habe nur Wasserbrühe gehabt«, antwortet ein anderer. »Ein einziges Stück Kartoffel. Das ist jetzt schon das vierte Mal, daß ich Wasserbrühe bekomme.«

Ein dritter:

»Gestern habe ichs ganz gut getroffen. Aber vorgestern hat Jeff ausgeteilt, mit dem ich verkracht bin, er hat nicht von unten heraufgeholt. Er schöpft immer nur von oben ab, wenn er mich sieht.«

Der erste fängt wieder an:

»Es scheint Mehl gekommen zu sein.«

»Nur keine Aufregung, das ist nicht für uns.«

»Wenn das so weitergeht, ist die Hälfte von uns in drei Monaten krepiert.«

»Lucien wird bestimmt nicht krepieren. Gestern hat er vier Kochgeschirre voll gekriegt.«

»Und die Kapos? Der Dicke, Ernst, der füllt sich mittags in der Küche den Bauch mit Suppe und dann frißt er in der Fabrik noch solche Stücke Wurst.«

Sie halten den Rand.

»Milchsuppe heute abend«, fängt einer langsam wieder an.

»Scheiße, da werden wir ganz schön pinkeln müssen. Da können wir mal wieder nicht schlafen. Das letzte Mal mußte ich sechsmal in der Nacht pinkeln gehen.«

»Wir müssen versuchen, daß wir bei den letzten sind, dann bekommen wir etwas Dickes mit.«

»Es gibt gar keine Bohnensuppe mehr«, bemerkt der, der die Milchsuppe angekündigt hat.

»Sie war gut. Damit konnte man durchhalten.«

»In Buchenwald war sie noch dicker als hier.«

»Bei dieser Kost werden wir nicht durchhalten.«

Der das sagte, hat ganz ruhig gesprochen.

»Lieber fünf Jahre in Fresnes als einen Monat hier«, fängt ein anderer an.

»Du bist doch blöd, solche Vergleiche anzustellen.«

»Hast du gesehen, was die Polacken alles in sich hineinstopfen? Die versorgen sich in der SS-Kantine.«

»Sie bekommen jeden Tag Nachschlag.«

Darauf hört man eine laute Stimme:

»Jetzt haltet mal den Rand. Ihr geht uns auf den Wecker. Daß wir nichts zu fressen haben, wissen wir auch. Wir wissen, daß wir Hunger haben. Ihr werdet schon noch sehen, wie es in drei Monaten sein wird. Haltet also den Rand, ihr macht euch ja selbst verrückt. Wenn ihr was zu fressen haben wollt, ganz einfach: leckt den Kapos den Arsch; wascht ihre Taschentücher und was weiß ich was noch. In der Fabrik leckt ihr dem Meister den Arsch, zeigt ihm, daß der Kamerad nicht anständig arbeitet. Das interessiert euch nicht? Dann bekommt ihr auch nichts zu fressen. Aber dann redet auch nicht immerzu davon. Ihr seid Politische, verdammt noch mal. Begreift ihr denn nicht, daß der Widerstand weitergeht? Ihr macht ja alle trübsinnig.«

Auch derjenige, der so spricht, hat Hunger. Er ist sehr groß, sehr breit. Man nennt ihn Jo. Die Knochen treten in seinem Gesicht hervor. Ein Viertel Brotlaib und Wassersuppe für diesen mächtigen Kasten. Sein Körper fängt an, sich selber aufzuzehren.

Als wir hier angekommen sind, konnten die meisten noch an etwas anderes denken als an den Hunger. Jetzt sind wir wie Schlafwandler. Eine gealterte Masse, von Station zu Station vorangetrieben: vom Brot in die Fabrik, von der Fabrik zur Suppe, von der Suppe zum Strohsack.

Immer das Gewicht des leeren Magens, die reglosen Kauwerkzeuge, die Schwerfälligkeit ihrer Knochen. Die Zähne bleiben weiß. Bereit, alles zu essen, was man ihm gibt, bleibt der Beißapparat steif und still wie die leerlaufenden Maschinen, die nichts bewegen. Erst nach dem Tod wird er zusammenfallen.

Abends, vor dem Schlafengehen, streunt ein Kerl manchmal im Hof herum, vor der Küchenbaracke. Er weiß nicht so recht, worauf er wartet. Er geht in den Hof hinaus, um in der Nähe der Küche zu sein. Vielleicht wird jemand aus der Küche kommen. Dann würde er auf den, der gerade aus der Küche kommt, zugehen und ihn in einem Anfall von Irrsinn vielleicht fragen, ob er nichts zu fressen habe. Einen Küchenbullen zu fragen, ob er nicht einen Ranken Brot habe, ist einfach. Aber der andere kann ihn nur so ansehen wie man einen Irren ansieht. Der Dickste, der Vollste – der, der keinen Hunger hat – kennt natürlich ebenfalls den Preis des Brotes; er kennt den Preis des Brotes für den, der Hunger hat, und er mißt dem seinen den gleichen Wert bei; das kann nicht einfach sein, ein Stück Brot herzugeben. Daher ist der, der Hunger hat, und von dem, der keinen Hunger hat, etwas zu essen verlangt, ein Irrer, denn das Essen – selbst wenn man voll ist und mitten drin arbeitet – ist knapp und muß durch ein »Verdienst« erworben werden (zu Hause wird ja auch das Geld von denen, die es besitzen, als etwas angesehen, das man »verdient« hat).

Wenn ein Kapo aus der Küche kommt und den Kerl sieht, wird er ihn fragen, was er da tut. Der Kerl wird keine Antwort geben. Er kann ja schließlich nicht zu dem Kapo sagen, daß er Hunger hat. Der Kapo wird ihn am Kragen packen und ihn in die Kirche schieben. Der Kerl wird wieder im Gang stehen; er wird langsam auf seinen Strohsack zugehen und auf den Boden blicken.

Es gibt keine Lösung. Er leidet nicht. Kein Schmerz. Aber die Leere in der Brust, im Mund, in den Augen, zwischen den Kinnladen, die sich über nichts öffnen und schließen, nur über der Luft, die in den Mund eindringt. Die Zähne kauen Luft und Speichel. Der Körper ist leer. Nichts als Luft im Mund, im Bauch, in den Beinen und in den Armen, die allmählich leer werden. Er sucht nach einem Gewicht für den Magen, um den Körper auf dem Boden zu halten; er ist viel zu leicht, um auf dem Boden zu bleiben.

Man darf nicht vor dieser Wand stehenbleiben. Man darf nicht darüber reden. Der Hunger ist nichts anderes als eines der Werkzeuge der SS. Gegen den Hunger wäre der Aufstand genauso sinnlos wie gegen den Stacheldraht, die Kälte. Er verunstaltet das Gesicht, verspannt die Augen. Das Gesicht Jacques', des Medizinstudenten, ist nicht mehr das gleiche wie das, das wir gekannt haben, als wir hier angekommen sind. Es ist hohl und wird von zwei breiten Falten durchzogen. Die Nase ist spitz wie die eines Toten. Niemand zu Hause macht sich eine Vorstellung, wieviel Fremdheit dieses Gesicht bergen konnte. Zu Hause betrachtet man immer dasselbe Foto, ein Foto, das eigentlich von niemandem mehr ist. Die Kameraden sagen: »Die können gar nicht wissen, was hier los ist«, und sie denken an die Ahnungslosen daheim mit ihren unveränderten Gesichtern, die in einer Welt der Fülle und der Beständigkeit verbleiben mit lächerlichen Sorgen, die selber wiederum ein unerhörter Luxus zu sein scheinen.

Wir verändern uns. Gesicht und Körper verfallen langsam, Schöne und Häßliche werden einander ähnlich. In drei Monaten werden wir noch einmal anders sein, werden wir uns noch weniger voneinander unterscheiden. Und doch wird jeder weiterhin an der Vorstellung seiner irgendwie gearteten Einzigartigkeit festhalten.

Und weil es hier unmöglich ist, irgend etwas von dieser Einzigartigkeit zu verwirklichen, könnte man sich manchmal außerhalb des Lebens glauben, in einer Art schrecklicher Ferien. Aber es ist ein Leben, unser wahres Leben, wir haben kein anderes zu leben. Denn genau so sollen wir nach dem Willen von Millionen Menschen und ihrem System leben und andere nehmen es hin. Hier werden Einzelschicksale vollendet, werden wirklich unterbrochen. Jene, die sterben, nehmen tatsächlich von hier ihr letztes Bild mit. Schon jetzt entnehmen wir, wenn wir denken, diesem Leben und nicht dem alten, dem »wahren«, alle Elemente. Wir müssen also auch darum kämpfen, nicht von der Anonymität verschlungen zu werden, von sich selber immer wieder das zu fordern, was man von einem anderen nicht fordert.

Man entdeckt dabei, daß man sich selber aufgibt, wie man es vorher nie für möglich gehalten hätte.

Jacques ist seit 1940 in Haft und sein Körper wird von Furunkeln aufgefressen. Er sagt nie und hat auch nie gesagt, »ich habe die Schnauze voll«, und er weiß, wenn es ihm nicht gelingt, etwas mehr zu essen zu bekommen, wird er vor dem Ende sterben, er läuft schon wie ein Knochengestell umher und erschreckt sogar die Kameraden (denn sie sehen in ihm das Bild dessen, was sie selber bald sein werden), und er hat auch nie das kleinste Schwarzmarktgeschäft mit einem Kapo machen wollen, nur um was zu fressen zu bekommen und wird das auch nie tun, und die Kapos und die Ärzte werden ihn immer stärker hassen, weil er immer magerer wird und weil sein Blut verfault. Jacques ist das, was man in der Religion einen Heiligen nennt. Niemand bei ihm zu Hause hatte je gedacht, daß er einmal ein Heiliger werden könnte. Nicht auf einen Heiligen warten sie zu Hause, sondern auf Jacques, den Sohn und Verlobten. Sie sind ahnungslos. Wenn er zurückkommt, werden sie Respekt vor ihm haben, wegen-dem-was-er-gelitten-hat, wegen dem, was alle gelitten haben. Sie werden versuchen, ihn wieder einzugliedern, einen Ehemann aus ihm zu machen.

Es gibt Kerle, die werden daheim vielleicht respektiert werden, obgleich sie für uns genauso schrecklich geworden sind, noch schrecklicher als unsere schlimmsten Feinde zu Hause. Dann gibt es auch die andern, von denen man nichts erwartete, die zu Hause das Leben eines Mannes ohne Geschichten führten und die sich hier als Helden erwiesen haben. Hier haben wir erlebt und erfahren, was vollste Hochschätzung und tiefste Verachtung bedeuten, haben die Liebe zum Menschen und die Abscheu vor ihm in einer totaleren Gewißheit erfahren als jemals sonstwo.

Die SS, die uns miteinander verwechselt, vermag uns nicht so weit zu bringen, daß wir uns verwechseln. Sie können uns nicht daran hindern, unsere Wahl zu treffen. Im Gegenteil, hier ist die Notwendigkeit, seine Wahl zu treffen, maßlos gesteigert und konstant. Je mehr wir uns verändern, je mehr wir uns von zu Hause entfernen, je mehr die SS glaubt, uns zu einer unterschiedslosen und verantwortungslosen Masse zu machen, was wir dem Anschein nach auch unbestreitbar sind, um so schärfer werden diese Unterschiede. Der Mensch der Lager ist nicht die Aufhebung dieser Unterschiede. Im Gegenteil, er ist ihre tatsächliche Verwirklichung.

Wenn man zu einem SS-Mann ginge und ihm Jacques zeigen würde, könnte man zu ihm sagen: »Sehen Sie ihn sich an, diesen verfaulten Menschen mit der gelblichen Haut, den haben Sie gemacht, offenbar gleicht er jetzt am besten dem, was er nach Ihrer Vorstellung seinem Wesen nach ist: Abfall, Ausschuß, und das ist Ihnen wirklich gelungen. Aber wir werden Ihnen nun folgendes sagen, wovon Sie tot umfallen müßten, wenn der »Irrtum« töten könnte: Sie haben ihm erlaubt, zum vollendetsten Menschen zu werden, zum Menschen, der sich seiner Macht und der Möglichkeiten seines Gewissens, der Tragweite seiner Handlungen voll bewußt ist, zu einem Menschen, der stärker ist als die andern. Nicht, weil die Unglücklichsten die Stärksten sind, auch nicht, weil die Zeit für uns arbeitet. Sondern weil die Gefahren, denen Sie Jacques aussetzen, eines Tages nichts mehr für ihn bedeuten werden und weil Sie dann keine Macht mehr über ihn ausüben und weil es uns bereits möglich ist, eine Antwort auf die Frage zu geben, ob man zu irgendeinem Zeitpunkt einmal sagen kann, daß Sie gewonnen haben. Bei Jacques haben Sie nie gewonnen. Sie wollten, daß er stiehlt, er hat nicht gestohlen. Sie wollten, daß er den Kapos den Arsch leckt, um was zu fressen zu bekommen, er hat es nicht getan. Sie wollten, daß er, um gut angesehen zu sein, lacht, wenn ein Meister einem Kameraden Schläge gibt, er hat nicht gelacht. Sie wollten vor allem, daß er daran zweifelt, ob eine Sache es wert ist, daß er so zerfällt, sich auflöst, er hat nicht gezweifelt. Sie freuen sich an diesem Häuflein Abfall, das sich vor Ihren Augen noch aufrecht hält, aber der Betrogene, der völlig Geneppte sind Sie. Sie sehen nur die Furunkeln, die Wunden, die grauen Schädel, die Lepra, und Sie glauben an nichts anderes als an die Lepra. Sie reiten sich immer tiefer hinein, *jawohl!*, wir hatten recht, *jawohl, alles Scheiße!* Sie haben ein ruhiges Gewissen. »Wir hatten recht, man braucht sie ja nur anzusehen!« Sie sind getäuscht worden wie sonst niemand und zwar von uns, und wir werden Sie Ihren Irrtum ganz auskosten lassen. Lassen Sie sich nur nicht eines Besseren belehren, Sie können beruhigt sein, wir werden Sie bis ans Ende Ihrer Ungeheuerlichkeit gehen lassen. Wir werden uns von Ihnen bis in den Tod schleppen lassen und Sie werden dabei Ungeziefer sehen, das krepiert.

Wir warten so wenig auf die Befreiung der Körper wie auf ihre Auferstehung, um recht zu bekommen. Unsere Gründe triumphieren nämlich jetzt, da wir als Abfallhaufen leben. Gewiß, das sieht man nicht. Doch wir haben um so mehr recht, je weniger man es sieht, um so mehr recht, je geringer die Chancen sind, daß sie auch nur das geringste davon merken. Und mit uns ist nicht nur das Recht und die Vernunft, sondern wir sind das Recht und die Vernunft, die von Ihnen zur Heimlichkeit verdammt sind. Und so können wir uns weniger denn je vor dem scheinbaren Triumph beugen. Merken Sie sich dies: Sie haben es dahin gebracht, daß sich Recht und Vernunft in Bewußtsein verwandeln. Sie haben die Einheit des Menschen wiederhergestellt. Sie haben das unerschütterliche Bewußtsein geschaffen. Sie können nicht mehr darauf hoffen, daß es Ihnen je gelingen wird, daß wir gleichzeitig an Ihrer Stelle und in unserer Haut sind und uns damit selbst verurteilen. Niemals wird irgend jemand hier sich selbst gegenüber sein eigener SS-Mann werden.«

An diesem selben Dezembersonntag bin ich aufs Revier gegangen, um einen kranken Kameraden zu besuchen. Das Revier ist nichts anderes als der hintere Teil der Kirche. Nur eine dünne Wand trennt uns davon. Es ist übrigens der kälteste Teil des Gebäudes. Durch die glaslosen, mit Teerpappe schlecht abgedichteten Öffnungen kommt eisige Luft herein.

Es stehen etwa zehn mehrstöckige Betten da und die Kranken liegen zu zweit auf einem Strohsack, wie wir, jeder in seine Decke eingewickelt. Die meisten sind Italiener, die gerade mit einem Transport aus Dachau angekommen sind. Es sind auch einige Franzosen darunter. Vor allem Lungenentzündungen. Die einzige Arznei im Revier ist Aspirin; manchmal ein Backstein oder ein anderer Stein, die man in der Küche erwärmt hat.

Die Bettgestelle stehen dicht nebeneinander, man kann kaum zwischen ihnen hindurchlaufen. Das Licht, das diesen Verschlag beleuchtet, ist spärlich. Der Boden ist uneben, es gibt keinen Fußboden, nur gestampfte Erde.

Ein Italiener, der starkes Fieber hat und vor Schweiß glänzt, streckt seine beiden nackten, sehr mageren Arme aus der Decke heraus. In seinem spitzen Gesicht, dessen an den Knochen klebende Haut durch einen Bart geschwärzt ist, steht der Mund offen und der Unterkiefer hängt herab. Seine weit geöffneten, starren Augen glänzen. Ab und zu lallt er etwas. Der Körper ist allein mit dem Fieber. Es ist nichts zu machen. Man kann nur zusehen, wie das Fieber arbeitet. Man läßt es arbeiten, aber man kann nicht bei ihm stehenbleiben. Es ist ebenso unerträglich wie zuzusehen, wie ein Mensch im Wasser versinkt. Mehrere Leute haben Fieberphantasien und werfen sich herum. Der Kamerad, der als Krankenpfleger dient, versucht sie zu beruhigen. Er spricht ganz sanft mit ihnen. Mehr kann er kaum tun. Ihm ist klar, daß die meisten Leute, die hier sind, vor seinen Augen sterben werden. Er hilft ihnen, wenn sie pinkeln gehen, und er fährt sie auch nicht an, wenn sie brüllen; aber sie brüllen selten. Manchmal geben sie ihm sogar ein Stück von ihrem Brot. Diesem Brot der Kranken und derer, die sterben, verdankt er es, daß seine Wangen etwas voller sind als die der andern, die arbeiten.

Denn die Kranken bekommen jeden Morgen ihr Brot, bis sie tot sind. Diejenigen, die hohes Fieber haben, essen es nicht sofort. Sie legen es unter das Kopfkissen ihres Strohsacks. Würde jemand das Brot eines Kranken stehlen, fände das jeder genauso niederträchtig und gemein als würde man einem Kind die Milch stehlen. Sehr wenige wären imstande, das zu tun. Doch wenn man ins Revier geht und jemanden sieht, der bald sterben wird, wie er sein Brot in der Hand hält und es achtlos in der Hand hält, wie jemand, der vergessen hat, daß er Brot in der Hand hat, der vergessen hat, was das ist, dann schaut man hin. Das Stück Brot ist trocken geworden. Es ist gelber als das, das man am Morgen bekommen hat. Er weiß nichts damit anzufangen, das sieht man auf einen Blick. Es ist furchtbar, furchtbar für das Brot. Er hält es lose in den Fingern. Daran erkennt man deutlich, daß er sterben wird. Da ist einer von hier, einer von uns, für den das Brot nutzlos geworden ist.

Der Krankenpfleger, die weniger Kranken, die es sehen, rühren es nicht an. Sie warten. Jetzt, wo er sterben wird, ist es heilig, nicht mehr wie die Milch des Kindes, sondern wie eine Erbschaft. Vielleicht wird er dieses Brot, das ihm die SS, die ihn umbringt, gibt, jemandem hinterlassen.

Wenn er stirbt, ohne es zu verschenken, wird einer da sein,

der es als erster an sich nimmt. Aber meistens haben ihn andere dabei gesehen. Dann kommt es zu einer kurzen Diskussion, die leise geführt wird, weil der Strohsack, auf dem der Tote liegt, ganz in der Nähe ist.

»Er hat es dir nicht gegeben, du mußt teilen.«

Dann wird derjenige, der es genommen hat, zwei oder drei Teile daraus machen, für die am lautesten Protestierenden, oder aber er wird mit gedämpfter Stimme antworten:

»Er war mein Kamerad, also steht das Brot mir zu.«

»Er war auch mein Kamerad«, könnte nun ein anderer einzuwenden versuchen. Wenn aber der erste beschlossen hat, es für sich zu behalten, wenn er zu großen Hunger hat, wenn er allzu sehr gehofft hat, nicht gesehen zu werden, um die Enttäuschung des Teilens zu ertragen, wird er die Achsel zucken und das Brot behalten. Er wird es festhalten und in seine Tasche stecken. Er weiß, daß der Streit bald ein Ende hat, weil der Tote nebenan liegt.

Der, den ich besuche, ist nicht allzu krank. Ich habe mich zu ihm auf die Bettkante gesetzt. Sein Bettnachbar, ein Franzose, politischer Gefangener, liegt im Sterben. Auf der anderen Seite der Bretterwand singen welche; es ist Sonntag. Der Krankenpfleger bleibt bei dem Sterbenden stehen; er beobachtet ihn. Die anderen Kranken verfolgen ebenfalls den Todeskampf.

Man hat ihm das Käppi abgenommen; sein Gesicht ist schweißgebadet.

»Nein, Köln ist noch nicht eingenommen. Aber es gibt nicht nur Köln. Es geht voran. Es wird nicht mehr lange dauern. Du kannst sicher sein, bald werden wir an der Theke einen Milchkaffee trinken.«

Ich sage das für den Kameraden, der nicht sehr krank ist. Er lächelt und fährt nun seinerseits fort: »Es stimmt, daß es nicht mehr lange dauern wird. Da kommt ganz schön was runter, die kriegen gehörig die Hucke voll . . .«

Der Sterbende stöhnt. Man hört seinen Atem. Der Kamerad hört auf zu reden. Er wirft einen Blick auf das Nachbarbett, deutet mit dem Kopf darauf und sagt: »Sie können uns ruhig alle krepieren lassen, sie pfeifen doch aus dem letzten Loch. Aber mich kriegen sie nicht. Ich habe immer gesagt, daß ich wieder nach Hause kommen werde.« Der andere windet sich auf dem Strohsack; über sein Gesicht laufen Ströme von Schweiß. Es sieht so aus, als hätten sie ihn gekriegt.

Die anderen Kranken reden leise miteinander. Der Kamerad richtet sich ein wenig auf.

»Hier ist es zum Kotzen«, sagt er. »Sie geben uns das Oberste von der Suppe, die reinste Wasserbrühe. Und sie machen auch die Kelle nicht voll. Außerdem sind die Brotstücke kleiner.«

Die Klagelaute des Sterbenden nehmen zu. Hinter der Bretterwand singen drei oder vier Männer weiter. Der Geruch des Urins vermischt sich mit den Klagelauten, mit dem Lied. Der Kranke windet sich entsetzlich hin und her. Sein Gesicht löst sich auf, seine schwarzen Augen scheinen ertrunken. Langsam und leise sagt der Kamerad zu mir: »Glaub mir, der Tag wird kommen, an dem sie zerschmettert werden, verstehst du, zerschmettert.«

Es hat noch nicht viele Tote gegeben, seit wir in Gandersheim sind. Der erste ist ein Franzose gewesen. Er war unvorsichtig. Er ging morgens oft mit nacktem Oberkörper an den Wasserhahn im Hof, zu einer Zeit, als der Herbst schon anfing kalt zu werden. Lungenentzündung; es hat nicht lange gedauert. Die SS-Leute haben die Leiche in die Scheune gegenüber der Kirche bringen lassen. Sie haben sie drei Tage dort liegen lassen. Sie fing schon an zu verwesen. Zwei Freunde des Toten haben sich erboten, ihn zu begraben.

Es war abends, es regnete, es war milder geworden. Sie haben ihn in eine Decke gewickelt und ihn auf eine Tragbahre gelegt.

Der Alte, der uns im Steinbruch bewachte, ist mit ihnen

gegangen, das Gewehr umgehängt und eine Laterne in der Hand. Als wir aus der Fabrik zurückkamen, sind wir dem Zug begegnet. Drei Männer: zwei, um den Toten zu tragen, ein Wachtposten. Einer mehr und es wäre ein Leichenbegängnis gewesen. Die SS hat es nicht erlaubt. Es durfte nicht sein, daß der Tote uns womöglich als Zeichen diente. Auch hier, wo es kein Krematorium gibt, müssen unsere Toten verschwinden. Unser natürlicher Tod wird geduldet, wie der Schlaf, wie pinkeln, aber er darf keine Spuren hinterlassen. Weder in unserem Gedächtnis noch in unserem Raum. Der Ort, an dem der Tote begraben liegt, muß anonym bleiben.

Die beiden Kameraden haben ihn im Wäldchen begraben. Eine Stunde später sind sie zurückgekommen. Sie waren klatschnaß vom Regen. Wir haben sie umringt. Einer von ihnen, ein Bursche aus Aisne, wärmte sich die Hände am Kochgeschirr mit der Suppe drin, die er gerade gefaßt hatte. Der andere aß die seine. Er machte nicht den Eindruck, als hätte er es eilig. Er hielt sein Kochgeschirr ans Gesicht, um es mit dem Suppendampf aufzuwärmen.

»Seid ihr weit gegangen?« hat man ihn gefragt.

»Ins Wäldchen«, gab der andere zur Antwort. Er hat innegehalten und einen Schluck Suppe getrunken. Wir warteten. Er fuhr mit dumpfer Stimme fort:

»Wir haben ein Loch gegraben und ihn hineingelegt.«

Wieder hat er innegehalten. Er trank seine Suppe nicht mehr. Er hielt sein Kochgeschirr mit beiden Händen vor sich.

Jemand hat ihn gefragt:

»Weißt du, wo es genau ist?«

»Ja, der Wachtposten hatte sich umgedreht, da habe ich mit der Schaufel tief in den Baum neben dem Loch gehauen. Danach habe ich mich genau umgesehen.«

»Und der Wachtposten?«

»Es war der Alte. Er hat gesagt, wir könnten tun, was wir wollten. Er hat sich etwas entfernt und uns allein gelassen.«

Der Kamerad schwieg einen Augenblick:

»Er hat salutiert.«

Mehr war nicht zu erfahren. Wir sind eine Weile bei ihm geblieben, aber er hatte nichts mehr zu sagen.

Er hat sein Kochgeschirr in eine Hand genommen. Mit der anderen hat er seinen Löffel genommen und hat angefangen, seine Suppe umzurühren. Er schien ruhig zu sein. Er hat aufgehört seine Suppe umzurühren und hat uns angesehen:

»Ach! Diese Saubande! Verdammt nochmal.«

Das war langsam aus ihm herausgekommen, in einem Ton von heftigem Überdruß, Wut und Ekel.

»Das können keine Menschen sein«, hat einer ebenso langsam gesagt.

Dann hat der Kamerad aus Aisne wieder damit angefangen, den Grund seiner Suppe aufzurühren, um das Dicke heraufzuholen. Er hat einen Löffel voll in den Mund genommen, dann noch einen, dann noch einen. Er kratzte den Boden aus und nichts kam mehr. Dann, als sei er am Ende seiner Geduld, immer noch mit der gleichen zornigen Langsamkeit, hat er, jedes Wort betonend, gesagt:

»Scheiße. Die reinste Wasserbrühe.«

*

Der Sonntag geht zu Ende. Der Franzose, der sich im Revier hin und her windet, wird nachher tot sein. Er entgeht dem Gang der Woche, die morgen früh beginnt. Das betrifft ihn nicht mehr. Man läßt ihn in Frieden. Man ist fast versucht, jene zu verstehen, die sich auf den elektrisch geladenen Stacheldrahtzaun gestürzt haben. Sowohl um der SS zu entreißen, was sie in den Händen hat, als auch um dem Leiden ein Ende zu setzen. Der Tote ist stärker als die SS. Die SS kann den Kameraden nicht bis in den Tod verfolgen. Wieder einmal muß die SS eine Rast einlegen. Sie ist an eine Grenze gestoßen. Es gibt Augenblicke, da man sich töten möchte, nur um die SS zu zwingen, angesichts dieses abgeschlossenen

Gegenstands, zu dem man geworden ist, des toten Körpers, der ihr den Rücken zukehrt, sich einen Dreck um ihr Gesetz kümmert, gegen diese Grenze zu prallen. Der Tote wird sofort stärker sein als sie, so wie auch die Bäume stärker sind und die Wolken, die Kühe, das, was man die Dinge nennt, die man unaufhörlich beneidet. Das Unternehmen SS wagt sich nicht so weit vor, sogar die Gänseblümchen auf der Wiese in Frage zu stellen. Dem Gänseblümchen ist das Gesetz der SS wurscht, genauso wurscht wie dem Tod. Der Tote ist nicht mehr zu fassen. Wenn sie über sein Gesicht herfielen, wenn sie seinen Leib in Stücke schnitten, würde gerade die Unerschütterlichkeit des Todes, seine vollkommene Reglosigkeit, ihnen alle Schläge, die sie ihm versetzen, zurückgeben.

Deshalb hat man auch nicht immer unbedingt Angst vor dem Tod. Es gibt Augenblicke, in denen einem der Tod, in einer plötzlichen Offenbarung, geradezu als ein einfaches Mittel erscheint, von hier wegzukommen, allem den Rücken zu drehen, sich um nichts mehr zu kümmern.

Der Franzose wird sterben, wie sie es wünschen. Jedesmal, wenn wir vor einem SS-Mann oder vor einem Meister stehen, wissen wir, daß er unseren Tod wünscht. Es wäre eine unverzeihliche Illusion, das zu vergessen. Wir erinnern uns noch, wie der Blockälteste in Buchenwald lächelte, als die Kameraden sich eingeschaltet haben, um zu verhindern, daß einer, der den Tod riskierte, mit dem Transport fortkommen sollte. Wir denken wieder daran, wie unangebracht unser Vorgehen war. Dabei kommt es auch heute noch vor, trotz des Platzes, den wir uns in der Hölle geschaffen haben, trotz der Gewohnheiten, die wir hier angenommen haben, daß wir uns so verhalten, als ob wir noch glauben könnten, daß, wenn ein Mensch in Gefahr ist, alle anderen versuchen sollten, ihn zu retten. Auch jetzt noch kommt es vor, daß einer in der Fabrik zum Meister sagt, wenn er nicht die Kraft hat, ein allzu schweres Werkstück hochzuheben:

»Ich bin krank.«

Oder auch von einem Kameraden:

»Er ist krank.«

Er versucht zu glauben, der andere werde einhalten, nachdenklich werden, vielleicht antworten: *»Langsam . . .«*

Aber der antwortet prompt:

»Was, krank?«

Und er gibt ihm einen Stoß und brüllt:

»Los, Arbeit.«

Eines Tages haben Kameraden ihrem Meister gesagt, der Italiener, den er einige Tage zuvor geschlagen habe, sei gestorben: Er hat übers ganze Gesicht gestrahlt.

Unter diesen deutschen Zivilisten ist einer, der zu uns gesagt hat: *langsam.* Das ist einmal vorgekommen. Er ist für sich allein in der Fabrik. Er ist das Gegenteil von dem, was die Menschen in der Fabrik sind.

Die Angst vor dem Tod ist ein gesellschaftlicher Faktor, der überhaupt nicht verheimlicht wird und von jedem unter uns festgestellt werden kann. Die fünfhundert Männer, die beim Appell warten, haben alle ganz sichtlich Angst davor, zu sterben.

Wenn man mit einem Kameraden über die Zeit nach der Befreiung spricht, gebraucht man nicht mehr einfach das Futur. Man sagt: »Wenn wir davonkommen . . .« Die Bedingungsform, die Einschränkung, die Angst stehen immer im Mittelpunkt eines jeden Gesprächs. Und wenn man sich darauf eingelassen hat, Pläne zu schmieden, wenn man vom Meer erzählend in Begeisterung geraten ist, wenn man vergessen hat, die Vernichtung zu berücksichtigen, dann drängt sich sogleich das gerade entwickelte Zukunftsbild auf, schlägt nur noch deutlicher zurück, auf einen Schlag: »Das heißt . . . Wenn wir davonkommen . . .« Es ist besser, sein WENN allem voranzusetzen. Diejenigen, denen daheim ihr Temperament gestatten würde, das freigiebigste, animalischste, lauteste Leben zu führen, sind bescheiden und zurückhaltend geworden.

Der gierige Unterkiefer, der herunterfällt, der leere Bauch, der einfällt: der Tod des Kameraden ist eine Katastrophe. Aber die Katastrophe besteht nicht nur darin, daß *dieser* Kamerad gestorben ist. Sondern daß *einer* von uns stirbt, daß der Tod über uns kommt. Dieser eine ist tot. Seine Freunde werden es besonders stark wahrnehmen, aber sie werden ihn schnell vergessen. Das macht keinen Lärm, nichts bleibt stehen. Er stirbt, dann kommt der Appell, er stirbt, dann kommt die Suppe, er stirbt, dann bekommen wir Schläge, er stirbt allein.

Als wir bei unserer Ankunft in Buchenwald die ersten Gestreiften sahen, die Steine trugen oder einen Karren zogen, an den sie mit einem Strick angebunden waren, die kahlgeschorenen Köpfe der Augustsonne ausgesetzt, da waren wir nicht darauf gefaßt, daß sie sprechen. Wir waren auf etwas anderes gefaßt, vielleicht auf ein Blöken oder auf ein Gepiepse. Zwischen ihnen und uns war eine Distanz, die wir nicht zu überbrücken vermochten, die die SS seit langem schon durch Verachtung ausgefüllt hat. Wir dachten nicht daran, uns ihnen zu nähern. Sie lachten, als sie uns ansahen, und dieses Lachen konnten wir noch nicht erkennen, konnten es noch nicht benennen.

Aber schließlich mußten wir doch feststellen, daß es das Lachen von Menschen war, mußten es dem menschlichen Lachen assoziieren, wollten wir vermeiden, uns bald selbst nicht mehr zu erkennen. Das geschah dann ganz allmählich, in dem Maße, in dem wir wie sie wurden.

Wir werden immer bei dem Gedanken zittern, nichts anderes zu sein als Suppenschläuche, etwas, das man mit Wasser füllt und das viel pinkelt.

Aber die Erfahrung dessen, der Küchenabfälle ißt, ist eine der äußersten Widerstandssituationen. Sie ist aber auch nichts anderes als die extreme Erfahrung der Lebensbedingung des Proletariers. Alles ist da: zunächst die Verachtung dessen, der ihn in diesen Zustand hineinzwingt und alles tut, um diesen Zustand zu erhalten, so daß er die ganze Person des Unterdrückten deutlich macht und ihn, den Unterdrücker, rechtfertigt. Auf der anderen Seite der Anspruch – in dem Bestreben zu essen, um am Leben zu bleiben – auf die höchsten Werte. Indem der Häftling kämpft, um am Leben zu bleiben, kämpft er, um alle Werte zu rechtfertigen, einschließlich der Werte, deren ausschließlichen Genuß, sie überdies noch verfälschend, sein Unterdrücker sich selber vorzubehalten versucht.

Wer den Kameraden verachtet, der Küchenabfälle ißt, die man in den Abfallbehälter der Kantine geschüttet hat, verachtet ihn, weil dieser Kamerad »seine Selbstachtung verloren hat«. Er findet, daß es eines Politischen unwürdig ist, Abfälle zu fressen. Viele haben Abfälle gegessen. Sicherlich waren sie sich in den meisten Fällen nicht der Größe bewußt, die man dieser Handlung zuerkennen kann. Sie empfanden eher den Niedergang, den Verfall, der damit verbunden war. Aber man konnte nicht tief sinken, wenn man Küchenabfälle auflas, so wenig wie der Proletarier, der »gemeine Materialist« tief sinken kann, wenn er hartnäckig seine Befreieung und die aller andern fordert und unaufhörlich dafür kämpft. Die Aussichten auf die Befreiung der Menschheit in ihrer Gesamtheit laufen hier über diesen »Niedergang«.

Je mehr uns die SS das Menschsein abspricht, uns als Menschen leugnet, um so größer sind unsere Chancen, als Menschen bestätigt zu werden. Die wirkliche Gefahr besteht darin, daß man anfängt, den Kameraden aus Neid zu hassen, daß man der Begehrlichkeit anheimfällt, die andern sich selbst überläßt. Niemand kann sich dieser Gefahr entziehen. Unter diesen Umständen gibt es formale Verfallserscheinungen, die die Integrität in keiner Weise beeinträchtigen, und es gibt auch Schwächen von unendlich größerer Tragweite. Man kann sich, wenn man sich wiedersieht, wie man wie ein Hund in den verfaulten Küchenabfällen herumwühlt, wiedererkennen. Die Erinnerung an einen Augenblick, in dem man nicht mit einem Kameraden geteilt hat, was hätte geteilt werden müssen, könnte sogar die erste Handlung zweifelhaft erscheinen lassen. Das Mißverständnis liegt nicht darin, daß man »tief sinkt«, sondern wenn man aus den Augen verliert, daß der Verfall für alle gelten muß.

*

In der Fabrik arbeite ich jetzt in der Werkstatt eines Meisters, der Bortlick heißt. Er hat ein schmales, rosiges Gesicht und glänzendes, an den Kopf gepapptes Haar; er trägt einen grauen Kittel. Die Werkstatt liegt in einer Ecke der Fabrik, in der Nähe einer großen Fensteröffnung. Wenn wir morgens ankommen, ist es noch stockdunkel; die Fabrik ist hell erleuchtet und schwarze Vorhänge sind vor die Fenster gespannt.

Solange die Lichter brennen, herrscht ein künstlicher Tag bei der Arbeit. Es ist noch die gleiche Nacht, die am Abend zuvor hereingebrochen war und uns befreit hat. Zuerst muß der Tag heraufkommen und erst durch ihn hindurch können wir zu einer neuen Nacht gelangen.

Wir warten auf den ersten lila Schimmer, der durch die Ritzen der Vorhänge dringt. Bortlick wird in einer Ecke wach. Er hat sein Paket mit den Butterbroten auf den Tisch gestellt; er streckt Arme und Beine von sich. Der Kapo Ernst ißt, über seinen Tisch gebeugt. Alles begibt sich an seinen Platz. Jeder steht vor seinem Schraubstock, das Stück Dural ist eingespannt, die Holzhämmer beginnen schon draufzuschlagen. Die Kerle im gestreiften Anzug schlagen in Abständen auf das Dural, drei, vier sehr feste Hammerschläge, dann pausieren sie. Der Hammer hängt dann am Arm herunter oder liegt auf dem Schraubstock, während andere Hämmer zuschlagen. Es ist niemals still. Und doch verursacht ein außer Betrieb gesetzter Hammer im Lärm seine eigene Stille. Aber Bortlick sitzt am Tisch, er ißt sein erstes Butterbrot, man kann ohne Risiko warten. Der Hammer ist im Ruhezustand. Der Gestreifte steht nach wie vor dicht an seinem Schraubstock oder an seinem Pfahl, keinen Meter entfernt.

Wenn Bortlick oder Ernst mit vollem Mund den Kopf wenden, wird ihren Blicken nichts auffallen, ihre Kinnbacken werden weiterkauen, sie werden keinen Erstickungsanfall bekommen. An jedem Pfahl steht ein Mann, niemand steht mit hängenden Armen einen Meter von der Arbeit entfernt.

Bortlick ißt immer noch; ein anderer Hammer setzt aus, dann noch einer. Vier oder fünf schlagen noch drauf in der Werkstatt und schützen jene, die aufgehört haben. Bortlick hat sein Butterbrot aufgegessen, die vier oder fünf schlagen immer fester drauf, doch die Stille der andern ist in sein Ohr gedrungen. Er kaut seinen letzten Bissen, er schaut sich in der Werkstatt um und gewahrt die auf den Schraubstöcken liegenden Hämmer.

Er steht langsam auf, er steckt die Hände in die Taschen. Er verläßt seinen Tisch und begibt sich nachlässig, als ob er spazierenginge, auf die Werkstatt zu.

Nun schlagen die Hämmer einer nach dem andern wieder zu. Sie fallen immer zahlreicher und immer fester herab. Es gibt keine Stille mehr zwischendrin. Bortlick geht zwischen zwei Reihen Rücken hindurch, die sich nicht rühren; er durchquert seine Wahnsinnswerkstatt, seine Donnerwerkstatt.

Er ist jetzt beruhigt, seinen Ohren geht es gut, und nach seinem Gang kehrt er an seinen Tisch zurück, um seine Butterbrote fertig aufzuessen.

Ein polnischer Häftling geht Bortlick zur Hand; er ist der Vorarbeiter der Werkstatt. Es ist ein Kleiner, Magerer. Er trägt keinen gestreiften Anzug, aber nicht deshalb, weil er Vorarbeiter ist, sondern weil er zu dem Zug der fünfzig Polen gehört, die aus Auschwitz gekommen sind. Er trägt eine braune Jacke mit einem Messingkreuz auf dem Rücken. Er steht am Ende einer langen Werkbank und hat ebenfalls einen Schraubstock vor sich. Er ist sehr geschickt. Deshalb macht er nicht dieselbe Arbeit wie wir. Er macht kleine Spielsachen für Bortlicks Jungen; und er überwacht uns. Der Fabrikdirektor weiß nicht, daß Bortlick und andere Meister sich von Häftlingen Spielzeug machen lassen.

Der Vorarbeiter läßt die Schublade seiner Werkbank immer halb offen, damit er das Spielzeug, das er gerade im Schraubstock hat und an dem er feilt, sofort verstecken und es durch ein Stück Dural ersetzen kann. Wenn Bortlick in seiner Werkstatt umhergeht, schauen die Kameraden unter sich auf den Schraubstock und schlagen oder feilen heftiger. Der Vorarbeiter läßt seinen Blick über sie schweifen. Wenn Bortlick hinter einem stehenbleibt, hört auch der Vorarbeiter auf, an dem Spielzeug weiterzufeilen, und wenn er sieht, daß es eine schlechte Wendung nimmt, geht er zu Bortlick hinüber. Bortlick schreit den Kameraden an, der kein Wort versteht, der Vorarbeiter schreit den Kameraden an, der genauso wenig versteht, und Meister und Vorarbeiterhäftling haben gemeinsam ihren Spaß.

Wenn Bortlick nicht vor einem Schraubstock stehenbleibt, folgt der Vorarbeiter seinem Rundgang mit den Augen und wenn Bortlick in seine Nähe kommt, paßt der Vorarbeiter auf, was hinter Bortlick vorgeht – und er zeigt Bortlick, daß er aufpaßt –, um zu sehen, ob der Direktor nicht kommt. Und wenn keine Gefahr besteht, lächelt er Bortlick zu, daß er, der Häftling, den Meister vor dem Direktor beschützt hat. Bortlick läßt sich halb auf diese Komplizenschaft ein, auf die der Vorarbeiter großen Wert legt. Er beugt sich über das Spielzeug, das im Schraubstock eingespannt ist, prüft es. Der Vorarbeiterhäftling steht sich gut mit Bortlick. Ihre Komplizenschaft ist schon weit gediehen. Seit langem schon ist er nicht mehr an den Schraubstock angebunden; er kann kommen und gehen wie er will, er kann die andern von weitem beobachten, wie sie an ihren Schraubstock gefesselt sind, kann den Wald ihrer Rücken betrachten, dem er entflohen ist.

Bortlick spricht mit dem, der seine Sprache spricht und der geschickte Hände hat. Schließlich kann der nichts mit den Sklaven gemein haben, die nicht seine Sprache sprechen, die keine geschickten Hände haben, die mager sind. Die sind nur Ungeziefer, aber wertvolles Ungeziefer, ein Ungeziefer, das man jahrelang verfolgt hat und das man noch nie aus dieser

Nähe sah, das jetzt hier ist, in dieser Fabrik, mit dem man Seite an Seite lebt und das man hütet, ein Schatz des Bösen.

Neben mir steht Lanciaux. Er ist etwa vierzig Jahre alt. Seit über zwanzig Jahren ist er Bergarbeiter im Pas-de-Calais. Nach seiner Inhaftierung bei der Gestapo hat er sechs Monate im Krankenhaus von Saint-Quentin zugebracht. Die Deutschen haben ihn dann auf einer Tragbahre nach Compiègne geschickt und von dort nach Buchenwald.

Er ist geschickt, aber er will nicht arbeiten. Ab und zu tut er ein paar Hammerschläge und hält dann inne. Er ist blaß, er hat ein verschlossenes Gesicht und kleine blaue Augen. Seine Stimme ist sehr dumpf. Er sagt: »Nur meine seelische Verfassung hält mich aufrecht«, und er sieht mich an.

Manchmal, wenn er sich allzusehr langweilt, legt er mir fest die Hand auf die Schulter, seine Augen glänzen etwas stärker, und er fängt an, sachte mit seinem Hammer loszuschlagen. Allmählich schlägt er dann immer stärker zu, und mit seiner dumpfen und lispelnden Stimme beginnt er das Aufbruchslied zu singen. Ich schlage ebenfalls fester zu und singe. Wir schlagen aus Leibeskräften, wir geraten in Ekstase, wir brüllen im Lärm des Kompressors, und Bortlick glaubt von seinem Tisch aus, daß wir arbeiten, und wir amüsieren uns.

Bortlick amüsiert sich ebenfalls mit einem anderen Meister. Also können wir uns alle amüsieren. Doch wenn ich zu ihm komme, um ihm das Werkstück zu bringen, hört er auf zu lachen, und wenn er zu uns kommt, dann hören wir auf zu lachen. Wir können zwar gleichzeitig lachen, aber nicht zusammen. Mit ihm zu lachen hieße gelten lassen, daß es zwischen uns eine Gemeinsamkeit des Verstehens geben, daß etwas die gleiche Bedeutung haben könne. Aber ihr Leben und unser Leben haben eine genau gegensätzliche Bedeutung. Wenn wir über etwas lachen, dann ist es etwas, über das sie leichenblaß werden. Wenn sie lachen, dann über etwas, das wir hassen.

Die Arbeitsbeziehungen, die Befehle, sogar die Schläge sind nur Tarnung. Die Organisation der Fabrik, die Arbeitseinteilung verhüllen die wahre Arbeit, die hier getan wird. Und die Objekte dieser Arbeit sind wir, denn wir sollen durch sie krepieren. Es kommt vor, daß sie gerade nicht daran denken, daß sie dösen. Aber es genügt, daß einer von uns an seinem Schraubstock einen Schwächeanfall erleidet, um sie aufzuwecken, und der Meister traktiert den am Boden Liegenden mit Fußtritten, um ihn zum Aufstehen zu bewegen.

*

Das Revier, das im hinteren Teil der Kirche lag, ist in eine Baracke des Lagers in der Nähe der Fabrik verlegt worden.

Wir haben gleich die von den Kranken geräumten Betten belegt. Einige Männer haben einen kleinen Ofen in dem Verschlag aufgestellt. Wir beheizen ihn mit Kohle, die wir neben der Fabrik gestohlen haben und die wir jeden Abend mitbringen. Wir sind etwa zwanzig Mann: Franzosen und Italiener. Wenn wir am Abend zurückkommen, bullert der Ofen. Er ist von denen angemacht worden, die wegen irgendeiner Stubenarbeit in der Kirche geblieben sind. Um den Ofen herum stehen drei Bänke. Wir beeilen uns, um einen Platz zu bekommen, und die keinen mehr bekommen, bleiben hinter den Bänken stehen, um sich schließlich auf die Schultern der Sitzenden zu stützen. Wir schauen nur auf den Ofen. Wir lassen uns auf ihm braten; das Gesicht wird rot, wir werden steif, wir könnten immer hier bleiben: uns in der Wärme ausziehen, in der Wärme einschlafen, in der Wärme das Konzentrationslager vergessen.

Einigen ist es gelungen, in der Miete Kartoffeln zu ergattern. Sie schneiden sie in runde Scheiben, die sie auf den Ofen legen. Wenn es anfängt zu brennen, spießen sie die Kartoffelscheibe mit ihrem Messer auf und holen sie herunter. Diese sehen den Ofen anders; sie sind beschäftigt, sie sehen zu, wie die Kartoffelscheibe, die sie dann in den Mund stecken werden, am Braten ist. Sie werden kauen. Sie werden einen Augenblick lang überglücklich sein mit der heißen Kartoffelscheibe, sie werden in Anspruch genommen sein von der Sorge um die, die bereits brät, wenn die andere noch nicht geschluckt sein wird. Und so sind ihre Augen nicht leer und ihre Hände auch nicht.

Die andern, die keine Kartoffeln haben, schauen zu, wie die des Kameraden braten. Sie wärmen ihre leeren Hände am Ofen, sie begnügen sich mit der Wärme. Sie scheinen allein zu sein neben den andern, verlassen, enterbt, der härtesten Ungerechtigkeit ausgesetzt: auf der gleichen Bank nebeneinander sitzend, haben die einen Kartoffelscheiben und die andern haben keine. Aber unter denen, die keine haben, gibt es welche, die seriös sind; sie sehen nicht zu, wie der Kamerad die Kartoffelscheibe in den Mund steckt; die Ellbogen auf die Knie gestützt, den Kopf zum Ofen hin geneigt, ganz in Glut getaucht, berauschen sie sich an der Wärme. Diejenigen, die dahinter stehen, möchten nur an der Stelle jener sein, die sitzen und die keine Kartoffeln haben und diejenigen, die weiter entfernt in der Kirche sind, möchten gern an der Stelle jener sein, die stehen und deren Gesicht etwas Wärme abbekommt.

Manchmal kommt ein Kapo. Er sieht die Spuren der Kartoffelscheiben auf dem Ofen. Er sucht unter den Strohsäcken, unter den Betten, er findet nichts. Wir bleiben, wo wir sind, die Nase am Ofen, das Treiben des Kapos ist uns gleichgültig. Er fragt, wer Kartoffeln hat, wem die Kartoffeln gehören, niemand antwortet. Er verdächtigt, er bleibt einen Augenblick da stehen, ohnmächtig, und betrachtet die über den Ofen gebeugten Rücken. Dann wird er es leid. Er geht.

Dann wiederum reihen diejenigen, die genügend Kartoffeln aufgetrieben haben, etwa zehn davon an einem Draht auf und werfen den ganzen »Rosenkranz« in den Ofen. Der Kapo kommt, er läßt die Ofenklappe hochheben, er findet den Rosenkranz, der schwarz wird. Er wiehert vor Freude. Wem gehört das? Niemand antwortet. Er nimmt den Rosenkranz mit; stolz zeigt er ihn im Gang. Einige Kerle lachen, um gut angesehen zu sein, und hoheitsvoll verteilt der Kapo die schwarzen Kartoffeln an die, die am lautesten gelacht haben.

Es kommt auch vor, daß die Sache anders ausgeht. Der, dem der Rosenkranz gehört, meldet sich. Die Reaktion des Kapos erfolgt auf der Stelle: *Schläge*; er haut kräftig zu, der Betroffene senkt den Kopf und flieht auf den Gang der Kirche. Der Kapo folgt ihm und haut weiterhin drauf. Einige auf dem Gang lachen. Der Kapo fängt ebenfalls zu lachen an und manchmal auch der, der die Schläge bekommt. Es setzt immer noch Schläge, der Kapo ist der König, es ist der reinste Zirkus. So ist es fast jeden Abend, aus verschiedenen Gründen.

Übermorgen ist Weihnachten. Die Tage, die seit dem ersten Oktober vergangen sind, sind aneinandergeschweißt im Ablauf der Arbeitsstunden, der Schreie der Kapos, der Suppe, dem ewigen Hunger, aber auch in der Anziehungskraft kostbarer Dinge wie dem Wind, dem Dahinziehen der Wolken im Westwind, dem von den Hügeln gebildeten Kessel, den Silhouetten freier Menschen auf der Straße, der Lokomotive, dem Auto, dem Fahrrad, allen Dingen, die über den Raum herrschen und die Blicke der Kinder auf sich ziehen.

Drei Tage lang werden wir uns mit Bildern vollstopfen; sie werden im Kopf funkeln. Es wird ein Fest sein. Kein Fest der Hände, der Kinnbacken oder der Lippen, sondern das schwarze Fest im Kopf, das Fest der Stilleben.

Manche sagen, daß jeder einen ganzen Brotlaib bekommt, einen Apfel, vielleicht eine dicke Suppe mit einem Stück Fleisch. »Ich lasse ihnen gern ihren Brotlaib und ihr Ragout, wenn sie mich dafür gehen lassen . . .« Immer der gleiche Quatsch. Wir geraten in Wallungen, wir geben uns die Freiheit wie einem Hund, den man von der Leine läßt, doch wir wissen genau, daß wir angebunden sind und daß wir höchst froh sein werden, wenn es den Brotlaib gibt. Der Brotlaib, das bedeutet eine Brotorgie. Da hat man für eine gute Weile dran zu essen, da wird man sich den Bauch vollschlagen; wenn wir uns den Bauch dann vollgeschlagen haben, wird noch welches übrigbleiben und wir wären voll und würden voll schlafen. Wir würden die ersten Scheiben abschneiden wie von einem Kuchen, dann, je kleiner der Laib wird, würde es Brot werden; wir könnten sogar gleichzeitig kauen und reden, wir hätten keine so große Angst, daß das Brot bald alle wäre.

Der Ofen ist glühendrot, ich werde von der Hitze versengt. Ganz in der Nähe, auf dem Strohsack, herrscht die Kälte. René hat sich schon ausgezogen.

Ich habe das gleiche tun müssen. Ich habe meine Jacke ausgezogen, meine Schuhe, und ich bin unter die Decke geschlüpft. René gibt nur wenig Wärme ab. Seit heute morgen warten wir nur auf diesen Augenblick. Morgen werden wir sofort nach dem Weckruf an den Abend denken. Aber dieser Augenblick, auf den ich seit heute morgen warte, kommt nicht. Auch in den Schlaf gleite ich wie ein Schlafwandler. Jede Stunde, mal mehr oder weniger drückend, ist festgelegt, und ich werde immer der sein, der ich in der schwersten bin. Dieser Schlaf, auf den ich gewartet habe, diese Atempause, sie tun nichts anderes, als mir die Augen schließen.

*

Heute morgen fällt dichter Schnee. Die Wälder und Hügel sind mit blendendem Filz bedeckt. Die Schritte hallen nicht mehr wider, weder die der SS noch die unseren. Der Himmel verschließt eine Schatulle, es gibt für niemanden mehr einen Horizont.

Auf der Latrine rauchen zwei Polen eine Kippe; zwei Franzosen sitzen auf der Querstange am Rand der Grube. Ich habe die Stricke gelöst, die meine Hose halten, und habe sowohl die Hose als auch die zerrissene Unterhose geöffnet. Ich sehe meine Schenkel fast nur auf der Latrine: sie sind lila, ihre Haut ist runzlig; die eines Franzosen, der auf dem Balken sitzt, sind weißer. Man gewöhnt sich zwar daran, sich beim Scheißen zuzusehen, doch ein wenig Neugierde bleibt immer zurück. Hier verraten sich selbst die Schweigsamsten, aber auch die Gefährlichsten. Auch der dicke Kapo Ernst, der sonst draufschlägt, versucht mit uns zu scherzen, wenn er scheißt. Hier kann er seine Würde nicht aufrechterhalten (übrigens sind deshalb in der Fabrik den Zivilisten eigene Toiletten vorbehalten), und er versucht so zu tun, als wähle er selbst für einen Augenblick das Demütige seiner Situation aus, indem er sich freundschaftlich mit denen unterhält, die neben ihm sitzen. Manchmal kommt es vor, daß er sich mit einem unterhält, den er gerade verprügelt hat. Aber Ernst kann nichts tun, um in unseren Augen nicht anstößig zu erscheinen: seine Unterhosen sind weiß, seine Schenkel gewaltig. Er ist sogar beim Scheißen stark. Er kann kein Kerl mit grauen oder lila Schenkeln, mit herausstehenden Knien werden. Hier zeigt sich deutlicher denn je, daß er täglich mindestens drei Rationen Brot frißt, kochgeschirrweise Suppe usw.

Die Grube ist voll und von einer dünnen Schicht Schnee bedeckt. Wir bleiben noch einen Augenblick auf dem Balken sitzen.

»Was gibts Neues?« fragt einer der Franzosen.

»Nichts«, antwortet der andere.

Derjenige, der die Frage gestellt hat, ahnte schon, daß es nichts Neues gibt. Seit wir hier sind, seit dem 1. Oktober, hat es nie etwas Neues gegeben. Aber jeden Morgen hat man dieselbe Frage gestellt. Derjenige, der sie stellt, kann sie sich nicht selber beantworten. Er kann nur das wissen, was er feststellt, und das ist immer dasselbe: es ist das Brot am Morgen, die Fabrik, die Latrine. Seit er eingesperrt ist, bleibt ihm alles, was nicht Brot oder Fabrik ist, verborgen.

Der andere hat zur Antwort gegeben: »Nichts.« Er ist in der gleichen Lage wie der, der ihn fragt, hat aber nicht gesagt: »Ich weiß nicht.« Er hat gesagt »Nichts«, obgleich er nicht weiß, ob es nicht doch etwas Neues gibt. Er hat dementsprechend geantwortet, was er festgestellt hat, und wir haben alle die gleiche Erfahrung, erleben alle das gleiche. Der andere bohrt nicht weiter, denn er glaubt, daß sein Kamerad, als er »Nichts« sagte, ihm sein Geheimnis verraten hat.

»Glaubst du, daß es noch lange dauern wird?« fragt der andere weiter.

»Ich glaube nicht.«

Der Frager ist beruhigt: es genügt, daß der andere nicht allzu geschwätzig ist und daß er nicht antwortet: »Ich weiß nicht.« Solange sie nichts Bestimmtes wissen, solange sie sich nicht dazu hinreißen lassen sich zu fragen: »Woher weißt du das?« sind sie beruhigt. Jeder bringt dem anderen das, was er erwartet, wie ein Bruder, wie eine Mutter: jemand, der man nicht selber ist und der nicht droht, jemand, der antwortet.

»Ich glaube nicht«, das ist alles, was der Kamerad sagen kann. Er sagt es voller Zuversicht, das genügt. Der andere wird nicht weiter fragen. Diese Fragen, diese Antworten haben keinen Sinn, aber das ist eben die Sprache, die man auf der Latrine spricht, und das ist im Augenblick das Wesentliche dessen, was man sich zu sagen hat.

Sie sind aufgestanden. Auf der Bank stehend haben sie ihre Schenkel in die Hosen eingeschlossen, um die sie den Strick geschnürt haben, alles ganz langsam. Dann sind sie von der Bank heruntergestiegen, sind einen Augenblick, die Hände in den Taschen, die Schultern eingezogen, zwischen den vier Brettern der Latrine stehengeblieben. Sie haben nichts Neues erfahren.

» – Was gibts Neues? – Nichts.« Dann gibt es also nichts mehr auf der Latrine zu tun, dann muß man gehen.

Es ist kaum zehn Uhr, der ganze Tag ist noch herumzubringen. Morgen ist Weihnachten. Was heißt das? Jetzt fängt das Gedächtnis ernsthaft zu arbeiten an; wenn es das Gedächtnis nicht gäbe, gäbe es kein Konzentrationslager. Das hat gerade noch gefehlt, jetzt, wo man zwischen den Brettern der Latrine das Wort »Weihnachten« hört, in der Scheiße herumtrampeln. Sie sagen auch »Weihnachten«, und wir laufen immer noch als Zebras herum. Werden die Öfen in Auschwitz in dieser Nacht vielleicht Pause machen? Wird die Nacht des Jahres auch die Nacht ihres Gewissens sein? Der Brotlaib für vier, vielleicht der Laib für zwei oder, warum nicht, der Laib für einen? Der Brotlaib ihrer Angst, der Brotlaib für einen und die Pause für die Öfen. Ihr Gewissen feiert vielleicht heute abend: »Heute abend wird nicht getötet. Nein, heute abend nicht.« Bis morgen. Heute abend besaufen sich die Ofenkapos, heute abend singen alle auf der ganzen Erde, sogar in Auschwitz? Der Brotlaib für einen, die allgemeine Versöhnung, die Einheit des Menschengeschlechts hergestellt, heute abend werden also alle wegen der »gleichen« Sache lachen oder weinen!

Schändliche Erwartung. Eine wahre Scheiße, eine wahre Latrine, wahre Öfen, wahre Asche, das wahre Leben von hier. Wir wollen für diesen einzigen Tag nicht *mehr* Mensch sein als gestern oder morgen.

Am Fuße eines Flugzeugrumpfes hat man einen kleinen Tannenbaum aufgestellt; man hat es mit großem Ernst getan. Wir haben die Fabrik sorgfältiger gefegt als gewöhnlich. Sie waren mit den Gedanken nicht dabei und haben sich miteinander unterhalten. Die Frauen lachten. Wir haben sie angesehen, als ob vor unserer nächsten Begegnung etwas Wichtiges geschehen müsse. Dieses Wichtige war das Ende des Jahres, das auf uns zukam.

Die Sirene hat vier Uhr geheult und wir haben die Fabrik verlassen. Es schneite nicht mehr, der Himmel hatte sich aufgeklärt und über dem Wald schien sogar ein wenig die Sonne. Wir sind vor der Kirche angekommen, wir haben uns zählen lassen. Wir haben gewartet. Der Strohsack und der Weihnachtstag mußten erst noch verdient werden.

Zuerst einmal schlafen, man soll uns auf unseren Strohsäcken schlafen lassen, das ist schon genug.

Daheim sagen sie: »Ich gehe aus.« Sie steigen die Treppe hinunter und schon sind sie draußen. Sie sagen: »Ich setze mich hin«, sie sagen: »Wir werden zusammen zu Abend essen«, sie sagen: »Ich werde jetzt . . .« und dann tun sie etwas. »Ich«, das ist das Brot, das Bett, die Straße. Hier können wir nur sagen: »Ich werde jetzt auf die Latrine gehen«. Sicherlich ist sie das, was hier am besten dem entspricht, was man daheim gemeinhin Freiheit nennt.

Die Kapos haben uns in den Hof der Kirche geführt und dort haben wir von neuem gewartet, aber diesmal, um das Essen zu fassen. Wir glaubten, es gäbe zusätzlich einen Apfel; einer von uns hatte es gesagt und das hatte sich herumgesprochen, wir glaubten an den Apfel. Er hätte den Augenblick hinausgezögert, in dem wir nichts mehr in der Hand hatten; wir hätten ruhig das Brot essen können, da wir hinterher noch den Apfel gehabt hätten. An den Apfel konnte man durchaus glauben. Sie hätten damit den Tag gekennzeichnet, und sie schienen das auch zu wollen, denn wir brauchten am Weihnachtstag schon nicht zu arbeiten.

Der Ausgabeschalter ging auf. Es fing an dunkel zu werden, das gelbe Licht beleuchete die Öffnung. Der Küchenbulle hat den Kopf herausgestreckt; die Leute haben ihn gespannt angesehen.

»Was gibts denn heute?« haben wir ihn gefragt.

Er hat gelacht.

»Nichts gibts.«

Es gab nichts zusätzlich. Und er begann auszuteilen. Wir haben uns trotzdem auf die Zehenspitzen gestellt, um zu sehen, was es gibt.

»Ein Viertel Brotlaib und gehacktes Fleisch«, hat einer gesagt.

Kein Apfel, die Bulette etwas dicker vielleicht als die, die es früher manchmal gegeben hatte. Darauf sind wir ungeduldig geworden, wir haben uns beeilt, um vor den Schalter zu kommen und es hinter uns zu haben.

Der vor mir hat den Kopf gesenkt; den linken Arm halb ausgestreckt, hielt er sein Viertel Brotlaib in der Hand und schien ängstlicher zu sein als wir, die wir noch nicht am Schalter waren. Er sah niemanden, er war nur noch das Viertel Brotlaib in seiner Hand; gebückt und eilig rannte er in die Kirche.

Jetzt kam ich an die Reihe. Das Viertel Brot, das Hackfleisch drauf; ich habe es in die linke Hand genommen. Das andere Viertel, das der Küchenbulle schon hochhebt, ist für einen anderen. Es gibt noch viele davon, ich kann sie sehen, und jedes gehört einem Häftling. Die Kameraden sind nicht reicher als ich, es gibt nur eins für jeden, aber der Haufen mit den Brotvierteln ist riesig.

Die Küchenbullen sorgen für sich. Das ist normal. Womit sie sich abgeben, was sie handhaben, sind weder Dural noch Steine noch Erde, sondern Lebensmittel. Sie leben den ganzen Tag mitten drin. Die Körbe mit Dural werden hier zu Körben mit Brot, mit Kartoffeln. Im großen Lagerraum gibt es Säckchen mit Nägeln und die Kameraden haben den ganzen Tag über Eisenstücke in der Hand; da ist einfach nichts zu machen, die kleinen Berge, die Haufen, die Lasten sind dort Eisen. Bei den Küchenbullen ist Mehl in den Säcken, Margarine in den Kisten usw. . . . Dort, wo sie sind, drängt man sich um sie herum, sie sind ständig umschwärmt. Sie haben einen roten Kopf, Muskeln auf den Armen, sie werden von der SS ein wenig geachtet. Natürlich versucht man, sich gut mit ihnen zu stellen, man lacht über ihre dummen Witze, man erkennt an, daß sie schwere Arbeit verrichten, man bemitleidet sie. Gleichzeitig läßt man sich die Suppe vom nächsten Tag beschreiben. Sie reden von Kilos von Mehl, von Körben voller Kartoffeln. Sie nehmen eine Kelle, sie tauchen sie in den Eimer, das ergibt ein Kochgeschirr voll; die Kelle taucht noch einmal hinein und das zweite Kochgeschirr ist voll. Ganz ruhig. Die Kameraden sehen sie mit halbgeöffnetem Mund an, sie sind eben Götter.

In unserem Verschlag war Hochbetrieb um den kleinen Ofen. Diejenigen, die als erste gekommen waren, hatten sich sofort auf die Bänke gesetzt. Jeder hielt sein Brot in der Hand. Jemand sagte:

»Damit können wir schöne Sprünge machen. Eine herrliche Bescherung!«

Sie betrachteten hin und wieder ihr Brot und schienen nachzudenken. Alle Bänke waren besetzt, ich habe mich nicht hinsetzen können. Ich habe mich dicht hinter eine Bank gestellt, ich bekam die Wärme des Ofens voll ins Gesicht. Ich habe eine Scheibe Brot abgeschnitten, ich habe etwas Hackfleisch drauf gemacht, ich habe den Arm über die Schulter eines Kameraden gestreckt, der sich ohne zu meckern vorgebeugt hat und habe die Scheibe auf den Ofen gelegt. Andere taten das gleiche. Der Ofen war sehr heiß. Das Fett im Fleisch ist ziemlich schnell geschmolzen und die Schicht roten Fleisches ist braun geworden. Der Ofen war mit Brotscheiben bedeckt. Einige Männer stritten sich, um einen kleinen Platz für ihr Stück Brot zu finden; sie stießen das Brot eines Kameraden weg, der das duldete, doch wenn sie seine Scheibe etwas zu weit stießen, so daß sie ins Leere hineinragte, meckerte der Kamerad. Er drehte sich um, musterte die andern, die sich zu entschuldigen schienen, aber trotzdem ihre Brotscheibe dort liegenließen, wo sie lag. Der, der meckerte, stieß darauf die Brotscheibe eines anderen weg, um für die seine auf dem Ofen Platz zu schaffen, worauf der andere ebenfalls zu meckern anfing und es ein wenig laut wurde.

»Du gehst uns auf den Wecker, du hättest eben früher kommen sollen. Es sind immer dieselben, die erst pennen und dann vor den andern drankommen wollen.«

»Ist schon gut. Nun reg dich mal nicht auf. Wir werden uns heute abend doch nicht anschnauzen wollen.«

»Ich schnauze dich nicht an, aber man darf schließlich nicht übertreiben.«

Dabei blieb es. Ein Geruch nach Bäckerei, nach gebratenem Fleisch, nach einem üppigen Frühstück stieg auf. Aber die zu Hause, wenn die Speck und geröstetes Brot aßen, dann wußten sie nicht, wie sich das verwandelt hatte, wie es angefangen hatte, die Farbe zu wechseln, zu braten und vor allem zu riechen, diesen mächtigen Duft auszuströmen. Wir hier hatten unser Graubrot bekommen, wir hatten uns eine Scheibe davon abgeschnitten, wir haben die Scheibe selber auf den Ofen gelegt, und jetzt sahen wir zu, wie sich das Brot in Kuchen verwandelte. Nichts entging uns. Das Fleisch, aus dem Saft tropfte, glänzte und verbreitete einen furchtbaren Geruch nach Eßbarem. Wir hatten nicht den Geschmack des Brotes verloren, der Kartoffeln, die man kaut. Aber das Eßbare, das schon von weitem die Kehle mit seinem Geruch erfüllt und den Geruch selber, das hatten wir vergessen.

Ich habe meine Scheibe weggenommen. Sie war glühend heiß, es war ein Brioche. Mehr als ein Juwel, etwas Lebendiges, eine Freude. Sie war leicht gewölbt, das Fett des Fleisches war in die Krume eingedrungen, es glänzte. Ich habe den ersten Bissen getan; als die Zähne ins Brot bissen, gab es ein Geräusch, das mir die Ohren füllte. Es war eine Grotte von Duft, Saft und Nahrung. Alles war eßbar. Zunge und Gaumen waren überflutet. Ich hatte Angst, etwas davon zu verlieren. Ich kaute, ich hatte überall Brot und Fleisch, auf den Lippen, auf der Zunge, zwischen den Zähnen, das Innere meines Mundes war eine Höhle, das Essen lief darin herum. Schließlich habe ich geschluckt, es wurde geschluckt. Als ich dann nichts mehr im Mund hatte, wurde die Leere unerträglich. Mehr, mehr; das Wort ist für die Zunge und den Gaumen gemacht worden; noch einen Bissen, noch einen Bissen, das durfte nicht aufhören, die Kaumaschine, die Maschine zum Riechen, zum Lecken war in Gang gesetzt. Noch nie hatte der Mund wie in diesem Augenblick das Empfinden, etwas zu sein, das nie gefüllt werden konnte, das Empfinden, daß ihm nichts ein für allemal ausreichen konnte, daß er immer etwas haben müsse.

Jeder aß feierlich. Einige wollten kein Risiko eingehen: sie aßen das Brot kalt, so wie sie es bekommen hatten. Sie wollten nicht in eine andere Welt hinüberwechseln, sie wollten sich nicht in Versuchung führen. Man durfte sich hier nicht damit vergnügen, soviele Ansprüche zu wecken, soviele begrabene Geschmäcker. Etwas Derartiges zu essen – es konnte nichts Besseres geben! – war gefährlich. Sie machten einen gelösteren Eindruck; sie schnitten ihr Brot nicht sorgfältig in Scheiben, sondern sie schnitten sich Stücke ab, wie es gerade kam; sie hielten ihr Brot in der Hand, wie sie es zu Hause getan hätten, den Ellbogen auf das Knie gestützt, ernst, streng.

Es waren die letzten Bissen. Ich hatte einen Platz auf einer Bank gefunden. Jetzt ging es nur noch darum, sich mit vorgebeugtem Kopf zu wärmen, die Hände gegen den Ofen ausgestreckt.

Das Brot ist aufgegessen, man wird heimkehren, sich in sich zurückziehen und dabei seine Hände anschauen, in sich versinken, während man den Ofen anschaut oder das Gesicht eines Kameraden betrachtet, man sitzt da, zieht sich in sich zurück, bis man das Gesicht von M . . . von D . . . vor sich hat. Ich werde mich erinnern, daß man zu Hause mit mir sprach. Es kam tatsächlich vor, daß man an mich allein das Wort richtete. Zu Hause war ich auf der Straße wie jeder andere. Und dazu die Ungezwungenheit, die Freundlichkeit, das Lächeln . . . Das Leben daheim war ein Honigschlecken. Man ging im Haus von einem Zimmer zum andern, man setzte sich, man legte sich hin, ohne zu warten, ohne Unterbrechung, mit der Leichtigkeit eines Schwimmers im Wasser. Menschen, die sich noch leichter bewegten, riefen mich an, sprachen mit mir, wobei sie ständig lächelten, wie im Wasser, wie eingetaucht in ein köstliches Milieu.

Ich sehe mich daheim von hinten, immer nur von hinten. Das Gesicht von M . . . lächelt dem zu, den ich nur von hinten sehe. Und sie lacht. Sie lacht, aber doch nicht so, ich glaube nicht, daß sie so lachte. Was ist das für ein neues Lachen von M . . .? Es ist das Lachen einer Frau aus der Fabrik, das ich wiedererkenne. Ich sehe sie und sie lacht immer. Oder es ist René, der so lacht. Ich weiß es nicht mehr. Sie spricht, es stimmt gar nicht, es ist irgendeine Stimme, es ist eine kreischende Stimme. Was ist das für eine Stimme? Es könnte die Stimme eines Mannes sein. Ihr Gesicht ist offen und ehrlich, sie lacht. Eine kreischende Stimme. Es ist das Lachen jener Stimme, die zu mir gesagt hat *Schnell, schnell, Monsieur*. Ihre Stimme ist tot. Ihr Mund öffnet sich und es ist eine andere, die man hört. Ich vergesse, ich vergesse alle Tage ein wenig mehr. Man entfernt sich, man driftet ab. Ich höre nichts mehr. Sie ist begraben unter den Stimmen der Kameraden, unter den deutschen Stimmen. Ich wußte nicht, daß ich schon so weit fort war. Alles, was mir bleibt, ist das Wissen. Wissen, daß M . . . eine Stimme hat, die Stimme, von der ich weiß, daß sie sie hat. Wissen, daß ihr Gesicht sich öffnet und daß sie mit einem Lachen lacht, von dem ich weiß, daß es ihr Lachen ist. Wissen wie ein Tauber und ein Blinder. Und daß ich der einzige hier bin, der das weiß. Vielleicht wird sogar das Gesicht von M . . . langsam verschwinden und ich werde dann wirklich wie ein Blinder sein. Aber man wird mich noch einmal und noch einmal verkleiden können, das Unmögliche tun, damit man mich kaum von einem anderen unterscheiden kann, dies werde ich noch bis ans Ende wissen.

Die Kameraden wärmten sich, wurden steif und benommen. Sie waren in dieser Weihnachtsnacht wie in einer Wolke; sie warteten darauf, daß sie fortzieht. Es hatte nichts anderes gegeben als das Brot und die Hackfleischboulette und nichts anderes würde jetzt noch kommen.

Darauf haben sie versucht Geschichten zu erzählen. Sie haben von ihren Frauen und von ihren Kindern gesprochen. Es waren ernsthafte und ordentliche Frauen und sie hatten Launen. Die Geschichten liefen um den Ofen herum. Und da war ein lustiger Abend, an einem Samstag, man hatte viel gelacht, die Aperitifs, ein gutes Festessen, Vorspeisen, solche Scheiben Hammelfleisch, eben alles, was dazugehört, ein Roquefort, der Saint-Honoré zum Dessert, sie machte ihn verdammt gut, ein Kamerad, der Kleine war schon zu Bett gegangen, der Kamerad hielt es nicht mehr länger aus, sie schlief bereits, der Kamerad und ich sind noch ausgegangen, um sieben Uhr morgens heimgekommen, sie hat ein komisches Gesicht gemacht, am nächsten Abend gings wieder von vorn los, da ist sie dann bis zum Schluß bei uns geblieben. Am Montag, auf die Arbeit.

Die Kameraden haben leise gelacht. Solche Geschichten kannten sie auch, mit Cognac, einem Kameraden, der Frau, die meckert oder bei dem Spaß mitmacht, sie wußten, was das heißt, auch was die Arbeit angeht. Alle verstanden einander, man konnte noch lange so weiterreden. Man beschrieb alles, die Metrolinie, die Straße, um nach Hause zu kommen, die Arbeit, jede Art von Arbeit, die Geschichte nutzte sich so leicht nicht ab, da gab es immer wieder was zu erzählen.

Die Hölle des Gedächtnisses funktionierte voll. Da war nicht einer, der nicht versucht hätte, eine Frau zu beschreiben, der nicht an seiner Tür geläutet und gleichzeitig das andere Läuten vernommen hätte, jenes Läuten, das alles in Gang gebracht hatte, damals, als er ihnen die Tür geöffnet hatte.

Von diesem Augenblick an war jeder eine Persönlichkeit geworden. Jener, der als freier Mann, sich unterhaltend, von der Kirchturmuhr halb fünf hatte läuten hören und der dann, von derselben Kirchturmuhr fünf Uhr hatte läuten hören, doch jetzt bereits in Handschellen. Jener, der am Abend nicht zur Verabredung kam. Jener, den man zwischen zwei Sätzen fortgeschleppt hatte. Er füllte jetzt das Haus aus. Daheim versuchte man nun, sich jemanden zusammenzubasteln, der ihm gleicht, doch er hatte stets einen Vorsprung, er war entstellt oder er war tot; und doch saugte er nach wie vor die Luft des Hauses auf. Man wußte nicht und er selbst wußte es auch nicht, ob er so grausam sein könne, derjenige zu sein, der nicht antwortet, derjenige, der niemals da ist. Aber sie, die Angehörigen, waren auch nicht da und niemand antwortete; es war auch hier verblüffend, daß niemand von daheim jemals antwortete, niemand da war.

Später, in der gleichen Nacht, ist die Frau des Kameraden, der von seiner Sause erzählte, vielleicht mit ihrem Jungen zur Messe gegangen; sie hat für ihren Mann gebetet und hat geweint. Er schlief. Sie kniete. Er schnarchte. Sie betete für ihn, als ob er eine schreckliche Krankheit hätte, sie wußte nicht, daß es für einen Unbekannten war.

Der Ofen bullerte im dumpfen Gesumm der Geschichten. Sie gingen reihum; die Stimme, der Rhythmus wechselten, aber es war die gleiche Geschichte, die ständig wiederholt wurde.

Dann flachte das Fest ab, die Geschichte erschöpfte sich, es blieb nichts mehr davon übrig. Es blieb nur noch die Hitze auf dem Gesicht, die Hitze des Ofens, die diese Geschichte hervorgelockt hatte. Die Hartnäckigsten, jene, die am meisten gesprochen hatten, schwiegen. Man wärmte sich mechanisch die Hände. Einer ging schlafen. Dann noch einer. Mitten in der Kirche hat einer zu singen angefangen. Er versuchte, die Männer auch weiterhin von ihrem Magen abzulenken, so daß sie einen Augenblick lang wenigstens ein anderes Gesicht machten. Niemand hat sich ihm angeschlossen, aber er hat ganz allein weitergesungen. Wo war der, der gesungen hatte, wie konnte man ihn wiedererkennen? Sie hatten sich alle hingelegt und unter ihrer Decke vergraben. Man hörte nur noch ein undeutliches Gemurmel, das von den Strohsäcken kam. In jedem Kopf war die Frau, das Brot, die Straße, alles durcheinander mit dem übrigen, dem Hunger, der Kälte, dem Schmutz.

Wir sind zu viert oder fünft um den Ofen herum sitzengeblieben. Wir legten keine Kohle mehr auf. Er hat aufgehört zu bullern. Die Wärme und die Unbeweglichkeit machten steif. Das Gesicht glühte und wir waren wie betrunken.

Doch wie immer mußte auch dieser Abend schließlich auf dem Strohsack enden.

Ich habe mich aufgerafft, um pinkeln zu gehen. Die Nacht war schwarz und voller Sterne. In der SS-Baracke brannte Licht; man hörte laute Stimmen und Lachen. Ich stand allein an der Pinkelrinne. Es dampfte. Der Hof der Kirche war leer, der Boden gefroren. Man hörte deutlich die Stimmen, die aus der SS-Baracke kamen, aber aus der Kirche, die doch immerhin voller Leute war, drang kein Geräusch. Ihre Mauern stiegen grau in die Nacht hinauf. Ich stand außerhalb der Kirche, und diese Menschenscheune sah ich wie den Gipfel eines Berges.

Blickte man so in den überall schwarzen Himmel, auf die SS-Baracke, die Masse der Kirche, den Bauernhof, konnte einen die Versuchung ankommen, von der Nacht ausgehend alles miteinander zu verbinden und zu vermischen. Daß diese Nacht die gleiche war für Fritz und für den Rheinländer, für die, die mir Befehle erteilt, und für die, die mir Brot gegeben hatten, das stimmte. Doch das Gefühl für die Nacht, die Betrachtung des unendlichen Raums, die alles in ein Gleichgewicht zu bringen versuchte, nichts von alledem konnte in irgendeiner Weise die Wirklichkeit verändern oder die Macht einschränken, konnte veranlassen, daß ein Mann aus der Baracke von einem Mann aus der Kirche verstanden wurde oder umgekehrt. Die Geschichte macht sich über die Nacht lustig, die von einem Augenblick auf den andern die Widersprüche aufheben möchte. Die Geschichte verfolgt unerbittlicher als Gott; sie stellt Forderungen, die auf andere Weise schrecklich sind. In keinem Fall dient sie dazu, im Bewußtsein Frieden zu stiften. Sie schafft sich ihre Heiligen des Tages und der Nacht, die Forderungen stellen oder still sind. Sie ist nie die Chance, die Möglichkeit zu einem Heil, sondern ein Anspruch, ein Anspruch auf dies oder ein Anspruch auf das Gegenteil, und er kann sogar still in der Nacht lachen, verborgen im Schädel eines von uns, und gleichzeitig lachen im schamlosen Lärm, der aus der Baracke kommt.

Man kann Kinder verbrennen, ohne daß die Nacht sich rührt. Sie bleibt unbeweglich um uns herum, die wir in der Kirche eingeschlossen sind. Die Sterne über uns sind ebenfalls ruhig. Aber diese Ruhe, diese Unbeweglichkeit sind weder das Wesen noch das Symbol einer Wahrheit, die den Vorzug verdient. Sie sind der Skandal der äußersten Gleichgültigkeit. Diese Nacht war mehr als alle anderen entsetzlich. Ich war allein zwischen den Mauern der Kirche und der SS-Baracke, der Urin dampfte, ich lebte. Man mußte es glauben. Wieder habe ich in die Luft geschaut. Ich habe gedacht, daß ich jetzt vielleicht der einzige bin, der so in die Nacht schaut. Im Dampf des Urins, in der Leere, im Entsetzen: es war das reine Glück. Und es ist sicherlich in diesem Sinne, daß ich sagen muß: es war eine schöne Nacht.

Als ich in die Kirche zurückgegangen bin, lag René schon. Ich bin unter die Decke geschlüpft. Es tat gut. René dachte an zu Hause; er weinte.

Ich lag in niemandes Armen von daheim. Gesichter kamen und gingen in meinem Kopf. Ich umarmte niemanden, ich drückte niemanden in meine Arme. Ich habe meine Schenkel berührt, ich bin mit der Hand über ihre faltige Haut gefahren, mein Körper begehrte nichts, er war flach. An diesem Abend wollte ich es wagen, diese Gesichter zu sehen, die manchmal aufleuchteten. Sonst nichts. Mein eigenes Gesicht mit diesem geschlossenen Mund und diesen geschlossenen Augen und dieser in der Magerkeit zu groß gewordenen Nase darüber war ein geschlossener Bühnenraum ohne Zuschauer.

Stimmengewirr drang aus dem Verschlag, in dem der französische Stubendienst, ein Krimineller, lag. Er schlief mit dem Lagerältesten, einem deutschen Häftling. Es war ihm gelungen, sich ein Kaninchen und andere Fressalien zu beschaffen; er hatte seine Kameraden eingeladen, mit ihm zu spachteln. Sie hatten sich Pommes frites gemacht, und sie hatten Schnaps. Sie waren besoffen und grölten.

Lucien, der polnische Vorarbeiter, ist brummend aus dem Verschlag gekommen, dann hat er geschrien: »Die Deutschen können mich im Arsch lecken. Ihr wollt mir die Fresse vollhauen, ihr seid Arschlöcher. Wenn ich sage arbeitet, dann braucht ihr es ja nicht zu tun. Ich will zu fressen haben, ihr seid Arschlöcher. Die Deutschen können mich im Arsch lecken, hört ihr, sie können mich im Arsch lecken, aber ich will zu fressen haben.« Er kotzte, er flennte, die andern hinter dem Verschlag plärrten die Marseillaise.

»Haltet eure Mäuler, ihr Saubande«, hat ein Kamerad geschrien. »Erst machen sie sich mit den Boches gemein, schlagen sich den Wanst voll, und dann singen sie die Marseillaise!«

Der Kamerad schimpfte, aber er fand keinen Widerhall. Der Ofen war ausgegangen. Die Kohlen glühten nicht mehr. Die Kälte der Mauern fiel auf die Gesichter. René schlief, ich habe mich auf die Seite gedreht.

*

Arme und Brust jucken mich. Zuerst ist es nur ein ganz leichtes Jucken gewesen, ich habe es nicht beachtet. Jetzt muß ich aber doch mal nachsehen; dazu muß ich aber das Hemd ausziehen, und es ist sehr kalt.

Ich habe mein Hemd umgewendet, ich habe unter den Armen nachgesehen, unter den Nähten, ich habe genau hingesehen: ich habe Läuse. In dieser Naht sitzt eine, es sieht ganz so aus, als sei sie eingeschlafen. Sie ist braun, rund, man sieht ihre Beine. Ich zerquetsche sie zwischen den Daumennägeln. Um die Nissen zu knacken, muß ich weitersuchen. Neben dem erloschenen Ofen sucht ein anderer. Er sagt nichts, aber er zerquetscht diskret zwischen seinen Fingernägeln. Andere sind hinzugekommen und wir sind jetzt vier, die mit nacktem Oberkörper und quetschbereiten Daumennägeln dasitzen. Wir suchen, und von Zeit zu Zeit wird schweigend eine Laus zerquetscht. Wir haben alle Läuse. Der

Transport aus Dachau hat sie mitgebracht. Wir können unsere Wäsche nicht wechseln, wir können uns nicht mit warmem Wasser waschen, es gibt bestimmt noch andere Läuse, und wir werden sie nicht loswerden.

Bisher hatten wir gar nicht daran gedacht. Jacques, der Medizinstudent, war voller Läuse, als er in einem Gefängnis in Toulouse in der Arrestzelle saß. Er wurde ausgesogen, er konnte nachts nicht schlafen, er wäre beinahe verrückt geworden. Wir haben nur ein schwaches Jucken verspürt, aber wir kennen bereits die Macht des Ungeziefers. Wahrscheinlich ist das ganze Stroh voll. Geduld, das unschlagbare Beharrungsvermögen der Läuse.

Wir bekamen Prügel, wir waren schmutzig, wir bekamen nichts zu essen, wir glaubten, das sei das Äußerste und wir würden wenigstens weiterhin schlafen können. Jetzt haben wir Läuse. Die Haut hatte bis dahin ihre Ruhe, sie wurde gelb, sie wurde friedlich faltig, jetzt wird auch sie angegriffen werden. Klein ist so was, es wird zwischen den Fingernägeln zerquetscht, es ist nichts, aber es vermehrt sich; noch eine und noch eine, und da sind auch die Nissen, Nissen noch und noch und noch eine Laus und noch eine. Ein Alptraum, wir werden unterliegen.

In der Nacht bin ich auf die Latrine gegangen; es muß so gegen zwei Uhr früh gewesen sein. Das kleine grünliche Licht über dem großen Kübel wirkte wie eine Höhlenbeleuchtung. Zwei Kerle, das Hemd in den Händen, saßen unter der Lampe und suchten. Sie waren sicherlich eingeschlafen gewesen, bis die Läuse sie unter der warmen Decke zu piesacken anfingen. Zuerst ist es ein träges Jucken, man spürt noch keinen Stich, man merkt die Laus noch nicht auf der Haut, es ist ein Gefühl wie Nesselfieber. Dann beginnt etwas über die Haut zu laufen; etwas Fremdes. Das ist nicht mehr ein Zustand des Körpers. Ein Leben anderer Art läuft über die Haut, es ist unerträglich und beginnt zu brennen. Darauf geht man auf die Latrine, um sie zu suchen.

Lucien schimpft uns Schmutzfinken. Wir, »die Franzosen«, sollten »ein Beispiel geben« und keine Läuse haben.

Die Meister in der Fabrik bekommen allmählich Angst vor ihnen und kommen uns nicht mehr zu nahe. Die Kameraden kratzen sich und winden sich in ihrem Hemd, um den Juckreiz loszuwerden. Wir haben auch Läuse zwischen den Schenkeln; wir knöpfen also die Hose auf und kratzen uns. Wir warten, bis es einfach nicht mehr auszuhalten ist, dann fallen wir in unserer Wut mit den Fingernägeln drüber her. Manchmal merkt es ein Meister und zieht sich mit einer Gebärde des Ekels zurück: »*Scheiße!*« Man knöpft sich schnell wieder zu. Wenn man sich gekratzt hat, wird das Brennen noch schlimmer.

Eines Tages hat ein Meister gesehen, wie einem Kameraden, der an einem Flugzeugrumpf arbeitete, eine Laus über den Nacken lief.

»Ach!« Er ist von ihm abgerückt und hat einen anderen Meister gerufen.

Er hat den Arm ausgestreckt und mit dem Finger auf den Nacken des Häftlings gezeigt. Sie haben beide eine Grimasse geschnitten: *Scheiße!* der Kamerad, der sich mit hängenden Armen umgedreht hat, ließ sich wie eine Sache in Augenschein nehmen.

In der Regel jedoch sehen die Deutschen die Läuse nicht. Sie sehen nur die Kerle, die sich winden. Die Frauen wissen, daß wir welche haben. Zuerst lachten sie, als sie sahen, wie die Kameraden sich wandten und kratzten. Es war schon ziemlich seltsam, Kerle zu sehen, die auf dem Ofen der Fabrik Kartoffelschalen brieten, um sie dann zu essen, und alle diese kahlgeschorenen Schädel der Russen, Franzosen usw. . . . das Bild des verrotteten Europas, alle diese abgemagerten Männer, die nicht einmal mit ihnen hätten reden können und die sich um einen Eimer Brühe herumstritten; aber jetzt kratzen sie sich alle und es sieht aus, als tanzten sie. Sie hatten zwar schon mal von Läusen gehört, daß das aber so ulkig sein konnte, wußten sie nicht. Sie lachen.

Eines Morgens ist Meister Bortlick gekommen, um sich meine Arbeit anzusehen; er ist nicht allzu nahe herangekommen. Seine Hände waren rosig, seine braunen, von einem geraden Scheitel geteilten Haare glänzten; er war rasiert, er trug eine Jacke, einen Pullover, ein Hemd. Alles war sauber. Seine Augen sind über meinen Hals geglitten; er hat nichts gesehen. Ich versuchte, mich nicht zu winden, solange er da war. Ich hatte den Eindruck, mich neben einem jungfräulichen Mann zu befinden, neben einer Art Riesenbaby. Diese rosige Haut war ekelerregend. Er war nie schmutzig, er konnte sich nackt ausziehen und in einen Schlafanzug schlüpfen. Ich empfand in etwa den gleichen Ekel, den eine Frau gegenüber einem jungfräulichen Mann empfinden kann. Ich spürte die Läuse nicht mehr. Diese unberührte Haut, die nicht fror, diese rosige und gut genährte Haut, die sich abends an eine Frauenhaut pressen würde, diese Haut war entsetzlich; sie wußte nichts. Er hat sich das Werkstück aus Dural angesehen, an dem ich arbeitete; es war verbogen, verpfuscht. Er ist rot geworden vor Wut, er hat gebrüllt, aber er hat mich ihretwegen nicht anzurühren gewagt. Ich habe die Achseln gezuckt und er ist weggegangen. Er war ohnmächtig.

Es gibt immer mehr Läuse. Jede Nacht sitzen Kerle mit nacktem Oberkörper auf der Latrine und zerquetschen welche.

Wenn ich im Begriff bin einzuschlafen, fängt es an, mich unter den Armen und zwischen den Schenkeln zu jucken. Ich versuche mich nicht zu rühren, nicht zu kratzen, aber wenn ich mich zusammenziehe, spüre ich, wie die Läuse über meine Haut laufen. Darauf kratze ich, um nicht mehr diese ruhige Abgeschiedenheit der Laus zu verspüren, diese Unabhängigkeit, um nicht mehr das Jucken zu empfinden.

Sie sitzen im Hemd, in der Unterhose. Man zerquetscht und zerquetscht. Die Daumennägel sind rot von Blut. Die Nähte entlang hängen ganze Trauben von Nissen, es gibt noch und noch, fett, ekelerregend. Auf meinem Hemd, auf meiner von wundgekratzten Stichen roten Haut ist Blut.

Krusten bilden sich allmählich, ich reiße sie ab und sie bluten. Ich kann nicht mehr, ich werde schreien. Ich bin Scheiße. Ganz richtig, ich bin Scheiße.

Ich habe meine Unterhose wieder angezogen. Bestimmt sitzen noch welche drin. Wenn die Schenkel nackt bleiben könnten ... Ich spüre wieder die warme Unterhose dazwischen. Dort sind die Nissen, sie kleben an der Haut. Auch das Hemd, voller zerquetschter Läuse und Nissen, klebt an der Haut. Man müßte alles verbrennen; alles ist befallen, gehört in die Flammen. Man träumt davon zu verbrennen, selber in ein kochend heißes Bad einzutauchen, in ein Bad aus Feuer, aus Säure, das sie vernichten würde, das die Haut abbeizen, alles abschaben würde und aus dem man dann rot, gehäutet, blutig und befreit heraussteigt.

Nach etwa vierzehn Tagen hat die Fabrikleitung beschlossen, unsere Kleider durch die Desinfektionskammer von Gandersheim gehen zu lassen. Wir wurden in Schüben von dreißig Mann hingebracht.

Wir sind an einem Vormittag gegen zehn Uhr in der Fabrik aufgebrochen; Lucien brachte uns hin. Auf der einen Seite der Straße nach Norden hin lag eine weite, von einem Bach gesäumte Wiese; auf der anderen der bewaldete Hügel. Die Straße war sehr kurvenreich. Zum ersten Mal gingen wir in eine andere Richtung als die zur Fabrik.

Was gab es wohl hinter der Biegung der Straße, die man von der Fabrik aus sah?

Zweimal am Tag verschwanden die Zivilisten hinter dieser Biegung. Wir wußten zwar, daß dort, hinter dem Hügel, in zwei Kilometer Entfernung, Gandersheim lag, aber was war hinter der Biegung?

Wir sind an der Biegung angekommen. Dahinter lag ein Stück Straße und dann eine andere Biegung, sonst nichts.

Wir sind Zivilisten begegnet; sie sahen betroffen auf die gekrümmten, kahlgeschorenen, gesichtslosen Kerle, die mit einer Decke auf dem Rücken, zerfetzten Kapuzenmänteln und den verblaßten lilafarbenen Streifenanzügen daherkamen.

Was sind das wohl für Leute? Kriegsgefangene nicht, sondern Musterexemplare des Komplotts gegen Deutschland ... Sie reden nicht, sie schauen nur. Wo gehen sie hin?

Nach der Biegung haben wir den Ausgang des Tunnels von der anderen Seite des Hügels gesehen; wir haben den Hügel von hinten gesehen; wir haben eine kleine Brücke über einen Bach gesehen; wir haben ein Haus mit Vorhängen an den Fenstern gesehen; dann haben wir ein anderes Fenster gesehen; dann sind die Häuser immer näher aneinandergerückt; dann haben wir die Klingel an der Tür eines Hauses bemerkt; dann eine Frau am Fenster; dann haben wir durch das Fenster hindurch Stühle in einem Zimmer gesehen und jemanden, der in dem Zimmer hin- und herging.

Lucien ging neben der Kolonne her; er trug einen guten Überzieher mit einem Mennigkreuz auf dem Rücken. Als uns eine Frau begegnete, betrachtete er ihre Brüste, ihre Beine und drehte sich um. Wir sahen eine Gestalt mit einer Tasche im Arm. In der Tasche muß wohl Brot und Milch gewesen sein. Lucien, der zu essen bekam, sah nur die Frau an.

Wie konnte man mit so etwas schlafen? Ich dachte das von allen Frauen, die ich in der Fabrik sah. Dabei war eine von ihnen schön. Sie schlief bestimmt mit einem Mann. Ich sah die Falten ihres Körpers vor mir, wie er schlaff wurde, seine Nacktheit. Ich sah meinen Meister draufliegen, diese Mischung aus rosigen Häuten, diese Gesichter, die wohl Grimassen schnitten, zusammenfielen, diesen vollgestopften Bauch der Frau, diese Ärsche voller Fleisch. Wir hatten zwar Läuse, aber wir hatten nicht dieses Fleisch, wir hatten nicht diese sahnigen Ärsche.

Wir waren bereits eine ganze Weile gegangen, als wir die gepflasterte Straße erreichten. Wir haben einen Bach überquert, und kurz darauf sind wir nach Gandersheim gekommen. Auf Geheiß Luciens mußten wir die Decken vom Rücken nehmen und sie unterm Arm zusammenfalten. Es sah aus, als gingen wir im Schritt. Die Häuser waren niedrig, dicht aneinandergedrängt, mit kleinen Fenstern und bunten

Vorhängen. Wir gingen durch die Straße. Wir schauten nach allen Seiten, füllten unsere Augen. Wir hatten das unbestimmte Gefühl, irgend etwas schmutzig zu machen. Die wenigen Personen, die draußen waren, wären wohl besser ins Haus gegangen und hätten die Kolonne hinter den Klappläden vorbeiziehen sehen. Wir hätten auch vorher ankündigen können, wann wir durchkommen, damit niemand mehr draußen wäre. Wir sahen uns um: wir machten schmutzig. Eine Bäckerei. Eine Metzgerei. Wieder eine Bäckerei: eine Kapelle mit glänzenden braunen Broten. Wir hatten die Bäckerei schon ausfindig gemacht, bevor wir sie erreicht hatten; als wir daran vorbeikamen, haben dreißig Männer hingestarrt, und danach haben sie den Kopf umgedreht, um sie immer noch zu sehen.

Wir sind am anderen Ende des Dorfes vor einem Bauernhof angekommen. Dort war die Desinfektionskammer. Der SS-Mann vor dem Eingang wartete schon ungeduldig. Es war der neue Lagerführer, ein Hauptfeldwebel. Er kam aus Auschwitz, und Lucien hatte uns gesagt, daß er dort mit einem einzigen Schlag mit der Reitpeitsche einen Kerl umlegte. Er war nicht sehr groß, er hatte ein dickes, etwas rotes Gesicht, eine spitze Nase. Er trug einen Wachstuchmantel, Stiefel und Lederhandschuhe. Er langweilte sich. Unsere Ankunft hat ihn aufgereizt.

»Los, los!«

Die Kolonne wurde in zwei Schübe aufgeteilt, ich war beim ersten Schub mit fünfzehn Mann. Wir betraten einen winzigen, feuchten Saal, in dem eine Badewanne stand. Ein Zivilist mit einem weißen Kittel hat uns Kleiderbügel aus Draht gegeben.

»Los, los!«

Wir haben uns schnell ausgezogen; wir waren ungeschickt, wir hatten uns in unseren Schnüren verstrickt. Alles lag durcheinander auf dem Boden. Ich habe mein Hemd, meine Jacke, meine Hose, meine Fußlappen auf den Kleiderbügel gehängt. Ich war nackt, ich habe den Kleiderbügel in den Nachbarraum getragen, in dem die Desinfizierkammer war, dann bin ich in den Raum mit der Badewanne zurückgekehrt. Auf dem Boden war Schmutz. Wir beschlossen, uns zuerst das Gesicht zu waschen. Mit Bimssteinseife. Wir haben angefangen, uns zu schrubben. Eine schwarze Brühe lief über die mit Schrunden bedeckte Brust. Das Wasser in der Wanne ist ganz schnell schwarz geworden. Das Gesicht glühte, es war noch nicht ganz sauber, aber wir wagten nicht, es in das schwarze Wasser zu tauchen.

»Los, los!« brüllte der Zivilist im weißen Kittel.

Wir stießen uns einander an; da waren noch der Oberkörper und die Schenkel abzukratzen. Ich habe schwarzes Wasser genommen und habe angefangen, aus Leibeskräften meine Schenkel zu schrubben. Greisenschenkel, ich konnte sie beinahe mit der Hand umspannen. Der trockene Bimsstein wollte nicht über die Haut gleiten. Rinnsale schwarzen Wassers liefen über die Wunden der Beine. Wir kratzten. Wir mußten die Gelegenheit nutzen, sie würde sich nicht noch einmal bieten. Wir hörten nicht auf zu kratzen. Auf den Armen und auf den Schenkeln blieben noch schmutzige Stellen. Wir rieben wieder mit dem schmutzigen Wasser, mit bloßen Füßen im Schlamm stehend. Die Rücken, die fahlen, von Läusestichen übersäten Brustkörbe dampften. Auf den Köpfen waren noch Schmutzflecken.

Lucien sah angewidert zu. Da er sich umziehen, sich mit Seife und warmem Wasser waschen konnte, wann er wollte, hatte er keine Läuse. Er lehnte mit dem Rücken an der Tür; er hatte uns noch nie so verachtet.

Der Zivilist im weißen Kittel ist wieder aufgetaucht. Er sah gar nicht hin, er schrie nur mit gesenktem Kopf *Los, los!* Lucien gab noch seinen eigenen Senf dazu: »Haltet euch ran, verdammt noch mal, haltet euch ran!« Der Zivilist hat die Tür aufgemacht und lächerlich hüpfend sind wir in den Nachbarraum hinübergewechselt, wo die Desinfektionskammer war. Wir haben uns um den Heizkessel herum gedrängt; die Körper dampften.

Der SS-Mann stand an der Tür. Er sah uns an, und wir, ganz nackt, sahen ihn an. Warum brachte er uns nicht auf der Stelle um?

Er hat einen Kameraden gefragt:

»Was bist du?«

»Franzose« hat der Kamerad, der nackt war, zur Antwort gegeben.

»Woher bist du?« hat ihn der SS-Mann gefragt.

»De Paris.«

»Ich weiß«, hat der SS-Mann grinsend gesagt und mit dem Kopf genickt.

Der Kamerad hat ganz ruhig geantwortet: »De Paris«, aus Paris, aber auf französisch. Warum hat ihn der SS-Mann nicht umgebracht? Wir waren nackt und standen einen Meter fünfzig von ihm entfernt; mit heftigen Peitschenhieben konnte er uns töten, er brauchte sich nur dranzumachen. Er langweilte sich. Die Tür, die auf den Hof ging, stand halb offen. Er beobachtete ein Mädchen, das sich ab und zu hinter einer Fensterscheibe des gegenüberliegenden Hauses zeigte. Ihr Spiel war geschickt, sie kam ans Fenster, sie lächelte, dann verschwand sie. Eine Idylle bahnte sich an zwischen dem SS-Mann, der in Auschwitz jemanden mit einem Peitschenhieb umgelegt hatte, und dem kleinen jungen Mädchen. Lucien, der sich dem SS-Mann genähert hatte, beobachtete das Treiben. Schließlich ist der SS-Mann weggegangen. Lucien hat ihn mit verständnisvoller Miene weggehen sehen und der andere hat ihm beim Weggehen einen Blick zugeworfen, der sagte, daß er verstanden hatte. Der Ausdruck Luciens spiegelte seinen ganzen Stolz darüber wider, daß er in die Sache einbezogen worden ist.

Wir sind eine Weile nackt am Heizkessel stehengeblieben, fuhren uns mit den Händen über die Schenkel und ließen uns von Luciens dicken Augen taxieren. Er war wirklich angewidert: wir wußten uns nicht durchzuschlagen, wir waren Armleuchter.

Der Zivilist hat die Kleider aus der Desinfektionskammer

genommen, sie waren glühend heiß und dampften. Der Geruch war stärker als der Geruch der Erde nach einem Gewitter. Er hat sie zusammen mit den Decken durcheinander auf den Boden geworfen. Wir haben uns draufgestürzt und die unseren aus dem Haufen hervorgewühlt. Das Innere der Hemden war schwarz von Läuseleichen. Sie waren genauso schmutzig wie zuvor, jedoch verdickt durch den Schmutz, der im Innern gekocht worden war. Ich habe meins angezogen, dann die Unterhose; sie waren warm und schwer.

Wir sind hinausgegangen. Es war frisch. Ganz hoch am klaren Himmel flogen Flugzeuge. Sie ließen weiße Spuren hinter sich. Zwei alte Frauen blickten vom Fenster aus ängstlich zu ihnen hinauf. Es würde bald Fliegeralarm geben. Die Zeit des Alarms war eine gute Zeit, eine Zeit, die uns gehörte. Nicht der ganze Tag war gegen uns.

Es gab Alarm. Alles blieb reglos stehen. Die alten Frauen haben ihr Fenster verlassen. Wir waren beruhigt. Wir sahen zum Himmel hinauf.

*

Januar. – Heute abend sollten wir die Kirche verlassen. Wir würden in die Baracken neben der Fabrik umziehen. Fabriken und Baracken, von Stacheldraht eingezäunt, bildeten ein Ganzes. Die Polen waren als erste in ihre Baracke gezogen; sie wohnten dort zusammen mit den Deutschen, den Tschechen und den Jugoslawen. Eine andere Baracke war in zwei Hälften geteilt: auf der einen Seite die Russen, auf der anderen die Italiener. Unsere Baracke war die größte von den dreien. Andere Holzbauten, in denen die Küche, das Lagerbüro mit der Stube des Lagerältesten sowie das Revier untergebracht waren, rahmten zusammen mit unserer Baracke einen weiten Platz ein, auf dem angetreten werden und die Appelle stattfinden sollten. Die Gebäude der SS, weiter von der Fabrik entfernt als die unseren, lagen auf einer leichten Anhöhe; sie ragten über den Barackenkomplex hinaus, der unterhalb der Bahnlinie lag. Die Latrine befand sich genau am Fuße der Böschung. Wachtürme standen in Abständen entlang der Bahnlinie.

Wir hatten die Kirche sauber gemacht. Das Stroh stank. Dann sind wir mit unserer Decke auf dem Rücken auf dem eisigen Gang umhergelaufen. Der Boden war voller Schmutz und man sah fast nichts.

Während wir auf den Abmarsch warteten, bin ich in den Hof hinausgegangen und um die Küche herumgestrichen, um nachzusehen, ob es nicht in irgendeinem Kübel ein paar rohe Kartoffeln gäbe. Das Pflaster des Hofes glänzte von Eis. Der Himmel hing tief und düster über den Hügeln und die Hänge waren schneebedeckt. Ein SS-Wächter in Hemdsärmeln hackte vor der kleinen Hütte Holz. Der Schornstein der Küche rauchte. In der Küche waren Leute. Es war bestimmt warm da drin. Neben der Tür stand der Kübel, der voller Wasser war. Ich bin drum herumgestrichen und habe so getan, als sehe ich zu den Hügeln hinüber. Ich gab acht, ob kein Kapo kam. Es kam keiner. Der Küchenkapo war sicherlich drinnen. Ich bin dicht an den Kübel herangegangen, habe meinen rechten Ärmel hochgekrempelt, den Arm ins Wasser getaucht und einige Kartoffeln herausgeholt; dann habe ich meinen Ärmel wieder heruntergezogen und habe mich langsam von dem Kübel entfernt. Ich bin mit dem, was ich erwischt hatte, zurückgegangen. Ich spürte, wie schwer meine aufgebauschte Tasche war. Ich war reich. Die Zukunft war voller Kartoffeln.

Einige Kameraden saßen auf der Bank am Ofen ganz hinten in der Kirche. Ich habe eine Kartoffel hervorgeholt, ich habe zwei Scheiben davon abgeschnitten und habe sie an den Ofen geklebt. Die Kameraden haben gemeckert.

»Du bist doch blöd, so was zu tun, durch dich werden wir noch auffallen.«

Sie hatten einen Kochtopf gefunden, sie hatten ebenfalls Kartoffeln geklaut und sie kochten sie auf dem Ofen. Einer paßte auf; wenn der Kapo kam, mußten sie den Topf verstecken. Meine Kartoffelscheiben hinterließen Spuren. Aber ich habe meine Scheiben dennoch dort gelassen, wo sie waren.

Der große flämische Küchenbulle lief im Gang umher, er war Häftling wie wir. Er ist zu uns gekommen, er hat gefragt, wie es uns geht, dann hat er zum Ofen hingesehen. Die Kameraden haben Witze gerissen, um ihm Vertrauen einzuflößen. Den Kochtopf hochgehen lassen, das konnte er doch wohl nicht tun.

Er ist an den Ofen herangetreten und hat sich genau angesehen, was drauf war.

»Was ist da drin?« hat er gefragt.

Er sprach in einem anderen Ton.

»Kartoffeln«, haben die Kameraden geantwortet.

Sie waren ein wenig beunruhigt, aber sie zwangen sich, zu lachen.

»Wo kommen diese Kartoffeln her?«

Niemand hat geantwortet. Der Küchenbulle hat den Deckel hochgehoben.

»Ihr Saubande! Die habt ihr geklaut.«

Niemand sagte etwas. Er war in Hemdsärmeln, ihm war nicht kalt, er hatte Muskeln auf den Armen. Er schickte sich an, den Kochtopf vom Ofen zu nehmen.

»Nun komm, das wirst du doch nicht tun! Was kann das dir schon ausmachen?«

»Ihr kommt mit zum Kapo . . .«

Niemand hat sich gerührt und er ist mit dem Kochtopf weggegangen. Die Kameraden waren völlig am Boden; sie sahen auf die leere Ofenplatte. Der Küchenbulle hatte meine beiden Scheiben nicht gesehen.

»So ein Mistkerl, so ein Arschkriecher!« sagte einer.

»Ein Mistkerl«, wiederholte ein anderer.

Die anderen starrten auf den Ofen, auf dem nun nichts mehr stand.

Die Nacht ist hereingebrochen. Wir beeilten uns, die Kirche

zu verlassen. Einige Gruppen Franzosen waren bereits aufgebrochen. Bevor wir die Baracken betraten, mußten wir durch die Desinfektionskammer, die sich neben der Küche befand. Wir hatten wieder Läuse; wir hatten noch mehr als zuvor, als wir nach Gandersheim mußten.

»In den Baracken wird es besser sein«, sagten die Männer. – »In den Baracken werden wir nur unter Franzosen sein!« – »In den Baracken wird es angenehmer sein und auch die Verteilung wird besser sein!« – »In den Baracken wird es keine Läuse mehr geben!« Wir würden ja sehen. Die SS hatte uns gesagt, daß wir nicht länger als vierzehn Tage in der Kirche bleiben würden; wir waren über drei Monate drin geblieben.

Um den Ofen gedrängt, warteten wir darauf, daß der Kapo uns abholen kommt. Die andern waren schon weg. Die Kirche war fast leer, einige Leute wanderten in Zweiergruppen auf dem Gang umher, eine Decke auf dem Rücken. Sie gingen gekrümmt, hatten die Schultern eingezogen, waren unrasiert und ihre Augen waren erloschen.

Der Kapo ist gekommen; er hat zwanzig Leute verlangt, wir sind mit ihm gegangen. In unsere Decken eingemummt, sind wir auf dem Hof angetreten. Wir sprachen nicht. Es war sehr kalt, wir zogen uns zusammen. Der Kapo hatte eine Laterne in der Hand. Er hat uns gezählt, dann haben wir uns in Marsch gesetzt.

Der Boden war gefroren, und wie die Pferde haben wir die Füße flach aufgesetzt, unsere Beine waren mager und ungeschickt. Wir hörten kein anderes Geräusch als das unserer Schritte. Die Nacht war tiefschwarz. Es gab kein anderes Licht als das der gelblichen Laterne, die in der Hand des Kapos hin und her schaukelte. Was für ein alter Hexenmeister ging da als Rippengestell unter diesen Decken? Der da hatte ein hübsches Mädchen, und jener andere, von Wunden zerfressen, war der gleiche, der seine Frau betrog? Welchen Reigen führte diese Laterne an? In welchem Traum würde er erscheinen? Süßes Entsetzen. Die Zunge war warm über eisigen Lippen. Die Körper dicht aneinandergedrängt, reichten wir einander den Arm, um nicht zu fallen; unsere mageren Pferdebeine trugen uns schlecht.

Wir haben den ersten Stacheldrahtzaun des Lagers erreicht und folgten dann ein Stück der Straße. Wir sahen von hier aus einige Lichter, die durch die Klappläden der Baracken drangen. Wir sind durch das Stacheldrahttor am Eingang des Lagers gegangen. Etwa hundert Meter von dort entfernt war unsere Baracke. Wir sind in einen großen, dunklen Raum mit einem Zementboden gekommen. Zwei Fenster gingen auf die Straße. An einem Ende des Raums kam unter der zum Duschraum führenden Tür ein dünner Lichtstrahl hervor. Wir warteten im Dunkeln. Der Kapo war weggegangen. Wir froren. Wir haben in einem großen, eisernen Zuber Holzscheite sowie Teerpapier gefunden. Wir haben es angezündet, das Papier brannte gut und das Holz hat Feuer gefangen; die großen, gelben Flammen verbrannten das Gesicht; im Dunkel des riesigen Raums waren alle Gesichter um das Feuer herum hell erleuchtet. Das Holz knisterte. Mit dem Rücken im Dunkeln waren wir fasziniert von diesen Flammen. Das Feuer schien wie trunken. Wir sahen uns alle, wie wir uns noch nie gesehen hatten, die angestrahlten, knochigen Gesichter hatten ein ungewöhnliches Profil bekommen.

Von der Straße aus war das Licht zu sehen. Eine Wache hat dem Kapo Bescheid gesagt, der tobend herbeigelaufen kam; wir mußten das Feuer vollständig löschen. Wir haben uns widersetzt, wir haben nur einige Bretter weggenommen; darauf ist er wild geworden; er hat das noch verbleibende Holz herausgerissen und es ausgetreten. Auf dem Boden lagen einige halbverbrannte Holzscheite, die noch glühten, dann herrschte von neuem die Dunkelheit.

Darauf haben wir uns an die Tür zum Waschraum gestellt. Einer nach dem andern haben wir durch den Spalt gesehen. Auf der anderen Seite sah man gleißendes Licht, nackte Männer, Dampf.

Diese durch ein Loch in der Tür in diesem Licht in ihrer

Nacktheit überraschten Männer sahen aus wie Versuchskaninchen, die man für ein irrsinniges Experiment ausgesucht hatte. Wir wußten nicht, ob wir darüber in Gelächter oder in Entsetzensschreie ausbrechen sollten. Dann haben wir gesehen, wie sie sich bewegten, wie sie eine Traube weißer Körper um einen Haufen Kleider herum bildeten, die aus der Desinfektionskammer kamen. Und nach und nach, so wie sie sich anzogen, haben wir sie dann mit ihrem Hemd, ihrer Hose, ihrer Jacke wiedererkannt.

Nun sind wir hineingegangen. Das Licht blendete, die Hitze war feucht und schwül. Der Körper entspannte sich schmerzhaft. Karl, der deutsche Frisör, schor allen mit seiner Haarschneidemaschine die Haare, außerdem waren noch der russische Arzt da und ein riesiger Pole, der mit aufgekrempelten Hemdsärmeln und einer Art langer Lanze den Heizkessel bediente.

Wir haben uns ausgezogen und dann hintereinander aufgestellt, um uns scheren zu lassen. Vor mir stand ein Kleiner mit krummen, von Wunden bedeckten Beinen und einem von Einstichen schwarzen Rücken. Eine Laus lief an seiner Wirbelsäule hinunter. Wir waren nackt und versuchten uns nicht zu berühren, und wenn man einen Arm oder einen Rücken streifte, wich man schnell zurück. Karl war angezogen. Er schor seit dem frühen Nachmittag und seine rechte Hand war steif. Von Zeit zu Zeit seufzte er, bewegte seine Finger, verdrehte die Augen und gähnte dann, wobei er seine drei Zähne zeigte. Bei mir fing er im Nacken an. Ich war erst vor knapp einem Monat kahlgeschoren worden und hatte fast keine Haare auf dem Kopf. Die Haarschneidemaschine schnitt breite Bahnen vom Nacken bis zur Stirn. Karl brummte etwas vor sich hin, er schnurrte beim Sprechen, ich verstand nichts. Einen Augenblick lang hielt er mit dem Haarschneiden inne und fragte mich, deutlicher und mit freundlichem Gesicht, ob ich nicht eine Kippe hätte. Ich hatte keine Kippe. Er setzte die Maschine wieder an, er machte schneller, er riß mir die Haare aus. Ich habe geschimpft, aber er machte weiter, immer schneller und immer fester, bis zum Schluß. Als er mit meinem Kopf fertig war, habe ich mir mit der Hand über den Schädel gefahren, der mich ein wenig stach; ich hätte ihn mir unentwegt streicheln können. Der Schädel, das Gesicht, die Brust, es war alles das gleiche, mit Haut umspannter Knochen, mit Haut umwickelter Stein. Ich stellte mir vor, wenn man mir den Kopf abgeschnitten hätte, man hätte ihn ohne Ekel in der Hand halten können. Jetzt nahm Karl das Geschlecht in Angriff. Eine Laus hielt das Gleichgewicht auf den Haaren. Karl ist voller Ekel zurückgewichen, die Laus ist mit dem Büschel Haare zu Boden gefallen. Noch einige Male mit der Haarschneidemaschine unter den Armen hindurch, über die Beine und es war vorbei. Dann stand ich vor dem Arzt im weißen Kittel, der auf einer Bank saß. Ich habe mich, wie eine Marionette, vor ihm um die eigene Achse gedreht. Ich hatte keine Krätze.

Als alle Mann geschoren waren, haben wir uns in einem langen, hölzernen Trog gewaschen und dann haben wir uns an den Heizkessel gestellt und gewartet. Im Zischen des Dampfes und dem Knistern der Kohle sang der Pole, der das Feuer schürte, das *Ave Maria* von Schubert. Die nackten, weißen, ins Violette spielenden Körper waren wie in einem Aquarium. Der halb auf der Bank liegende Arzt untersuchte sie auf Krätze. Draußen war die Finsternis und der Schnee.

Ein heftiger eisiger Luftzug: Fritz kam herein. Wir drängten uns etwas enger zusammen und näherten uns noch mehr dem Heizkessel, doch der Pole hat uns, ohne grob zu sein, mit seiner Eisenstange abgedrängt. Fritz hatte uns noch nicht nackt gesehen; und ausgerechnet diese Kerle wollten ihn hängen! Er lachte sich einen Ast. Er hatte einen dicken Mantel an und eine Pudelmütze. Er war mit dichter, molliger Wolle bedeckt. Mit einem Faustschlag konnte er jeden einzelnen von uns zu Boden schicken. Er wußte es. Er wußte auch, daß er mit einem einzigen Faustschlag seine Streitfälle mit uns regeln konnte. Wir waren in einem Konzentrationslager, er war Kapo, wir wußten nicht, was Disziplin heißt, wir waren schmutzig und mager, wir trugen das rote Dreieck, wir waren Schweinehunde, Feinde Deutschlands. Er war Deutscher, er hatte ein grünes Dreieck, er war ein Krimineller. Er war kein Schweinehund, er wollte nicht, daß *Deutschland bolschewistisch wird.* Seiner Meinung nach hatte die SS nicht unrecht. Und er hatte ein Anrecht darauf, daß er zu fressen bekam. Leute, die so schmutzig waren, auch noch mit Samthandschuhen anzufassen, lohnte nicht, die hätten sogar Scheiße gefressen.

Fritz spazierte, eine Reitpeitsche in der Hand, als Herr durch den Raum. Die nackten Männer folgten ihm mit den Augen. Sie hätten ihn am liebsten bei den Füßen gepackt, die Arschbacken in der Luft und die Pudelmütze auf dem Kopf; sie hätten ihm am liebsten seinen runden Hintern verdroschen, verdroschen und ihn flennen gehört. Fritz zum Flennen bringen . . . Das Wunder, der Freudenausbruch . . .

Als wir noch in der Kirche waren, war Fritz einmal krank gewesen, er hatte eine Phlegmone am Hals gehabt. Wir sahen ihn beim Appell nicht mehr vor dem Wachthäuschen. Solange Fritz nicht da war, konnten wir beim Antreten ein wenig bummeln, brauchten uns nicht so genau auszurichten, konnten uns sogar vor der Arbeit drücken, ein wenig Ruhe haben. Er war nicht da, er war nirgends. Wir hatten nur einen Gedanken: »Würde er krepieren?« Er lag im Bett, er konnte nicht mehr brüllen; er konnte nichts mehr tun und sein Gummiknüppel lag auf einem Stuhl neben seinem Teller und seinem Löffel. Wenn wir die Unverfrorenheit besessen hätten, wären wir hingegangen und hätten uns nach seinem Befinden erkundigt, wir hätten ihn angeschaut, wir hätten gestanden und er gelegen. Zwei Tage waren vergangen, er kam nicht wieder. Wir waren voller Hoffnung, würde er krepieren? Welche Kraft konnte diesem Willen aller, ihn krepieren zu sehen, widerstehen? Aber Fritz hatte den spanischen Arzt angefleht, etwas für ihn zu tun, und der hatte mit den SS-Leuten gesprochen. Fritz war zwar Häftling, aber er war Kapo, er war Deutscher und er war nur Krimineller. Man hat ihn in einem Krankenhaus von Gandersheim operiert. Eines Morgens ist er mit verbundenem Hals zum Appell gekommen, den Gummiknüppel in der Hand.

Jetzt war er wieder bei Kräften. Es waren die SS-Leute, die ihm das Leben gerettet hatten. Sie waren sehr bedacht auf den Hals des Kapo Fritz, und sie hatten ihn einem Arzt mit zarten Händen anvertraut, der den Kindern der anständigen Leute die Mandeln herausnahm, und Fritz hatte sich auf die gleichen Stühle gesetzt wie sie. Er war geadelt zurückgekommen. Auch die andern Kapos waren stolz auf ihn, und sie hatten Respekt vor ihm.

Wir haben lange nackt am Heizkessel gestanden und gewartet. Es dauerte länger als in Gandersheim. Die Temperatur in der Desinfektionskammer konnte nicht höher steigen. Die Läuse gingen vielleicht kaputt, nicht aber die Nissen.

Ich hatte Hunger. Der Hunger kam zu allem noch hinzu. Es gab nichts mehr bis zum nächsten Tag. Der Rumäne, der den SS-Leuten die Wäsche wusch, fraß eine große Schüssel voller Bratkartoffeln. Er machte sich über uns lustig, weil wir mager waren. Er hatte eine lange Nase und lächelte immer. In Anwesenheit der SS wurde sein Lächeln breiter. In der Kirche hatte er damit angefangen, um den Ofen herumzuschleichen. Er war immer allein. Man sah seine Nase und sein Lächeln herankommen, er sah den Ofen an und tat so, als wolle er sich wärmen. Ein Kumpel legte einen Kranz Kartoffeln hinein. Der Rumäne hörte nicht auf zu lächeln, wartete einen Augenblick und ging dann weg. Kurz darauf kam der Kapo. Der Rumäne bekam mehrere Kochgeschirre voll Suppe. Nachdem sich die Szene zwei- oder dreimal wiederholt hatte, wußten wir Bescheid. Jedesmal, wenn er kam, schimpften wir ihn Mistkerl und zeigten ihm, daß es uns in den Fingern brannte, ihm die Fresse vollzuhauen. Er begriff, aber er lächelte weiter.

Jetzt war er mächtig, und manchmal erlaubte er sich sogar,

zuzuschlagen. Später soll er sich freiwillig zur Waffen-SS gemeldet haben.

Endlich haben sie die Kleider aus der Desinfektionskammer geholt. Wie in Gandersheim haben wir uns unser Hemd angesehen und es geschüttelt, damit die Läusekadaver herausfielen. Wir mußten die gleichen dampfenden und steifen Schweinereien wieder anziehen. Wir haben uns schnell angekleidet und sind hinausgegangen. Wir gingen langsam durch den Schnee. Es wehte ein kalter Wind, aber wir haben die Kälte nicht gespürt, wir waren noch eingehüllt vom Dampf des Waschraums. Kein Geräusch kam aus der Baracke, nur ein Lichtschimmer. Sie war aufgeteilt in zwei Schlafräume, die durch einen Eingang getrennt waren, in dem das Essen ausgeteilt werden mußte. Wir sind hineingegangen, es war stockdunkel. Man hörte Wasser laufen: ein Kamerad pinkelte in den Blechzuber, der im Eingang stand. Wir sahen ihn nicht.

Ich habe die Tür zur Stube aufgemacht, ein warmer Schwall schlug mir entgegen: es war ein Palast. Es war still, die meisten Männer schliefen. Am anderen Ende des Raums stand ein Ofen; daneben, auf einer Bank sitzend, spielte ein Kamerad den Nachtwächter. Er sah aufmerksam und vornehm aus, fast eingeschüchtert von der Stille, der Sauberkeit und der Wärme. Ich ging zu ihm, um ihm guten Abend zu sagen, wir haben leise miteinander gesprochen; wir waren äußerst zurückhaltend an diesem Ort, wo es einen Fußboden gab, eine Reihe von Bettstellen auf jeder Seite des Ganges, neue Strohsäcke. Hier nur ein Mann pro Bett. Ich bin auf Zehenspitzen zu meinem Strohsack zurückgegangen. Ich träumte nicht, hier sollten wir von jetzt an leben. Ich habe mich ausgezogen, die Wärme tat gut, man konnte langsam machen. Man konnte sich Zeit nehmen, um seine Schuhe auszuziehen, man hatte es nicht einmal eilig, sich hinzulegen. Die Schädel der Kameraden waren kahl, sie hatten nicht ihr Käppi auf dem Kopf behalten, wie wir es in der Kirche immer getan hatten. Man freute sich für sie über ihren Komfort und ihre Ruhe.

Wir hätten uns gewünscht, daß in der Baracke keine Spur vom Elend in der Kirche zurückbleibt, daß unser einziger Wunsch jeden Abend nur der war, unsere Suppe zu essen, miteinander zu schwatzen und zu Bett zu gehen, ohne uns zu streiten. Daß irgend etwas, das einem anderen Leben hätte ähneln können, möglich gewesen wäre.

*

Wie in allen Lagern und Kommandos in Deutschland gab es bei uns die Politischen (Widerstandskämpfer und Geiseln) und die andern, Strafgefangene, die man jedesmal, wenn die Lager der besetzten Länder und die Gefängnisse Deutschlands und der besetzten Länder ausgedünnt wurden, zusammen mit den Politischen ins Lager geschickt hatte. Es waren Schwarzmarkthändler und Betrüger aller Art. Es war auch ein ausgesprochen brutaler Typ darunter, der, wie versichert wurde, wegen »eines gemeinen Verbrechens« eingesperrt worden war und den man den *Mörder* nannte, und sogar ein ehemaliger Gestapoagent, ein Kerl aus den Ostprovinzen, der sich Charlot nennen ließ und der ebenfalls ein Krimineller war.

Als wir in Gandersheim angekommen sind, hatten wir es mit der SS, dem Lagerältesten und den Kapos, kriminellen Strafgefangenen, zu tun; keiner sprach oder verstand französisch. Die erste Frage, die sich stellte, war die Frage nach der Wahl der Dolmetscher. Es gab bei diesem Transport drei Häftlinge, die gut deutsch sprachen: ein Politischer, Gilbert, und zwei Kriminelle, Lucien – dieser Pole, der in Frankreich lebte – und Et . . .

Gilbert wurde Dolmetscher in der Fabrik, Lucien beim Zaunkommando und Et . . . wurde Stubendienst. Die Ernennung dieses Stubendienstes war eine bedenkliche Angelegenheit, nicht nur, weil dadurch die Kontrolle über die Essensverteilung in die Hände eines Kriminellen gelegt wurde, sondern auch deshalb, weil damit die gesamte Organisation unseres Lebens in der Kirche von seinem guten Willen abhing. Diese Ernennung hatte der deutsche Lagerälteste Paul vorgenommen, obgleich er das rote Dreieck der Politischen trug. Gilbert hatte versucht, sich dieser Ernennung zu widersetzen; er hatte Paul gegenüber geltend gemacht, daß er selber oder ein anderer französischer Politischer, der schnell das wenige Deutsch gelernt hätte, das dafür notwendig war, den Posten übernehmen könnten. Aber Paul verhielt sich ganz und gar nicht wie ein Politischer. Er lehnte ab. Und nicht nur, daß die Kriminellen dank dieser Ernennung (Et . . . schlief mit Paul) von ihm bevorzugt werden würden, fanden die Politischen ganz allgemein niemals auch nur die geringste Unterstützung bei diesem übereifrigen Helfershelfer der SS.

Somit war der Lagerälteste des Kommandos, das heißt der Häftling, der der Vorgesetzte der Kapos und gegenüber der SS für die Organisation und das Funktionieren des Kommandos verantwortlich war, in den Händen eines Kriminellen. Dadurch war unsere Lage von Anfang an ernstlich belastet.

In der Tat wußte Et . . ., daß wir über Gilbert versucht hatten, uns seiner Ernennung zu widersetzen. Er wußte, daß er alle Politischen des Kommandos gegen sich hatte. Seine Arbeit beim Lagerältesten mußte also darin bestehen, daß er uns bei ihm diskreditierte, uns bekämpfte, uns sogar denunzierte, um sich ausschließlich um seinen Komfort sowie den der Anhängerschaft, die er um sich geschart hatte, zu kümmern. Jedes mögliche Tun, jede Diskussion mit dem Lagerältesten war darum unfruchtbar, und wenn es Gilbert gelang, ihn beiseite zu nehmen und ihn durch die Kritik, die er an der Verwaltungsarbeit des Stubendienstes übte, zu überzeugen versuchte, uns eine bessere Organisation aufbauen zu lassen, erfuhren wir bald, daß das Wenige, das erreicht worden war, vom Stubendienst noch am gleichen Abend zunichte gemacht werden sollte und daß Paul am nächsten Tag nur um so gleichgültiger und später um so feindseliger sein würde.

Wenn sich unser Kommando so entwickelt hat, wie aus diesem Bericht hervorgeht, wenn das, was wir hier erlebt haben, so ganz verschieden gewesen ist von dem, was zum Beispiel in Buchenwald gewesen ist, so lag die Ursache dafür zunächst einmal bei dieser ersten Handlung des Lagerältesten. Aber es gab noch andere Gründe.

Dolmetscher zu sein war natürlich ein Druckposten, denn man brauchte nicht zu arbeiten. Aber es gab zwei Arten, Dolmetscher zu sein. Für Lucien bestand die Aufgabe darin, die Befehle der SS und der Kapos zu übersetzen, die er sich aber allmählich selbst zu eigen machte. Lucien war nicht nur der, der in französischer Sprache das wiederholte, was die andern auf deutsch sagten; er war mit großem Geschick der französischsprachige Helfershelfer jener geworden, die in deutscher Sprache befahlen. Er war immer nur der Dolmetscher der SS und der Kapos, niemals der der Häftlinge. Daher die Kochgeschirre voll Essen, der Schwarzhandel, die Verbrüderung mit Fritz, die Achtung des SS-Blockführers.

Gilbert war sowohl in der Fabrik wie in der Kirche der Dolmetscher der Häftlinge, das heißt, er bediente sich der deutschen Sprache nur, um zu versuchen, die SS, die Kapos und die Meister zu neutralisieren. Er war übrigens ziemlich geschickt darin, eine ganze Reihe von Konflikten zwischen uns und den Meistern zu regeln, und mutig genug, um manche Kameraden vor der SS zu rechtfertigen oder zu *entschuldigen*. Er erfüllte seine Rolle als politischer Häftling, er warnte und deckte die Kameraden, er diente ihnen als Schutzwall. Auf diese Weise war Dolmetschersein nicht einfach nur ein Druckposten, sondern auch ein zusätzliches Risiko. Denn durch seine Handlungsweise war Gilbert der Feind der Kapos geworden.

Als wir in Gandersheim angekommen sind, trugen die Kapos noch gestreifte Anzüge. Sie waren zwar unsere Vorgesetzten, aber sie waren noch nicht völlig aus der Masse hervorgehoben.

Für diese deutschen Kriminellen war der Rang eines Kapos – der für einen Politischen vor allem darin bestand, für die Häftlingskameraden Verantwortung zu übernehmen, in der gleichen Weise, in der sich Gilbert in seiner Eigenschaft als Dolmetscher uns gegenüber verantwortlich fühlte – nur ein Mittel, die gestreifte Häftlingskleidung loszuwerden, den Häftlingen nach Belieben einen Teil des Essens abzuzwacken, selber im Lager zu Menschen von ganz anderer Art als die Häftlinge zu werden und dank des absoluten Vertrauens der SS die absolute Macht zu erlangen. Dazu mußte es zu einem Bruch zwischen ihnen und uns kommen. Die Schläge sollten diesen Bruch herbeiführen.

Aber zu Anfang war es leichter, auf die Masse draufzuschlagen als auf einige herausgegriffene Männer. Die Brotausgabe sollte den Kapos diese Gelegenheit liefern.

Jeden Morgen um viertel vor fünf standen wir zu fünfhundert draußen im kleinen Hof der Kirche und warteten auf die Brotausgabe. Auf diesem engen Raum stießen sich Franzosen, Russen, Italiener gegenseitig an, traten sich auf die Füße, und unsere Masse wurde bald gegen den Stacheldraht, bald gegen die Küchenwand gedrückt. Ob im Schnee oder im Regen, es dauerte drei Viertelstunden im Stimmengewirr einer Menschenmenge, das leiser wurde, sobald die Wache hinter dem Stacheldraht ihre Maschinenpistole auf uns richtete oder der Kapo mit seinem Gummiknüppel ankam.

Statt dessen hätte ein Kamerad pro Zehnergruppe sehr gut das Brot holen können. Dann wären nur fünfzig Männer draußen gewesen statt fünfhundert. Das hatten wir auch dem Lagerältesten und den Kapos vorschlagen lassen. Aber der Lagerälteste zeigte kein Interesse. Und die Kapos brauchten das. Es bedurfte der bei Bedarf provozierten Unordnung, damit der Kapo notwendig war. Und wenn der Kapo die Ordnung *wiederherstellte*, stellte er sich über diese Masse, beherrschte er sie, war er ein anderer Mensch als jeder von denen, auf die er einschlug. Es war daher auch gerecht, daß er anders aß, daß er anders gekleidet war, daß er von der SS anders angesehen und langsam von ihr rehabilitiert wurde.

Unsere Kapos schlugen nicht, weil die Disziplin gestört war. Im Gegenteil, unsere Kapos taten alles, die Disziplin, die gerade wir durchsetzen wollten, in Frage zu stellen, da sie ihre Seinsberechtigung aufgehoben und sie überflüssig gemacht hätte, ihnen jedenfalls nicht gestattet hätte, die Halbgötter des Kommandos zu sein. Sie mußten vor allem zuschlagen, um so zu leben und die Stellung einzunehmen, die sie einnehmen wollten. Wir mußten durch und durch verächtlich sein. Das war lebenswichtig für sie. So wurde jeder Organisationsvorschlag vom Lagerältesten und von ihnen systematisch zurückgewiesen, weil jeder Wille zur Kollektivorganisation in uns erstickt werden, weil wir herabgewürdigt werden mußten. Danach konnten dann Mißachtung und Schläge herrschen.

Wir waren also völlig isoliert. Gilbert war der einzige Politische, der den Kameraden helfen konnte, aber er konnte es nur im Rahmen der Fabrik tun, in seinen Beziehungen zu den Meistern, und auch das sollte übrigens nicht von Dauer sein.

So war das, was in den Lagern, in denen der Verwaltungsapparat in den Händen der politischen Häftlinge lag, die Regel war, hier nicht möglich.

Es war unmöglich, den Kameraden, deren Kräfte allzu schnell abnahmen, etwas mehr Essen zu verschaffen. Unmöglich, denen Druckposten zuzuschanzen, die allzu schweren Arbeiten zugeteilt waren. Unmöglich, von Revier oder Schonung Gebrauch zu machen, wie das in anderen Lagern geschah. Nur unter uns wäre eine Organisation der Solidarität, die es trotzdem niemandem erlaubt hätte, sich zu drücken, außer in ganz kurzfristigen Ausnahmefällen, möglich gewesen. Aber die Unterdrückung und das Elend waren so groß, daß sogar die Solidarität unter den Politischen in Frage gestellt war. Sie existierte in Gruppen von drei oder vier Kameraden. Doch um zu organisieren, um zu denken, muß man auch Kraft und Zeit haben. Hier jedoch arbeiteten wir alle von sechs Uhr morgens bis sechs Uhr abends. In diesem vor allem aus Franzosen, Russen, Italienern und Polen bestehenden Kommando wäre eine Organisation internationaler Solidarität erst recht nur möglich gewesen, wenn sie sich auf ein Zentrum einiger Politischer hätte stützen können, die im Lager über Machtbefugnisse verfügten. Aber die Politischen hatten keine Machtbefugnisse. Die Folge war, daß sich jeder an seine eigene Nationalität, seine eigenen Landsleute hielt, wobei die Polen, die fast alle deutsch sprachen und bereits eine lange Lagertradition hatten und bis zur russischen Februaroffensive Pakete bekamen, die am meisten Begünstigten waren.

Die Franzosen waren am meisten verhaßt, sie bekamen die meisten Prügel und waren, zusammen mit den Italienern, die körperlich Schwächsten. Aber das war noch nicht genug. In der französischen Häftlingsgruppe gab es etwa zwanzig Kriminelle, die von der Kommandoleitung mit den besten Posten betraut wurden. Was man nämlich bei den Kapos oder dem Lagerältesten unter keinen Umständen durch Forderung erreichen konnte, das konnte man durch Schiebung, Kriecherei, Kuhhandel und durch eine Art Solidarität unter *»Männern«* erreichen, eine Solidarität, die übrigens sofort in wilden Haß und dann wieder in Komplizenschaft umschlagen konnte. Es war das Gebiet, auf dem die Kriminellen herrschten.

Trotz dieser ungünstigen Bedingungen hatten wir versucht, uns um Gilbert zu scharen. Gruppen, die man als harten Kern bezeichnen konnte, waren gebildet worden: sie waren zuständig für Nachrichtendienst, Verbindungen, Aktion. Nur einige wenige Verantwortliche wußten über die Rolle Bescheid, die sie gegebenenfalls spielen sollten. Diese Gruppierung hatte ein zweifaches Ziel: zunächst einmal den Versuch zu unternehmen, die Sicherheit der Politischen zu gewährleisten, die bei Schlägereien von den Kriminellen bedroht werden konnte, vor allem aber genau den Fortgang des Krieges zu verfolgen und sich nach Möglichkeit auf eine Aktion im Augenblick des Herankommens der Alliierten vorzubereiten.

Doch auch dieser Versuch sollte scheitern. Der gemeinsame Widerstand des Lagerältesten und der Kapos war zu stark, die körperliche Schwäche ebenfalls.

Gilbert war aufgefallen. Wir konnten keine genauen Auskünfte über den Krieg bekommen. Vor allem später aber, als der Vormarsch und das Näherrücken der Alliierten die Frage nach der Räumung aufwarf, sollten wir keinerlei Informationen erhalten über das, was die SS und die Kapos mit uns vorhatten. Unaufhörlich verfolgt, regelmäßig durchsucht, im Innern vom Stubendienst Et . . . bespitzelt, der dem Lagerältesten verraten hatte, daß wir Karten von Deutschland besaßen, *gelangten* wir zu gar nichts.

Diejenigen, die in der Fabrik vor Schwäche zusammenbrachen oder deren Beine von Ödemen angeschwollen waren, diejenigen, die nicht mehr laufen konnten und die abends nach zwölf Stunden Arbeit nur mit dem Stück Brot vom Morgen im Bauch zurückkamen, konnten nicht viel mehr von sich verlangen.

Die totale Unterdrückung, das totale Elend bringt die Gefahr mit sich, jeden in eine Quasi-Einsamkeit zu treiben. Klassenbewußtsein und Geist der Solidarität sind noch der Ausdruck einer gewissen Gesundheit, die den Unterdrückten bleibt. Auch wenn es bei Einzelnen zur Besinnung kam, waren die Aussichten groß, daß das Bewußtsein der politischen Häftlinge hier zu einem Einzelbewußtsein wurde.

Doch obgleich Einzelbewußtsein, leistete es weiterhin Widerstand. Des Körpers der andern beraubt und allmählich des eigenen Körpers beraubt, hatte jedoch jeder Leben zu verteidigen und zu wollen.

*

Gilbert war zum Blockältesten ernannt worden. Et ... hatte es vorgezogen, seinen Posten als Stubendienst beizubehalten. Er legte um so größeren Wert darauf, als der Lagerälteste darauf hingewiesen hatte, daß er, der Stubendienst, allein für das Essen verantwortlich sei. Gilbert sollte seinen Posten übrigens nicht lange behalten.

Kaum waren wir in der Baracke eingezogen, als die Konflikte ausbrachen. Der Stubendienst hatte seine Anhänger. Seine Kameraden wollten was zu fressen haben, sie wollten ihre übliche Zusatzration haben.

Eines Abends nach der Suppenausgabe (mittags bekamen wir nur noch Brühe, die in der Fabrik ausgegeben wurde) hatte der Stubendienst den Eimer, der den Nachschlag und die Portionen der Nachtschicht enthielt, in seine Kammer geschafft. Es war die Zeit seiner Anhänger.

Die Kameraden haben gesehen, wie sie mit ihrem Kochgeschirr vorbeikamen.

»Es fängt wieder an, immer dieselben!«

Darauf haben sie sich auf die Lauer gelegt; vom Barackengang aus beobachteten sie durch die Ritzen in der Wand das Innere von Luciens Kammer; der Eimer wurde entdeckt.

»Für wen ist diese Suppe? Glaubst du nicht, daß sie den Nachschlag verteilen könnten?« fragte einer.

»Die gehen uns auf den Wecker mit ihrer Disziplin, sie sollen uns lieber was zu fressen geben.«

Die Männer verfolgten das Hin und her in der Bude; sie sahen den Stubendienst, der sein zweites Kochgeschirr voll dicker Suppe mit Kartoffelstücken drin fraß. Dann haben sie gesehen, wie er dem, der auf dem oberen Bett lag, ein halbes Kochgeschirr voll reichte. Gilbert war endlich hinausgegangen. Der andere brauchte sich keine Zurückhaltung mehr aufzuerlegen. Die Suppe ging rund; wie immer gab es die, die welche bekamen, und die, die keine bekamen; die Augen derer, die keine bekamen, fielen ihnen fast aus dem Kopf, als sie sahen, wie die Kochgeschirre gefüllt wurden. Der Eimer wurde allmählich leer. Einige beobachteten immer noch durch die Ritzen. Sie würden nichts bekommen. Ihr Magen krampfte sich zusammen, als sie ein volles Kochgeschirr vorbeikommen sahen. Dann hielten sie es nicht mehr aus, sie gingen in den Barackeneingang; dort stand ein leerer Suppeneimer. Sie haben sich niedergekauert, und während jeder den Eimer mit einer Hand festhielt, damit der andere ihn nicht wegnehmen konnte, haben sie die Wände und den Boden abgekratzt und schließlich ihre Finger abgeleckt. Das Innere des Eimers ist ganz glatt geworden und hat geglänzt.

Dann haben sie sich wieder im Eingang herumgetrieben. Sie warteten wie ich selbst auf die Rückkehr Dédés, eines jungen, politischen Franzosen, der Küchenhelfer war und abends für ein paar Kameraden Kartoffeln und Salz mitbrachte. Wir waren drei oder vier, die in der Dunkelheit des Eingangs standen; wortlos schlichen wir umeinander herum. Jeder wartete auf das gleiche. Wenn einer vom Küchenpersonal zurückkam, tasteten wir mit dem Blick seine Taschen ab. Als Dédé kam, gingen wir zu ihm und umringten ihn. Wir versuchten, ihn ganz ruhig zu fragen, wie es ihm ging. Dann warteten wir angstvoll. In der Dunkelheit sahen wir Dédés Hand nicht. Ohne ein Wort suchte Dédé bei seinem Gegenüber die Stelle der Hosentasche. Der wiederum suchte die Hand Dédés und packte sie. Die Hand war voll. Eine Kartoffel, noch eine Kartoffel, noch eine Kartoffel. Wir steckten sie eine nach der andern in die Tasche.

Für diesen Abend hatten wir ausgesorgt; mit voller Tasche, eine Hand an der Kartoffel, war Zukunft möglich.

Manchmal gab es auch nichts. Dann lungerten wir weiterhin im Eingang herum. Wir gingen pinkeln. Sobald wir endgültig aufgegeben hatten, gingen wir in die Stube zurück.

Um den Ofen herum rottete sich immer eine Schar zusammen. Auf der Ofenplatte wurde Brot gegrillt, das man sich am Morgen aufgehoben hatte, auch Kohlrübenstücke oder Kartoffelscheiben. Jene, denen nichts davon gehörte, sahen zu, wie diese eßbaren Dinge draufgelegt und wieder weggenommen wurden. Sie sahen ganze Reihen von Kartoffelscheiben, Brotschnitten, Kartoffelkränzen vorüberziehen; von allen diesen Sachen würden sie nichts essen.

»Sag mal, diese Scheibe gehört mir.«

Einer der Kerle hatte sie dem, der protestierte, vor seinen Augen geklaut.

»Nun red' mal keinen Mist!« hat der Kerl zur Antwort gegeben.

»Sie gehört mir, was denn noch.«

»Ich habe sie vor zwei Minuten da hingelegt.«

Der Kerl, der die Scheibe gerade geklaut hatte, war der *Mörder*.

Er hatte ein düsteres Gesicht, schwarze, eingefallene Augen, riesige, viereckige Hände.

Der andere war André, ein Student; er war schon sehr schwach. Nicht zufällig hielt sich der *Mörder* gerade an ihn.

»Du wirst mir diese Scheibe sofort zurückgeben«, versuchte André zu sagen.

»Du gehst mir auf den Wecker.«

Die Kerle um den Ofen herum sagten nichts; eine Kartoffelscheibe sah aus wie die andere. Der *Mörder* lachte nur.

»Es ist nicht das erstemal, daß du klaust«, sagte André, der einige Kartoffelscheiben in der Hand hatte, der aber nicht vom Ofen weggehen wollte.

»Wovon sprichst du eigentlich, ich sage dir, daß sie mir gehört«, sagte der andere ruhig.

André hat einige Männer zu Zeugen aufgerufen:

»Ihr habt doch gesehen, daß es meine war . . .«

Sie haben keine Antwort gegeben.

»Es ist zum Kotzen, mit solchen Kerlen zusammen zu sein.«

Darauf hat man eine Stimme mit meridonalem Akzent gehört:

»Will der Herr damit sagen, daß es unehrenhaft ist für einen von der Widerstandsbewegung, mit *Männern* zusammen zu sein?« Derjenige, der gesprochen hatte, war ein kleiner Bordelese mit gekrümmtem Rücken und schwarzen Augen.

»Ich sage, daß es zum Kotzen ist, mit Kerlen zusammen zu sein, die stehlen«, gab André zur Antwort.

»Und ich sage dir, daß du kein *Mann* bist, denn wenn du ein *Mann* wärst, hättest du dich schon längst auf ihn gestürzt.«

Der *Mörder* fuhr in aller Ruhe fort, andere Scheiben zu braten. Er lächelte, seiner Kraft bewußt, und wartete auf Andrés Reaktion. André konnte sich kaum aufrecht halten, er war blaß und starrte den *Mörder* an, rührte sich aber nicht.

»Mit solchen Kerlen schägt man sich nicht«, sagte er schließlich.

»Du, hör mal, sei schön höflich, sonst kannst du was erleben«, sagte der *Mörder*.

In diesem Augenblick haben sich andere eingemischt.

»Nun reichts, ihr geht uns langsam auf den Wecker mit euren Kartoffelscheiben. Wenn Fritz kommt, nimmt er den ganzen Ofen weg und dann ist Sense.«

Mehrere Kerle haben den *Mörder* angesprochen.

»Kannst du ihm nicht seine Kartoffelscheibe lassen?« sagten sie, »er hat sie nötiger als du. Du schlägst dich durch.«

»Er kanns ja genauso machen«, antwortete der andere stur. »Er braucht nur die fünfundzwanzig Schläge auf den Hintern zu riskieren und an die Kartoffelmiete zu gehen.«

André schwieg, er begann die Scheiben zu essen, die ihm noch blieben.

Darauf hat der Bordelese wieder angefangen.

»Der Herr ist von der Widerstandsbewegung, aber er will kein Risiko eingehen. Deshalb meckert er, weil es noch richtige Männer gibt, die sich zu helfen wissen. Die von der Widerstandsbewegung, die haben doch alle Angst vor Schlägen auf den Arsch.« Er lachte zwar, aber sein Ton war provozierend geworden. Der *Mörder* blieb ganz ruhig, er aß. Da kam von einem Strohsack her eine Stimme, die sich an den Meridionalen wandte. Es war Jean, ein Politischer, ein ehemaliger Küchenbulle, der aus der Küche geflogen war, weil er einem Kameraden etwas zu essen gegeben hatte.

»Sag mal, Felix, du wirst uns doch nicht auf den Wecker gehen wollen, nur weil du für die Gestapo gearbeitet hast. Jedenfalls seid ihr die Letzten, die hier das Sagen haben werden!«

Felix wurde rot. Es entstand eine Stille.

»Komm runter und sag das hier«, hat Felix gerufen.

Jean ist von seinem Bett herabgesprungen. Sie standen sich nun gegenüber. Der erste Schlag fiel. Wir haben versucht, sie zu trennen.

»Laßt sie doch, laßt sie doch, Herrgottnochmal«, brüllte der *Mörder* lachend.

Jean und Felix waren ineinander verhakt; Felix' Hals war geschwollen.

Wir haben sie schließlich getrennt.

»Ich bin nie bei der Gestapo gewesen«, brüllte Felix, »ich bin ein ganzer Mann, ich habe nie jemanden verpfiffen, das ist nicht meine Art.«

Er war rot, er sagte noch einmal, wobei er fast weinte:

»Ich bin nie bei der Gestapo gewesen. Ich habe nie jemanden verpfiffen. Wenn das noch einmal jemand sagt, mache ich ihn kalt.«

»Dann halt doch die Schnauze über die Widerstandsbewegung«, sagte Jean, der sich beruhigt hatte.

»Die brauchen ja nicht so blöd zu sein«, sagte Felix.

»So ists richtig, ich bin ein blödes Arschloch, weil ich das Maul aufmache, weil man mir meine Kartoffelscheibe geklaut hat!« sagte André.

»Oh, der geht uns aber langsam aufs Gemüt«, sagte der *Mörder* friedlich. »Da, hier drin ist sie, deine Kartoffelscheibe.« Er schlug sich lachend auf den Bauch.

In der Stube war wieder Ruhe eingekehrt. Diejenigen, die von ihrem Strohsack heruntergekommen waren, um der Schlägerei beizuwohnen, legten sich wieder hin.

Zwei andere fingen nun an, sich wegen einem Platz auf der Bank am Ofen zu beschimpfen, aber sie haben sich schnell beruhigt. Die Schlägerei zwischen Felix und Jean hatte die Aggressivität der Männer an diesem Abend aufgesogen.

In der Kirche vermieden wir diese Zusammenstöße, aber hier war es unmöglich. Hier konnte jemand ständig durch Worte verletzt werden, die sich in der Kirche verloren. Wir konnten nicht mehr über die Kriminellen reden, sie konnten nicht mehr über die Widerstandsbewegung reden, ohne daß es zu einer Schlägerei kam. Wir wurden äußerst empfindlich für alles, was die Ursache für unsere Anwesenheit hier war.

Felix, der am Ofen stehengeblieben war, murmelte, *ich bin kein Schwuler, ich bin immer normal gewesen.* Niemand antwortete ihm darauf.

Schließlich ist er vom Ofen weggegangen. Er hat versucht, sich zu beruhigen, er hat seine Jacke aufgeknöpft, die Hände in die Taschen gesteckt. Die rechte Schulter höher als die andere, ist er sich in den Hüften wiegend zur Tür gegangen. Im Vorbeigehen warf er einen Blick auf jedes Bett. Die Männer lagen und beachteten ihn nicht.

Er ist am Bett eines Kameraden vorbeigegangen, der nicht schlief. Er ist zu ihm gegangen.

»Hast du diesen Armleuchter gehört?« sagte er. »Ich habe nie jemanden verpfiffen, verstehst du, nie. Ich bin nämlich ein Mann.«

Seine Augen fragten, sein Gesicht schnitt Grimassen.

»Das will ich dir gern glauben«, hat der andere geantwortet.

»Natürlich mach ich zu Hause Geschäfte. Ich mache nicht die gleiche Arbeit wie du. Und hier sehe ich zu, daß ich mich durchschlage, denn wenn ich mich nicht durchschlage, krepiere ich.«

Er schaute sich um, immer noch unter dem Eindruck der Schlägerei. Er fing wieder an:

»Ich schlage mich ganz allein durch. Ich machs nicht wie dieser kleine Schwule vom Stubendienst. Der hat mich angeschissen, er hat dem Lagerältesten erzählt, ich hätte mir den Arm angemalt, um nicht arbeiten zu müssen, darauf wurde mir die *Schonung* gestrichen«.

»Wir wissen, daß er ein Schwein ist«, stellte der Kamerad fest.

»Du kannst beruhigt sein, wenn ich dem später mal begegne, dann wird Recht gesprochen«, sagte Felix zwischen den Zähnen. Der andere zuckte die Achseln. Solche Drohungen hörte man schon so lange. Sie wollten glauben machen, der Haß sei bei einigen etwas anderes als das Wetterleuchten eines leeren Magens, als bestünde die Aussicht, daß er dauerhaft sei. Doch die Drohung wurde durch das Elend abgenutzt. Es war ein Zustand des Körpers, der seine Umsetzung in den gemeinsten Wörtern fand. *Schwuler* war eines der häufigsten. Mit diesem Wort sollte alles gesagt sein. So hatte Felix gerade den kleinen Stubendienst genannt. Er hatte es ihm übrigens schon ins Gesicht gesagt. Aber er konnte es ihm noch einmal sagen und zwei Tage später Witze mit ihm reißen.

Schlamm und Schlaffheit der Sprache. Münder, aus denen nichts Geordnetes mehr herauskam, nichts, das stark genug war, zu bleiben. Es war ein schlaffes Gewebe, das ausfranste. Die Sätze folgten aufeinander, widersprachen sich, waren wie ein Auswurf des Elends; gesprochene Galle. Alles kam auf einmal darin vor: der Schweinehund, die verlassene Frau, die Suppe, der Rotwein, die Tränen der Alten, der Schwule usw. . . . Derselbe Mund sagte alle hintereinander. Es kam von ganz allein, der Kerl leerte sich aus. Es hörte nur nachts auf. So muß die Hölle sein, der Ort, an dem alles, was gesagt wird, alles, was sich Ausdruck verschafft, in gleicher Weise ausgekotzt wird, wie in der Kotze eines Betrunkenen.

Aber es gab auch die Ecke der Stillen: Jacques, der Medizinstudent, Raymond Jaquet vor allem, der mit ihm in Eysse den Aufstand gemacht hatte. Felix schlief in ihrer Nähe. Sie ließen ihn grölen.

Felix war ein Gangster. Der Gestapoagent war nicht er, das war Charlot. Er war bestimmt wegen Schwarzmarktgeschäften verhaftet worden. Ein *Mann*, wie er sagte, das heißt, ein Kerl, der sich einen Dreck um das Gesetz der andern kümmerte. Jaquet verdiente sich seinen Lebensunterhalt durch Arbeit. Sie verachteten einander gründlich. Da war kein Kompromiß möglich, keine Verbindung. Felix erwartete manchmal eine Initiative von seiten der andern, aber da konnte nichts kommen. Darauf provozierte Felix, die andern wiesen ihn in seine Schranken und jeder verharrte noch stärker auf seinem Standpunkt.

Felix war mutig, und er war kein Spitzel. Ich habe oft mit ihm gesprochen. Er war sicher, daß er, wenn er je zurückkäme, wieder genau das werden würde, was er war, ein Gangster. Aber es war nicht fruchtlos, daß ein Gesetzestreuer hin und wieder mit einem *Mann* der Unterwelt sprach. Wir sprachen vom Krieg. Beide warteten wir auf die Befreiung. Darauf erklärte der Gesetzestreue dem Unterweltler, wie die Dinge sich abspielen könnten: Flugzeuge, Panzer, Fallschirmspringer usw . . . Der Unterweltler ließ sich häufig dasselbe wiederholen: »Wie weit ist es von Arnheim hierher? Wie weit von Köln?« Er dachte nach wie ein Kind vor einer schwierigen Rechenaufgabe und verhedderte sich. Es war wirklich schwierig. Hier geriet er ins Hintertreffen und fing an zu schimpfen.

Er hatte im Knast gesessen, aber das war nicht das gleiche. Er langweilte sich, er ging in seiner Zelle auf und ab, er zählte die Tage, die verpaßten Gelegenheiten, aber er bekam zu essen, er wußte, daß er an einem bestimmten Tag zu einer bestimmten Stunde draußen wäre, vor der Tür. Er war nicht verschwunden; seine Kameraden sprachen von ihm mit dem Ernst derer, die sich für einen der Ihren, der die Rechnung zahlt, einsetzen: »Felix ist im Knast.« Die Sache war einfach. Das Gefängnis machte keinen anderen Menschen aus ihm, im Gegenteil, da er dort nur mit Kerlen seiner Sorte zu tun hatte. Hier gab es alle möglichen Typen, sogar *ehrliche*. Der Krieg, das war eine Sache, um die er sich zuvor nicht gekümmert hatte. Das waren auch die Zahlen, die Geographie, und da kannte er sich nicht aus. »Wo liegt Köln? Wo liegt Krakau? Wieviel Mann hat eine Panzerdivision? Wieviel Flugzeuge haben die Amerikaner?« Er wollte versuchen zu begreifen, was da vor sich ging und wie dieser Krieg geführt wurde, da er schließlich ein *Opfer* dieses Krieges geworden war.

Wenn er gegessen hatte, dachte Felix darüber nach. Er blieb zwar derjenige, der eingebuchtet worden war, aber er spürte doch, daß es da etwas Neues gab, daß es mehr als das war. Er steckte in einem Abenteuer, dessen Ende nicht vorhersehbar war, mit Leuten, die nicht so waren wie er. Im Grunde schüchterte ihn das ein, aber er empfand auch einen gewissen Stolz dabei, ein Opfer dieses Krieges zu sein wie die andern. Er teilte das Schicksal der *Irren*, jener, die sich um das kümmern, was in der Welt vorgeht.

Wenn er sich lange den Kopf über den möglichen Zeitpunkt der Befreiung zerbrochen hatte, seufzte er und erzählte von der Zeit, als er noch König war. Er war bekannt, er hatte Frauen; er beschrieb mit ausladenden Gebärden die Freßgelage, er in der Mitte des Tisches, eine Zigarre im Mund. Ehrliche Leute schnitten ein Gesicht, andere hörten zu und schwiegen; er kompromittierte sie, wenn er in ihnen frühere Versuchungen weckte. Er dehnte die Worte, seine Augen blinzelten.

Er war zwar aus diesem Reich herausgefallen, aber die anderen Kriminellen, außer Charlot, der Gestapoagent, bewahrten sich für ihn eine gewisse Hochachtung.

*

Felix war gewöhnlich immer am Meckern. In der Ofenrunde schimpfte er versteckt auf Gilbert. Die Leute hatten Hunger. »Gebt doch ein wenig acht, was diese Herren sich unter die Weste jubeln«, sagte er. »Wenn ihr so blöde seid, mit mir läuft da nichts!« Die Kameraden ließen ihn reden, aber es wirkte immer, wenn da jemand tatsächlich auf einen zeigte, der gerade aß. Die Lust zu beleidigen und zu verleumden fraß an den Kameraden. Wenn jemand den Einwand machte, das sei falsch, daß sich Gilbert nicht den Wanst vollschlug und daß er in der Fabrik Leute verteidigt hatte, die Unannehmlichkeiten hatten, dann fand das keine Beachtung, ging im Schweigen unter. Die Verleumdung war stärker als die Wahrheit, weil es ihnen lieber war, daß es so sein könnte. Sie hatten einen leeren Magen und weil nichts anderes da war, nahm der Haß diese Leere ein. Nur der Haß und die Beleidigung konnte diesen Hunger ablenken. Man suchte mit der gleichen Verbissenheit nach Anlässen zum Haß wie man in den Abfällen nach einem Stück Kartoffel suchte. Wir waren besessen.

Um den Ofen herum saßen an diesem Abend jene, die nur ihre Suppe gegessen hatten. Das Kochgeschirr war leer, man konnte es anschauen, es war leer. Man konnte in den Eingang gehen und suchen, auch dort gab es nichts mehr zu essen, die Eimer waren leer, ausgekratzt. Man konnte hinausgehen, auf dem Boden lag nur Schnee. In der Nähe des Stacheldrahtzauns, der die Straße säumte, war die Küche. Dort gab es zu essen.

Sie war verbarrikadiert. Abends verweilten die Küchenbullen noch eine Weile darin. Jedesmal, wenn einer von ihnen herauskam, wurde die Tür von innen abgeschlossen. In der Küche war Lucien; er bekam zu fressen. Wenn er auf die Bude zurückkam, war er etwas rot. Lucien hatte volle Backen, die Küchenbullen ebenfalls; das war normal. Man sah diese Kerle an, die keinen Hunger mehr hatten, die mit vollem Bauch zu Bett gingen. Wenn man pinkeln ging, blieb man einen Augenblick draußen stehen, betrachtete den Himmel und dann, bevor man wieder hineinging, die abgeschlossene Küchenbaracke.

Heute abend wird man so schlafen müssen, morgen auch, mit diesem Sack mitten im Körper, der saugt und saugt, sogar den Blick aufsaugt. Wenn ich die Fäuste schließe, presse ich nur Leere zusammen, ich spüre die Knochen meiner Hände. Ich schließe die Kiefer, wiederum nichts als

Knochen, nichts zu zerkleinern, nichts Weiches, nicht die kleinste Schuppe dazwischenzuschieben. Ich kaue und kaue, doch sich selber kann man nicht kauen. Ich bin ein Kauender, doch wo gibt es das, was gekaut, was gegessen wird? Wie soll man essen? Wenn es nichts gibt, gibt es dann also wirklich nichts? Es ist möglich, daß es wirklich nichts gibt. Ja, und genau das heißt das auch: es gibt nichts. Man darf nicht abschweifen. Ruhe bewahren. Morgen früh wird es das Brot geben, es gibt nicht für alle Zeiten nichts; man muß sich beruhigen. Aber jetzt ist es unmöglich, daß es anders ist, es gibt nichts, man muß es hinnehmen.

Ich kann nicht etwas erschaffen, das man essen kann. Und genau das ist die Ohnmacht. Ich bin allein, ich kann mich nicht selber am Leben erhalten. Ohne etwas zu tun, entfaltet der Körper eine unwahrscheinliche Aktivität allein dadurch, daß er sich abnutzt. Ich spüre, daß es von mir herabfällt, ich kann mich nicht dabei aufhalten, mein Fleisch verschwindet, ich wechsle die Hülle, mein Körper entschlüpft mir.

*

In der Fabrik hat mich eines Morgens Meister Bortlick gerufen. Zwei andere Meister standen neben ihm. Der eine war groß, schmal, mit einem kleinen, blassen und schlaffen Gesicht, einem langen, dunkelgrünen Kittel; der andere kleinwüchsig, dick, blond, mit einem roten Gesicht und außergewöhnlich platten Füßen. Er hieß Krüger und wir nannten ihn *Plattfuß*.

Bortlick hatte die Nase voll von mir. Er hat mir klargemacht, daß ich von nun an mit den beiden anderen arbeiten würde. Er hatte sie davon in Kenntnis gesetzt, daß ich schlecht arbeitete. Der Meister mit dem Kittel schüttelte den Kopf, als er sich den Kerl ansah, der erzogen werden mußte, den Kerl, der aufgefallen war. Sie sprachen untereinander. Ich verstand nichts. Plattfuß schüttelte den Kopf, man würde es mir bestimmt beibringen.

Alle drei beobachteten interessiert meine blöde Visage. Bortlick hat etwas gesagt, und sie haben alle drei schallend gelacht. Offenbar drückte mein Gesicht gar nichts aus, weder daß ich nicht arbeiten wollte noch daß ich arbeiten wollte noch daß ich verstand, was man von mir wollte.

Dabei war ich für diese drei Männer der Gegenstand ihrer Sorgen, der Gegenstand. Man hatte mich gerufen: *Du, komm! Du, komm! Komm!* Ich war hingegangen und vor ihnen stehengeblieben. Es handelte sich um mich. So wie ich war, dachte ich nicht, daß man mich da herausfischte, um über mich zu reden. Ich dachte, daß ich die fünfhundert Mann des Kommandos war, daß ich nicht in einem einzigen Kopf dieser Meister so nachdrücklich und beharrlich auftauchen konnte, daß sie mich schließlich rufen würden. Die Brille mag mit ein Grund gewesen sein. Ich war aufgefallen, ich würde ihnen nicht mehr aus dem Kopf gehen; meinen Kopf hätten sie vielleicht öfters vor sich als den eines ihrer deutschen Kameraden. Wenn ich ihnen begegnen würde, würden sie mich bemerken, wenn ich nicht in der Werkstatt wäre, würden sie mich holen kommen.

Bortlick war mit seinen Erklärungen am Ende. Er hat uns verlassen. *Komm*, hat Plattfuß zu mir gesagt. *Komm*, das ist alles; ich bin ihnen gefolgt. Ein kleines Zeichen und fast leise *komm*, das war für mich, das setzte mich in Gang. Ich zog die Füße nach, ich folgte Plattfuß und dem im grünen Kittel ganz langsam. Wenige Tage zuvor hatte ich versucht, ein paar Schritte zu laufen, und ich hatte geglaubt, meine Knie würden abbrechen.

Als wir in der Werkstatt angekommen sind, hat Plattfuß auf eine lange Duralplatte gezeigt, die genietet werden mußte. Ich hatte noch nie genietet, ich würde mit einem Kameraden zusammenarbeiten, der die Arbeit kannte. Es war ein Franzose aus Ostfrankreich. Er hat mir geraten, zunächst einmal mit der Handlampe die schlechten Nietstellen zu suchen, die dann aufgetrennt und ersetzt werden müßten.

Plattfuß hat ihn darauf hingewiesen, daß er mich zur Arbeit anhalten solle und ist dann gegangen.

»Dieser Armleuchter geht einem auf den Wecker«, hat der Kamerad gesagt.

Ich ging mit der Lampe über die Platte hinweg. Der andre, der sich darüber beugte, suchte ebenfalls nach schlechten Nieten. Er sagt leise:

»Plattfuß ist eine gemeine Sau. Er ist in der Nazipartei und ist offenbar jemand Wichtiges. Mich läßt er in Ruhe, weil ich die Arbeit besser kenne als er.«

Plattfuß lief in der Werkstatt herum, während wir die schlechten Nieten suchten. Den Bauch vor sich herschiebend, schnupperte er die Werkstattluft. Dann ist er wieder zu uns zurückgekommen. Wir haben uns noch tiefer über die Platte gebeugt. Er ist vorbeigegangen, ohne ein Wort zu sagen. Daß ich nur die Lampe hielt, ließ sich für eine Weile rechtfertigen, aber lange konnte das nicht dauern. Ich habe den Kameraden darauf hingewiesen, der zu mir gesagt hat:

»Mach du lieber gar nichts. Wenn du nämlich Blödsinn machst, bekommst du Schläge, und das hätte ich nicht gern. Mich hat er nie angerührt, weil ich die Arbeit kenne, aber er geht mir auf den Wecker, er ist ständig da.«

Während er mit mir sprach, hat er weiterhin mit seinem Hammer und seinem Meißel die Nieten abgesprengt. Dann, als sei er plötzlich aufgebracht, hat er zu mir gesagt:

»Tu so, als würdest du arbeiten, ich geh aufs Scheißhaus. Aber paß auf!«

Plattfuß hat gesehen, wie er wegging. Ich stand allein vor der Platte. Mit seinen dicken, vom Körper abstehenden Armen hin und her schlenkernd, ist er langsam auf mich zugekommen, die Brust herausgestreckt und den Arsch – diesen Arsch zum Abschneiden, zum Meißeln, zum Enthäuten, zum Versohlen, zum Versohlen, zum Versohlen, zum Versohlen – den Arsch durchgedrückt.

Er stand neben mir, seine roten, haarigen, starken Hände auf die Platte gestützt. Sein rotes Gesicht, seine gelben Haare;

über die Platte gebeugt, spürte ich die Knochen meines Gesichts, mein bis über die Ohren gerutschtes Käppi.

»Was machen?« hat er gefragt.

Ich habe ihm die Lampe gezeigt.

»Was?«

Empört tat er so, als verstehe er nicht. Von neuem habe ich auf die Platte und die Lampe gezeigt.

Peng! auf den Schädel; ich war nicht darauf gefaßt. Noch ein Schlag, ebenfalls auf den Schädel. Die Lampe ist auf die Platte gefallen. Noch einer. Es dröhnte. Ich schützte meinen Kopf mit den Händen, aber nun prasselte es auf den Nacken herab, wie Keulenschläge. Er hat aufgehört. Er war rot, stark; er wieherte:

»Arbeit, mein lieber Mann, Arbeit!«

Das fing gut an. Ich war aufgefallen. Genau das bedeutete das. Nichts zu machen. Plattfuß war weggegangen, aber ich spürte ihn noch im Rücken. Der Kamerad ist zurückgekommen, er hatte von weitem alles gesehen.

»Hat er dich verprügelt?«

»Ja.«

»Scheiße, dieses gemeine Schwein. Schon als ich dich ankommen sah, war ich sicher, daß das kommt.«

Über die Platte gebeugt, fuhr ich mit der Lampe hin und her. Der Kamerad, der wieder seine Handwerkszeuge genommen hatte, sprengte mit einem Schlag des Hammers auf den Meißel eine Niete ab. Er kam etwas näher.

»Die wissen nicht, wer wir sind«, sagte er leise. »Wenn sie es wüßten, würden sie zittern. Sie wissen auch nicht, was ihnen noch auf den Kopf fallen wird; sie werden zerquetscht werden, verstehst du, zerquetscht. Kein Plattfuß mehr.«

Er hatte aufgehört draufzuschlagen. Er stützte sich mit den Ellbogen auf die Platte. Plattfuß war weit weg.

»Siehst du, manchmal«, fuhr er fort, »da packts mich im Kopf, man könnte meinen, daß er auseinanderfliegt. Und man kann nichts tun, aber man muß durchhalten; ich will hier nicht krepieren, ich will nicht, nicht hier.«

Er hatte diese letzten Worte gehämmert.

Geschrei übertönte den Lärm der Kompressoren. Es war ein Meister, der herumbrüllte, ein Riese mit einem kastanienbraunen Hut. Es war nicht weit von uns weg. Ein Franzose bekam Schläge. Er hatte Blut im Gesicht, und jetzt versetzte ihm der Meister verbissen Fußtritte in den Rücken. Dann hat er aufgehört, er hatte sich ausgetobt. Sein Gesicht sah ähnlich aus wie das von Plattfuß, als er gerade geschlagen hatte; das Gesicht eines Mannes, der sich ausgezeichnet hat. Er blieb einen Augenblick lang gezeichnet von dem, was er gerade vollbracht hatte. Diese Tat, die ihm Vergnügen bereitete, hob ihn auch über seinen Rang als kleiner Werkmeister hinaus. Es war ein offizieller Staatsbürgerakt. Indem er zuschlug, hatte er sich die Hände schmutzig gemacht für diejenigen, die abseits standen. Es waren einige darunter, die zuschlugen, und das waren die *Helden*. Und wenn es bei ihnen auch nur den Schatten einer Verlegenheit gab, dann war es die, daß sie sich so ausgezeichnet, so in den Vordergrund gestellt hatten, denn auch sie besaßen so etwas wie Schüchternheit, wie Bescheidenheit.

Der Meister mit dem kastanienbraunen Hut war zu den Frauen hinübergegangen, die in ihrer Werkstatt arbeiteten, und erklärte ihnen mit lauter Stimme die Sache. Lachend hat er auf den Kameraden gezeigt, der sich das Blut aus dem Gesicht wischte, und einige Weiber haben in das Lachen des starken Mannes eingestimmt.

Es war offensichtlich eine Fabrik wie alle andern. Ein entsetzlicher Lärm stieg aus ihr auf: der Hagel der Niethämmer. Lila gekleidete Männer arbeiteten vor den Werkbänken. Man hätte sich von der friedlichen Geschäftigkeit täuschen lassen können, mit der sie ihre Arbeit verrichteten. Aber bald kam der ungeheuere Widerspruch zwischen dieser Uniform und dem Fleiß dieser arbeitenden Hände zum Vorschein. Über das Werkstück gebeugt, hütete jeder ein Geheimnis, das dieses Werkstück der Zerstörung, dem Staub bestimmte. Alle arbeiteten an etwas, von dem sie wollten, daß es nicht sei. Es war die reinste Pantomime. Sie glichen Musikern, die hinter einer Scheibe spielen und deren Musik man nicht hört. Und der Meister schlug auf sie ein, um ihnen beizubringen, daß nur das Werkstück existieren dürfe. Er behandelte es rücksichtsvoll. Die Fäuste von Plattfuß öffneten sich, um es zu liebkosen, er wollte, daß es schön sei und gut gearbeitet. Der Meister war kein wütender Irrer, er war ein guter Staatsbürger.

Seit das Kommando angekommen war, war es der zehnte Flugzeugrumpf, der in der Fabrik fertig wurde. Von diesen zehn ist nur ein einziger, der erste, zu Heinkel nach Rostock geschickt worden. Er ist zurückgekommen, weil er verpfuscht war. Die andern hatte man in einem Schuppen abgestellt, dann in der Kirche, die wir gerade geräumt hatten. Sie sollten niemals abgehen. Wir wußten es. Rostock, wo sich die Flugzeugwerke Heinkel befanden, war zerstört, und die Fabrik bekam nicht mehr das nötige Material. Die Arbeit diente also nur dazu, daß sich die Werksleitung und die Meister, fast alle Nazis, die keinen Wert darauf legten, an die Front zu kommen, vor dem Militärdienst drücken konnten.

Manchmal rief der Fabrikdirektor die Meister zusammen und hielt ihnen eine Rede. Wenn sie dann die Versammlung gruppenweise verließen, machten einige düstere und beklommene Gesichter. Andere hingegen schienen zuversichtlich zu sein: das waren die Helden; sie fühlten sich gerechtfertigt, aufgemuntert, vergnügt. Sie kamen in ihre Werkstatt zurück: *Los, los, Arbeit!* Die Ansprache wärmte ihnen noch den Bauch. Sie hatten Ameisen in den Gliedern, es kribbelte ihnen in Fingern und Füßen, ungeduldig traten sie von einem Fuß auf den andern, und sobald sich die Gelegenheit bot, schlugen sie zu.

Die andern waren angespannt. Die Worte des Direktors hatten sie erschreckt. Sie hatten gemerkt, daß sie schuldig geworden waren, weil sie sich gefragt hatten, ob es sich überhaupt noch lohne, für diesen Krieg weiterzuarbeiten. Als sie hinausgingen, konnten sie ermessen, wie sehr sie sich, unmerklich, ins Unrecht gesetzt hatten, und jetzt hatten sie Angst, obwohl das geheim geblieben war, wieder rückfällig zu werden. In der Werkstatt achteten sie genauer auf die Arbeit und paßten auf, ob der Direktor nicht käme. Sie waren untreu gewesen, sie begannen, sich verfolgt zu fühlen.

Sie beobachteten den, der zuschlug. Er sah glücklich aus, strahlte vor Vergnügen; er war sich seiner Sache sicher, und wenn der Direktor kam, behielt er ihn nicht im Auge.

Aber sie hatte man nicht schlagen gesehen, sie hatten sich nicht ausgezeichnet. Zwischen den Häftlingen und ihnen hatten die Schläge keinen endgültigen Bruch verursacht. Der Direktor konnte sie verdächtigen und sogar denken: »Vielleicht reden sie mit den Häftlingen. Und diese Häftlinge sind gefährlich, weil sie beobachten. Natürlich sind wir stark, Deutschland kann nicht geschlagen werden, aber sie beobachten, sie warten, bis die Zeit gekommen ist, und sie werden den Augenblick nicht verpassen, in dem ein Meister zum Verräter wird. Dieses enge Zusammenleben ist schlecht, und außerdem gibt es vielleicht Meister, die versucht sein können, sich zu sagen, daß das immerhin Menschen sind, die vielleicht sogar Mitleid verdienen. Wir Deutsche suchen immer Gelegenheiten, Mitleid zu haben. Aber diese Schweinehunde beobachten, sie warten nur auf diesen Augenblick, sie lächeln, die Heuchler; der Meister läßt sich rühren; aus Mitleid wird er sie nicht zur Arbeit antreiben, und sie, die ja gar nicht wissen können, was Großmut ist, sie, die nur *Scheiße* sind, sie werden es wagen, etwas über Deutschland zu denken, sie werden denken, daß es wohl schlecht bestellt ist mit Deutschland, weil wir nachlässig werden.«

*

Es war zehn Uhr morgens. Bis abends um sechs Uhr würden wir noch da sein. Ich habe die Lampe und den Kameraden zurückgelassen und bin auf die neue Latrine gegangen, die seit kurzem an einem Ende der Fabrik errichtet worden war.

Dort war immer Betrieb, die Kerle, die sich vor der Arbeit drückten. Wenn man dann vom Lärm der Kompressoren und der Hämmer ziemlich abgestumpft war, ging man auf die Latrine und tat nichts. Es gab dort mehrere durch halbhohe Trennwände abgeteilte Räume mit einer Kloschüssel in jeder. Wenn ein Kapo kam, setzte man sich auf eine Kloschüssel und tat so als ob.

In die Wand des Latrinenganges waren drei Fensterluken gebrochen, die nach Süden gingen. Von dort aus sah man auf die etwas höher liegende Kirche und, innerhalb der Fabrikeinzäunung, auf die SS-Kantine, die Kantine der Meister und die Kartoffelmiete, wo sie sich mit Kartoffeln versorgten. An der SS-Kantine stand ein großer Abfallkasten, den wir von den Luken aus beobachten konnten. Wir beobachteten auch die Kartoffelmiete, doch im Augenblick konnten wir nicht versuchen hinzugehen, weil wir den Werkschutz sahen, der dort Wache stand. Es war noch nichts aus der SS-Kantine gekommen, es war noch nichts in den Abfallkasten geworfen worden, weder verfaulte Karotten noch Rotkohlblätter, wie neulich mal.

Ein Italiener hatte sich an die Luke neben mir gestellt. Er war sehr mager mit einem kurzen schwarzen Bart. Gespannt beobachtete er ebenfalls die Miete und den Abfallkasten. Draußen, auf dem Abhang, der zur Straße hinabging, warteten bereits zwei Kerle, hinter einem Betonmischer versteckt.

Der Werkschutz hat sich von der Miete entfernt und ist in eine Baracke hineingegangen. Es war kein Wächter mehr da. Die beiden sind hinter dem Betonmischer hervorgekommen; sie gingen schnell, ohne zu laufen, und blickten sich nach allen Seiten um. Der Italiener, der neben mir stand, ist ebenfalls weggegangen.

Wir beobachteten das Unternehmen von der Luke aus. Sie waren über den Abhang hinaus; sie gingen an einer Baracke entlang, die genau gegenüber und einige Meter von der Kartoffelmiete entfernt stand. Der Italiener kam gerade an dem Abhang an. Um sich zu tarnen, trug er eine Kiste auf dem Kopf, in der einige Eisenstücke waren. Es war ruhig. Immer noch war niemand zu sehen.

Ein SS-Mann ist aus der Kantine gekommen. Die beiden ersten haben sich gebückt und so getan, als suchten sie etwas auf der Erde. Der SS-Mann ist sofort wieder hineingegangen, er hatte nichts gesehen.

Sie waren jetzt also gegenüber der Miete, immer noch dicht an der Baracke. Jetzt mußten sie aus der Deckung herauskommen. Der Italiener, der etwas zurückgeblieben war, beobachtete.

Die beiden ersten sind losgestürmt, nur die Miete im Auge. Der Italiener hat sie eingeholt. Von der Luke aus sahen wir drei lilafarbene, hingekauerte Flecken. Sie kratzen die Erde auf, um an die Kartoffeln heranzukommen. Sie hielten sich etwas auf, sie blickten sich nicht mehr um, jeder konnte sie sehen. Der Italiener warf Kartoffeln in seine Kiste, die andern füllten sich die Taschen; sie ließen sich zu lange Zeit, es war der reine Wahnsinn, drei Zielscheiben.

Fritz. Sie hatten ihn nicht gesehen. Von der Luke aus sah man alles, doch wir konnten nicht rufen, damit sie fortliefen. Fritz ging langsam auf die Miete zu; sie hatten ihn immer noch nicht gesehen; er ließ sie noch tiefer graben. Dann stürzte er sich plötzlich auf sie. Sie waren immer noch in der Hocke, als sie ihn gesehen haben. Sie haben kaum Zeit gehabt aufzustehen. Er war da und schon prasselte es auf sie herab: Schlagstock, Fußtritte, Faustschläge. Fritz hat mit dem Finger auf die halbvolle Kiste des Italieners gezeigt. Ein Faustschlag ins Gesicht und der Italiener ist hingestürzt.

Von der Luke aus sahen wir, wie die lilafarbenen Flecken hin und her schwankten und unter den Schlägen von Fritz in die Knie gingen.

»Es wird geprügelt«, sagte einer mit ruhiger Stimme.

Hinten im Latrinengang rauchten zwei Russen eine Kippe.

Fritz kam mit den drei Männern zurück. Der Italiener blutete.

»Achtung!«

Ernst, der dicke Kapo, kommt wie ein Wirbelwind in die Latrine gestürmt. – *Alles raus!* Die Russen sind geflüchtet, ebenso diejenigen, die an der Luke standen. Ich habe mich auf eine Kloschüssel gesetzt; er ist nahe an mir vorbeigegangen; als er mich sah, hat er gezögert, doch er hat nichts gesagt.

Als Ernst weg war, bin ich in die Werkstatt zurückgegangen. Plattfuß war da, einige Schritte vom Kameraden entfernt. Der Kamerad hat mich kommen sehen, und ihm war offensichtlich nicht wohl in seiner Haut. Ich habe Plattfuß nicht angesehen, habe meine Lampe genommen und mich über die Duralplatte gebeugt. Plattfuß ist ganz dicht an mich herangekommen. Der Kamerad hat sich noch tiefer über die Platte gebeugt, er schlug auf den Meißel ein.

»Wo waren Sie?« hat Plattfuß mich gefragt.

»Abort«, habe ich geantwortet und mich dabei aufgerichtet.

Er hat lächelnd den Kopf geschüttelt und auf seine Uhr geschaut: ich war vor gut einer Viertelstunde weggegangen. Er ist rot angelaufen, als sei er plötzlich wachgeworden, er hat gewiehert und Peng! auf den Kopf und noch einmal auf den Kopf. Plattfuß schlug aus Leibeskräften zu, ich versuchte mich zu schützen, doch ich sah nichts mehr, ich sah weder den Kameraden noch die Fabrik. Als er aufgehört hat, hatte ich den Eindruck, daß er immer noch draufschlug; ich schützte immer noch meinen Kopf. Dann habe ich begriffen, daß er aufgehört hat. Meine Arme sind herabgefallen. Er war nicht mehr da. Der Kamerad sah mich an, ich habe ihn wieder gesehen, er stand da wie zuvor. Meine Augen brannten, verdammt und zugenäht und Himmelkruzitürken, meine Fingernägel sind in meine Handflächen eingedrungen. Die wissen nicht, diese Armleuchter, sie sind ja die Dummheit selbst, eine Dummheit zum Verrücktwerden, die wissen nicht, was ihnen noch alles auf den Kopf fallen wird. Denen ist gar nicht bewußt, daß sie verratzt sind, weniger als nichts, zerquetscht, Staub. Sich von Plattfuß verhauen zu lassen und nichts sagen zu können, nein, das ist ja geradezu lachhaft, aber siehst du, siehst du, verdammt noch mal, er weiß nichts, er glaubt daran.

Ich hätte dem Kameraden am liebsten auf die Schulter geklopft, laut gelacht, geschrien. Alle diese schweigsamen Männer im gestreiften Anzug hätten lachen können, das hätte die ganze Fabrik erfüllt, das hätte den Lärm der Kompressoren übertönt, die Mädchen wären entsetzt fortgelaufen. Auf diese Weise hätte dem, was man als den Wahnsinn der Schläge ansehen konnte, ein anderer Wahnsinn antworten können: das Gelächter. Aber niemand war wahnsinnig. Ihre Wut war ihr Scharfblick; unser Abscheu, unsere Betroffenheit waren unsere Wut.

*

Ende Januar, an einem Sonntagmorgen. Wir sind zum Appell in Fünferreihen im Hof angetreten: Franzosen und Belgier, Polen und Tschechen, Jugoslawen, Deutsche, Russen und Italiener. Wir rahmen den schneebedeckten Platz des Lagers ein. Ein eisiger Wind weht darüber hinweg. Wir stehen zusammengekrümmt und mit eingezogenen Schultern da. Wir stampfen mit den Füßen auf. Wir warten auf den SS-Mann.

Eine Zigarette rauchend, ist der SS-Mann angekommen: er hat seine schöne grüne Sonntagsuniform angezogen. Mit gespreizten Beinen und durchgedrückten Knien hat er sich zuerst mitten auf dem Platz aufgepflanzt. Er hat eine Reitgerte in der Hand, mit der er sich in kurzen, rhythmischen Schlägen über die Hose schlägt. Der Lagerälteste kommt auf ihn zu und nimmt die Mütze ab. Die übliche Gebärdensprache. Dann geht der SS-Mann am Rechteck der Polen und an dem der Russen entlang, um die Fünferreihen zu zählen. Er kommt zu uns; wir rühren uns nicht mehr. Der Blick des SS-Manns geht über die ersten Reihen hinweg. Leichte Verkrampfung. Wir spüren die Kälte nicht mehr, wir sehen nichts an. Er steht da, er sieht niemanden an. Eine ziselierte Silhouette mit einer Totenkopfmütze. Er ist vorbeigegangen und wir haben es nicht gespürt. Der Körper ist etwas untersetzter und gleichzeitig abwesender. Sein Blick ist über zweihundert Männer hinweggeglitten, die bereits in dem Augenblick, in dem er vorbeigegangen ist, nicht mehr vorhanden waren. Als er an meiner Reihe vorbeigekommen ist, hatte er nichts mehr vor sich als lilafarbene und graue Streifen, und er hat bis fünf gezählt. Er ist weitergegangen. Entspannung. Aber sogleich auch Angst: werden wir in die Baracke zurückgehen? Wir spüren von neuem die Kälte. Der Wind läßt unseren Zebraanzug flattern, wir haben eine Gänsehaut an den Schenkeln. Und die Lungen. Immer die Angst um sie. Wir machen einen Buckel. Der Unterkiefer ist wie gelähmt. Die Hände sind angeschwollen, man sieht nicht mehr die Gelenkansätze der Finger. Ich zittere. Ein Stück Holz mit lilafarbenen Lumpen, die drumherum flattern. Eine Vogelscheuche.

Die Polen gehen in ihre Baracke zurück. Wir bleiben draußen. Der Lagerälteste hat den Franzosen den Befehl gegeben, die langen Holzbretter, die noch am Fuße der Eisenbahnböschung liegen, wegzuräumen. Es sind viele, sie sind mit Schnee bedeckt. Wir versuchen uns zu drücken, in die Baracke zurückzugehen, doch Fritz steht am Eingang: *Arbeit, alle, alle!* Er zeigt mit dem Finger auf den Stapel Bretter.

Die Sonne scheint nur ganz schwach, der Wind weht entsetzlich. Der Schnee fegt übers Eis. Wir gehen langsam mit gesenktem Kopf auf die Bretter zu. Vier pro Brett. Sie sind durch das Eis aneinandergefroren; wir müssen sie mit einer Eisenstange voneinander trennen. Wir sind wie gelähmt. Die Arme baumeln herab, irgendwie an den Schultern hängend. Wir müssen uns bücken, mit den Fingerspitzen das Ende des Brettes packen. Ein Kerl neben mir hat losgelassen, meine Finger werden zwischen zwei Brettern zerquetscht. Eine Welle der Verzweiflung. Das ist einfach zuviel. Im ganzen Körper der Zusammenbruch. Das Verlangen, alles liegen und stehen zu lassen, zurückzugehen, irgendwohin, der Schlagstock ist mir wurscht, ich schwebe in der Kälte. Mich treiben lassen. Nirgends ein Schutz, *kein* Schutz.

Und von neuem reißen wir zu viert ein Brett ab. Das Brett ist auf der Schulter. Der Schnee rieselt in den Halsausschnitt. Wir haben die Hände in die Taschen gesteckt. Der Boden ist eisbedeckt, wir gehen ganz langsam, setzen die Füße vorsichtig auf. Das Brett liegt gut auf der Schulter, bei mir immer auf der linken: sie gewöhnt sich allmählich daran. Wir schweben nicht mehr, wir sind nicht mehr zu leicht im Wind. Hauptsache ist, daß wir die Hände in den Taschen haben, daß wir nichts mit den Händen zu tun brauchen, keine Gebärde. Das Brett auf der Schulter, das ist alles. Auf dem Platz angekommen, wird unser Tempo durch einen Windstoß verlangsamt, wir schwanken einen Augenblick und gehen dann mit gesenktem Kopf weiter, die andere Schulter anhebend. Die Augen tränen. Ich rutsche auf dem Eis aus; als ich mich wieder auf die Beine bringe, fällt mir das Brett auf die linke Seite der Kinnlade. Das Brennen des Eises, des Schnees im Hals, ich drücke das Kinn gegen den Lappen, den ich um den Hals habe. Der Kamerad vor mir fällt. Wir bleiben stehen. Er hat sich wehgetan und kann nur mit Mühe wieder aufstehen. Wir gehen weiter. Vier andere Männer überholen uns. Wir sind um die Baracke gegangen, wir müssen die Bretter dahinter stapeln, wo bereits ein großer Haufen liegt. Der Durchgang zwischen dem Stacheldraht, der die Baracke umgibt, und dem Haufen Bretter ist schmal. Wir treten auf der Stelle. Wir sagen kein Wort.

»Los, los!« brüllt ein deutscher Vorarbeiter, ein Zivilist. Wir kommen nicht schneller voran.

»Los!«

Fritz, der gekommen ist, um die Arbeit zu überwachen, hat einem Italiener, der vor uns mit einer anderen Mannschaft ein Brett trägt, einen Fußtritt versetzt. Der Italiener ist hingefallen. Er verzieht das Gesicht zu einer Grimasse, und auf der gespannten Haut seines Gesichts bilden sich kleine Falten um seine blinzelnden Augen herum. Man könnte meinen, daß er flennt. Er flennt tatsächlich, trocken. Wir sind stehengeblieben. Er ist wieder aufgestanden. Wieder ein Windstoß. Wir senken den Kopf. Mit weichen Knien gehen wir in ganz kleinen Schritten weiter. Ein Stau. Vier Gruppen wollen abladen. Wir warten. Wir kommen an die Reihe, wir müssen die Hände aus den Taschen nehmen. Wir nehmen das Brett in die Hände, ein Zeichen, und wir haben es abgeworfen.

Es gibt viele Bretter. Bis Mittag müssen wir Bretter schleppen. Wir gehen langsam wieder zurück, wir kommen an der Baracke vorbei. Fritz steht wieder vor der Tür. Wir können immer noch nicht hinein. Wir können nirgends hingehen. Wir müssen draußenbleiben.

Auf der Straße, die am Lager entlangführt, gehen Männer mit Pudelmützen. Manchmal drehen sie den Kopf, sie sehen hinter dem Stacheldraht, auf dem Schnee, Gestalten, die sich in kleinen Schwärmen dahinschleppen. Sie gehen schnell auf der Straße dahin, mit kraftvollen Schritten und lebhaften Blicken. Hier, hinter dem Stacheldraht, zählt jeder Schritt. Die Hand aus der Tasche ziehen ist eine Kraftverschwendung. Jede Bewegung zielt darauf ab, uns zugrundezurichten. Wir sehen auf der Straße den Mann, der trotz der Kälte leicht dahingeht, der eine Reihe schneller Schritte macht, der sich schneuzt, die Arme schlenkert, der ruckweise den Kopf umdreht, wegen nichts, der eine Menge unnötiger Bewegungen macht, mit einer wunderbaren, entsetzlichen Großzügigkeit. Für uns ist der Weg von einem Bretterhaufen zum andern eine Summe von Anstrengungen, von denen jede für sich allein eine vollständige Geschichte ist, angefangen bei der Einschätzung der Risiken, der Gefahr, der unwiederbringlichen Kraftverschwendung, der Verweigerung bis hin zur Ausführung unter Schrecken und Haß.

Der Mann auf der Straße weiß immer noch nichts; er hat nur den Stacheldraht gesehen und von dem, was dahinter ist, höchstens *Gefangene*.

*

Heute morgen, an einem Montag, sind wir später in der Fabrik angekommen als üblich. Man hat uns gesagt, es gäbe keinen Strom. Als wir in die Halle gekommen sind, funktionierte der Kompressor nicht, und die Meister standen in kleinen Gruppen zusammen und diskutierten laut miteinander.

Jeder von uns ist in seine Werkstatt gegangen, und eine ganze Weile haben sich die Meister nicht um uns gekümmert. Sie gingen, manchmal laufend, von einer Gruppe zur andern und umringten den Direktor, als er vorbeikam; die Frauen standen vor ihrer Werkstatt und sprachen leise miteinander. Der fehlende Lärm des Kompressors machte diese Geschäftigkeit ohne Arbeit noch deutlicher. Wie wir hatten auch sie ihren Platz in der Fabrik nur im Zusammenhang mit der anzuordnenden oder zu leistenden Arbeit. An diesem Morgen hatten sie ihre Werkstätten verlassen, etwas anderes als der fertigzustellende Flugzeugrumpf nahm sie in Anspruch, und wir waren schon bereit, alles zu glauben. Wir hatten sie unaufhörlich beobachtet, und aus einer zweideutigen Bemerkung zogen wir phantastische Schlüsse über das Ende des Krieges. Sie interessierten uns mehr als wir sie interessierten. Das Beständigste in ihrem Alltagsleben war ihre Sicherheit, uns jeden Morgen als die Gleichen wiederzufinden. Unser Verhalten konnte sie nichts Neues lehren; natürlich brauchten sie nicht zu wissen, ob wir ungeduldig oder resigniert, optimistisch oder mutlos waren. Die Frage nach unserer Stimmung stellte sich erst gar nicht. Von uns konnten sie nichts Neues über den Krieg erfahren. Sie fanden jeden Morgen in ihrer Werkstatt einige Gestreifte in einer Reihe, die mit der Holzkeule auf das Stück Dural schlugen oder mit dem Niethammer umgingen. Die konnten nichts wissen, die hatten nur mit ihrem Hammer zuzuschlagen, und wenn sie etwas gewußt hätten, so wäre es genauso gewesen, als ob sie nichts gewußt hätten.

Auch wir liefen in der Fabrik umher. Wir wollten wissen, was los ist. Denn es war etwas los, da war etwas Neues im schlaffen Gesicht des Meisters mit dem grünen Kittel, im Gesicht Bortlicks, all der anderen, ratlosen Typen, und das mußten wir herausbekommen.

Wir träumten nicht. An diesem Morgen herrschte in der Fabrik die Anarchie. Auf einen Schlag waren die Flugzeugrümpfe, die Werkstücke, an denen wir gearbeitet hatten, wie in einem Traum unwirklicher als je zuvor. Der Traum bestätigte sich, als er sich jählings auflöste. Es hatte genügt, daß wir auch nur annahmen, *es könne etwas vorgehen*, damit alles einstürzt; diese schlichte Annahme wurde zu einer unendlich stärkeren Wirklichkeit als die der Fabrik. Diese Art Taucherglocke, die bis dahin unter einem selbst den Ritus der Arbeit vollbracht hatte, war wieder an die Oberfläche getaucht. Was blieb, war ein Mann, der bereit war, sogleich frei zu sein.

Zum ersten Mal, seit wir in Deutschland waren, war ein folgenschweres Ereignis eingetreten.

Die Russen standen vor Breslau.

Von diesem Augenblick an verfolgten wir unaufhörlich die Offensive, suchten nach Überschneidungen, zogen Nutzen aus den kleinsten Hinweisen. Wir hatten wieder Kontakt aufgenommen mit dem Krieg. Wir konnten uns einfach nicht mehr bremsen. Wir gingen von der Halle in den großen Lagerraum, wo Jacques mit einem Polen arbeitete, der eine deutsche Zeitung hatte und der darüber hinaus mit aus Aachen geflüchteten deutschen Zivilisten, die keine Nazis waren und ebenfalls im Lagerraum arbeiteten, in Verbindung stand. Wir sahen die Jugoslawen, die mit dem Rheinländer in Verbindung standen. Aber die Deutschen aus dem Lagerraum widersprachen sich selber. Einige waren nach unserem Dafürhalten zu optimistisch. Und wieder schwammen wir, wie schon in Buchenwald, aufgeputscht mitten in den Falschmeldungen, und bald würden wir uns ganz einfach wieder an das deutsche Communiqué halten müssen.

Spät am Morgen hat dann der Kompressor wieder zu laufen begonnen. Die Meister haben ihren Dienst wieder aufgenommen, und wir sind jeder in seine Werkstatt zurückgegangen.

Aber es gab Kameraden, die sind weiter umhergelaufen. Sie hatten ein Werkstück in der Hand, Nieten, taten so, als sprächen sie über die Arbeit und übermittelten einander Fragen oder Nachrichten. Der Lärm der Hämmer schien selber ein Komplize dieser verbotenen Neugier zu sein. Es war weniger ungewöhnlich, beim Radau der Hämmer von einer Werkstatt zur andern zu irren, als wenn es still gewesen wäre. Den Deutschen war jetzt klar, daß wir Bescheid wußten.

Auch sie schienen mit dem Beginn des Jahres nachlässiger zu werden. Bis dahin hatten die Alliierten die deutsche Gegenoffensive zum Stillstand gebracht, aber den Rhein hatten sie immer noch nicht überquert. Die täglichen Kriegsereignisse hatten diejenigen noch nicht gezwungen, die Augen aufzumachen, die sich weigerten, das zu tun und immer noch in den Tag hineinlebten. Doch alle waren jetzt aus dem Schlaf erwacht.

Sie wußten, daß wir in unseren Grüppchen über nichts anderes sprachen. Wenn wir an ihnen vorbeigingen, dämpften sie ein wenig die Stimme. Manche studierten Landkarten, die sie vor unseren Augen zu verbergen versuchten. Sie wußten genau, daß wir wußten, daß sie Angst hatten.

Sie würden uns jetzt besser begreifen, und unsere Sklavenpassivität, unsere *Neutralität* würde ihnen haßerfüllt, aggressiv erscheinen. Aggressiv auch der Seitenblick auf eine Gruppe von Meistern, die leise Unterhaltung zweier Häftlinge. Und das kleinste Lachen. Gleichzeitig mit ihnen etwas zu wissen, das sie bedrückte, war ein Skandal. Aber eindeutiger als je zuvor konnten sie diesen Skandal nur dadurch niederschlagen, daß sie uns töteten. *Die Russen vor Breslau.* Sieg und Niederlage hatten wieder einen Sinn. Der Sieg verband sich vor ihren Augen mit uns. Ihre eigene Niederlage durch den Sieg jener gesehen, die sie *»alles Scheiße«* nannten, das war unerträglich.

Aber wir würden ihnen nicht zurufen: »Ihr seid zerschmettert.« Sie würden zu uns nicht sagen: »Ihr werdet sterben, weil wir den Krieg verlieren.« Nichts würde je gesagt werden. Die Schläge würden stumm fallen.

*

Es war fünf vor sechs, um sechs Uhr war die Arbeit zu Ende. Ich bin mir die Hände waschen gegangen. Als ich zurückgekommen bin, erwartete mich der Meister im grünen Kittel, der Vorgesetzte von Plattfuß, vor meiner Duralplatte. Er hat mich aufgefordert, ihm meine Hände zu zeigen. Ich habe sie hingehalten, sie waren sauber.

Ein Faustschlag ins Gesicht. Ich bin getaumelt. Ich habe die Hände an meine Augen gebracht, ich sah noch; ich habe meine Hände angeschaut, es war kein Blut dran.

Er ist ein kleines Stück weitergegangen; er schien darauf zu warten, daß ich ihn anschaue, was ich auch getan habe; er hat den Kopf umgedreht. Ich bin eine Weile so unbeweglich stehengeblieben. Der Flugzeugrumpf vor mir war undeutlich zu sehen. Ein Kamerad hat meine Brille aufgehoben, es waren keine Gläser mehr drin und das Gestell war zerbrochen; ich habe sie in die Tasche gesteckt. Alles um mich herum war nebelverhangen. Es wurde zum Feierabend geblasen, ich habe die Duralplatte, vor der ich stehengeblieben war, im Stich gelassen. Da ich schlecht sah, hob ich den Kopf und schaute den Meister im grünen Kittel an. Bevor ich ihn erreichte, habe ich stark die Augen zusammengekniffen, um ihn besser zu sehen, wenn ich an ihm vorbeiginge. Ich wollte ihn *hinterher* sehen. Er hatte seinen Schrank geöffnet, er machte sich zum Weggehen fertig und aß ein Butterbrot.

*

Als ich gestern abend in die Baracke zurückkam, hat mir ein Kamerad eines der Gläser meiner Brille gegeben, das er gefunden hatte; es war noch ganz. Ich habe es nicht in das zerbrochene Gestell einsetzen können. Ich habe es aufgegeben, weil ich diesen Umstand nutzen wollte, um nicht arbeiten zu müssen.

Als ich in die Fabrik kam, bin ich zum Kapo Ernst gegangen; ich habe ihm gesagt, daß ich nichts sähe und daß ich daher nichts tun könne. Er saß an der Heizung und aß ein großes Stück Wurst, das er versteckt hat, als ich zu ihm kam. Er hat nichts gesagt. Ich bin auf die Latrine gegangen, um mich dort zu verstecken. Der Meister im grünen Kittel hat mich gesehen, aber er hat mich nicht herbeigerufen. Als ich zur Latrine ging, habe ich den Kopf hoch erhoben und die Augen zusammengekniffen wie jemand, der nichts sieht. Auf der Latrine habe ich das unbeschädigte Glas aus der Tasche geholt und es mir als Monokel ins rechte Auge geklemmt. Durch die Luke beobachtete ich die SS-Kantine. Es war die Zeit, in der die Kohlblätter und die Karottenabfälle in die Holzkiste geworfen wurden. Es war kein Kapo in der Nähe. Ein Kerl war schon dort, der sich über die Kiste beugte; er tauchte hinein. Ich habe mein Monokel abgenommen und bin hingegangen.

Als ich aus der Fabrikumzäunung heraus war, bin ich schnell gegangen. Alle zwanzig Meter klemmte ich das Glas ins Auge, um zu sehen, ob ein Kapo käme. Ich habe einen Kasten unter den Arm genommen, in den ich zur Tarnung zwei oder drei Gußeisenstücke hineingelegt hatte. Bevor ich auf den offen liegenden Geländestreifen kam, der mich von der Abfallkiste trennte, habe ich wieder mit meinem Monokel die Umgebung beobachtet: niemand. Ich bin losgerannt. Auf dem Boden der Kiste waren nur noch ein paar schmutzverschmierte Rotkohlblätter; mit beiden Händen griff ich hinein und habe den Holzkasten gefüllt. Als ich zurückging, habe ich wieder einige Male das Monokel ins Auge geklemmt. Ich habe die Gußeisenstücke auf die Gemüseblätter gelegt und habe diese dann am Wasserhahn der Fabrik abgewaschen. Ich habe einige Stücke davon abgeschnitten, die ich gegessen habe, dann habe ich den Rest in den Gewölbefächern des Lagerraums unter Duralplatten versteckt.

Ein Italiener hat mich gesehen, als ich den Holzkasten unter den Platten versteckte. Der *Mörder*, der dort herumlungerte, hat mich ebenfalls gesehen. Ich habe den Italiener angeschaut, der den Gleichgültigen spielte, sich in andere Gewölbe verzog und dann verschwand. Der *Mörder* hat sich ebenfalls entfernt. Ich wollte den Kasten anderswo hinstellen, aber Zivilisten sind gekommen, und ich war gezwungen, den Lagerraum zu verlassen. Ich bin im Kellergeschoß der Fabrik umhergeirrt, dann habe ich mich auf der Latrine versteckt, ständig das Monokel bereithaltend. Manchmal konnte man lange auf einer Kloschüssel sitzenbleiben; selbst wenn der Kapo mehrmals vorbeikam, konnte er annehmen, man sei krank. Aber auch dieses Versteck wurde schnell zu einem Gefängnis, wie die Werkstatt. Ich bin also nicht auf der Latrine geblieben. Ich habe mich so ziemlich überall herumgetrieben. Fritz hat mich genau in dem Augenblick überrascht, als ich mich mit einem Kameraden in der Lötwerkstatt unterhielt.

»Was machen Sie? Arbeit, los!«

Ich hatte keine Lust etwas zu tun. Ich habe ihn angesehen und ihn gefragt:

»Warum Arbeit?«

Ein Faustschlag ins Gesicht. Ich hatte nicht anders antworten können. Fritz war übrigens weder verunsichert noch empört. Er hatte auf seine Weise reagiert, ohne Zorn, so wie er reagieren mußte. Ich habe den Kameraden stehenlassen und habe mich anderswo versteckt.

Später bin ich ins Erdgeschoß der Fabrik zurückgekehrt, um meine Kohlblätter zu holen. Ich habe mich in das Gewölbe des Lagerraums geschlichen, ich habe die Duralplatte hochgehoben: der Kasten war leer.

Scheiße. Ich konnte mich nicht entschließen, das Gewölbe zu verlassen. Ich habe nebenan unter anderen Platten gesucht, nichts. Es war schlimm. Diebstahl wurde wirklich zu einem Spiel. Natürlich war es entweder der Italiener oder der *Mörder*, die meine Kohlblätter gestohlen hatten. Als ich aus dem Gewölbe herauskam, bin ich dem Italiener begegnet. Er war klein, gelb, mager; er hatte eine furchtbare Vitaminmangelkrankheit.

»Hast du die Kohlblätter genommen?« habe ich ihn gefragt.

Er hat geschworen, daß er es nicht war, dann hat er sich empört; er habe einen Beruf, er sei kein Dieb. Er zeigte mir sein Foto – er hatte es behalten können – in Zivil: er stand neben seiner Frau, die einen Säugling auf dem Arm trug. Ich war ein roher, ungehobelter Mensch.

Der *Mörder* trieb sich ebenfalls im Lagerraum herum. Der Italiener hat auf ihn gezeigt und behauptet, daß er es war. Ich bin zu ihm gegangen. Seine schwarzen Augen haben sich empört. Er hat mir ebenfalls geschworen, daß er es nicht war, und außerdem »waren ihm Kohlabfälle völlig wurscht«. Dann hat er auf den Italiener gezeigt und gesagt: »Der Makkaroni wars.« Einer von beiden war es. Sie haben mich nicht angebrüllt. Sie haben sich mir gegenüber auch nicht gewehrt, daß sie gestohlen hatten, sondern so, als sei ich gar nicht da, beschuldigten sie sich jetzt gegenseitig. Die beiden hatten vielleicht beabsichtigt, die Kohlblätter an sich zu nehmen, und dabei war einer dem andern zuvorgekommen. Sie hatten vielleicht miteinander geteilt.

Ich habe sie stehenlassen und bin wieder zu dem Kasten gegangen. Es war wirklich dieser Kasten, den ich mit den violetten Kohlblättern drin genau dorthin gestellt hatte. Er war wirklich leer. Die Blätter waren gegessen worden oder würden gegessen werden, aber nicht von mir. Der Magen ist noch etwas leerer geworden, als ob bis zu diesem Augenblick allein schon die Vorstellung, daß ich am Abend die Blätter essen würde, ihn gefüllt habe. Noch ein Mißerfolg. Die

Kohlblätter waren mir in letzter Minute an der Nase vorbeigegangen, kurz bevor ich sie hätte essen können. Es war zwar kein Brot, aber man konnte es essen, und der Kasten voller Blätter füllte bei weitem schon den ganzen Abend. Wieder einmal würde ich zusehen müssen, wie die Kartoffelscheiben auf dem Ofen brieten; wieder einmal mußte ich auf Dédé warten, der vielleicht ein paar Kartoffeln aus der Küche mitbringen würde, oder eben hungrig zu Bett gehen.

Gilbert hatte Schwierigkeiten mit den SS-Leuten und den Kapos gehabt. Der Vorwand, den sie gefunden hatten, war der, daß die Franzosen zu langsam zum Appell antraten und daß sie keine Disziplin hatten; sie hatten ihn dafür verantwortlich gemacht.

In Wirklichkeit warfen sie ihm vor, daß er nicht draufschlug und sich nicht an ihren Schwarzmarktgeschäften beteiligte.

Sie haben ihn seines Amtes als Blockältester enthoben und ihn durch einen Spanier ersetzt, der französisch sprach. Er lebte seit langem in Frankreich. Es war kein Politischer.

*

Sieben Uhr abends. Aus der Küche kamen die Kübel voller Kartoffeln sowie einige Eimer einer flüssigen Soße, die die Suppe ersetzte. Man hat uns auf unsere Stuben geschickt. In der ersten Zeit in den Baracken erfolgte die Kartoffelausgabe vor den Augen aller; ein Stubendienst nahm eine Handvoll heraus und legte sie jedem, so wie er vorbeikam, ins Kochgeschirr. Die einen hatten sechs, die andern vier; von sechs waren manchmal drei faul; es gab endlos Diskussionen.

Schließlich hat der französische, spanische oder belgische Stubendienst beschlossen, die Kochgeschirre bereits vorher zu füllen, damit jeder nach Möglichkeit die gleiche Portion bekam. Diese Art der Verteilung, die gerechter war, bekam etwas Feierliches, und es wurde beschlossen, daß wir alle in den Stuben warten mußten, bis das Essen ausgeteilt war und erst dann in den Vorraum durften.

Seitdem man diese Regelung eingeführt hatte, waren die einzelnen Portionen alle etwas kleiner. So kam es, daß sich in jeder Stube die Kameraden an die Glastür preßten, die zum Vorraum führte, und die Verteilung überwachten. Das hat dem Stubendienst nicht behagt, und die Scheiben wurden grau überstrichen. Die Männer haben die Farbe abgekratzt, und die Augen an dem durchsichtigen Stück Scheibe, haben sie weiterhin zugeschaut.

Sie sahen, wie ein Kochgeschirr bis zum Rand gefüllt wurde, dann noch eins und noch eins: die wanderten nach nebenan, in den Raum der Häftlingskalfaktoren. Ebenso war es mit der Soße. Die Männer folgten mit den Augen den vollen Kochgeschirren, die weggingen. Eines Tages haben sie gesehen, wie ein ganzer Kochtopf verschwand. »Saubande!« Ein Kalfaktor kam aus dem Vorraum hereingestürzt: »Wenn ihr Krach macht, wird überhaupt nichts mehr ausgeteilt!« Er hat die Tür hinter sich geschlossen und sich dagegengelehnt, um sie zuzuhalten. Ordnung mußte eben sein. Die andern beobachteten immer noch die Verteilung. Jetzt kümmerte man sich um die eigenen Kochgeschirre; vier Kartoffeln, fünf Kartoffeln; man sah sie nicht mehr, wenn sie mal drin waren.

»Hast du gesehen, was weggegangen ist ... Jetzt sieh dir mal an, was noch übrigbleibt!« sagte einer.

Die Kochgeschirre standen in einer schnurgeraden Reihe nebeneinander. Lucien war da. Er hatte einen kleinen Eimer in der Hand, der voller Kartoffeln war; herablassend und gelangweilt betrachtete er unsere Portionen.

Schließlich hat man die Armleuchter aus ihren Stuben gelassen. Sie machten Krach; sie hatten die Portionen gesehen und sie schimpften. Die Kalfaktoren hinter den Tischen waren verschlossen und förmlich. Sie befahlen den Männern, den Mund zu halten und das Käppi abzunehmen. »So«, schienen sie sagen zu wollen, »unsere Aufgabe ist es, gleichmäßig das Essen zu verteilen, die haben wir erfüllt, jetzt seid diszipliniert, schreit nicht herum wie Tiere, vergeßt nicht, daß ihr Franzosen seid . . .«

Wir starrten unentwegt auf die Kochgeschirre, und obgleich sie halb leer waren, obgleich wir dabei an die der Kalfaktoren dachten, die voll waren bis zum Rand, obgleich wir an den versteckten Kochtopf dachten, starrten wir sie gierig an. Der Stubendienst gab jedem ein Kochgeschirr. Im Prinzip nahm er sie der Reihe nach, so daß man von weitem schon ungefähr wußte, welches man bekommen würde. Ernst und gemessen hielt er sie hin, wobei er tat, als sei er sich so sicher, daß er jedem gab, was ihm zukam, daß er es am Ende, wenn die zweihundert Männer vorbei waren, selbst glaubte. Über die vier Kartoffeln goß ein anderer einen viertel oder einen halben Liter Soße, je nachdem, was für ein Tag es war, und dann kehrte man wieder in die Stube zurück.

Als die Essensausgabe vorbei war, sind einige Männer in den Vorraum gegangen und haben sich vor der Tür der Kalfaktoren gedrängt. Sie haben den verschwundenen Topf verlangt. Die Kalfaktoren haben reagiert. Zuerst haben sie gesagt, es sei die Ration der Nachtarbeiter, dann haben sie die Männer beschimpft und gesagt, sie verdienten es nicht, von Kameraden bedient zu werden, sie verdienten nur einen Kapo oder sogar einen SS-Mann. Als die Kalfaktoren jedoch die Tür aufgemacht haben, um sich in ihr Kabuff zurückzuziehen, haben die Kameraden den vollen Topf auf dem Fußboden stehen sehen. Einer vom Stubendienst, ein Südfranzose, füllte zwei große Kochgeschirre, und auf dem Tisch standen noch andere. Die Kameraden hatten ihr leeres Kochgeschirr dabei, das an ihren Fingern baumelte, sie hatten ihre Kartoffeln bereits mit den Schalen gegessen, und sie rührten sich nicht von der Stelle mit ihrem Behälter, denn man konnte nie wissen . . . Um sie zu beruhigen und weil sie nicht sehr zahlreich waren, haben ihnen die Kalfaktoren einige Kartoffeln in die Kochgeschirre, die sofort hingehalten wurden, geworfen. Diejenigen, die was bekommen hatten, haben sich zurückgezogen. Die Kalfaktoren waren beruhigt und haben die Tür wieder geschlossen.

Die meisten Männer, die genau wußten, daß ein Topf verschwunden war, sind nicht in den Vorraum hinausgegangen, weil sie erschöpft waren. Als sie die anderen mit ihren Kartoffeln zurückkommen sahen, sind sie ebenfalls hinausgegangen, um ihren Teil zu fordern, doch man hat sie verjagt; man hat ihnen gesagt, es sei alles verteilt worden, und das, was noch übrigblieb, sei für die Nachtarbeiter.

Als die Tür der Kalfaktoren zum zweiten Mal aufgegangen ist, haben sie Lucien gesehen, der vor einer riesigen Suppe mit dicken Stücken geschälter Kartoffeln saß und einen kleinen Eimer auf den Knien hatte. Er war rot im Gesicht und lachte mit einem andern. Er hat den Männern gesagt, daß nichts mehr da sei und wenn ihnen das nicht passe, sollten sie sich bei der SS beschweren. Er hat zu ihnen gesagt, sie schienen wohl zu vergessen, daß sie in einem Konzentrationslager seien, und sie würden besser daran tun, sich waschen zu gehen. Er hat auch zu ihnen gesagt, es sei eines Franzosen unwürdig, sich wegen des Essens derart zu erniedrigen. Während die Kameraden Lucien zuhörten, haben sie nur auf seine Suppe gesehen und auf die Kochgeschirre voller Kartoffeln auf dem Tisch. Sie haben ihm nicht geantwortet; zu einem von ihnen, der ihn anstarrte, hat Lucien gesagt:

»Was ist los mit dir? Hau ab!«

Er ist plötzlich aufgestanden und hat die Tür zugemacht.

Die Kameraden sind einen Augenblick lang im Vorraum herumgeirrt. Einige sind pinkeln gegangen, dann haben sich alle wieder auf ihren Strohsack gelegt.

Später ist Lucien auf die Stube gekommen, noch bevor das Licht gelöscht wurde. Er schlief mitten unter uns. Er hatte immer noch seinen kleinen Eimer mit Kartoffeln in der Hand; er hat ihn hinter das Kopfkissen seines Strohsackes gestellt. Er hat sich aufs Bett gesetzt und hat einen mit Tabak gefüllten Beutel aus der Tasche gezogen. Er hat sich eine dicke Zigarette gedreht. Die Kameraden um ihn herum schauten zu; er hat sie noch eine kurze Weile auf die Folter gespannt. Dann hat er eine Prise Tabak genommen. Eine Hand wurde ausgestreckt. »Danke, Lucien!« hat der Betreffende gesagt. Lucien hat ihn nicht angesehen und seinen Tabaksbeutel wieder eingesteckt. Der Kamerad hat sich am Ofen Feuer geholt und hat auch Lucien welches gegeben. Die anderen haben zugeschaut, wie die beiden rauchten. Lucien hat seinen Kartoffeleimer hervorgeholt; er hat den Deckel abgenommen und eine Weile den Inhalt betrachtet. Die Kameraden schauten ebenfalls; die Kartoffeln waren schön. Er hat den Deckel wieder draufgemacht, den Eimer weggestellt und sich hingelegt.

*

Lucien ist eine der wichtigsten Persönlichkeiten im Lager. Er hatte zu den SS-Leuten ebenso gute und zuverlässige Verbindungen wie der Lagerälteste oder die Kapos. Wir haben seine Anfänge miterlebt, er war Dolmetscher; nachdem er Vorarbeiter geworden war, trieb er eifrig zur Arbeit an. So kam er auf die Seite der Kapos, und die SS-Leute wurden auf ihn aufmerksam. Das Spiel Luciens bestand darin zu schreien, wenn sich ein SS-Mann näherte, dann die Kameraden zu stoßen, wenn der SS-Mann ganz nahe war, und zu lächeln, wenn der SS-Mann brüllte oder schlug. So ist Lucien in den Ruf eines ernsthaften, eines guten Kalfaktors gekommen. Die Kapos konnten nicht mehr daran zweifeln, daß er einer der ihren war. Das war schon, als wir noch in der Kirche waren; aber weder dort noch hier schlief Lucien bei den Kapos. Er schlief neben uns. Er arbeitete nicht wie wir, er aß nicht wie wir, aber am Abend kam er zu uns zurück und tat so, als sei er einer von uns. Er hatte versucht, sich bei seiner unmittelbaren Umgebung einzuschmeicheln, indem er ihnen etwas zu essen in Aussicht stellte.

In der Stube selbst hatte er sich mit einer zuverlässigen Leibwache umgeben, indem er mit einigen Kriminellen, vor allem dem *Mörder*, Geschäfte machte. Wenn Lucien keinen Tabak hatte, besorgte ihm einer welchen gegen Essen. Dann hat sich der Handel ausgeweitet.

Unmerklich ist Lucien eine Persönlichkeit geworden. Er verstand sich sehr gut mit Fritz, fast wie ein Bruder, er gehörte wirklich zur Aristokratie. Fritz, der schlug, die Kameraden verfolgte, der sie später ermorden sollte, lachte mit Lucien. Der Lagerälteste, der die Franzosen wie Schweine behandelte und auf sie einschlagen ließ, empfing Lucien bei sich. Doch diese Verbindungen waren nicht völlig umsonst. Und es war auch nicht nur eine einfache Kastensolidarität, die sie rechtfertigten. Lucien machte nämlich Schwarzmarktgeschäfte mit Gold. Dieser Handel, der von der Basis ausging, reichte bis hinauf zu den SS-Leuten. Italienern, die aus Dachau gekommen waren, war es gelungen, einige Goldmedaillen oder Eheringe zu retten, die sie bei Lucien gegen Essen eintauschten. Man sah sich auch genau die Münder der Kameraden an, und wenn Gold drin war, schlug Lucien vor, den Zahn gegen Brot ziehen zu lassen. Im Lager wurden auch die Toten ihres Goldes beraubt. Einem Kameraden, der als Krankenpfleger vorgesehen war, hatte man zur Bedingung gemacht, daß er sich an dieser Arbeit beteilige; er lehnte ab und wurde kein Krankenpfleger. Die Brille, an der auch nur die kleinste Spur von Gold war, verschwand. Durch diesen Handel war es Lucien gelungen, mit dem SS-Lagerführer persönlich in Verbindung zu treten; der Lagerälteste wußte das und hatte darum eine noch größere Hochachtung für Lucien. Über den Kreislauf Gold hatte man zu essen. Ganz oben: Fleisch, Speck, Eier; unten: Brot.

In unserer Stube lag auch ein alter Korse, der immer hinfälliger wurde. Er hatte einen Eckzahn mit einer Goldkrone, doch da er nur noch wenige Zähne hatte, fragte er sich, ob er einen seiner letzten opfern sollte, um dafür Essen zu bekommen, das er dann nur noch mit Mühe kauen könnte.

Er zögerte lange, und schließlich ließ er ihn sich ziehen. Einige Tage darauf sahen wir ihn in der Fabrik während der Arbeitspause eine Suppe essen, die er sich am Tag zuvor auf dem Ofen in der Baracke gekocht hatte. Er meinte, daß er so vierzehn Tage lang seine Extraration zu essen bekäme. Aber bereits nach wenigen Tagen bekam er nichts mehr. Er beklagte sich bei Lucien oder bei Charlot, die ihm überhaupt nicht zuhörten. Er blieb beharrlich, und da er taub war, ließ er sich die Antworten, die man ihm gab, mehrmals wiederholen; er spitzte das Ohr, stand da mit offenem Mund – man sah die Lücke seines gezogenen Zahns –, und er hörte: »Du gehst uns auf den Wecker!«

Paul, der Lagerälteste (es war Brauch im Lager, sich mit dem Vornamen anzureden. Auch Fritz sprach man einzig und allein mit seinem Vornamen an. Übrigens kannte man seinen Familiennamen nicht. Ich habe mich immer geschämt, einen Kerl wie Fritz bei seinem Vornamen zu nennen. Es war, als suchte ich damit seine Sympathie zu gewinnen, als sähe ich darin fast eine natürliche Verpflichtung, ihn eng und vertraulich, brüderlich kennenzulernen. Jenen, dessen einzige Aufgabe darin bestand, zuzuschlagen und, später, zu töten, so zu nennen, war charakteristisch für die ungeheure Heuchelei in den Beziehungen zwischen den Kapos und uns. Wir sind alle Kameraden, sagten unsere Kapos. *Wir sind alle Konzentrationslagerhäftlinge, wir sind alle Kameraden.* Derjenige, der dich umbringt, ist dein Kamerad), hatte sich in den neuen Baracken ein regelrechtes Studio einrichten lassen mit einem Sofa, Radio, Büchern. Er aß üppig. Er wurde von einem polnischen Häftling bedient. Er war sehr elegant und wechselte oft die Kleider. Er war der Herr des Kommandos. Er empfing die Aristokratie in seinem Studio, insbesondere den französischen Stubendienst, einen Kriminellen.

Dieser Stubendienst, der satt zu essen bekam, lief manchmal mit nacktem Oberkörper in der Baracke herum und ließ sich bewundern, weil er nicht abmagerte. Bei jedem Zwischenfall wollte er sich sofort prügeln. Übrigens war er nicht der einzige, der so sichtlich stolz darauf war, noch Fleisch auf den Knochen zu haben. Er sah das als einen persönlichen Erfolg an und verachtete in einer ganz natürlichen Anwandlung jene Mittelmäßigen, um sie dann, die SS-Logik anwendend, als Schweinehunde zu betrachten. Wenn er halbnackt herumlief, wußte er, daß er schön war. Er wußte, daß mehr noch als seine Armbinde als Stubendienst, die man ihm leicht hätte herunterreißen können, sein Oberkörper herrschte und daß er keine Intrige zu befürchten hatte; er wußte, daß Paul ihn brauchte. Wenn er eine Laus bei sich fand, sagte er es lachend wie eine Frau, die sich über eine vorübergehende Unreinheit ihres Teints beklagt, um besser auf ihre Schönheit aufmerksam zu machen. Er war gefallsüchtig vor all diesen schmutzigen, verlausten, ausdruckslosen Kerlen, die ihn beobachteten.

Der Stubendienst hatte später Ärger mit Fritz und dann mit den SS-Leuten. Paul brachte das zwar ein paarmal in Ordnung, aber schließlich war er gezwungen, sich von ihm zu trennen. Der Stubendienst wußte zuviel über die Geschäfte zwischen Paul und der SS, und er war vielleicht auch etwas zu geschwätzig. Er sollte später während der Evakuierung erschossen werden.

Die Kapos, vor allem Fritz, waren anfangs neidisch auf Paul, weil er reich war, weil er viele Päckchen bekam und eine prachtvoll eingerichtete Wohnung hatte.

Fritz hatte sogar versucht, ihn bei der SS auszustechen, indem er uns ostentativ schlug, großen Eifer an den Tag legte, wenn er uns beim Appell zählte, uns durchsuchte, uns bei der Arbeit antrieb und immer da war, wenn auch die SS da war.

Paul war gleichgültig, aber er behielt seine Stellung dank der Geschenke, die er den SS-Leuten machte, wenn er seine Päckchen von zu Hause bekam. Es kam oft vor, daß er in der Küche ein Hähnchen braten ließ und es, mit Champignons garniert, dem Lagerführer schenkte. Auch die Kapos profitierten von den Päckchen. Paul war zu reich, sie konnten nicht gegen ihn kämpfen.

Paul ging noch weiter und spiegelte dem Lagerführer, der nur ein sehr mittelmäßiger SS-Unteroffizier war, mit großer Geduld die Möglichkeit vor, ihn später an seinen Geschäften zu beteiligen. Und unmerklich überließ er den Kapos und ganz besonders Fritz die Arbeit der Unterdrückung.

Paul kam nicht einmal mehr zum Appell; sein Stellvertreter, ein deutscher Politischer, kam an seiner Stelle, und die SS-Leute, die nichts mehr gegen ihn tun konnten, rächten sich an seinem Stellvertreter, indem sie ihm manchmal Schläge versetzten.

Sonntags jedoch erschien Paul zum morgendlichen Antreten, weil das später stattfand und weil anschließend nicht in der Fabrik gearbeitet wurde. Er kam gestiefelt an, bekleidet mit einem schönen Mantel und begrüßte die SS in aller Förmlichkeit. Dann tobte er wegen einer Bagatelle (irgendeiner hatte allzu nahe an eine Baracke geschissen, weil er es nicht mehr aushalten konnte, oder sonst etwas), wobei er sich vorzugsweise die Franzosen vorknöpfte. Er hatte mehrmals erklärt, daß er keine Klagen mehr über uns hören wolle und daß wir nichts als Schläge verdienten. Er sprach laut, in strammer Haltung, und seine abgehackten Sätze beeindruckten die SS-Leute, die jedesmal überrascht waren, daß ein Häftling ihre Verachtung für uns so intuitiv zu erfassen wußte.

Ein kurzes Schweigen folgte dem Anpfiff, den ein Dolmetscher uns unnötigerweise übersetzte.

Paul schickte anschließend die Polen in ihre Baracke zurück, dann die Russen, manchmal sogar die Italiener. Die Franzosen mußten jedesmal draußen stehenbleiben. Fritz oder ein anderer Kapo standen Wache vor dem Barackeneingang, um uns daran zu hindern, hineinzugehen. Und dann kam die Fron der *Lagerreinigung*.

Nachmittags ging Paul meistens mit dem Lagerführer auf die Jagd. Da er zu essen hatte und der französische Stubendienst nicht mehr in seinem Dienst stand, ging er abends aus und besuchte Frauen. Er war so etwas wie ein Ehrenhäftling geworden.

Ihm hatten es die Kapos zu verdanken, daß sie an Weihnachten von der SS die Erlaubnis bekamen, frei nach Gandersheim zu gehen. Sie gingen am frühen Nachmittag weg, begleitet von einem Wachtposten, der ihnen nicht als Wache, sondern als Anstandswauwau diente. Sie verließen das Lager wie artige Kinder, Fritz und die andern; der Wachtposten und sie sahen sich lächelnd an; sie waren voller Vertrauen. Sie gingen wirklich spazieren, und der SS-Mann sprach die gleiche Sprache wie sie. Fritz, der, wie es hieß, wegen Mordes im Lager war, hatte an diesem Tag ein Kindergesicht. Dieser Ausgang hatte den Verrat der Kapos gekrönt. Aber er hatte uns nicht überrascht.

*

Ohne Brille sah ich sehr schlecht. Dennoch mußte ich in der Fabrik arbeiten. Von Plattfuß hagelte es nur so Schläge, ich konnte nichts dagegen tun. Ich habe mich entschlossen, ins Büro des Lagerältesten zu gehen und nachzufragen, ob ich nicht eine Brille bekommen könne.

Im Büro waren Lucien, ein tschechischer Schreiber, Paul und ein belgischer Dolmetscher.

Ich habe mich an den Tschechen gewandt. Er briet sich Kartoffeln; es stank entsetzlich, aber hier achtete niemand darauf, niemand sah zum Ofen. Als ich näherkam, sah der Tscheche auf, und ich habe ihm meine Geschichte mit der Brille erzählt. Er hat sie schriftlich festgehalten und mich unterschreiben lassen. In diesem Augenblick ist der dicke Ernst dazugekommen, und als er mich sah, hat er darauf bestanden, das Stück Papier zu lesen. Es hieß darin, daß meine Brille durch einen Faustschlag des Meisters kaputtgegangen sei; er hat gelacht und zu dem Tschechen gesagt, daß es unangenehm sei, so etwas zu schreiben, weil gerade dieser

Meister in der Regel sehr mild sei. Der Tscheche gab zur Antwort, daß man, da ich nun einmal eine Brille verlange, angeben müsse, wie ich meine verloren habe. Der Kapo hat nicht weiter insistiert. Darüber ist Paul dazugekommen und verärgert hat er mich gefragt, was ich wolle; der Tscheche hat es ihm erklärt. Er hat mich gefragt, ob ich Geld habe. Wenn ich keines habe, könne ich auch keine Brille bekommen, es sei denn, der SS-Lagerführer wolle sie mir schenken.

Während dieses ganzen Gesprächs wunderte ich mich, daß man mich nicht vor die Tür setzte. Ich stützte mich auf den Tisch des Tschechen. Ich war nicht krank. Als Paul hinzukam, hat er sofort gefragt, was ich hier tue, doch als man ihm gesagt hat, ich komme, weil ich keine Brille mehr habe, hat er meine Anwesenheit hingenommen. Ein SS-Mann ist hinzugekommen, man hat ihm die Sache erzählt, und er schien nicht daran zu denken, mir einen zweiten Faustschlag zu versetzen. Auch er war für diese Brillengeschichte sehr empfänglich. Wie ein Unberührbarer stand ich da und wartete darauf, daß man eine Lösung finde, doch es gab keine. Man hat mich gehen lassen, ohne mich zu beschimpfen.

Ein Kamerad hat mein altes Brillengestell repariert und das unbeschädigte Glas eingefügt. Ich bin wieder in meine Werkstatt zurückgegangen. Noch am gleichen Tag habe ich ein Druckluftrohr abmontieren müssen; ich hatte den Druck nicht abgestellt und das Rohr ist mir ins Gesicht geflogen; diesmal war die Brille in hunderttausend Stücke. Ich stand auf einer Leiter. Wieder fuhr ich mir mit der Hand über die Augen und bin dann langsam von der Leiter heruntergestiegen. Der Meister sah mich an, ich habe mein Käppi wieder aufgesetzt, das auf den Boden gefallen war, und bin weggegangen. Er hat nichts gesagt.

Ich bin zuerst auf die Latrine gegangen, ich habe versucht, den Blinden zu spielen. Eine Weile danach bin ich in die Fabrik zurückgegangen, ich habe den Kopf zurückgelegt und bin wie ein Mondsüchtiger gegangen. Dabei bin ich dem Meister begegnet, der mich angesehen, aber nichts gesagt hat. Ohne Brille konnte ich denjenigen spielen, als den ich mich in Wirklichkeit vom ersten Tag an in dieser Fabrik gefühlt hatte. Ich bin ganz langsam mit zurückgelegtem Kopf durch die Fabrik gegangen, ich habe an keiner Werkstatt haltgemacht, niemand hat mich angerührt.

Ich habe dieses Spiel zwei Tage lang gespielt.

Am dritten Tag stand ich nachmittags vor einer Werkstatt in der Halle und schwatzte mit einem Kameraden. Ich hielt meine Tarnung für ausreichend. Ein Faustschlag auf den Kopf. Ich habe mich umgedreht. Es war Plattfuß.

»Was machst du?«

»Keine Brille!« habe ich geantwortet und auf meine Augen gezeigt.

Noch ein Faustschlag auf den Kopf.

Es war nichts zu machen. Wie ein Hammer prasselte es herab. Das konnte noch lange so weitergehen. Ich bin dem vierten Schlag ausgewichen und darauf fing er noch lauter an zu schimpfen. Plattfuß spielte.

Abends bin ich aufs Revier gegangen, wo Gilbert Schreiber geworden war. Der spanische Arzt war krank; ein russischer Arzt vertrat ihn. Ich habe um *Schonung* gebeten, weil ich nicht mehr sah. Der Arzt hat zu mir gesagt, daß er nichts für mich tun könne, wenn ich kein Fieber habe. Gilbert hat zu ihm gesagt, ich sei ein Freund; er hat mir einen Schein über drei Tage *Schonung* ausgestellt. Andere haben sich gemeldet, vor allem Italiener, die noch erschöpfter waren als ich; sie haben keine *Schonung* bekommen.

Ich bin in der Nacht durch den schmutzigen, aufgeweichten Schnee in die Baracke zurückgestampft. Es war Vollmond. Der Wind, der von Westen kam, wehte, nachdem er um den Waldvorsprung gekommen war, über uns dahin; er brachte die Stimmen einzelner, friedlicher Wachtposten mit. Wir kannten keinen anderen Frieden als den des Mondes auf dem menschenleeren Platz. Dort oben schliefen die SS-Leute ein, sie vergaßen uns.

In der Baracke waren die Lichter gelöscht. Francis kam zu

mir auf den Strohsack. Er war aus Nizza, klein, dunkelhaarig und mager. Er hatte den kältesten Winter draußen beim Zaunkommando zugebracht. Von sieben Uhr früh bis fünf Uhr abends hatte er die gefrorene Erde aufgehackt.

Er sprach leise. Neuigkeiten? Natürlich waren sie gut, die Neuigkeiten. Die Russen gingen im Norden vor und die Alliierten hatte ihre *große Offensive* begonnen. Diesmal war es vielleicht wahr.

Ja, das mußte schnell ein Ende nehmen, lange würden wir nicht mehr durchhalten. Wir verfielen immer mehr, wir kamen immer tiefer herunter. Am Tag zuvor hatte ein Kamerad ein Kochgeschirr voll Suppe versteckt, um sie am andern Morgen zu essen. Die kaltgewordene Suppe wurde steif. In der Nacht hat einer der Kameraden gesehen, wie jemand die Hand nach dem Kochgeschirr ausstreckte und sich eine Handvoll Suppe nahm. Am andern Morgen fand man die Spur der Hand in dem Kochgeschirr. Das mußte ein Ende nehmen. Seit wir in Deutschland waren, hatten wir nie ein Paket bekommen, nie ein Stück Zucker, nie richtiges Essen. Die Wunden schwärten; in der Fabrik wurden die Kameraden ohnmächtig. Der Körper erstarb, die Stimme ebenfalls. Francis sprach ganz langsam, sein Gesicht hatte seine Beweglichkeit verloren, weil er so lange in der Kälte bleiben mußte. Zwanzig Grad minus draußen den ganzen Winter über mit einem Viertel oder einem Fünftel Brotlaib am Morgen und nichts anderem bis zum Abend als einem Viertel Brühe zu Mittag. Das alles bezeugten die Haut seines Gesichts und seine Stimme.

Die Tür ist aufgegangen, mit einer Laterne in der Hand machte ein Kapo seine Runde. Francis hat sich hingelegt. Der Kapo ist an die Betten herangekommen, die Laterne ist weitergewandert, die Stube war still, er ist wieder weggegangen.

Francis ist wieder zu meinem Strohsack zurückgekommen. Die andern schliefen. Ein kleines Nachtlicht, das man auf einem Bettpfosten angebracht hatte, bildete in der Dunkelheit einen kleinen, gelblichen Fleck. Francis hatte Lust vom Meer zu reden. Ich habe mich widersetzt. Die Sprache war Zauberei. Wenn der Körper verfault, können einen das *Meer*, das *Wasser*, die *Sonne* ersticken. Es war mit diesen Worten genauso wie mit dem Namen von M . . ., man lief Gefahr, nie wieder einen Schritt tun oder aufstehen zu wollen. Und man schob den Augenblick hinaus, in dem man darüber sprach, man bewahrte ihn sich immer als eine eiserne Ration auf. Ich wußte, daß Francis, mager und häßlich wie ich, sich und mich mit wenigen Worten verückt machen, verwirren konnte. Das mußten wir uns für später aufheben. Man mußte auch später noch sein eigener Hexenmeister sein können, wenn man vom Körper und vom Willen nichts mehr erwarten konnte, wenn man sicher wäre, daß man nie wieder das Meer sähe. Doch solange die Zukunft noch möglich war, mußte man schweigen.

Ich schwitzte. Die Schläge auf den Kopf wirkten nach. Das gute Fieber kam. Wenn es angehalten hätte, wäre ich vielleicht aufs Revier gekommen, wo es ruhig war; aber um dieses Fieber zu halten, dazu hatte mein Körper keine Kraft mehr.

*

Wir hatten unser Essen gefaßt und ich war gerade wieder in die Stube gekommen.

»Mein Brot! Man hat mir mein Brot gestohlen!« hat einer geschrien.

Er war außer sich, er jammerte. »Mein Brot! Mein Brot!« Er stand da mit hängenden Armen. »Es war da, ich hatte es auf den Strohsack gelegt.« Er sagte das immer wieder und blieb vor seinem Bett stehen. Ein Chor der Entrüstung brandete auf: »Das ist eine Sauerei, man müßte solche Kerle aufhängen, die Brot stehlen!« usw.

Man hat alles durchsucht, und man hat unter einem Strohsack ein noch ganzes Stück gefunden; derjenige, der es gestohlen hatte, hatte keine Zeit gehabt, es anderswo zu verstecken, er hielt sein eigenes Stück Brot angebissen in der Hand. Es war ein Bauernbursche von etwa zwanzig Jahren; er hatte einen dicken Kopf und abstehende Ohren. Bevor man ihm Fragen stellen konnte, hat er kopflos das Brot hingehalten und immer wieder gesagt:

»Das ist das erste Mal, daß ich stehle, das ist das erste Mal!«

Er gab das Brot zurück. Man soll es wieder zurücknehmen! Es war das erste Mal, das zählt nicht.

Von dem Geschrei alarmiert, ist der spanische Blockälteste angekommen.

»Wer verpaßt ihm die fünfundzwanzig Hiebe?« hat er gefragt. Niemand hat geantwortet. Der Bauer wartete; er hatte keine Angst vor den Schlägen, er war völlig durcheinander.

»Na, will niemand?« hat der Blockälteste gefragt.

Felix schimpfte leise: »Wenn er ein Mann wäre, was hätte der jetzt für eine Tracht Prügel bekommen!«

Um ihn herum wurde protestiert:

»Er ist doch noch ein Kind. Schwamm drüber.«

»Ich werde sie ihm verpassen!« hat P . . . geantwortet, ein Krimineller, der mit dem *Mörder* dunkle Geschäfte machte.

Der Kriminelle würde also offiziell die Prügel austeilen, vor den zustimmenden Blicken des Blockältesten, der auch kein Politischer war und der jeden Tag sein Fleisch und mehrere Portionen Brot zu essen bekam.

»Wer zusehen will, soll kommen!« hat der Blockälteste gesagt.

Und er ist in den Vorraum gegangen, hinter ihm P . . . und der Bauer. Einige Kerle sind ihnen gefolgt.

Einige Augenblick später hat man ein leises Klatschen, aber keine Schreie gehört. Wir haben kaum darauf geachtet. P . . . ist lachend zurückgekommen, hinter ihm der Bauer, der ein rotes Gesicht hatte und sich zu einem Lächeln zwang. Um seine Haltung zu rechtfertigen, hat er im Vorbeigehen gesagt, P . . . habe nicht fest geschlagen.

Der Appell hatte das Ende der Szene beschleunigt. Die

Männer sind in die Fabrik gegangen und diejenigen, die einen Schonungsschein hatten, sind in die Baracke zurückgekehrt.

Später hat die Küche Leute zur Arbeit angefordert. Die Arbeit in der Küche durfte man nie auslassen. Es handelte sich darum, getrocknete Erbsen auszulesen.

Wir haben die große Tür zur Küche aufgemacht, und als wir hereingekommen sind, waren wir überwältigt. Links lag ein Haufen Kartoffeln. Man hat uns daran gehindert, zu nahe heranzugehen. Der polnische Oberküchenbulle hat uns auch daran gehindert, uns den Töpfen zu nähern. Lucien saß hinter einem großen Tisch, auf dem Fleisch und Kartoffeln lagen; neben ihm schnitt ein Küchenhelfer Fleisch. Auch da hat man uns daran gehindert, näher heranzugehen. Wir haben in einem Faß ein Kochgeschirr mit Erbsen gefüllt und man hat uns um einen kleinen Tisch herum gesetzt. Wir haben die Kochgeschirre auf den Tisch ausgeleert und haben angefangen auszulesen. Wir saßen an allen Seiten des Tisches. Italiener und Russen sind gekommen. Auch der deutsche Bibelforscher war da.

Hinter uns gingen der Lagerpolizist und Lucien hin und her und paßten auf. Wenn sie vorbei waren, steckten wir uns ganz schnell Erbsen in den Mund. Aber wir waren so kühn noch zu kauen, wenn sie zurückkamen, und sie achteten auf die Kinnbacken. Ein Faustschlag des Polizisten auf den Kopf meines Nachbarn: seine Kinnbacken hatten sich bewegt. Der Polizist war nicht stehengeblieben; er hatte im Gehen zugeschlagen. Wir haben wieder angefangen, aus dem Erbsenhaufen ein paar herauszupicken und zu kauen. Wir hatten ausgemacht, daß diejenigen, die auf der anderen Seite des Tisches saßen und die Aufpasser sehen konnten, uns einen Wink gäben, sobald sie wieder zurückkämen. So blieben die Kinnbacken ganz mechanisch stehen und kauten weiter, blieben stehen und kauten weiter.

Der Bibelforscher kaute nicht.

Als wir mit dem Auslesen fertig waren, ist es mir gelungen, einige Handvoll Erbsen in einem Kochgeschirr zu verstecken, auf das ich andere, leere Kochgeschirre gestapelt habe. Beim Hinausgehen haben sie uns zwar gefilzt, doch haben sie nicht daran gedacht, jedes Kochgeschirr vom Stapel herunterzunehmen. Ein anderer hatte es genauso gemacht wie ich. Doch er hatte es zu eilig, sich seine Suppe zu kochen. Als er in der Baracke angekommen ist, hat er eine große Schüssel mit Wasser gefüllt, die Erbsen hineingeworfen und sie dann zum Kochen auf den Ofen gestellt. Der Suppengeruch hat sich ausgebreitet, er war zu stark. Fritz, der sich denken konnte, daß es uns gelungen war, Erbsen herauszuschmuggeln, hat die Stubentür aufgemacht. Der Geruch ist ihm sofort in die Nase gestiegen, und er ist zum Ofen gegangen. Er hat gefragt, wem die Suppe gehört. Niemand hat geantwortet. Er hat damit gedroht, allen Franzosen am nächsten Tag, einem Sonntag, die Suppe zu entziehen. Aber schließlich hat er sich damit begnügt, die Schüssel mitzunehmen. Die Erbsensuppe fing gerade an dickzuwerden, nun waren es die Kapos, die sie essen würden.

Ich habe meine Erbsen in meinem Kochgeschirr unter dem Strohsack versteckt, und ich habe sie mir für den Sonntag aufgehoben.

Sonntag. Der Vormittag ging mit allerlei Arbeiten herum; es war nicht mehr so kalt, es ging schon auf den März zu. Wir hatten mittags unsere Suppe bekommen: flüssig, mit Erbsen drin, die wir am Tag zuvor ausgelesen hatten. Aber Francis kochte von denen, die ich in der Küche geklaut hatte, eine andere auf dem Ofen. Er hatte sich dazu von einem Kameraden ein großes Kochgeschirr ausgeliehen. Wir würden sie gegen Abend essen.

Francis ging nicht mehr vom Ofen weg, wo sich einige aus Rübenschalen Suppen kochten und andre Kartoffelschalen brieten.

Diejenigen, die nicht einmal Schalen hatten, hatten sich hingelegt.

Schreckliche Sonntagnachmittage, die leer waren nach der gewöhnlichen Suppe. Die Blicke derjenigen, die nichts im Kochgeschirr hatten, auf die, die dafür gesorgt hatten, daß sie den Sonntag nicht ohne etwas zubringen mußten. Wie konnte man diesem Gefängnis entfliehen? Lieber noch die Fabrik als dieses Hin- und Herrennen im Mittelgang der Stube, als zu diesem Besessenen zu werden, den sein Hunger gegen das Bett, gegen die Bank trieb, der dann den Kopf senkte von all den Kochgerüchen, die ihm in die Nase stiegen.

Unsere Suppe hatte die richtige Dicke, sie roch gut; Francis hatte sie herübergebracht und unter meinem Bett versteckt. Dann ist er auf die Latrine gegangen. Ich saß auf der Bank gegenüber dem Bett und paßte auf sie auf.

Bevor Francis zurückkam, war ich an den Ofen gegangen, um mir die Hände zu wärmen. Ich bin eine Weile dort stehengeblieben, dann habe ich meinen Platz auf der Bank wieder eingenommen, von wo aus ich die Wandung des Kochgeschirrs sehen konnte. Dann ist Francis zurückgekommen.

Sie war gut, wir hatten Schwein. Am liebsten hätten wir noch gewartet, bevor wir sie aßen.

Der Tag ging zur Neige. Wir würden uns aufs Bett setzen und sie langsam essen, dann würden wir miteinander schwatzen und uns schlafen legen. Wir hatten Schwein. Man mußte sich durchschlagen und am nächsten Sonntag das gleiche versuchen; wenn es uns gelänge, uns auf diese Weise durchzuschlagen, könnten wir vielleicht bis zum Schluß durchhalten. Lange konnte es ja nicht mehr dauern. Die alliierte Offensive kam gut voran und die Russen stießen auf Berlin vor. Wir beobachteten die Wandung des Kochgeschirrs. Noch einen Monat, und sie hatten verloren. Meine *Schonung* sollte am nächsten Tag auslaufen, aber ich würde versuchen, sie mir verlängern zu lassen. Wenn wir jeden Tag eine solche Suppe bekämen, würde man nicht ständig vom Fressen reden. Ja, wenn ich nach Hause käme, würde ich nach Nizza gehen; wir würden einen »Pambania« essen. Wir beobachteten die Wandung des Kochgeschirrs. Zuerst würden wir einen Aperitif trinken, direkt vor dem Meer sitzend, dann würden wir den »Pambania« essen, seine Mutter machte ihn gut; man würde mich am Bahnhof abholen; zuerst würden wir einen Milchkaffee mit Hörnchen zu uns nehmen, wir würden sagen: »Sie sind gut, die Hörnchen, und wenn wir noch welche haben wollen, können wir noch welche bekommen.« Wir würden unseren Spaß haben. Wir würden Ferien machen. Er würde nach Paris kommen, ich würde ihn am Bahnhof abholen, an der Theke dann ein Milchkaffee mit Hörnchen.

Ach! jetzt mußten wir essen.

Francis ist zum Bett gegangen, er hat sich gebückt. Er hat die Hand auf das Kochgeschirr gelegt; er hat es hervorgezogen, es war leicht; er sah ganz verstört aus.

Ich bin hingesprungen. Es war leer. Ich habe die Nase hineingesteckt, immer noch leer.

»Was hast du getan? Hast du nicht aufgepaßt?« schrie Francis. »Bist du blöd, bist du blöd, Herrgottnochmal und Scheiße, bist du blöd!«

Er stampfte mit dem Fuß auf, er drehte sich um sich selber.

»Wer ist der Schweinehund, wer ist der Schweinehund, der das getan hat?«

Er drehte sich um die eigene Achse. Meine Fäuste ballten sich zusammen. Wer ist der Schweinehund? Der hatte uns genau im Visier gehabt, im Visier wie mit einem Gewehr; dem waren wir aufgefallen mit unserer Suppe, er hatte sie dickwerden, dampfen lassen, er hatte gesehen, wie wir sie versteckten, und als ich zum Ofen gegangen war, hatte er sie in sein eigenes Kochgeschirr geschüttet. Wo war die Suppe jetzt? Er hatte sie gegessen, selbst wenn wir ihn fänden, bekämen wir sie nicht, man müßte sie ihn auskotzen lassen, es gab sie nirgends mehr. Wir betrachteten das Kochgeschirr; an den Innenwänden klebte noch Brei; wir schnupperten, man sah den Boden, wir reichten uns das Kochgeschirr einander zu, jeder schaute für sich hinein.

Wir müssen die Kameraden wohl mit furchtbaren Augen beobachtet haben. Die Kameraden hatten Gesichter wie die Glückseligen auf den Tapisserien.

Ich habe mich aufs Bett gesetzt, den Kopf in den Händen. Was sollte man tun, um darüber hinwegzukommen? Es dauerte lange. Es hat selten eine höhere Mauer gegeben, über die man mußte.

Gilbert ist gekommen. Wir haben es ihm erzählt. Wir haben uns ausgekotzt. Die Wörter knabberten die Mauer an. Wir haben es mehrere Male erzählt. Wir sind in Erregung geraten, würde es wieder anfangen? Nein, schließlich haben wir gelacht.

»Leg mir die Karten!« sagte Gilbert zu Francis.

Francis besaß ein Spiel Karten und konnte sie legen. Er konnte sich noch nicht von der Sache lösen.

Dann ist er plötzlich aufgestanden, als hätte er eine wundersame Lösung gefunden.

»Hör mal, wir denken einfach nicht mehr dran!«

Ich muß ein Gesicht gemacht haben, als dächte ich nach. Eine Antwort mußte kommen. Schließlich kam sie:

»Denken wir nicht mehr daran.«

*

Im Revier.

»Der nächste!« sagte der spanische Arzt.

Er ist ziemlich klein und hat rosige Wangen; er trägt einen weißen Kittel, er ist sauber.

Die Tür geht auf, ein Kerl kommt aus dem dunklen Vorraum. Es ist ein Italiener, etwa fünfzig Jahre alt, gebeugt; das Licht blendet ihn.

»Wass hasst du?« fragt der Arzt auf französisch.

Der Italiener berührt seinen Rücken. Der italienische Stubendienst steht lächelnd im Sprechzimmer; es ist ein Hotelier aus Mailand. Er fragt seinen Landsmann, was ihm fehlt, der berührt seinen Rücken.

»Zieh dich aus«, sagt der Spanier.

Der Alte zieht seine Jacke und sein Hemd aus, sein Skelett kommt zum Vorschein. Er hatte ein dickes Geschwür. Er setzte sich auf einen Schemel.

Der Spanier nimmt sein Skalpell, drückt heftig gegen das Geschwür, der Alte schreit.

»Warum schreist du?« sagt der Spanier lachend. »Die können nichts aushalten.«

Der italienische Stubendienst lächelt den Arzt an, während der das Geschwür mit einer Pinzette heftig ausdrückt.

Der Ate wimmert »Madona! Madona!«

Der Spanier äfft den Alten lachend nach:

»Madona! Madona! Mussolini, wie? Mussolini?« und er schüttelt den Alten, der weinerlich antwortet:

»No, no Mussolini, no Mussolini.«

Der italienische Stubendienst hört auf zu lachen, sobald der Arzt sich umdreht, dann lächelt er von neuem, als der Arzt ihn anschaut.

Der Eiter fließt, das Fleisch ist herausgerissen worden, es ist jetzt ein großes Loch im Rücken; jedesmal, wenn die Hand auf die Wunde drückt, beugt sich der Alte und wimmert.

»Willsdu dich wohl wieder gradstellen?«

Der italienische Stubendienst schaltet sich auf italienisch ein:

»Willst du wohl dem Doktor gehorchen?«

Der andere stellt sich wieder gerade hin.

»Macaroni, Mussolini, stell dich grad hin, verdammt noch mal, die sind alle so«, sagt der Spanier, der die Geduld verliert.

Der Stubendienst zeigt sein gefrorenes Lächeln.

»Die fressen Scheiße und dann beklagen sie sich, daß sie Furunkeln bekommen«, sagt der Arzt noch.

Der fette Stubendienst nickt mit dem Kopf (er hat mit der Goldschiebung zu tun).

Der Arzt macht einen Mullverband auf das Loch und

umgibt den Rücken mit einem Papierstreifen. Der Alte läßt mit hängenden Armen alles mit sich geschehen.

Der Stubendienst betrachtet den Verband zufrieden.

»Du kannsst dich wieder anziehen.«

Der Alte zieht sein Hemd und seine Jacke an.

Er ist fertig, er wartet.

»Worauf du wartest?« fragt der Arzt.

Der Alte erlaubt sich zu fragen:

»Schonung?«

»*Schonung?* Los, los, lavorare, Mussolini, lavorare.«

Der Alte bettelt mit dem Blick um ein Eingreifen des italienischen Stubendienstes, der weiter lächelt und kein Wort sagt.

Er geht.

»Der Nächste!«

Ein Franzose kommt herein, klein, mager, mit erloschenen Augen.

»Wass hasst du?«

»Halsschmerzen.«

Der Arzt hält ihm das Thermometer hin.

»Sie sind alle krank. Die wollen nicht arbeiten. Ihr wißt wohl nicht, daß ihr in einem Konzentrationslager seid?«

»Ich weiß es«, antwortet der Franzose schwach. »Ich habe Halsschmerzen.«

»Halsschmerzen! Ich binn viel kranker als Sie und ich arbeite doch.«

Der Franzose antwortet nicht. Wenn er eine *Schonung* haben will, darf er den andern nicht ärgern.

»Glaubsst du an die Heilige Jungfrau?« fragt der Spanier plötzlich.

»Das ist meine Sache«, sagt der Franzose.

Der italienische Stubendienst steht in der Ecke, er lächelt immer, wenn der Arzt ihn zum Zeugen aufruft.

»Na, dann kannsst du ja zur Heiligen Jungfrau beten, wenn du krank bisst.«

Er lacht. Der Franzose antwortet nicht.

Er hat das Thermometer unterm Arm und rührt sich nicht.

»Bisst du hier wegen Schwarzmarkt?« sagt der Spanier provozierend.

»Nein«, antwortet der Franzose kurz.

»Die wollen alle vormachen, daß sie Politische sind«, lacht der Arzt höhnisch.

Der italienische Stubendienst nickt.

»Ich bin ein Politischer«, antwortet der Franzose ohne den Kopf zu bewegen, wie zu sich selbst.

»Ein Politischer, mit dem Gesicht?« spottet der Spanier.

»Ich habe das Gesicht, das ich habe«, antwortet der Franzose und zieht das Thermometer hervor.

Er hat starkes Fieber.

»Du hasst Glick«, sagt der Arzt und schaut auf das Thermometer.

Er wird im Revier schlafen.

Hinter der Trennwand ist die Revierstube. Es gibt drei Reihen Betten. Ein Ofen bullert, es ist warm in der Krankenstube und ruhig. Zwischen den beiden Türen des Reviers erstirbt das Leben des Außenkommandos.

Manchmal kommt ein SS-Mann auf die Krankenstube. Er geht an den Leuten vorbei, und wenn ein Kranker von besonderer Magerkeit ist, fragt er den Arzt, was ihm fehlt. In der Regel weiß der es nicht so genau. Der SS-Mann und der Arzt sehen sich dann den *allzu mageren* Kerl eingehend an, und es hat den Anschein, als sähe ihn der Arzt zum ersten Mal. Der SS-Mann sagt traurig und diesmal mit leiser Stimme: *Scheiße*. Der Arzt nickt ernst mit dem Kopf.

Der Kranke starrt sie von seinem Bett aus mit dem angstlosen Blick der Sterbenden an.

Der Arzt denkt nichts über den Kranken. Wenn der SS-Mann in der Krankenstube ist, wird er ganz klein, und seine Augen bekommen eine entsetzliche Beweglichkeit. Er hat Angst. Angst vor allem, der Blick des SS-Mannes könne auf irgend etwas stoßen, auf irgendeine Unregelmäßigkeit. Daß sie mager sind, ganz einfach. Die Liste derer, die *Schonung* bekommen, darf aber auch nicht zu lang sein. »Ich bin viel kranker als sie«, sagte der Arzt, »sie sollen halt arbeiten.«

Es kommt vor, daß der SS-Mann mit dem Arzt scherzt und mit ihm lacht. Dabei hat er, bevor er diesen Posten bekam, von der SS Schläge bekommen. Aber jetzt hat er einen weißen Kittel an, er schläft in einem kleinen, warmen Zimmer, er geht nicht mehr zum Appell, er bekommt zu essen und sieht rosig aus.

Man vergißt unter diesen Umständen allzu leicht, daß man einmal der gleiche Mensch gewesen ist wie die, die da gerade um *Schonung* nachsuchen und voller Läuse sind.

Der spanische Arzt ist rasch ein ziemlich vollkommener Typ in der Aristokratie des Kommandos geworden. Das Kriterium dieser Aristokratie – wie überhaupt aller Aristokratien – ist die Verachtung. Und wir haben gesehen, wie sie sich vor unseren Augen mit der Wärme, dem Komfort und dem Essen herausgebildet hat. Jene verachten – und dann hassen, sobald sie Ansprüche stellen –, die mager sind und einen Körper mit verdorbenem Blut dahinschleppen, jene, die man gezwungen hat, vom Menschen ein solches Bild darzustellen, daß es eine unerschöpfliche Quelle des Ekels und des Hasses ist.

Die Verachtung der Aristokratie für die Häftlinge ist ein Klassenphänomen, das gerade erst entworfen wird, und zwar in dem Sinne, daß sich innerhalb einer vorübergehenden Gemeinschaft eine Klasse herausbildet und manifestiert, die verteidigt werden muß; doch diese Verachtung kann nicht ebenso souverän sein wie die der SS, denn diese Aristokratie muß kämpfen, um sich oben zu halten. Kämpfen heißt, die andern arbeiten zu lassen, heißt sie bespitzeln, heißt auch, ihnen die *Schonung* zu verweigern. Die Verachtung stellt sich erst nachträglich ein, um den Kampf zu rechtfertigen; sie tritt erst dann an die Stelle des Hasses auf den möglichen Störenfried, wenn die Schlacht gewonnen ist, wenn die Lage sich endgültig konsolidiert hat. Das ist zum Beispiel bei Paul, dem Lagerältesten, der Fall.

Der Arzt hingegen hat noch nicht die endgültige Ruhe und Sicherheit der Verachtung erlangt. Er wird von der SS terrorisiert; seine Stellung als Arzt ist für ihn ein Schutz, aber zugleich stößt ihm auch zu, was keinem anderen gewöhnlichen Häftling zustößt, nämlich daß er in persönlichem Kontakt mit der SS steht. Er gehört zum Apparat, ist persönlich eingebunden, auffällig geworden und das versetzt ihn in Angst und Schrecken. Sein Druckposten ist auch eine Falle, aus der er sich nur befreien kann, wenn er die Bitte um *Schonung* abschlägt, wenn er die Kameraden schlecht behandelt, was ihn wiederum in den Kreis des Hasses und dann der Verachtung einsperrt.

Er ist fasziniert von der SS-Logik und dem SS-Mechanismus. Er kann sich jetzt nicht einmal mehr vorstellen, sich hier durchzulavieren. Aber das, was ihn in Angst und Schrecken versetzt, beruhigt auch sein Gewissen: er spürt, daß er eingebunden ist in einen riesigen Zerstörungsapparat, daß er sich mitten in einer Zwangsläufigkeit befindet, die zu verschärfen seine beschwerliche Aufgabe ist. Deshalb sagt er auch ständig: »Ihr wißt nicht, was ein Konzentrationslager ist!« Es ist keinesfalls nur Heuchelei. Er weiß, daß er die Moral der Lager zum Ausdruck bringt, die ihn in Angst und Schrecken versetzt und an der er als stets mögliches Opfer teilhat. »Opfer«, wenn er den alten Italiener zur Arbeit schickt, »Opfer«, wenn er Jacques damit droht, ihn nach Buchenwald zurückzuschicken.

Doch der Kamerad, den er am Abend bei der Visite davongejagt hat, will nicht wissen, ob der Arzt ein Opfer ist oder nicht, und er schimpft. Darauf schreit der Arzt den Kameraden an, und während er ihn anschreit, stellt er fest, daß der Kerl mager ist und schmutzig, und diese Feststellung bestätigt ihn in seiner Gehässigkeit.

Doch er glaubt nicht ganz an seinen eigenen Zorn, er glaubt nicht, daß er das ist, der spricht, sondern der Mensch aus dem Lager – der terrorisierte Unterdrücker. Und diese seiner Ansicht nach nur geborgte Beschaffenheit verbirgt ihm seine Angst und seine Mittelmäßigkeit; sie ist ihm vielleicht verhaßt (aber er glaubt, daß sie nichts mit ihm zu tun hat), aber sie ist verführerisch (er besitzt dadurch Macht).

Aber da ist noch etwas anderes, und das ist vielleicht noch wichtiger. Seine Angst macht ihn verrückt. So wie manche Deutsche in Buchenwald geradezu in eine magische Raserei gerieten, wenn sie vom Krematorium sprachen, so offenbart der Arzt seine Psychose, wenn er vom Blut spricht. Er sagt »Bludd«; seine Augen werden unruhig, treten leicht aus den Höhlen, und er zeigt beim Lächeln die Zähne.

»K. wird sterben«, hatte man mir gesagt. Er war seit etwa acht Tagen im Revier.

K . . . war Volksschullehrer. Im Lager war auch einer seiner Freunde, die ihn schon in Frankreich gekannt hatten. Seit er hier war, erkannte er ihn nicht wieder. »K . . . war ein kräftiger Aktivist«, hatte er mir gesagt. Ich hatte nur einen gebeugten Menschen gekannt, dessen Stimme sehr schwach war und der mitzukommen versuchte.

Ich bin ins Revier gegangen, um K. zu besuchen. Es war bereits Nacht. Ich bin über den menschenleeren Platz gegangen und an der Baracke des Lagerältesten vorbeigekommen; Radiogeräusche drangen nach draußen. Ich bin an der Baracke entlanggegangen. Zur Rechten, auf der Anhöhe, erkannte man die Masse des Waldes. Die Baracken der Russen und der Polen standen wie große, schwarze Bienenkörbe auf dem schlammigen Gelände; auf der Anhöhe ein anderer Bienenkorb, der der SS.

Um diese Zeit waren alle in den Baracken. Nur die Wachtposten waren draußen. Die SS-Leute verbrachten ihren SS-Abend, die Häftlinge den ihren. Die vier Kapuzenmänner auf dem Bahndamm, die manchmal ein paar Worte sagten, hielten den Gefangenenzustand aufrecht. Durch sie blieb der Komplex SS/Häftlinge eine Einheit, und nachts waren es diese wachenden Gestalten, die verhinderten, daß der Schlaf der SS-Leute und der Schlaf der Häftlinge eins wurde.

Ich bin an der Baracke des Reviers entlanggegangen; ich bin an den kleinen, geschlossenen Fensterläden vorbeigegangen. Auf dem Boden war dicker Schlamm, und hier und da gab es Wasserpfützen. Ich war allein draußen.

Als ich am Ende der Baracke angekommen war, habe ich eine Tür aufgemacht. Die Krankenstube war nur schwach beleuchtet; ein warmer, schwerer Geruch erfüllte sie. Sie lagen in ihren Betten; reglose Köpfe auf dem Kopfkissen, mit Schatten in den hohlen Gesichtern. Auf dem Ofen in der Mitte des Gangs zwischen den Betten briet sich der Krankenpfleger Brotscheiben. Andere waren wie ich gekommen, um einen Kameraden zu besuchen. Sie sprachen leise. Man hörte manchmal das Geschrei des Spaniers im Nebenraum.

Ich suchte K. in den Betten. Ich habe Gesichter wiedererkannt, wir haben uns zugenickt. Ich ging lautlos an den Betten entlang. Ich suchte K.

Ich habe den am Ofen stehenden Krankenpfleger gefragt:

»Wo ist K.?«

Er hat mir ganz überrascht geantwortet:

»Mensch, du bist gerade an ihm vorübergegangen. Dort drüben ist er.«

Er zeigte in Richtung zur Tür auf eines der Betten, an denen ich tatsächlich vorbeigegangen war. Ich bin wieder umgekehrt und habe mir in den Betten an der Tür jedes Gesicht auf seinem Kopfkissen genau angeschaut. Ich habe K. nicht gesehen. Als ich an der Tür angekommen bin, habe ich mich umgedreht und einen Kerl gesehen, der lag, als ich zum ersten Mal vorbeigekommen bin und der sich jetzt aufgerichtet hatte und sich auf die Ellbogen stützte. Er hatte eine lange Nase, tiefe Höhlen anstelle der Wangen, fast erloschene Augen und eine Falte um den Mund, die vielleicht ein Lächeln sein konnte.

Ich bin zu ihm hingegangen, ich glaubte, er sähe mich an; ich bin ganz nahe an ihn herangetreten, dann habe ich den

Kopf zur Seite gewandt; der seine hat sich nicht bewegt und sein Mund behielt die gleiche Falte.

Darauf bin ich zum Nachbarbett gegangen und ich habe den, der darin lag, gefragt:

»Wo ist K . . .?«

Er hat den Kopf umgedreht und auf den gezeigt, der sich auf seine Ellbogen stützte.

Ich habe den angesehen, der K . . . war. Ich habe Angst bekommen, Angst um mich. Um mich zu beruhigen, habe ich andere Gesichter angeschaut, ich habe sie genau wiedererkannt, ich irrte mich nicht, ich wußte noch, wer sie waren. Der andere stützte sich immer noch mit herabhängendem Kopf und halbgeöffnetem Mund auf seine Arme. Ich bin von neuem an das Bett herangetreten, ich habe mich über ihn gebeugt, ich habe lange die blauen Augen angesehen, dann bin ich zurückgewichen: die Augen hatten sich nicht bewegt.

Ich habe die andern angesehen. Sie waren ruhig, ich erkannte sie immer noch, und als ich dann sicher war, daß ich sie immer noch erkannte, bin ich wieder zu K . . . zurückgegangen.

Ich habe ihn von unten herauf angesehen, ich habe ihn genau betrachtet, ich habe ihn so lange und so intensiv angesehen, daß ich schließlich zu ihm gesagt habe, nur mal so, ganz leise und ganz nah bei ihm:

»Guten Abend, alter Junge.«

Er hat sich nicht bewegt. Mehr konnte ich nicht tun. Er behielt diese Art Lächeln um den Mund.

Ich erkannte nichts an ihm wieder.

Darauf starrte ich die Nase an, eine Nase mußte man doch wiedererkennen können. Ich habe mich an diese Nase geklammert, aber sie sagte mir nichts. Ich konnte nichts an ihr finden. Ich war ohnmächtig.

Ich habe mich von seinem Bett entfernt. Ich habe mich mehrere Male umgedreht, ich hoffte jedesmal, daß das Gesicht, das ich kannte, wieder auftauchen würde, aber ich fand immer nur dieselbe Nase wieder. Nach wie vor nichts anderes als der hängende Kopf und der halbgeöffnete Mund von niemandem. Ich habe das Revier verlassen.

Das war innerhalb von acht Tagen geschehen.

Derjenige, den seine Frau hatte weggehen sehen, war einer der unseren geworden, ein Unbekannter für sie. Aber in diesem Augenblick gab es noch die Möglichkeit eines Doppelgängers von K . . ., den wir selber nicht kannten, nicht kennen würden. Doch einige erkannten ihn noch. Es war also nicht ohne Zeugen geschehen. Jene, die neben ihm lagen, erkannten ihn noch. Es bestand nicht die geringste Aussicht, jemals wirklich für alle ein Niemand zu werden. Als ich seinen Nachbarn gefragt habe: »Wo ist K . . .?«, hatte er sogleich auf ihn gezeigt; K . . . war also für ihn immer noch der dort.

Jetzt blieb nur noch dieser Name, K . . . Er schwebte über dem, den ich wieder in der Fabrik sah. Aber als ich ihn im Revier ansah, hatte ich nicht sagen können: »Das ist K . . .« Der Tod birgt gar nicht so viele Geheimnisse.

K . . . sollte in dieser Nacht sterben. Das hieß, daß er noch nicht tot war; daß man noch warten mußte, um den für tot zu erklären, den ich gekannt hatte und dessen Bild ich noch im Kopf hatte und von dem sein Freund ein anderes, noch älteres Bild hatte, man mußte warten, bis der, der da lag und den keiner von uns beiden kannte, tot war.

Das hat sich zu Lebzeiten von K . . . zugetragen. Und es war in dem lebenden K . . ., daß ich niemanden gefunden habe. Weil ich den nicht fand, den ich kannte, weil er mich nicht wiedererkannte, hatte ich für einen Augenblick an mir gezweifelt. Und um mich zu vergewissern, daß ich wirklich noch ich war, hatte ich die andern angeschaut, als wolle ich wieder Atem schöpfen.

So wie die handfesten Gesichter der andern mich beruhigt hatten, so sollte der Tod, der tote K . . . die Einheit dieses Menschen sichern und wieder herstellen. Doch dieses Eine würde bleiben, daß zwischen dem, den ich gekannt hatte und dem toten K . . ., den wir alle kennen würden, dieses Nichts bestanden hatte.

Ende März. Der Wind bläst oft. Das schmutzige Schneewasser trocknet auf den Feldern. Die Sonne kommt noch nicht ganz durch, doch am Himmel sind die Wolken mächtig an der Arbeit, die Winterdecke löst sich auf, zeigt manchmal Stücke von Blau. Die Tage werden länger. Mit dem Aufreißen des Himmels strecken sich auch die Wälder. Das Lager und die Baracken tauchen aus dem Schnee, aus dem Schlamm und aus dem Nebel auf.

Wir sind nicht mehr umzingelt. Wir zittern nicht mehr, wir können draußen miteinander reden, ohne zu zittern, wir können die Wörter deutlich aussprechen, wir haben sogar die Zeit, zwischen den Sätzen stehenzubleiben, wir beeilen uns nicht mehr, wenn wir reden, man kann wegen nichts draußen bleiben; man kann die Schultern wieder heben, man kann tief durchatmen, die Arme vom Körper halten, den Himmel anschauen, ruhig dahingehen. Man braucht den Zeitpunkt, daß man draußen auf die Latrine muß, nicht mehr um ein zwei Tage aufzuschieben. Man kann einfach hingehen, die Hosen herunterlassen und dort im lauen Wind verweilen, der über die Haut dahinläuft.

Man sagt nicht: »Es ist Frühling«, man sagt nichts. Man denkt, weil es nicht mehr so kalt ist, sind die Aussichten, daß man stirbt, vielleicht geringer. Man ist überrascht über diese lauen Lüfte, die auf einen Schlag gekommen sind, als sei die Luft müde geworden, als habe sie darauf verzichtet, zuzubeißen. Als ob eine richtige Natur sich die Erlaubnis erteilt hätte, wiedergeboren zu werden, als ob die SS-Leute angefangen hätten, in unserer Gegenwart zu gähnen und dann eingeschlafen wären, uns vergessen hätten. Denn der Winter war die SS, Wind und Schnee waren die SS. Ein Gefängnis hat sich aufgetan.

Am ersten warmen Tag, als wir gespürt haben, daß von dieser Seite nichts mehr zu befürchten sei, habe ich geglaubt, wir bekämen etwas zu essen. Das war zwar nur kurz, aber weil der Körper nicht mehr von der Kälte gequält wurde, weil er beruhigt sein konnte, daß man nicht mehr auf ihn draufschlug, war es doch so, als ob etwas geschähe, etwas Außergewöhnliches, und das war vielleicht, daß wir etwas zu essen bekämen.

Aber der Frühling veriet uns noch mehr als der Winter. Von dem Licht, von den lauen Lüften im Mund bekamen wir Hunger. Mit den Düften der Wälder in der Nase magerten wir ab, trockneten wir aus. Vögel zwitscherten beim morgendlichen Antreten. Die Geschwüre wurden größer. Die Wälder wurden vor den Augen der Sterbenden grün.

Die Russen sind immer noch um Breslau herum, aber Militärkolonnen marschierten nach Norden, auf Berlin zu. Die Amerikaner haben den Rhein überquert.

In der Fabrik wird der Bau eines Flugzeugrumpfs abgeschlossen, aber wir nehmen keine neuen in Angriff. Es kommen keine Einzelteile mehr. Der Konstruktionsplan wird eingestellt.

Einige Tage lang sind die Kameraden um ihre Werkbänke herumgeirrt und taten so, als arbeiteten sie. Dann hat man viele von ihnen in der *Transportkolonne* zusammengefaßt: sie verrichten Aufräumungsarbeiten (zunächst Umzug der Büros, dann kommt die Demontage der Formen für die Flugzeugrümpfe).

Der Direktor läuft oft in der Fabrik herum, und wenn er kommt, tun die Meister so, als seien sie in ihrer Werkstatt eifrig beschäftigt. Der Direktor möchte, daß es noch eine Fabrik ist, aber es ist keine Fabrik mehr. Die Meister Plattfuß, Bortlick und die andern möchten noch zur Arbeit antreiben, aber es gibt keine Arbeit mehr. Der Kompressor funktioniert noch, um den letzten Flugzeugrumpf zu nieten, aber der Lärm bleibt hohl, er greift nicht; der Kompressor vibriert in der Wüste.

Der Direktor jedoch sieht sich den Flugzeugrumpf aus der Nähe an und stellt dem zuständigen Meister, der wach zu werden scheint, Fragen. Zwei andere schauen sich in einer Ecke eine kleine Landkarte an.

Der Direktor schreit die Kameraden an, die mit hängenden Armen vor einer Werkbank stehen: *Arbeit! Arbeit!* Doch wie der Lärm des Kompressors dröhnt *Arbeit* in der Wüste.

Um keine Schläge zu bekommen, möchten die Kameraden gern Arbeit finden, nicht mit hängenden Armen da herumstehen. Aber es gibt für niemanden Arbeit. Es ist keine Fabrik mehr. Die Niederlage hat begonnen. Es ist, als ob die Russen hinter dem Hügel lägen. Dabei muß es eine Fabrik bleiben.

Alle müssen hier damit beschäftigt sein, etwas zu tun. Also ruft der Direktor die Meister in seinem Büro zusammen. Als sie zurückkommen, geben sie keine Erklärung ab, aber einige fangen sofort an zu schreien: *»Arbeit, Arbeit, los!«* Sie fallen zu dritt über einen Kerl her, der die Hände in den Hosentaschen hat. Er kriegt als erster was ab, *weil es keine Arbeit mehr gibt.*

Diese drei sind aufgeputscht worden. Der Direktor hat ihnen sicherlich gesagt, der Krieg sei nicht verloren, es gäbe noch Widerstandslinien. Und die Geheimwaffen. Die Wörter, die sich langsam abnutzten, bekamen wieder Geltung, haben in ihrem Kopf wieder geschnurrt. Und *Arbeit* schnurrt ebenfalls von neuem. Aber es ist nichts zu machen. Es gibt keine Arbeit mehr für sie, so wenig wie es für uns Brot gibt. Sie können so wenig die zu arbeitende Sache erschaffen wie wir die zu essende Sache erschaffen können.

Jetzt sind wir wohl ganz und gar unerträglich geworden. Bis dahin konnten wir in der Fabrik zur Arbeit herangezogen, vom Flugzeugrumpf aufgefressen werden. Nie unabhängig, nie losgelöst vom Dural, eine Sache, um das Dural zu bearbeiten, bildeten wir immer nur das Paar Häftling-Kompressor, Häftling-Hammer, ein stummes Paar. Unsere Stimme, die Geräusche, die man uns erlaubte, das war das Geräusch des Kompressors, das Geräusch des Holzhammers. Manchmal sprach man auch mit uns, doch nur im Zusammenhang mit dem Flugzeugrumpf. Im Grunde beschützte er uns, versteckte er uns.

Es gibt keinen Flugzeugrumpf mehr, wir stehen ungedeckt in der Fabrik wie in einem Niemandsland, wir haben uns verirrt. Wir müssen uns an etwas klammern, so tun als ob, eine andere Tarnung finden. Wenn wir nicht mehr arbeiten, wird man uns wohl töten. So jedenfalls, untätig, können wir nicht weiterleben. Wir sind Bedienungsmannschaften für Steine, Schultern für Balken, Hände für Hämmer, und wenn die Steine, die Balken, die Hämmer sich fortstehlen, dann ist der Skandal da, wir haben keine Daseinsberechtigung, für uns gibt es keine Entschuldigung, wir vergiften die Fabrik.

Aber diese unverzeihliche Pest, die wir sind, hat sie ihrerseits angesteckt. Sie können keine Arbeit mehr für uns finden. Sie können sogar für sich selber keine Arbeit mehr finden. Unser Sieg kommt näher und er ist furchtbar. Sie selber sind von unserer Krankheit befallen. Ihr Geschrei, ihr Zorn vermögen diesen Skandal nicht zu ersticken, der jedesmal von neuem ausbricht, sobald ein Meister zu einem Kameraden kommt. Meister und Häftling wirken für einen Augenblick beide gleich unbeschäftigt. Und diese Zivilisten können uns nicht töten. Es ist die SS, die über uns verfügt. Sie können nichts tun; sie sind überfordert.

Plattfuß durchlebt ein Drama. Er hat immer noch sein rotes Gesicht. Er läuft durch die Fabrik, eindrucksvoll, mit vorgestrecktem Bauch. Heute morgen ist er eine ganze Weile träumend vor dem Flugzeugrumpf, der seiner Vollendung entgegengeht, stehengeblieben, dann ist er drum herumgegangen. Schließlich hat er sich losgerissen und ist zu seiner Werkbank gegangen. Ich stand ganz in seiner Nähe. Um irgend etwas zu tun, feilte ich meine Holzkeule glatt. Ich habe ihn unaufhörlich beobachtet. Jetzt war ich an der Reihe, ihn zu belauern.

Er ist noch eine Weile reglos vor seiner Werkbank stehengeblieben, dann hat er seinen Schraubstock gelockert. Der Kompressor hatte ausgesetzt. Die anderen Meister unterhielten sich in Zweier- oder Dreiergruppen. Plattfuß hat sie einen nach dem andern angesehen, dann hat er sich wieder seiner Werkbank zugewandt, als ob er sich überwacht fühle. Ich sah ihn von der Seite an, ohne den Kopf umzudrehen. Er hat die Schublade der Werkbank aufgezogen und ein Stück Eisen herausgenommen, ein Stück Abfall. Sein Stück Eisen in der Hand, hat er von neuem die anderen Meister betrachtet, die sich unterhielten; sein Gesicht war düster, noch härter als wenn er zuschlug. Er hat das Stück Eisen in den Schraubstock eingespannt. Die andern unterhielten sich immer noch. Er hat eine Feile genommen und begann, an dem Eisen herumzukratzen wie ich. Kein Zweifel: er hatte sich daran gemacht, das Unmögliche zu besiegen. Er wollte, daß es noch eine Fabrik gab, daß es Arbeit gab; er wollte noch *Arbeit, Arbeit!* schreien können.

Ich habe aufgehört zu feilen und habe mich ihm zugewandt. Über den Schraubstock gebeugt, bearbeitete Plattfuß schwerfällig das Eisen. Der Ausdruck seines Gesichtes war immer noch eigensinnig. Er feilte. Er arbeitete.

Kein Arbeitsgeräusch in der Fabrik. Kerle irrten umher. Als einziger von allen Zivilisten arbeitete Plattfuß verbissen an seinem Schraubstock.

Doch dieses Aufputschmittel genügte ihm noch nicht. Ich habe meine Feile hingelegt, ich habe mir eine Kiste genommen, damit meine Hände nicht frei waren, und ich habe meine Werkbank verlassen; ich bin ziemlich nahe hinter Plattfuß vorbeigegangen. Beim Feilen trällerte er, verzerrt durch den Rhythmus seiner Bewegungen, *Deutschland Deutschland über alles.*

*

Der Rheinländer spaziert ebenfalls in der Fabrik herum; den weichen Hut leicht nach hinten geschoben, geht er langsam umher. Manchmal bleibt er stehen, stützt die Hände in die Hüften und betrachtet die Halle. Er verhält sich nicht anders wie damals, als wir ihn zum ersten Mal gesehen haben.

Einige Kameraden sind über ihren Schraubstock gebeugt. Sie hämmern oder feilen irgend etwas und unterhalten sich, während sie beobachten.

Der Rheinländer hat sich einer Werkbank genähert. Die beiden Kameraden an der Werkbank wissen nichts über ihn. Ein Zivilist unter Zivilisten. Sie hören auf zu reden, sie feilen nur noch. Der Rheinländer steht ganz nahe bei ihnen, reglos. Die Kameraden beobachten ihn von unten herauf, wie die andern. Er sieht ihnen zu, wie er uns zugesehen hat, im Lagerraum: die Hände auf dem Schraubstock, der gestreifte Anzug; seine Augen wandern an der lilafarbenen Kleidung hinab bis zu den Füßen. Die beiden Kameraden warten auf ein Wort. Sie sind wie üblich das Böse, und sie sind wie üblich im Unrecht. Sie können sich nicht umdrehen, ihm ins Gesicht sehen. Sie haben einen Zivilisten hinter sich, dessen Blick zu einer um so größeren Bedrohung wird, je länger er dauert. Er müßte leise *egal* oder *langsam* zu ihnen sagen. Darauf würden sie sich umdrehen und würden ihn sehen. Aber der Rheinländer denkt nicht daran, er sagt nichts, er schaut. Er scheint heute vergessen zu haben, daß man nicht erraten kann, wer er ist, daß er nur als Bedrohung erscheinen kann. Er setzt seinen Rundgang fort. An seiner Art, wie er weitergeht, an dieser Langsamkeit im Gang könnten die beiden Kameraden erkennen, daß zwischen ihm und ihnen etwas nicht klar ist. Die Gefahr hat sich auf merkwürdige Weise aufgelöst. Die beruhigten Rücken entspannen sich zuversichtlicher, als wenn Plattfuß oder der Direktor vorbeigekommen sind, es ist, als stellten sie fest, daß die Angst, die sie gerade gehabt hatten, zur Hälfte grundlos war. Aber das bleibt sehr vage. Hier sind Jacke und Hut seit langem schon gefährliche Zeichen.

Neulich beobachtete ich von weitem den Abfallkasten, der neben der SS-Kantine steht. Ich wollte mich gerade hinwagen, als ich einen Mann in schwarzer Jacke gesehen habe, der um die Baracke herumschlich. Ich sah ihn nur undeutlich. Vielleicht war es ein Zivilist, vielleicht einer dieser polnischen Häftlinge, die keine gestreiften Anzüge tragen. Schließlich habe ich auf dem Rücken der Jacke ein Menningkreuz entdeckt. Darauf bin ich hingegangen.

Man kann von einem Menschen, der auf seiner Jacke nicht den roten Fleck hat, nichts erwarten. Oder aber er muß sich erklären. Wer hier ein Mensch ist, darf nicht schweigen.

*

Es gibt einige Polen, die ganz offensichtlich den russischen Vormarsch fürchten. Ihnen wäre es lieber, wen die Armeen, die von Westen kommen, etwas schneller vorrückten. Wenn die Kameraden sie fragen, ob es stimmt, daß die Rote Armee über Frankfurt an der Oder hinaus ist, zucken sie die Achseln und lächeln. Sie sagen, daß es mindestens noch sechs Monate dauert. Sie werden von den Kameraden angeschnauzt und als Boches beschimpft.

Die Russen hingegen antworten auf alle Fragen ganz nach Wunsch. Darauf schlagen wir den Russen auf die Schulter. *Gut, Rusky! Gut, Rusky!* Die Russen antworten: *»Ja, ja!«* und lachen dazu, und die Kameraden gehen beruhigt weiter.

Ich bin dicht an einem Kameraden vorbeigegangen, der an seiner Werkbank stand. Ohne sich umzudrehen, über seinen Schraubstock gebeugt, fragt er zwischen den Zähnen: »Was gibts Neues?« Daß die Neuigkeiten, die man zu erzählen hat, alt sind, spielt keine Rolle. Sie wollen sie immer wieder hören. »Ist das sicher, daß sie 60 Kilometer von Berlin entfernt sind?«

»Ja, das ist sicher.«

»Wer hat es dir gesagt?« fragt der Kamerad.

Man darf nie nach der Quelle einer Nachricht fragen.

»Aber das weiß doch jeder!«

Er ist nicht weiter wie zuvor. Er agt noch einmal:

»Dann ist es sicher?«

»Es ist sicher.«

Und darauf nickt auch er *ja*. Er ist beruhigt, er läßt die

Neuigkeit, die Nachricht, das Geschwätz in sich eindringen, er schluckt die Sache langsam.

Dann kommt ein anderer hinzu. Eine Dreiergruppe. In der Mitte der Mann vor seinem Schraubstock und auf jeder Seite von ihm ein Kerl, ein Stück Eisen in der Hand. Wir zeigen uns das Eisen, wir nehmen den Hammer, wir senken den Kopf und wir sprechen zwischen den Zähnen. Derjenige, der an seinem Platz ist, spürt, daß wir zu dritt sind. Das wird gefährlich; er schaut schnell um sich, er weiß nicht, welche Wahl er treffen soll.

»Bleibt nicht hier stehen, sonst werdet ihr versohlt!« sagt er.

Aber trotzdem will er noch wissen:

»Stimmt es wirklich, daß sie 60 Kilometer von Berlin entfernt sind?« fragt er den, der gerade angekommen ist.

»Nein . . . das heißt, es ist nicht sicher.«

Ich frage ihn: »Warum nicht?«

»Ich hab gerade den deutschen Wehrmachtsbericht gehört.«

Der vor der Werkbank, der zweifelte, als ich angekommen bin, weist ihn zurecht:

»Dein Wehrmachtsbericht ist 36 Stunden alt!«

»Ich glaube nur noch an den deutschen Wehrmachtsbericht!« antwortet der andere.

Der Kerl am Schraubstock sagt nichts. Er denkt nach und wendet sich dann an mich:

»Wer hat dir denn gesagt, daß sie 60 Kilometer von Berlin entfernt sind?«

»Das habe ich dir doch gesagt: jeder weiß das. Es ist sicher.«

Der Kerl mit dem Wehrmachtsbericht zuckt die Achseln; der Mann am Schraubstock ist ratlos.

»Scheiße, ich will überhaupt nichts mehr glauben!« sagt er.

Es entsteht eine Pause. Beweisen kann man nichts.

Ein Vierter kommt ganz schnell vorbei, er sieht aufgeregt aus; im Vorbeigehen läßt er fallen:

»Sie sind 60 Kilometer von Berlin entfernt!«

Der Kerl am Schraubstock, der sofort wieder zu sich kommt, fragt ihn flink:

»Wer hat dir das gesagt?«

Aber der andere war schon vorbei.

»Ich habs ihm gesagt«, sage ich.

Der Kamerad am Schraubstock sagt nichts mehr. Die Neuigkeit oder das Geschwätz geht um. Der Kreis läßt sich nicht durchbrechen. »Wer hat es dir gesagt? Wer hat es dir gesagt?« Wenn ich ihm sage, daß es ein Pole war oder ein Russe, wird er mich fragen: »Woher weiß er das?« und wenn ich ihm dann sage, daß es ein Zivilist aus dem Lagerraum war, der es ihnen gesagt hat, wird er fragen: »Hört der auch wirklich die Nachrichten am Radio?« oder »Aber versteht der andere denn überhaupt deutsch?« Und wenn ich ihn dann beruhige, steht nebendran der Kamerad mit dem Wehrmachtsbericht, der das alles abstreitet. Der Kamerad am Schraubstock möchte lesen, hören, sehen. Er möchte, daß ihm ein guter Freund, dem er Glauben schenken kann, in deutscher Sprache, in gotischen Lettern, in einer deutschen Zeitung die Zeile und die Worte zeigt und sie ihm übersetzt:

»Wir sind erledigt, der Krieg ist aus.«

Der Kamerad am Schraubstock, das war gestern ich, das werde ich nachher wieder sein.

*

Auf der Stube haben wir heute Abend Kartoffeln gegessen. Das Licht brennt trübe; ich sitze auf Francis' Bett, neben ihm. Die Ellbogen auf die Knie gestützt, halte ich noch das leere Kochgeschirr in den Händen; Francis ebenfalls. Francis hat eine kleine Mütze, die er nicht ablegt. Er hat einen mehrere Tage alten schwarzen Bart. Sein Gesicht besteht nur aus Ecken und Kanten. Er hat Hunger, aber abends ist es immer dasselbe: die Kartoffeln werden weniger, man schneidet immer kleinere Scheiben ab, es werden weniger, dann noch weniger und zum Schluß kommt die letzte Scheibe.

Aus dem Kabuff des Blockältesten und des Stubendienstes kommen Gerüche nach Bratkartoffeln; der Geruch und das Lachen gehen über die Trennwand hinweg und gelangen in die Stube mit den leeren Kochgeschirren. Wir verstehen vereinzelte Wörter; sie reden von Frauen, von Suppe: »Sie war schön . . .« «ein volles Kochgeschirr . . .« »wir sind in ein Zimmer gegangen . . .«, »sie war heiß . . .«. Die Worte, das Lachen fallen in die leeren Kochgeschirre, auf die eckigen Köpfe, sie gleiten zwischen die fleischlosen, stillen Schenkel.

Die laute, ordinäre Stimme Luciens; Worte eines vollen Mundes, der das Essen nicht mehr achtet.

Die Bude ist voll vom schweren Geruch der Kartoffeln, der kompakt ist wie Gas.

»Riechen Sie etwas, meine Herren?« sagt Felix laut.

Niemand antwortet.

Hinter der Trennwand wird das Lachen leiser. Es bleibt der Geruch und ein Geräusch von brutzelndem Fett.

»Die schlagen sich den Bauch voll, die Schwulen!« fährt Felix leiser fort.

Hinter der Trennwand wehrt man sich.

»Paß ja auf, Felix!«

»Wann immer du willst!« ruft Felix, der im Gang auf und ab geht und die Zustimmung der Kameraden erheischt.

Man müßte sich die Nase verstopfen, sich einmauern. Wir rühren uns nicht, wir zerdeppern nichts, wir schimpfen nicht. Wenn wir in das Kabuff eindringen, wenn wir alles, was da ist, nehmen würden, so würde es doch nicht für alle reichen. Was da ist, reicht nur für einige wenige. Diejenigen, die hinter der Trennwand sind, haben getan, was getan werden muß, um zu diesen wenigen zu gehören. Das Fleisch, das Fett, das sie auf den Knochen haben, zwingt den spanischen Blockältesten, den Kameraden Schläge zu versetzen, die beim Appell nicht strammstehen, wenn der SS-Mann vorbeigeht; zwingen Lucien, mit dem Gold aus den Mündern der toten Kameraden Schwarzhandel zu treiben, die Kameraden zu verpfeifen, die nicht arbeiten, zu lachen, wenn Fritz draufschlägt.

Ich habe mein leeres Kochgeschirr aufs Bett gestellt und ich bin aus der Stube gegangen. Francis hat sich auf dem Strohsack ausgestreckt.

Die Tür, die vom Vorraum auf den Platz geht, steht offen; es ist fast Nacht. Ein Kamerad kommt herbei, er pinkelt in den Eimer, den man zur Nacht neben die Tür stellt. Man hört den Strahl, der sich in den Eimer ergießt.

»Wie gehts?« fragt der Kamerad, der pinkelt.

»Es geht.«

Das ist die Frage, die man in der Regel beim Pinkeln stellt. Als er mit Pinkeln fertig war, ist er zu mir gekommen. Ich frage ihn zuerst:

»Glaubst du, daß es noch lange dauert?«

»Ich weiß nicht.«

Ich habe die Frage gestellt, ohne darüber nachzudenken. Wenn er »nein« gesagt hätte oder wenn er gefragt und ich geantwortet hätte, wären Frage und Antwort so wenig von Bedeutung gewesen wie sein »Wie gehts?«, als er pinkelte.

Er schaut auf den menschenleeren Platz. Er ist groß, der Kamerad, er sieht zu, daß er so gut er kann mit seinem Hunger zurechtkommt. Er hört zu, er antwortet, er fragt und wiederholt, was gesagt wird. Er leidet. Er ist ein einfacher Mensch.. Er sagt: »Das sind alles Schweinehunde!« Er weiß nicht, daß man nicht will, daß er ein Mensch ist.

Er fragt nun ebenfalls, den Kopf vorgebeugt:

»Es sieht so aus, als seien sie auf dem Vormarsch. Weißt du was darüber?«

»Nein, aber ich glaube, es läuft gut.«

Darauf fährt er fort:

»Glaubst du, daß es noch lange dauern wird?«

Warum fragt er das mich? Ich glaube zwar nicht, daß es noch lange dauern wird, aber diese Frage habe ich ihm erst vor einer Minute gestellt, und ich habe den Geruch dieser

Kartoffeln in der Nase, und heute abend wird es nichts Neues geben und morgen auch nicht.

Der Kamerad ist weggegangen. Alles ist still. Man hört nur mehr die Stimmen der Wachtposten in der Nacht. Ich brauche mich nicht zu verstecken, niemand sieht mich jetzt, niemand sucht mich oder verfolgt mich. Sie haben zu essen und dann zu schlafen. Warum nicht hier bleiben? Wir sind nicht so gedrängt wie früher, in der Kirche. Es ist mild, man kann sich an die Tür lehnen und unbeweglich stehenbleiben. Man schaut zur Küche hinüber, der schmale Lichtstreifen unter der Tür; sie haben sich zum Essen eingeschlossen.

Ein Schatten kommt aus der Baracke des Lagerältesten, eine Laterne in der Hand. Es ist der polnische Kapo. Er geht die Baracke entlang. Er klopft an die Küchentür. Sie geht auf. Man verjagt ihn nicht. Er wird ebenfalls in der Küche essen: ein Kochgeschirr voller Kartoffeln. Er hat noch Hunger: noch ein Kochgeschirr voll. Er sucht sich die Kartoffeln aus. Ein Liter Soße. Er schält die Kartoffeln: sie sind sauber. Er vermischt die in Scheiben geschnittenen Kartoffeln mit der Soße. Er ißt. Dann hält er inne, weil er keinen Hunger mehr hat. Es sind zwar noch welche übrig, aber er hat keinen Hunger mehr. Und genau das bedeutet der Lichtstreifen unter der Tür.

Gewiß, man wird nicht gedrängt, aber man kann nicht da stehenbleiben. Sobald man allein in der Dunkelheit ist, taucht alles wieder auf. Die Eisenbahnlinie, der Wald im Westen, dann die Straße, die Einsamkeit des Platzes, die Nacht, die uns die Rückkehr in die Welt bringen würde. Ich muß in die Bude zurückkehren, wo es nach Bratkartoffeln riecht. Ich darf nicht in die Welt der Häuser und der Straßen zurück. Ich darf auch nicht allzusehr die Düfte des Windes riechen.

Die Welt der Häuser versteckt sich; man darf sie nicht suchen.

*

Sieben Uhr abends. Es ist noch hell beim Appell. Das Häftlingskarree steht auf dem Platz. Der SS-Blockführer steht in der Mitte, groß, blond, die Mütze mit dem Totenkopf über den Augen. Die Beine gespreizt und die Knie durchgedrückt, schlägt er sich mit der Peitsche an die Schenkel. Paul, der Lagerälteste, hält sich auf Distanz. Die vier deutschen Kapos stehen in einer Reihe in einer Ecke des Platzes, von den Häftlingen getrennt. Es ist Vorschrift, daß sie beim Appell ebenfalls in einer Reihe stehen; doch sie werden nicht aufgerufen.

Neben dem SS-Mann mitten auf dem Platz steht ein kleiner Schemel.

Der SS-Mann schlägt sich gegen den Schenkel und blickt sich um. Das Karree ist still. Wir starren den Schemel an.

»Der kleine Franzose!« ruft der SS-Mann.

Die Russen, die Italiener, die Polen schauen nach uns. Niemand rührt sich.

»Der kleine Franzose!« wiederholt der SS-Mann laut.

»Los!« ruft Paul, der Lagerälteste.

Lucien schaltet sich ein und ruft auf französisch:

»Der kleine Franzose, Herrgottnochmal!«

X . . . tritt vor. Er ist klein; er ist kaum zwanzig Jahre alt; er ist dunkelhaarig, er trägt einen grauen Lappen um den Hals; sein Kopf scheint gelähmt zu sein.

»Los!« schreit der SS-Mann unbeweglich.

»Beeil dich, Herrgottnochmal!« wiederholt Lucien.

X . . . geht auf den SS-Mann zu. Als er bei ihm ankommt, nimmt er sein Käppi ab. Der Schädel ist grau. X . . . ist winzig vor dem Blockführer. Der SS-Mann zeigt auf den Schemel. X . . . nähert sich dem Schemel. Der SS-Mann packt ihn angewidert im Genick und beugt ihm den Kopf herunter.

X . . . liegt jetzt mit dem Bauch auf dem Schemel, der Kopf hängt herunter. Der SS-Mann hat seine Reitpeitsche in die rechte Hand genommen. Man sieht nur den kleinen, emporgestreckten Arsch von X . . ., ein lilafarbener Fleck. Der SS-Mann ist riesig.

»Zählen!« schreit der SS-Mann.

»Zähl!« brüllt Lucien.

Der SS-Mann holt aus; es saust herab.

»Eins!« schreit X . . . »Zweiei . . .«

Er kann seinen Schrei nicht abstellen. Sein Arsch hüpft unter den Schlägen. Der SS-Mann holt wieder aus.

»Dreiei . . .«

Die Peitsche saust wieder herab.

»Viiier!«

Er heult jetzt. Er wird nicht bis fünfundzwanzig durchhalten. Das Karree rührt sich nicht, Fritz und der dicke Kapo Ernst lächeln, wenn X . . . schreit.

Der fünfte Hieb ist gefallen. Der sechste, X . . . hat ihn nicht gezählt.

»Zählen!« schreit der SS-Mann, die Reitpeitsche in der Luft. Der Körper von X . . . ist zusammengesackt. Die Reitpeitsche saust wieder herab. X . . . rührt sich nicht mehr. Der SS-Mann schlägt wieder zu; es ist ein Klatschen in der Stille. X . . . reagiert nicht mehr, er hängt reglos da, mit dem Bauch auf dem Schemel.

Der SS-Mann hört auf, er macht uns ein Zeichen. Zwei Kameraden gehen X . . . holen, der ohnmächtig geworden ist.

Sie packen ihn unter den Armen und bringen ihn zurück. Seine Füße schleifen auf dem Boden, sein nach hinten hängender Kopf ist weiß und baumelt hin und her. Man schafft ihn in die Baracke.

X . . . war sehr schwach. Felix hatte dem SS-Mann aus der Küche das Gold bringen lassen, das er im Mund hatte. Dafür hatte er zusätzlich Brot und Kartoffeln bekommen. Felix hatte so einen ganzen Monat lang zu essen gehabt. Er war dicker geworden.

Felix schlief in der Nähe des Ofens. Abends, wenn er sich schlafen legte, streckte er sich einfach nur mit seinem Hemd bedeckt auf dem Strohsack aus. Er hatte fast normale und saubere Schenkel. Er wickelte sein Geschlechtsteil sorgfältig ins Hemd ein.

Manchmal blieb er eine ganze Weile mit bloßen Schenkeln so liegen, streckte sich, wickelte sein Geschlecht noch etwas sorgfältiger ein, streichelte seine Schenkel. Manchmal fuhr er mit beiden Händen über sein Geschlecht und blickte sich dann um.

Der kleine X . . . schlief nicht weit von Felix entfernt.

Wenn er so seine bloßen Schenkel zeigte und sie sich streichelte, richtete er seine Blicke vor allem auf X . . . Manchmal gähnte er. Seit langem gähnte niemand mehr.

Nachts, wenn man pinkeln ging, begegnete man ihm manchmal im Hemd und man sah seine Schenkel und sein Geschlecht. Morgens, wenn er wach wurde, kam es vor, daß er lachend sagte:

»Scheiße, hab ich mir im Schlaf mal wieder einen runtergeholt . . . Ich bin noch ganz voll davon!«

Die Kameraden haben Felix zuerst voller Erstaunen, dann voller Haß angesehen wegen seiner Schenkel, wegen der Kartoffeln, die er zwischen dem Strohsack und dem Bettpfosten versteckte.

X . . ., der sehr großen Hunger hatte und sehr schwach geworden war, hatte sein Augenmerk auf das Brot und die Kartoffeln von Felix gerichtet. Felix wiederum hatte sein Augenmerk auf X . . . gerichtet.

Eines Abends aß Felix seinen Nachschlag an Brot und Kartoffeln. X . . ., der seine Portion aufgegessen hatte, sah ihm beim Essen zu. Er hat sich seinem Strohsack genähert. Er hat nichts verlangt. Felix hat ihn angesehen und hat ihm eine Kartoffel gegeben. Er hat zu ihm gesagt, er müsse halt zusehen, daß er was zu essen bekomme. Der Kleine hat seine Kartoffel gegessen und zustimmend genickt. Felix sprach zwischen den Zähnen. Es war spät, die meisten Kameraden schliefen schon.

Felix hat dem Kleinen noch eine Kartoffel gegeben, dann hat er seinen schmutzigen Hals gestreichelt. Der Kleine hat sich gesträubt, doch Felix hat seine Hand auf dem Hals des Kleinen gelassen und ihm mit der anderen noch eine Kartoffel gegeben. Der Kleine hat sie genommen und sich nicht gerührt. Felix hat dem Kleinen noch einmal gesagt, daß er essen müsse, wenn er davonkommen wolle und daß er ihm was zu essen besorgen werde. Der Kleine roch schlecht, er hatte Läuse. Er hatte auch Furunkel am Hals. Er aß weiter.

Felix hat den Hals des Kleinen losgelassen und hat ein Stück Brot abgeschnitten, das er ihm hingehalten hat. Der Kleine hat es genommen. Felix ist auf seinem Strohsack ein kleines Stück weggerückt und hat zu dem Kleinen gesagt, er solle sich setzen ... X ... hat sich hingesetzt und Felix hat zu ihm gesagt, wenn er Hunger habe, brauche er es nur ihm zu sagen.

Der Kleine hat damit begonnen, sein Brot mit dem Messer zu schneiden. Er gab keine Antwort auf das, was Felix sagte; er nickte nur mit dem Kopf. Dann hat Felix seine Hand auf den Schädel des Kleinen gelegt, der sein Brot fertig aufaß.

Felix hat ihn an sich gezogen; der Kleine widerstrebte. Felix hat zwischen den Zähnen zu ihm gesagt: »Ich sorge dafür, daß du zu essen bekommst!« Der Kleine wollte nicht und Felix sagte: »Willst du nicht essen? Willst du nicht essen?«

Der Kleine antwortete nicht. Felix drückte ihn an sich.

In der Nacht hat der Lärm die Leute aufgeweckt.

Morgens hat ein französischer Krimineller Felix und X ... bei Paul angezeigt. Und Paul, der selber mit dem ehemaligen französischen Stubendienst schlief, hat es der SS gemeldet.

Am Abend bekam X ... die Schläge auf dem Schemel. Am Morgen, einige Stunden nach der Anzeige, war Felix von Fritz und dem Lagerpolizisten in die Mangel genommen worden. Sie haben ihn in den Waschraum neben der Küche geführt, und dort haben sie angefangen, auf ihn einzuschlagen.

Dann mußte er sich ausziehen. Eine Viertelstunde lang hat Fritz einen Strahl eisigen Wassers auf das Herz von Felix gerichtet. Fritz schimpfte ihn *Bandit, Franzosenschwein.* Ab und zu richtete er den Strahl zur Seite und dann trat der Lagerpolizist Felix ans Schienbein. Dann fing Fritz wieder mit dem Strahl an. Felix rührte sich nicht, aber er brüllte: »Ihr kriegt ihn noch in den Arsch, ihr Sauhunde, ihr Arschficker!«

Darauf hat der Polizist Fritz mit heftigen Faustschlägen ins Gesicht und in die Seiten abgelöst.

Felix konnte nicht schlagen. Er wollte nicht aufgehängt werden. Er brüllte: »Ihr gemeinen Säue! Ihr Mörder! Ihr könnt mich am Arsch lecken, ihr könnt mich am Arsch lecken, gottverdammt, ihr könnt mich am Arsch lecken!« Er brüllte. Gegen den Strahl und die Schläge hatte er nur den Genius seiner Sprache. »Saubande, ihr werdet noch was erleben!« Felix gabelte alles auf, was er an Schimpfwörtern wußte; alle Wortkombinationen, um daraus das schwerste Schimpfwort herzustellen und so auf den Wasserstrahl zu antworten, probierte er aus. Nur schimpfend konnte er standhalten. Fritz und der Lagerpolizist brüllten ebenfalls.

Der rumänische Wäscher, der sich freiwillig zur Waffen-SS gemeldet hatte, der aber übrigens nicht mehr fortkommen sollte, war in einer Ecke des Waschraums und briet mit Margarine Kartoffeln. Er hatte sich auf einen Schemel gesetzt, er lächelte, das gleiche Lächeln wie damals, als er die Kameraden, die in der Miete Kartoffeln gestohlen hatten, um sie im Ofen zu braten, verpfiff. Er schaute zu. Jetzt, wo er zur SS übergegangen war, bewunderte er die Kraft von Fritz und dem Polizisten noch mehr. Er hatte endgültig das Lager jener verlassen, die erbärmlich genug waren, sich so niederknüppeln zu lassen. Er war froh, daß er seine Wahl getroffen hatte. Er brauchte das Mißtrauen der Herren nicht mehr zu fürchten. Er war auf der Seite des Guten. Die Schläge, die die Kerle bekamen, härteten endgültig dieses Bewußtsein, das Gute zu verkörpern. Man kann nicht Schläge bekommen und recht haben, man kann nicht schmutzig sein, Abfälle fressen und recht haben.

Fritz und der Polizist wollten Felix umbringen. Darum hatten sie den Wasserstrahl auf das Herz gewählt. Sie hätten ihn durch Hängen oder durch einen Schlag mit dem Knüppel töten können, aber die SS hatte keine feierliche Hinrichtung beschlossen. Sie hatten nur zu den Kapos gesagt, sie sollten sich um Felix kümmern.

Felix war bereits mehrere Male aufgefallen, aber Fritz hatte ihn noch nie so richtig zu fassen gekriegt.

Felix hatte zu essen gehabt, er starb nicht unter dem Strahl. Nackt war er kein Skelett. Er hatte den Kleinen vergewaltigt, er hatte die Kraft dazu gehabt. Das trug ihm nun die Dusche ein. Doch er behielt die gleiche Kraft; dank ihrer konnte er dem Strahl standhalten. Er krümmte sich, versuchte ihm auszuweichen, während die beiden andern ihn mit Schlägen traktierten. Dennoch hat er nicht bis zum Schluß durchgehalten und ist ohnmächtig geworden.

Fritz und der Polizist traten mit Füßen auf ihn ein und nach einer Weile hat sich Felix bewegt. Sie haben die Schläge noch gesteigert und er ist aufgestanden. Er mußte sich anziehen und dann haben sie ihn nach draußen geführt. Auf dem Weg, der vom Lagerplatz zur Fabrik führt, lagen Steine zum Abtransportieren.

Felix war nicht tot und die Angelegenheit konnte nicht so zu Ende gehen. Man konnte ihn wieder schlagen, konnte vieles mit ihm anstellen. Sein Körper schwankte, wie betrunken, sein Kopf hing herab. Der Polizist schrie am lautesten, in immer neuen Ausbrüchen eines stets vorhandenen, chronischen Zorns. Fritz hingegen schlug zu. Er wurde nicht müde. Er konnte immer noch einen Schlag draufgeben. Man kannte seine Grenzen nicht, weil man ihn nie zornig sah.

Vor einem Steinhaufen sind sie stehengeblieben und haben Felix gezwungen, den dicksten Stein aufzuheben. Felix hat sich herabgebeugt und hat ihn mit Mühe bis zum Gürtel gehoben. Er stand unbeweglich da mit seinem Steinblock in den Händen; er sagte nichts, er beschimpfte sie nicht mehr. Darauf hat Fritz ihm befohlen, den Stein mit ausgestreckten Armen über den Kopf zu heben.

Felix hat gezögert, doch der Polizist hat sich hinter ihn gestellt und hat ihm einen Fußtritt in die Nieren versetzt. Felix ist nach vorn gestolpert, doch er hat den Stein in den Händen behalten.

»Heb ihn hoch«, sagte Fritz, »*los!*«

Und er schlug ihm mit der Rute über den Kopf.

Felix hat versucht, den Steinblock hochzuheben. Als er ihn in Höhe seines Gesichts hatte, hat ihn Fritz heftig nach hinten gestoßen. Felix ist hingefallen, aber der Stein hat ihn nicht zerquetscht. Er ist auf dem Boden liegengeblieben. Die beiden andern sind herbeigestürzt und haben wieder damit begonnen, ihn mit Schlägen einzudecken. Er schützte seinen Kopf, doch hatte er nicht mehr die Kraft, aufzustehen und zu fliehen.

Sie hatten Felix in die Mangel genommen und der Vormittag ging dahin.

Sie übten *Gerechtigkeit*. Und man lebte beständig unter dem Gesetz dieser geltenden Gerechtigkeit. Dort, wo der Kapo war, dort war auch die Gerechtigkeit. Wenn man ihm begegnete, setzte man sich ihr aus. Wenn er nicht schlug oder brüllte, kam man wohl gerade in den Genuß eines gewissen Schlafes, man täuschte ihn.

Felix ist wieder aufgestanden, und sie haben ihn gezwungen, Steine zu schleppen. Sie haben ihn erst bei Einbruch der Nacht in Ruhe gelassen. Abends, als wir beim Appell waren, mußte Felix immer noch Steine schleppen. Er ist erst spät nach der Suppe zurückgekommen. In der Baracke brannte noch das Licht. Morgens hatten wir gesagt, daß Felix ein gemeines Schwein ist, weil er die Lage des Kleinen, der vor Hunger krepierte, ausnützte. Das war zum Kotzen. Das war widerlich.

Dann hatten wir gesehen, wie Fritz und der Polizist ihn abführten. Wir wußten, daß die SS dahinterstecke. Wir wußten, was Fritz gemacht hatte, wie Felix ihm geantwortet hatte, daß er nicht feige gewesen ist. Wir wußten, daß diese Kapos ihn vor allem deshalb töten wollten, weil er Franzose war.

Als er hereingekommen ist, hat ihn ein Kamerad, der bereits lag, zu sich gerufen; es war ein Politischer. Felix ist zu ihm ans Bett gegangen. Seine Augenlider fielen herab, sein Gesicht war grau und verzerrt, seine Jacke war voller Erde, er zog die Füße nach.

»Was willst du?« hat Felix mit schwacher Stimme gefragt und ihn dabei angesehen.

Der Kamerad hat sich auf einem Ellbogen aufgerichtet und hat geantwortet:

»Nichts.«

Und er hat ihm die Hand hingestreckt.

*

Karfreitag. Als wir gegen 7 Uhr aus der Fabrik zurückgekommen sind, haben sich einige Kameraden versammelt, sie haben sich auf den Rand von zwei nebeneinander stehenden Betten gesetzt. Manche von ihnen waren gläubig, andere nicht.

Aber es war Karfreitag. Ein Mensch hat Folter und Tod auf sich genommen. Ein Bruder. Man hat von ihm gesprochen.

Einem der Kameraden war es gelungen, in Buchenwald eine alte Bibel aufzutreiben. Er las einen Auszug aus dem Evangelium.

Die Geschichte eines Menschen, nur die eines Menschen, das Kreuz für einen Menschen, die Geschichte eines einzigen Menschen. Er kann reden und die Frauen, die ihn lieben, sind da. Er ist nicht verkleidet, er ist schön, auf jeden Fall hat er frisches Fleisch auf den Knochen, er hat keine Läuse, er kann neue Dinge sagen, und wenn man ihn verhöhnt, so geschieht es deshalb, weil man zumindest versucht ist, ihn als eine Persönlichkeit anzusehen.

Eine Geschichte. Eine Passion. In der Ferne ein Kreuz. Ein schwaches Kreuz, ganz in der Ferne. Eine schöne Geschichte.

K . . . ist gestorben und man hat ihn nicht mehr wiedererkannt.

Kameraden sind mit den Worten gestorben: »Diese Säue, diese Misthaufen . . .«

Die kleinen, wie Ratten erstickten Zigeuner aus Buchenwald.

M.-L. A . . ., gestorben, ein Skelett, ausgelöscht.

Alle Asche auf der Erde von Auschwitz.

Die Stimme des Kameraden verklingt. Eine schwache Geschichte, schwächlich, eine schöne, lächerliche Geschichte.

Ein anderer Kamerad – er ist nicht gläubig – spricht von der Freiheit dieses Menschen. Er hat es auf sich genommen, sagt er. Auch Jeanneton hatte es auf sich genommen in seiner Zelle in Fresnes. Er hatte zu uns gesagt: »Ich habe die Ehre, euch mitzuteilen, daß ich zum Tode verurteilt worden bin.«

Und auch hier sind vielleicht einige, die es auf sich nehmen, die begreifen, die das alles *korrekt* finden.

Schöne Geschichte vom Übermenschen, begraben unter Tonnen von Auschwitzer Asche. Man hatte ihm erlaubt, eine Geschichte zu haben.

Er sprach von Liebe und man liebte ihn. Die Haare über den Füßen, die Düfte, der Schüler, den er liebte, das abgetrocknete Antlitz . . .

Hier gibt man die Toten nicht ihrer Mutter zurück, man tötet die Mutter gleich mit, man ißt ihr Brot, man reißt ihnen das Gold aus dem Mund, um mehr Brot essen zu können, man macht Seife aus ihrem Körper. Oder man macht aus ihrer Haut Lampenschirme für die Weiber der SS. Keine Spuren von Nägeln auf dem Lampenschirm, nur künstlerische Tätowierungen.

›Vater, warum hast du mich . . .‹

Gebrüll der Kinder, die man erstickt. Schweigen der über einer Ebene verstreuten Asche.

*

Es ist Sonntag. Es regnet. Der Lagerplatz ist klebrig von Schlamm. Die meisten Franzosen haben den ganzen Morgen über gearbeitet, die einen in der Fabrik, um Rumpfprofile abzubauen, andere, um sie ins Freie zu bringen, wieder andere, um draußen im Regen andere, bereits herausgebrachte Werkteile auseinanderzunehmen.

Den ganzen Vormittag über stand ein Zivilist hinter uns. Er trug einen dunklen Anzug; auf seiner Weste baumelte eine goldene Uhrenkette; er hatte einen weichen Hut auf dem Kopf, der ebenfalls dunkelgrau war. Sein Gesicht war fett, mit einem rosigen Anflug, wie es das Gesicht eines Mannes von etwa fünfzig Jahren haben kann. Er trug eine goldgefaßte Brille. Er roch nach nahegelegenem Haus, nach Sonntagmorgenhaus. Es kam aus diesem Kästchen, das sicherlich vier oder fünf kleinere Kästchen enthielt, die voll waren mit sanften Gegenständen und riesigen Spiegeln, in denen man sich von Kopf bis Fuß betrachten konnte und deren er sich in der Tat bedient hatte, um seine Krawatte zu binden. Er kam aus Plüsch, aus Wolle, aus Flaum. Schließlich hatte sich nichts in seinem Leben geändert; er stand nicht unter der Wirkung irgendeiner Enthüllung über ihn oder über die andern – man hatte gesehen, wie er bei der Ankunft in der Fabrik einem seiner Kollegen brüderlich und lächelnd die Hand gedrückt hatte. Er war nicht einmal wütend, daß er trotz Sonntag in die Fabrik kommen mußte – die Tatsache, daß er gekommen war, war ein Zeichen dafür, daß er eine hohe Verantwortung hatte und daß man ihn brauchte, daß er nicht einmal an einem Sonntagmorgen entbehrlich war, daß sein Leben im Grund ganz erfüllt war, und sein Gewissen freute sich darüber wohl; die Tatsache, daß er an diesem Sonntagmorgen gekommen war, würde die Ruhe, die er sich am Nachmittag gönnen wollte, besser rechtfertigen und das Essen, das ihm seine Frau zubereitete, würde ihm nur noch besser schmecken; sein Kommen vermied jeglichen Bruch im Rhythmus seines Alltagslebens, und er schätzte es um so mehr, daß diese Arbeit, die er die ganze Woche über verrichtete, nicht unbedingt ein Zwang war, sondern auch erwünscht war. Schließlich konnte man annehmen, ohne Gefahr zu laufen, sich allzu sehr zu irren, daß dieser ernste Mann zufrieden war.

Wir waren in Sechser- oder Achtergruppen in der Halle und trugen Rumpfprofile nach draußen. Diese Profile bestanden aus langen, hohlen Eisenträgern; sie waren sehr schwer. Man legte sie sich in drei Bewegungen, die man gleichzeitig auszuführen versuchte, auf die Schultern.

Der Zivilist sah nach einem Büromenschen aus. Anfangs war er ruhig. Er zeigte nur mit dem Finger auf das Profil, das hinauszutragen war. In den ersten zwei Stunden, von acht bis um zehn, hatte er seine Anweisungen gegeben und ihre Ausführung aufmerksam verfolgt. Wir hatten also ununterbrochen arbeiten müssen. Seine Anwesenheit schüchterte eher ein als daß sie bedrohte. Wir konnten nicht behaupten, daß wir einen brutalen Menschen vor uns hatten; wir hatten es mit einem Beamten zu tun, der Wert darauf zu legen schien, daß die Arbeit unverzüglich von den Maschinen ausgeführt wurde, die ihm zur Verfügung standen. Er schien sich mehr für die Arbeit zu interessieren, die verrichtet wurde, als für unsere Arbeit. Wir konnten den Eindruck haben, daß dieser Mann, der nicht schrie, der uns aber auch keine Rast ließ, gewissermaßen von der Arbeit besessen war, die ausgeführt werden mußte und uns überhaupt nicht sah; es war besser für uns, ihn nicht zu wecken.

Gegen Mitte des Vormittags nun, als wir uns gerade anschickten, einen Eisenträger aufzuheben, und zwar nicht langsamer, als wir es bisher getan hatten, da stürzte er sich plötzlich auf den Kameraden, der ihm am nächsten war und versetzte ihm zwei Fußtritte, die den Kameraden im Kreuz trafen. Zugleich fing er an zu brüllen und lief rot an. Der Kamerad stand wieder auf und verdrückte sich. Der Zivilist verfolgte ihn nicht. Seine Brille hatte sich leicht verschoben, sein Gesicht war scharlachrot. Er war grotesk. Er war es nicht gewohnt, Fußtritte auszuteilen, er war so grotesk wie es ein Zivilist sein kann, wenn er die Grenzen seiner Gebärden überschreitet, die ihm von seiner äußeren Aufmachung gesetzt werden; grotesk wie ein schwarz gekleideter Mann mit Stehkragen, der an einem Strand inmitten nackter Körper Fußball spielen würde; grotesk wie ein Zivilist, der den Athleten spielen möchte. Er hatte mit uns SS spielen wollen. Es läßt sich nicht ausmachen, ob ihm seine beiden ersten Fußtritte schwerfielen, sicher ist jedenfalls, daß er Geschmack daran fand. Wenn wir den Träger draußen abgelegt hatten und nun etwas zu langsam zurückkamen, stürzte er schwänzelnd herbei, nahm einen Anlauf und trat uns in den Arsch oder ins Kreuz, wobei er brüllte. Doch er trat so ungeschickt, daß man den Eindruck hatte, er müsse eine Angst überwinden. Sicherlich fühlte auch er sich als Held, aber nicht einfach nur, wie man das als guter Staatsbürger tut; ein Held, weil er über die von seinem Körper gesetzten Grenzen hinweggegangen war, weil er sich öffentlich zur Schau gestellt hatte, weil er persönlich seine Macht ausgeübt hatte.

Verglichen mit dem Haß – heftige Anfälle, die einem wie Nadeln ins Fleisch stachen –, den wir ihm gegenüber jetzt empfanden, schien uns, daß der Haß, den wir auf die SS hatten, im Augenblick abstrakt geworden war. Denn er war allem Anschein nach das Gegenteil eines SS-Mannes. Denn er gehörte allem Anschein nach nicht zu jener Gattung, die die unsere ausschließen sollte, er war kein SS-Mann. Denn er bekam nicht die Befehle, die die SS-Leute bekamen. Er war ein Amateur, dazu noch schüchtern, der schließlich nach zwei Stunden stiller Vorbereitung gewagt hatte, es mal zu probieren. Er war ein jungfräulicher Nazi. Die SS-Leute waren wenigstens noch gezwungen, mit uns zu leben; sie trugen nicht diese Kaplanskleidung, sie trugen den Totenkopf.

Er würde sich nachher mit seiner Frau und seinen Kindern zu Tisch begeben, und er würde vielleicht von seinem Ausfall erzählen, von seiner Mannestat. Wir hatten ihm dazu gedient, seine Jungfernschaft auf diese ungefährliche Goldbrillenart zu verlieren.

Jetzt wurde die sichtbare Tünche aller Dinge auf dem Lande draußen, die uns im Verlaufe des Transports von Buchenwald so aufgefallen war, zur Provokation. Die Lüge der Ehrbarkeit dieses Mannes, die Lüge seines freundlichen Gesichtes und seines Bürgerhauses waren entsetzlich. Die Enthüllung der Raserei der SS, die sich in aller Ruhe vollzog, rief vielleicht nicht soviel Haß hervor wie die Lüge dieses Nazi-Bürgertums, das diese Raserei nährte, sie hätschelte, sie mit ihrem Blut, mit ihren »Werten« nährte.

Wir sind mittags in die Baracke zurückgekehrt und haben wie jeden Sonntag um halb eins unsere Suppe gefaßt. Der Lagerplatz war mit einer dicken Schlammschicht bedeckt. Vor unserer Baracke waren zwei große Pfützen gelblichen Wassers. Um auf die Latrine zu gehen, die sich am Fuße der Eisenbahnböschung befand, wateten wir knöcheltief im Schlamm und rutschten aus. Genauso verhielt es sich, um zur Küche zu gehen. Was von unseren Schuhen noch übriggeblieben war, saß so schlecht am Knöchel – manchmal nur von einigen Drähten festgehalten, die man unter der Sohle hindurchzog – daß der Schuh manchmal im Schlamm steckenblieb, wenn man ihn herauszuziehen versuchte.

Es war also nicht kalt, aber wir konnten nicht draußen bleiben. Wieder einmal waren wir in einem Sonntagnachmittag gefangen. Wir konnten kaum sehen in der Baracke, so düster war der Himmel. Um den Ofen herum, der nur noch sonntags angezündet wurde, saßen wie jede Woche diejenigen, die Kartoffelschalen brieten oder kochten. Andere lagen auf ihrem Strohsack, in eine Decke eingewickelt. Wieder andere gingen im Barackengang, der mit einer dünnen Schicht schwärzlichen Schmutzes bedeckt war, auf und ab. So hätte dieser Nachmittag, der ebenso drückend war wie die meisten Sonntagnachmittage, ebenso lang und ebenso flüchtig, langsam in die Nacht eindringen können.

Jeder hätte für sich allein versuchen können, die Stunden mit Hilfe des Schlafs auszufüllen. Oder wir hätten uns auch darauf einlassen können – wie wir es schon so oft getan hatten –, einen Fuß in die Vergangenheit zu setzen. Bilder von unauslotbarem Reichtum hätten uns einmal mehr fasziniert und uns auf andere Bilder gestürzt, deren Anblick ebenso unerträglich war, wie in einem Spiegelkabinett. Nachdem wir diesem Laster nachgegeben hätten, alles für möglich zu halten, hätte sich jeder wegen irgendeinem Wort aus der Vergangenheit, das immer größer und größer und schwer geworden wäre wie ein Stein am Hals, untergehen lassen können. Dann hätten sich die Augen wieder über diesem Nachmittag geöffnet, in diesem Viereck Raum, in dieser Baracke, die in diesem Viereck Raum stand. Die Kameraden hätten sich von neuem als Gestreifte in diesem Raum abgehoben. Die Kriegszeit wäre brutal erstarrt in diesem Nachmittag, der selber unaufhörlich zerfloß und schwärzer wurde. Und wir hätten den Hunger wiedergefunden, den echten. Und man hätte meinen können, daß die zu Hause, die vom Hunger durch eine Entfernung getrennt waren, die ebenso groß war wie die Entfernung zu uns, ihre Augen wohl ebenfalls auf ein geronnenes Viereck Raum richteten.

Zu denken schließlich, daß dieser Nachmittag tatsächlich der Weg unseres Lebens war. Das, was es an Ernsthaftestem und an Wahrstem in unserem Leben gab und das in diesem Augenblick gegen nichts auf der Welt getauscht werden konnte und doch unaufhörlich floh, dahinglitt, sich verwandelte. Das, was man von oben herab den Krieg nannte; was man auch Geduld nennen konnte. Mut. Schwäche. Liebe.

Man hätte sich also an diesem Sonntag zwingen oder sich hinreißen lassen können, allein zu sein. Diesen Blutsturz hervorrufen oder ihn billigen, um diese Entfernung von sich zu einer anderen Art sich – der gleiche Mensch – auszufüllen, zu dieser Art kleinem, lächelndem oder luxuriös traurigen Gott, auf den man hört, der launisch ist, der angebetet oder gehaßt wird, aber auf lächerliche Weise gehaßt von anderen kleinen Göttern, die nicht hassen können, oder kaum geliebt doch getröstet wird. Und wie jedesmal wäre man keuchend und mit riesig angeschwollenen Knien wieder zu sich gekommen, mit der leeren Tasche im Körper. Von da aus wäre man wieder den Weg hinaufgegangen. Man hätte sich wieder einmal versichert, daß die Wahrheit hier vorbeikam, das genau dies der einzige Weg war, der zum möglichen Leben führte und jene, die glaubten, mußten ebenfalls anerkennen, daß ihre Vorsehung diesen Weg ging. Dann hätte man den anderen kleinen Gott nur noch als eine lächerliche Fälschung empfunden. Und man hätte schließlich die Kameraden wiedergefunden, die hier sind, hätte sie als die wahrsten Menschen unseres Augenblicks wiedergefunden, um schließlich fest daran zu glauben, daß man außerhalb der brüderlichen Verbundenheit mit den andern hier keine Kraft schöpfen konnte.

Das war der Weg, den man, wie so oft, mit mehr oder weniger großer Kraft oder Schwäche hätte gehen können.

Aber an diesem Nachmittag haben wir ihn eben nicht allein zurückgelegt. Gaston hatte am Abend zuvor den Plan ins Auge gefaßt, für diesen Sonntag eine *Unterhaltungsvorstellung* zu organisieren.

Diesen albernen Namen gab man den kleinen Versammlungen, die wir jetzt schon drei- oder viermal am Sonntagnachmittag in der einen oder anderen Stube der Baracke abzuhalten vermocht hatten. Wir hatten diesen Versammlungen deshalb diesen Namen gegeben, weil sie tatsächlich Gelegenheit zum Lachen bieten und man sich auf jeden Fall zerstreuen konnte – Kameraden sangen oder erzählten Geschichten – vor allem aber, weil die Kapos manchmal in der Baracke herumstrichen und es besser war, wenn das, was zwischen den Liedern und den Geschichten gesagt oder bekanntgemacht werden konnte, sich hinter dieser Vokabel versteckte, die keine Aufmerksamkeit erregte.

Gaston Riby war ein Mann, der auf die dreißig zuging. Er war Studienrat. Er hatte ein massiges Gesicht mit breiten Kinnbacken. Auch er war über das Zaunkommando in die Fabrik gekommen. Im Augenblick arbeitete er mit einigen anderen in dem, was sie das Bergwerk nannten. Es war ein Tunnel-Unterstand, den die SS in den Hügel hineintreiben ließ, an dessen Fuß ihre Baracke stand. Die Leute aus dem Bergwerk kamen jeden Abend erschöpft und mit Erde verdreckt zurück. Trotz der Schläge, die wir bei der Transportkolonne bekommen konnten, sahen wir nicht so aus wie sie. Wir konnten den Schlägen ausweichen, uns für ein oder zwei Stunden ein Versteck in der Fabrik suchen. Sie waren im Tunnel und mußten mit dem morgendlichen Stück Brot im Bauch von morgens bis abends Erde herausschaffen. Wenn Gaston in die Baracke zurückkam, hatte er oft kaum noch die Kraft seine Suppe zu trinken und streckte sich sogleich auf dem Strohsack aus, worauf ihm die Augen zufielen.

Aber wenn sie auch ein Lasttier aus ihm gemacht hatten, hatten sie ihn doch nicht daran hindern können, beim Hacken im Hügel zu denken und schwerfällig mit Wörtern zu reden, die lange in den Ohren nachhallten. Er war nicht allein im Tunnel; andere neben ihm hackten und schleppten Erde, und wie er hatten auch sie am Morgen trotz allem etwas mehr Kraft als am Abend. Der Vorarbeiter, ein Zivilist, konnte zwar mit seinem Kapuzenmantel eines zukünftigen Volkssturmmannes und seinem kleinen schwarzen Schnurrbart im Tunnel herumlaufen und schreien und zur Arbeit antreiben, aber er konnte nicht verhindern, daß die Worte von Mann zu Mann gingen. Wenige Worte übrigens; es war kein Gespräch, das diese Männer miteinander führten, weil die Arbeit im Bergwerk nicht von gleichartigen Gruppen ausgeführt wurde und folglich keiner stundenlang hintereinander neben dem gleichen Kameraden bleiben konnte. Die

Sätze wurden vom Arbeitsrhythmus der Hacke, vom Hin und Her der Schubkarre zerstückelt. Und ein wirkliches Gespräch war auch zu ermüdend. Man mußte das, was man zu sagen hatte, in wenigen Worten zusammenfassen. Gaston sagte wohl dies:

»Am Sonntag *müssen wir etwas tun*, so geht das nicht weiter. Wir müssen aus dem Hunger herauskommen. Wir müssen mit den Leuten reden. Es sind welche dabei, mit denen gehts rapide abwärts, sie lassen sich hängen, sie lassen sich kaputtgehen. Es sind sogar welche dabei, die vergessen, weshalb sie hier sind. Wir müssen miteinander reden.«

Das trug sich im Tunnel zu, und das wurde von Lasttier zu Lasttier weitergesagt. So entstand eine Sprache, die nicht mehr die Sprache der Beschimpfung oder des Auswurfs aus dem Bauch war und die auch nicht das Hundegebell um den Kübel mit dem Nachschlag war. Diese Sprache hier schuf eine Distanz zwischen dem Menschen und der schlammigen, gelben Erde, hob ihn heraus, so daß er nicht mehr in ihr vergraben, sondern ihr Herr war, Herr auch über die leere Tasche des Bauches. Mitten in der Grube, im gekrümmten Körper, im entstellten Kopf, öffnete sich die Welt.

Es wurde immer dunkler in der Baracke. Um den Ofen herum wärmten sich einige. Die meisten lagen allerdings auf ihrem Strohsack. Sie wußten, daß an diesem Nachmittag »etwas los« sein sollte, und sie warteten. Gaston ist mit einem Kameraden hinter die Baracke gegangen, um eines der Bretter zu holen, die wir von der Eisenbahnböschung dorthin geschleppt hatten. Als sie zurückgekommen sind, haben sie das schmutzige Brett über die untere Etage zweier Bettgestelle in der Nähe der Stubentür gelegt. Das war die Bühne. Da es schon sehr dunkel war, hat Gaston eine kleine Öllampe angezündet – es war eine mit Maschinenöl gefüllte Blechdose, in der ein Stück Docht steckte – und hat sie auf einen Bettpfosten über der Bühne gestellt. Auf diese Weise würde das Licht auf den Kameraden fallen, der auf dem Brett stünde. Gaston mühte sich wortlos ab. Die andern hoben den Kopf von ihrem Strohsack und folgten mit den Augen den Bewegungen Gastons. Jene, die um den Ofen herumsaßen, warfen ab und zu einen Blick auf die Bühne und auf die Öllampe, ohne jedoch die röstenden Kartoffelschalen aus den Augen zu verlieren.

Der Aufbau war fertig. Man mußte beginnen. Aber die, die an der Versammlung teilnehmen sollten, waren nicht da. Gaston ist in die Stube nebenan gegangen, um Jo zu suchen, den langen Kerl aus Nevers. Jo hatte einen viereckigen Kopf, dunkle Augen, lange Falten, die sich von der Nase bis zum Kinn auf beiden Seiten des Mundes herabzogen. Auf dem Strohsack sitzend flickte er seine Hose. Die andern saßen, genau wie in unserer Stube, um den Ofen herum oder lagen auf ihren Strohsäcken.

»Was soll ich eigentlich machen?« hat Jo mit seiner lauten und näselnden Stimme gefragt.

»Nun, du sollst etwas singen«, sagte Gaston, »wir müssen die Jungens aufrütteln.«

»Gut«, sagte Jo und zwickte dabei den Faden an seiner Hose ab.

Während Gaston auf Jo wartete, betrachtete er die andern, die mitgehört hatten, sich aber nicht rührten. Mit seiner dumpfen Stimme hat er gerufen:

»Sagt mal, Kumpels, wir machen nebenan eine Veranstaltung, einige Kameraden werden singen. Ihr müßt kommen!«

Diejenigen, die um den Ofen herumsaßen und die ebenfalls Kartoffelschalen brieten oder Suppen kochten, haben sich umgedreht und Gaston lange angesehen. Diejenigen, die auf ihrem Strohsack lagen, haben sich aufgerichtet.

»Kommt!« rief Gaston.

Einige haben sich auf ihren Strohsack gesetzt und sind in ihre Hose geschlüpft. Jo war fertig. Er ist von seinem Bett heruntergestiegen, und sie sind langsam von ihrer Stube zu unserer hinübergegangen, während Gaston noch einmal rief: »Kommt!« Bei uns brauchten sich diejenigen, die auf dem Strohsack lagen, nicht zu bemühen. Sie warteten einfach.

Francis sollte ebenfalls mitmachen. Er sollte Gedichte aufsagen. Er saß auf seinem Strohsack, der ganz nahe an der Bühne war, und den Kopf in den Händen, sprach er das Gedicht vor sich hin, das er rezitieren wollte. Einige Zeit zuvor hatte Gaston einige Kameraden gebeten, sie sollten sich an Gedichte, die sie einmal auswendig gelernt hatten, zu erinnern versuchen und sie niederschreiben. Jeder von ihnen versuchte am Abend, auf seinem Strohsack liegend, sich zu erinnern, und wenn es ihm nicht gelang, fragte er einen Kameraden. So hatten durch das Zusammenfügen von Erinnerungen, was zugleich auch ein Zusammenfügen von Kräften war, ganze Gedichte rekonstruiert werden können. Lancelot – ein Matrose, der kurz vor dieser Veranstaltung gestorben war – hatte die Gedichte auf kleine Pappstücke, die er im großen Lagerraum der Fabrik gefunden hatte, aufgeschrieben.

Das Gedicht, das Francis auswendig gelernt hatte und das er jetzt aufsagen wollte, hatte auf einem der von Lancelot hinterlassenen Pappstücke gestanden.

Kameraden sind aus der anderen Stube angekommen und haben sich auf Bänke gesetzt, die auf beiden Seiten des Ganges an den Betten entlang aufgestellt worden waren. Dieser plötzliche Andrang hat diejenigen aus unserer Stube geweckt, die allmählich glaubten, daß wirklich etwas stattfinden würde und die nun ernsthafter warteten. Auf jeden Fall war ihre Aufmerksamkeit jetzt erwacht, und das war die Hauptsache. Sogar diejenigen, die um den Ofen herumsaßen, waren jetzt versucht, näher an die Bühne heranzukommen und dafür ihren Platz zu opfern.

Gaston ist auf die Bühne gestiegen. Der kleine Lichtschimmer der Öllampe beleuchtete kaum sein Gesicht. Er hat sein Käppi abgenommen und sein viereckiger, knochiger Schädel, der sein hohlwangiges Gesicht erdrückte, kam zum Vorschein. Sein gestreifter Anzug war schmutzig und seine

Schuhe voller Schlamm. Auf dem Brett stehend, schien Gaston noch schwerfälliger. Er wußte nicht so recht, was er mit seinen Händen anfangen sollte, die er an seinem Körper herunterhängen ließ oder die er ab und zu aneinander rieb.

Die Gespräche der Kameraden wurden mit leiserer Stimme fortgesetzt, aber jetzt sahen sie zu Gaston auf.

Gaston sagte ungefähr folgendes:

»Kameraden, wir haben gedacht, es sei nötig, die Gelegenheit eines solchen Nachmittags zu nutzen, um mal wieder zusammenzukommen. Wir kennen uns kaum, wir schreien uns an, wir haben Hunger. Das muß sich ändern. Sie haben Tiere aus uns machen wollen, als sie uns unter Bedingungen leben ließen, die sich niemand, ich sage niemand, jemals vorstellen kann. Aber es wird ihnen nicht gelingen. Weil wir wissen, wo wir herkommen, weil wir wissen, warum wir hier sind. Frankreich ist frei, aber der Krieg geht weiter, er geht auch hier weiter. Wenn es manchmal vorkommt, daß wir uns selber nicht mehr wiedererkennen, dann ist das der Preis, den dieser Krieg fordert, und wir müssen durchhalten. Aber um durchzuhalten, muß jeder von uns aus sich selber herauskommen, er muß sich für alle verantwortlich fühlen. Sie haben uns alles wegnehmen können, nicht aber das, was wir sind. Wir existieren noch. Und jetzt ist es bald soweit, das Ende kommt, aber um bis zum Ende durchzuhalten, um ihnen Widerstand zu leisten und um dieser Erschlaffung zu widerstehen, die uns bedroht, sage ich euch noch einmal, wir müssen durchhalten und wir müssen alle zusammenstehen.«

Gaston hatte das in einem Zug herausgeschrien, mit einer Stimme, die allmählich immer schriller geworden ist. Er war rot im Gesicht und seine Augen waren starr geradeaus gerichtet. Die Kameraden waren angespannt und hatten applaudiert. Die Kriminellen sahen ganz verblüfft aus und sagten nichts. Diese Sätze lagen schwer in der Baracke. Sie schienen von sehr weit herzukommen. Man vergaß die Suppe, man dachte nicht mehr daran. Und das, was man sich für sich allein hätte sagen können, hatte gerade eine beachtliche Kraft bekommen, weil es laut und für alle hinausgeschrien worden war.

Gaston, der von der Bühne heruntergestiegen war, stieg wieder hinauf, um anzukündigen, daß Kameraden singen und Gedichte aufsagen würden. Als ersten kündigte er Francis an.

Francis stellte sich auf das Brett. Er war klein und bei weitem nicht so massig wie Gaston. Auch er hatte sein Käppi abgenommen. Sein Schädel war weißer als der Gastons und sein Gesicht noch magerer. Er hatte sein Käppi in der Hand und schien sich nicht so recht zu trauen. Er blieb einen Augenblick so stehen und wartete, bis Ruhe eintrat, doch im hinteren Teil der Baracke unterhielt man sich weiter. Darauf entschloß er sich, trotzdem anzufangen.

Glücklich wer wie Odysseus eine schöne Reise tat . . .

Er sprach ganz langsam, mit eintöniger und schwacher Stimme.

»Lauter!« riefen einige Kerle hinten in der Stube.

. . . *Und dann zurückgekehrt voll Kenntnis und Verstand* . . .

Francis versuchte lauter zu sprechen, aber es gelang ihm nicht.

Sein Gesicht war unbeweglich und traurig, seine Augen waren starr. Der Winter beim Zaunkommando hatte es geprägt und seine Stimme auch, die erschöpft war. Er mußte sich aufs äußerste anstrengen, um die Wörter deutlich voneinander abzuheben und in der Diktion den gleichen Rhythmus beizubehalten. Bis zum Schluß stand er so steif und verängstigt da, als ob er eines der seltensten, der geheimsten Dinge zu sagen gehabt hätte, die er jemals auszudrücken in die Lage gekommen war; als ob er Angst gehabt hätte, das Gedicht könne in seinem Mund plötzlich zerbrechen.

Als er fertig war, bekam auch er Beifall von denen, die nicht allzu weit von ihm weg saßen.

Nach Francis sang Jo ein Lied.

»Auf den Festungsbauten
Draußen,
Draußen . . .«

Jo sang mit lauter, etwas näselnder und zugleich kehliger Stimme. Jo hatte großen Erfolg, und das brachte die andern dazu, ebenfalls zu singen. Pelava, der sehr viel älter war als wir alle und der ein Ödem am Bein hatte, kletterte mühselig von seinem Strohsack herunter und kam auf die Bühne, um die »Toulousaine« zu singen. Bonnet, der ebenfalls älter war, sang »In der Jugendzeit«. Einer löste den andern auf dem Brett ab.

In der Baracke war das Licht angegangen. Der Ofen stand für einen Augenblick verlassen da. Die Kameraden hatten sich um die Bühne herum aufgestellt. Diejenigen, die zuerst auf ihrem Strohsack liegen geblieben waren, hatten sich entschlossen, aufzustehen. Wenn jemand in diesem Augenblick in die Baracke gekommen wäre, hätte er eine seltsame Vision gehabt. Alle lächelten.

*

Wir lagen bereits, die Lichter waren gerade ausgegangen. Die Tür wird heftig aufgerissen, das Licht geht wieder an.

»Charlot! Wo ist Charlot?«

Es war Fritz, in kurzen Hosen und mit nacktem Oberkörper. Lucien folgte ihm. Fritz hatte dicke Arme, eine rosige Haut, wir betrachteten das Fleisch, das er überall hatte. Es war das erste Mal, daß wir ihn halb nackt sahen. Wir stellten uns zwar vor, was er alles unter den Kleidern haben konnte, aber nicht solche Arme und solche Schenkel.

»Charlot, los!« rief Fritz noch einmal.

Charlot schlief in der Nähe der Tür; er hat sich auf seinem Bett aufgerichtet.

Die Kameraden, die mit seinem Transport gekommen waren und die ihn in Schirmeck, ihrem ersten Lager, hatten ankommen sehen, sagten, daß er ein ehemaliger Gestapoagent sei. Irgendein Krimineller, der in den Dienst der Gestapo eingetreten war, der Schwarzmarktgeschäfte hatte machen wollen, dabei geschnappt und dann deportiert worden war. Er sprach deutsch und hatte sich von Anfang an als Vorarbeiter angeboten.

Er hatte kleine, sehr bewegliche blaue Augen, ein zynisches Grinsen um den Mund, seine Rede war gehässig und schlaff. Er sprach zwischen den Zähnen, und seine Augen lauerten ständig auf irgend etwas. Selbst wenn wir nichts über ihn gewußt hätten, hätten wir doch sagen können, daß er irgend jemanden verraten hatte, verriet oder verraten würde.

Die Kameraden, die vor sich hindösten, waren wachgeworden. Sie wußten, wer Charlot war. Fritz vor Charlot stehend, das war eine Szene, die man verfolgen mußte.

»Komm, Charlot!« hat Fritz gesagt.

Charlot ist im Hemd von seinem Strohsack heruntergeklettert. Wir warteten. Lucien hielt sich etwas abseits.

»Was machst du denn abends bei der SS?« fragte Fritz auf deutsch.

Und Charlot bekam den ersten Faustschlag in die Fresse.

Lucien fing an zu lächeln. Wir waren ganz aufgeregt, weil Charlot, der zur Gestapo gehörte und ebenfalls schöne Schenkel hatte, trotzdem gerade einen Faustschlag in die Fresse bekommen hatte. Die Schenkelfritzen verdroschen sich untereinander.

Charlot antwortete:

»Ich gehe nicht zur SS.«

»Was?«

Noch ein Faustschlag in die Fresse. Charlot steckte den Schlag ein. Im Hemd war er benachteiligt.

Fritz fuhr fort:

»Du frißt jeden Abend beim Lagerführer ein Kochgeschirr voll und erzählst dabei, was hier in der Baracke vorgeht.«

Fritz wollte damit sagen, daß Charlot den SS-Leuten auch einen Bericht über die Kapos gab; er war also ein Konkurrent.

»Das ist nicht wahr!« schrie Charlot.

Wieder ein Faustschlag von Fritz, der sich ganz in seinem Element fühlte.

Charlot bespitzelte zwar, aber dafür bekam er keinen Titel.

Fritz gegenüber war er nichts. Fritz rief darauf die Kameraden zu Zeugen an, wobei er auf Charlot zeigte:

»Hier könnt ihr sehen, was ein Franzose tut: Er verpfeift seine Kameraden!«

Einige Kameraden reagierten:

»So ein Schweinehund! Du Schweinehund!«

Lucien meldete sich nun zu Wort:

»Da muß also ein deutscher Kapo kommen, um den Franzosen eine Lektion zu erteilen!«

Er hatte das ganz laut gesagt und dabei feierlich auf Fritz gezeigt. Charlot schaute unter sich. Fritz hatte ihn völlig bloßgestellt. Aber Fritz wollte auch auf einem anderen Gebiet gewinnen. Charlot stand reglos da, ein Bild des Jammers.

Fritz wandte sich wieder an die Kameraden:

»Wer seine Kameraden verpfeift, ist ein Schweinehund und verdient den Tod.«

Und er zeigte auf Charlot, der wieder einen Faustschlag einstecken mußte.

Lucien übersetzte und fügte hinzu:

»Hört ihr, was ein deutscher Kapo euch sagt?«

Einige Kerle klatschten Beifall und riefen:

»Bravo, Fritz!«

»Ihr dummen Arschlöcher!« rief jemand.

Lucien drehte sich wütend nach dem Mann um, doch er sagte nichts. Das »Bravo, Fritz« hatte andere Kameraden aufgeweckt. Hatten die Bravorufer denn nichts begriffen? Wußten sie denn nicht, daß das eine Abrechnung zwischen Fritz und Charlot war und daß die Szene über sie hinwegging? Daß sie der Schlußstrich unter einen Konkurrenzkampf war, der schon seit Monaten dauerte und bei dem Charlot und Fritz sich gegenseitig bei der SS auszustechen versuchten. Und da mischten sie sich einfach so in die Angelegenheit ein, gaben ihre unmaßgebliche Meinung kund, als ob die Sache sie beträfe. Sie hatten immer noch nicht begriffen, daß sich jeder den Anschein eines Rächers geben kann und daß Charlot Fritz schlug wie er jeden anderen von uns geschlagen hätte.

Wir schämten uns, Fritz lächelte. Er hatte einen kräftigen Oberkörper, kräftige Schenkel, Schlagkraft. Und schon waren welche da, die seiner Kraft Beifall klatschten, weil sie ausnahmsweise einmal dazu diente, einen Schweinehund zu bestrafen. Willenlosigkeit einer mageren Hure. Diese Verführbarkeit erlebte man übriges nicht das erste Mal. *Dalli, dalli, Fritz!* hatten eines Tages zwei Italiener gerufen, als Fritz einen ihrer Kameraden verprügelte, der sicherlich irgendeine Gemeinheit begangen hatte. Auch die Frauen in der Fabrik bewunderten natürlich die starken Männer, die auf uns schlugen. Die Deutschen ließen diejenigen gelten, die die Kraft hatten, schwere Werkstücke hochzuheben, und sie ließen sie in Frieden. *Du nicht Bandit!* sagten sie. Die Kraft war der einzige Wert, der sie davon zu überzeugen vermochte, daß ein Häftling auch ein Mensch war. Allerdings mußte es sich um eine außergewöhnliche Kraft handeln. Sie konnte dann irgendwie gleichbedeutend werden mit der Wahrheit, mit dem Guten. Und der starke Mensch hatte dann andere Rechte als die andern und andere Bedürfnisse; in ihm war ein Mensch zu retten, ein guter, ein anständiger Mensch, er hatte das Recht zu essen usw.

Von da an konnte der starke Mensch sich selber bewundern. Eines Abends zum Beispiel hatte einer zu einem Kameraden, der mit dem Gedanken spielte abzuhauen, auf die natürlichste Weise von der Welt gesagt, und dabei auf seine Schenkel gezeigt: »Schau mich an, ich habe fast nicht abgenommen. Ich halte es durch, wenn wir abhauen. Aber bei dir, alter Junge, ist es der helle Wahnsinn, auch nur daran zu denken: schau dich doch an.« Und stolz zeigte er dem andern seine Beine.

Charlot war wieder auf seinen Strohsack geklettert und Fritz machte die Runde in der Stube. Eine Ehrenrunde. Lucien wich ihm nicht von der Seite. Dann haben sie das Licht gelöscht und sind gegangen.

»Sag ihm, er soll sie mir legen!«

»Er hat mir gesagt, daß er sie nicht mehr legen will«, sagte ich.

»Frag ihn trotzdem; es wird nicht lange dauern!«

»Zehn haben ihn schon gefragt.«

»Nur um zu sehen, was dabei rauskommt.«

Derjenige, der gern die Karten gelegt bekommen hätte, ein langer, blasser, gebeugter Kerl von etwa zwanzig Jahren, war in den letzten Tagen zweimal in der Fabrik ohnmächtig geworden. Die Meister hatten ihm Arschtritte versetzt, damit er wieder zu sich kommen soll. Man wußte, daß er Angst davor hatte, es nicht länger durchzustehen.

Wir standen in der Nähe meines Bettes und unterhielten uns leise. Beim Sprechen beobachtete er Francis, der auf seinem Strohsack saß, ein Spiel Karten vor sich ausgebreitet. Francis zählte die Karten aufmerksam, wobei er auf jede den Zeigefinger drückte. Ein kleiner Rothaariger saß Francis gegenüber. Über die Karten gebeugt, hob er von Zeit zu Zeit den Kopf und sah Francis ängstlich an. Der Große, der mit mir sprach, folgte ihnen mit neidischen Blicken.

Ein dritter wartete etwas abseits darauf, daß Francis fertig werden würde. Seitdem die Kameraden das erste Mal gesehen hatten, wie Francis die Karten legte, wollten sie sich alle von ihm die Zukunft sagen lassen.

Francis sprach leise mit dem kleinen Kameraden:

»Eine kurze Reise«, sagte er, »wir werden auf dem Weg befreit werden.«

Die Alliierten rückten vor, und die Frage nach der Evakuierung stellte sich. Francis zufolge sagten die Karten, daß wir evakuiert werden würden. Die Kameraden wollten jetzt wissen, ob sie persönlich davonkommen würden.

Diejenigen, die durch den Gang liefen und das ausgebreitete Kartenspiel sahen, blieben stehen.

»Legst du mir die Karten, Francis?«

»Das hier ist der letzte, ich lege keine mehr.«

Der Kerl ließ nicht locker:

»Nicht sofort, aber morgen?«

Der Kerl kam näher zu Francis heran und insistierte sanft.

Der Rothaarige verteidigte seine Karten:

»Laßt uns in Frieden, ihr kommt nachher dran!«

Die andern warteten darauf, daß sie an die Reihe kamen.

Die ganze Stube wußte, daß Francis die Karten legte, und alle waren begierig darauf, Bescheid zu wissen.

Francis sprach zuerst vom Krieg. Darauf beugte man sich vor, lauschte jedem Wort, fragte nach Einzelheiten, und Francis sagte, daß er nicht beschlagen genug sei, um die Tage bis zur Befreiung zu zählen.

Der Rothaarige fragte, so, als mache er sich über sich selber lustig, als Francis aufhörte und ihm nichts mehr zu sagen zu haben schien:

»Siehst du nicht den Tod in den Karten?«

»Nein!« sagte Francis.

Dann ließ sich der Kamerad alles wiederholen, was in den Karten stand, und Francis, der ungeduldig wurde, sagte zu ihm:

»Du kommst davon, mach dir keine Gedanken!«

Der andere lächelte, dann fragte er Francis:

»Glaubst du an die Karten?«

»Ich weiß auch nicht!« sagte Francis.

»Dann«, fuhr der Kamerad fort, »gibt es also keinen Zweifel, wir werden unterwegs befreit werden?«

Sein Gesicht war zuversichtlich.

Der Große beobachtete das entspannte Gesicht des Rothaarigen, der aufstand und Francis dankte.

Und der Rothaarige ging weg, die Hände in den Taschen und sagte zu den andern: »In den Karten steht, daß wir unterwegs befreit werden.«

Jene, denen er das sagte, machten sich zuerst über ihn lustig. Dann kamen sie zu Francis. Sie sagten nichts. Sie sahen Francis lange an, der einem anderen die Karten legte. Sie warteten. Dann beugten sie sich zu ihm herab:

»Willst du sie mir nicht legen?«

»Ich bin müde«, antwortete Francis.

Der Große war verzweifelt.

»Sag ihm, daß ich schon vor den andern gefragt habe.«

Francis hatte sein Kartenspiel zusammengelegt. Er blieb auf dem Strohsack sitzen, das Kartenspiel in der Hand, die Kameraden um sich herum. Die andern blieben stehen und starrten das Spiel in Francis' Hand an. Sie hätten es ihm nicht abverlangt, um ein Spielchen zu machen. Sie warteten, sie hätten gern gehabt, daß ihnen Francis sagt, selbst ohne die Karten auszubreiten, was sie erwartet, ob sie davonkommen würden. Sie blieben neben dem Bett stehen und Francis sagte nichts. Schließlich ist der Große zu ihm gegangen, und fast flehend hat er ihn gefragt:

»Willst du sie mir nicht legen? Ganz schnell: nur um mal zu sehen.«

»Morgen«, hat Francis zu ihm gesagt. »Heute abend bin ich müde, ich würde dir nur dummes Zeug erzählen.«

»Das macht nichts«, sagte der andere. »Es ist ja nur so.«

»Morgen«, sagte Francis.

Der Große kam wieder zu mir:

»Er ist gemein!« sagte er.

Die andern blieben immer noch stehen. Sie taten so, als machten sie sich lustig und fragten:

»Es hat den Anschein, daß wir *eine kurze Reise* machen?«

»Keine Ahnung.«

»Aber du hast es doch selbst gesagt!« beharrten sie weiter.

Manche glaubten Francis, sie glaubten schon den *Nachrichten*, die in den Karten standen.

Es war, als ob sie Francis zum ersten Mal sähen; wenn sie jetzt eine Falschmeldung hören würden, kämen sie zuerst zu Francis, um ihn zu fragen, was die Karten dazu meinten. Er konnte uns jetzt ungewöhnliche Dinge sagen, Dinge über das Morgen und das Übermorgen; er konnte alles sagen, wenn er nur etwas sagte – man verlangte nicht von ihm, daß er glaubwürdig war –; und wenn er nichts sagte, war er gemein.

Das Ende kam heran, in einigen Tagen würde es sich

entscheiden. Aber es würde nicht einfach so enden. Wir würden für die Befreiung noch bezahlen müssen. Francis konnte den Preis sagen. Den Vertrauensvollsten hatten die ausgebreiteten Karten vielleicht eine brutale Angst versetzt. Sie hatten ihnen enthüllt, daß sich die Frage stellte, ganz deutlich und bald: für die einen, ob sie bald sterben würden, für die andern, ob sie am Leben bleiben würden.

Wie Fiegen schwärmte man um Francis herum. Francis hielt erschöpft das Kartenspiel in der Hand und weigerte sich. Doch niemand ging weg. Man wollte wissen, ob man leben oder sterben würde.

»Legst du sie mir?«

*

Ein Geräusch, dann Stille. Es war in der Nacht. Ich war pinkeln gegangen. Im Vorraum der Baracke bin ich stehengeblieben.

Bumm!

Ein Kamerad kam durch den Vorraum, ich habe ihn aufgehalten.

»Hör mal!«

Bumm! Klar. Nicht laut, aber deutlich. Der Kamerad hat mich angesehen. Ein anderer kam, er ist ebenfalls stehengeblieben.

Wir standen jetzt alle drei unbeweglich im Vorraum.

Wir müssen noch einmal hinhören.

Bumm! Das Ohr hat das Geräusch kaum aufgenommen, aber die Stille danach wiegt schwer. Wir nähern uns sachte der Tür, die auf den Platz geht. Der Platz ist menschenleer. Der Himmel ist voller Sterne. Kein Flugzeug am Himmel. Keine Stimmen der Wachtposten . . .

Bumm!

Die Hand des Kameraden liegt auf meiner Schulter. Er drückt sie und steht reglos da. Wir müssen wieder warten.

Bumm!

Der erste Fußtritt in den Bauch der Mutter.

Bumm!

Eine Tierstimme.

Der Kamerad schüttelt mich an der Schulter:

»Das Geschütz!«

»Warte!«

Wieder Bumm! . . . Das Ohr hat es aus der Nacht herausgelöst.

Wieder. Es gibt keinen Zweifel mehr. Man muß es immer wieder hören, immer besser. Das Ohr strengt sich an. Die Augen hören mit. Das Ohr kann nicht ja sagen. Noch warten. Ich bin es, der noch nicht ja sagen will.

Wieder.

Das ist es.

Jetzt läßt es sich nicht mehr unterdrücken. Bumm! Unser Geräusch, das erste Geräusch für uns. Ferne Stimmen der SS-Leute, vergebliches Geräusch ihrer Sprache, alles ist gesäubert, aufgelöst durch dieses Bumm!, das aus der Nacht gekommen ist. Das Ohr ist gewaschen.

Es durchbohrt noch nicht das Trommelfell, es läßt noch nicht alles vibrieren, es ist winzig und dumpf, aber es geht von einer ganz bestimmten Stelle der Erde aus, dort, geht von deutschem Boden aus.

Wissen, daß sie vorücken, seit annähernd einem Jahr wissen, daß es geht, daß es kommen wird; wissen, daß es dort schon gekommen ist. Nur zu wissen, über die Köpfe der SS hinweg, über den Hügel hinweg, in die Stille hinein, durch den einsam gedachten Gedanken, ohne Bestätigung, wurde unerträglich. Jetzt gibt es dieses Geräusch, das antwortet, spricht, für uns spricht.

Jetzt braucht man nicht mehr zu wissen. Es ist soweit. Der Kopf kommt frei. Bumm. Man hört mit demselben Ohr wie seit einem Jahr, und mit ihm hörte man vor ein paar Stunden noch die Stimmen der Kapos. Man braucht diesem Ohr nur zu folgen, ihm zu glauben. Ich war pinkeln gegangen. Ich dachte nicht soweit. Ich bin nicht von selber stehengeblieben, einfach so, ohne daß mich etwas aufgehalten hätte. Es ist etwas geschehen, das mich aufgehalten hat. Ich habe gelauscht, es hat wieder angefangen. Bumm! Jetzt wieder. Es vergeht nicht. Es kommt wieder. Ich höre es. Ja, ich höre es.

Es ist soweit.

Wir sind lange vor der Tür stehengeblieben. Wir zählten die Sekunden zwischen jedem Geräusch. Bumm! Immer das gleiche Bumm! Es schlägt ein. Wir wollen das nächste hören. Noch einmal ein Bumm. Unmöglich, von der Tür wegzugehen. Selbst die Wachtposten sprechen nicht mehr. Die Wachtposten lauschen. Es ist hinter dem Hügel. Es ist der Wind, der das Geräusch zu uns bringt.

Zweiter Teil

Unterwegs

4. April. Das Geschütz hat die ganze Nacht hindurch gedonnert.

Man konnte sein Geräusch ganz deutlich von dem der Bomben oder der Flak unterscheiden. Die Alliierten mußten etwa vierzig Kilometer weit weg sein. Seit einigen Tagen war von Evakuierung die Rede.

Ich hatte wenig geschlafen. Als ich wach geworden bin, sah man den Tag durch die Läden der Baracke. Die Zeit des Appells war verstrichen, aber niemand wunderte sich darüber. Es war der letzte oder vorletzte Tag, den wir in Gandersheim zubringen sollten. Die Leute in der Stube waren still. Einer hat einen Laden aufgestoßen, und der Tag ist voll hereingekommen. Die Sonne schien. Der Himmel war klar. Durch das Fenster hindurch tauchte der Appellplatz auf, leer und ruhig. Es war ein schöner Frühlingsmorgen, vielleicht der stillste Morgen, den wir erlebt haben, auch der klarste, und man hörte sogar das Gezwitscher der Vögel aus dem Wald.

Zuerst haben wir draußen Schritte gehört, dann plötzlich Lärm im Eingang. Brüllende Kerle, das Gewehr oder die Maschinenpistole auf der Schulter, kamen in die Stube hereingestürmt. Wir haben sie wiedererkannt: es waren die Kapos. Fritz, Ernst, der von der »Werkkontrolle« sowie andere in Werkschutzuniform. Dazu zwei deutsche Häftlinge, die keine Kapos waren, sowie der Rumäne, der die Wäsche der SS-Leute wusch. Die SS hatte sie alle bewaffnet und mit Uniformen eingekleidet.

Am Tag zuvor hatte man von denen, die nicht marschieren konnten, die Angabe ihres Namens verlangt. Man hatte ihnen gesagt, daß sie im Falle einer Evakuierung in Gandersheim bleiben würden. Einige Leute hatten sich gemeldet. Die Kapos kamen sie abholen.

Niemand hat sich gerührt. Die Kapos haben die Geduld verloren. Sie haben lauter geschrien und sind von Bett zu Bett gegangen, wobei sie mit dem Gewehrkolben auf den Boden stießen. Die beiden deutschen Häftlinge, die bei ihnen waren, sagten nichts. Fritz und Ernst rannten mit großen Schritten im Barackengang auf und ab und schlugen mit dem Gewehrkolben an die Bettpfosten. Aber es rührte sich trotzdem niemand.

Darauf sind sie den Stubendienst holen gegangen, der mit einer Liste gekommen ist, und sie haben damit gedroht, alle rauszuwerfen. Der Stubendienst hat die Namen der Leute aufgerufen: Pelava, André, zwei andere.

Pelava, der Alte aus Toulouse, der ein dickes Ödem an den Beinen hatte, hat sich auf seinem Strohsack aufgerichtet. Er hat damit angefangen, mühsam seine Socken anzuziehen. Fritz ist an sein Bett gekommen und hat mit dem Kolben hineingeschlagen, um ihn anzutreiben. Ernst tat das gleiche mit dem kleinen André. Sie schrien nach wie vor.

»Los, los!«

Aber der alte Pelava machte nicht schneller.

Die beiden andern Deutschen standen in der Nähe der Tür. Sie waren noch nicht daran gewöhnt, sie schrien nicht. Der Rumäne hingegen schrie. Er schrie alle an, die noch lagen, er schrie wie ein Hahn. Der Stubendienst beobachtete die Operation, ohne etwas zu sagen.

Fritz, Ernst und die andern hatten nicht mehr das Menningkreuz auf dem Rücken. Als sie in Buchenwald angekommen waren, trugen sie den gestreiften Anzug. Dann hatten sie Anrecht auf einen Zivilanzug, zuerst mit einem kleinen Kreuz auf dem Rücken und dem grünen Dreieck, dann ohne Kreuz und ohne Dreieck. Jetzt trugen sie die Werkschutzuniform und hatten ein Gewehr. Es war ihnen gelungen, die Fronten zu wechseln, und sie strotzten vor Kraft in ihren Uniformen. Es war eine langsame, schwierige Arbeit, aber es war ihnen gelungen.

Die vier Kameraden waren von ihren Betten heruntergeklettert, und die Kapos nahmen sie auf dem Gang in ihre Mitte. Sie waren im Aufbruch begriffen.

Da schwante denen, die nicht aufgerufen worden waren und die bis dahin nichts gesagt hatten, plötzlich etwas. Von ihrem Strohsack aus haben sie gerufen:

»Geht nicht, versucht zu laufen!« brüllten die Kameraden.

Die Vier gaben keine Antwort. Man hatte sie gefragt, ob sie laufen könnten, und sie hatten mit nein geantwortet. Das war alles. Aber man hatte ihre Namen aufgeschrieben. Pelava wollte wieder zu seinem Bett zurückgehen, aber die Kapos haben ihn daran gehindert.

»Geht nicht, geht nicht!« brüllten die Kameraden.

Aber die Kapos führten sie schon weg. Pelava ist dicht an meinem Bett vorbeigekommen. Er schleppte sich mühsam dahin und senkte den Kopf. Der kleine Rothaarige sah lächelnd seine Kameraden an.

»Geht nicht, geht nicht!«

»Los!« brüllten die Kapos.

Und die Vier haben die Stube verlassen.

Zu spät. Was, zu spät? Weil sie gesagt hatten, daß sie nicht laufen können? Weil sie sich selbst gemeldet hatten, mit ruhigem Gewissen und dabei ihre Kameraden bedauerten, die laufen sollten? Weil sie sich selbst gemeldet hatten, mit ruhigem Gewissen?

Einer, der kurz nach ihrem Weggang hinausgegangen ist, kam wie ein Wirbelwind wieder in die Stube hereingestürmt.

Er hatte gerade die Kameraden gesehen, wie sie mit den Kapos im Gänsemarsch zum Wäldchen hinaufgingen.

Im gleichen Augenblick sind die SS-Leute ins Revier gegangen.

»Antreten!«

Am Tag zuvor hatte man den Kranken gesagt, daß sie ins Krankenhaus von Gandersheim kämen und dort behandelt werden sollten. Sie sind alle aufgestanden, diejenigen, die eine Lungenentzündung hatten, die Tuberkulosekranken, André Valtier, der nur noch aus Haut und Knochen bestand und der fast nicht mehr sprechen konnte, Gérard, die Brüder Mathieu, Leute aus Ostfrankreich, die schon den Krieg 14 mitgemacht hatten, Felix, den der Polizist noch einmal mit einem Schaufelschlag auf den Kopf umzubringen versucht hatte und der 40 Grad Fieber, einen gespaltenen Schädel und eine Binde überm Auge hatte. Ihre Hemden flatterten ihnen um die dünnen Beine. Durchs Fenster hatten sie die Straße gesehen, die am Revier vorbeiführte und die Wiese dahinter und noch weiter dahinter den schon grünen Wald. *Los, los*, die SS-Leute wurden schon ungeduldig, sie schlugen mit ihrem Gewehr auf den Fußboden. Die Kameraden konnten sich kaum auf den zittrigen Beinen halten, sie sind erst in das eine Hosenbein geschlüpft, dann in das andere. Ihre nackten Füße sahen unten heraus, sie waren lang und weiß. Diejenigen, die fertig waren, gingen an den Ofen heran, der noch bullerte. Sie lächelten. Sie würden ins Krankenhaus kommen, die Alliierten waren nicht mehr fern, sie bräuchten nicht zu laufen. Sie sahen durch die Fenster auf die Straße, die sie nach Gandersheim führen sollte. Sie dachten sogar an uns, an die Kameraden, die auf der Straße ihr blaues Wunder erleben würden. Sie hatten Glück, daß sie krank waren.

Los, los, die SS-Leute wurden ungeduldig und schlugen noch einmal auf den Fußboden. Sie schnitten keine besondere Fresse, die SS-Leute, sie hatten es nur etwas eilig, aber bei denen war das immer so.

Schließlich sind die Kranken hinausgegangen. Alle Betten waren leer, die schmutzigen Laken zerwühlt. Der Ofen blieb allein zurück und bullerte weiter.

Die kleine Gruppe ist an der Revierbracke entlanggegangen und hat sie dann hinter sich gelassen. Jetzt würden sie nach links einbiegen, um auf die Straße zu kommen. Nach links gings zur Straße, nach links, man mußte *nach links* einbiegen, aber sie bogen nach rechts ab; nach Gandersheim mußte man nach links einbiegen, und die SS-Leute sind nach rechts gegangen. Die Gruppe der Kranken ist nach rechts abgebogen und das Wäldchen hinaufgeklettert.

Die Kameraden waren vielleicht seit einer Viertelstunde weg. Ich war endlich von meinem Strohsack hochgekommen und schlüpfte ganz mechanisch in die Schuhe. Andere standen auf und zogen sich langsam an. Es gab kein anderes Geräusch als das der Strohsäcke, die knarrten. Auch aus dem Kabuff des Blockältesten und der Stubendienste kam kein Geräusch. Fast alle Läden standen offen, und das Tageslicht ergoß sich in die Baracke. Es herrschte strahlender Sonnenschein, und in den Ecken der Fenster sah man Stücke blauen Himmels. Der Appellplatz war immer noch leer.

Eine Maschinengewehrgarbe. Eine Maschinengewehrgarbe. Vereinzelte Schüsse. Ein letzter Schuß.

»Sie haben sie umgelegt!«

»Du bist ja verückt!«

»Ich sage dir, sie haben sie umgelegt!«

Die beiden Männer hatten sich auf ihrem Strohsack aufgerichtet und horchten angespannt; sie sahen sich an und lauschten immer noch. Sie waren die einzigen, die gesprochen hatten. Aber alle andern, die angespannt dasaßen, lauschten mit. Alle kahlgeschorenen Köpfe lauschten mit verstörten Blicken. Nichts mehr.

Pelava, der kleine André, die beiden andern und die Kranken (aber von ihnen wußten wir es noch nicht) waren gerade ermordet worden. Während wir in unsere Schuhe schlüpften. Pelava, der kaum wachgeworden war, dann wie jeden Morgen seine Strümpfe angezogen hatte und dann mit ihnen gegangen war, weil er nicht laufen konnte, und der hier ganz dicht an meinem Bett vorbeigegangen war, ohne etwas zu sagen, und der nicht wußte, wo man ihn hinführte. Er war weggegangen wie jemand, der nicht Bescheid weiß, der mitläuft. Sie waren einfach so dahingegangen, und sie mußten einen merkwürdigen, einen höchst merkwürdigen Weg nehmen. Sie hatten sich immer weiter von der Baracke entfernt, sie waren in den Wald hinaufgeklettert. Sie waren gerade aus dem Bett aufgestanden, und nun mußten sie da hinaufklettern, zum Wald, und Fritz sagte nichts. Niemand hatte ihnen etwas gesagt. Sie mußten es ganz von allein begreifen. Aber es war auch das erste Mal, daß das hier passierte.

Wir werden nie wissen, wann sie begriffen haben, daß man sie töten würde, weil sie gesagt hatten, daß sie nicht laufen können. Die Kapos hatten nichts zu ihnen gesagt. Sie waren ungeduldig geworden in der Stube, weil sie es eilig hatten, aber sie schimpften nicht übermäßig mit Pelava oder den andern. Sie hatten sie auch nicht geschlagen. Sie waren sogar ruhig, als sie die Stube verließen.

Nein. Als sie mit der Gruppe der Vier im Wald angekommen sind, und als die Kranken mit den SS-Wachtposten im Wald angekommen sind, sind sie einfach stehengeblieben.

Ganz ruhig sind sie ein wenig beiseite gegangen. Und dann haben sie auf sie geschossen; auf die Männer mit der Lungenentzündung, auf die Tuberkulosekranken, auf die Männer mit den Ödemen, auf die Männer ohne Stimme, auf die Männer mit den dünnen Beinen, auf alle die, die glaubten, sie würden nach links abbiegen, zur Straße hin. Das war es, die Maschinengewehrgarbe, die Garbe und die Stille und die vereinzelten Schüsse. Das traf sie in den Bauch, während wir auf unseren Strohsäcken saßen und mit angespannten Augen lauschten.

Das haben wir später rekonstruiert. Wir haben auch erfahren, daß Felix im Wald zu fliehen versucht hatte. Fritz hatte ihn verfolgt, ihn zuerst an der Schulter verwundet und ihm dann eine Kugel in den Kopf geschossen.

In der Stube herrschte Totenstille. Wir hörten unablässig die Maschinengewehrgarbe, wir hörten sie, und wir begriffen sie immer besser. Jetzt begann die letzte Phase dieser Geschichte. Das Geschütz hatte die SS in Gang gebracht, die nun mit dem ersten Feuerstoß antwortete. Beides blieb bis ans Ende miteinander verbunden, bis zu einer Biegung, die wir nicht sahen.

Ich trat aus der Stube, um auf die Latrine zu gehen. Auf dem Platz war niemand. Auf dem Waldpfad kam ein Dutzend Häftlinge mit Schaufeln und Hacken auf den Schultern herunter, hinter ihnen Fritz und die anderen Kapos. Es waren Russen, die von der SS dazu bestimmt worden waren, die Kameraden zu begraben.

Als ich auf die Latrine kam, war ein anderer Russe gerade am Pinkeln. An dem F. auf meiner Jacke erkannte er, daß ich Franzose war. Er hat sich nach mir umgedreht und hat mir fest in die Augen gesehen.

»Kamerad kaputt«, hat er leise gesagt.

»Ja.«

Eine Stunde später begann die Essensausgabe. Es gab drei Viertel Brotlaib, weil wir aufbrechen sollten. Die Kameraden hielten ein riesiges Stück Brot – wir hatten noch nie so große gesehen – und ein Stück Margarine in der Hand. Fritz wohnte der Essensausgabe bei. Er schien in seinem Element. Er lächelte. Als ich an ihm vorbeigegangen bin, habe ich den Atem angehalten, um ihn nicht zu riechen. Heute Morgen hat er bei der Essensausgabe keine Ohrfeigen verteilt und keine Fußtritte versetzt, er gab sich sogar eher zugänglich. Wir brachen gemeinsam auf. Er hatte gerade die Kameraden ermordet, er war gut gelaunt. Nachher würde er die Kolonne entlang laufen, um weiterzumachen.

Ich bin mit meinem Brot in die Stube zurückgegangen. Ich habe mich aufs Bett gesetzt und habe eine Scheibe abgeschnitten. Ein anderer, der nicht weit von mir entfernt saß, aß bereits. Ein Kamerad ist herangekommen und hat ihn gefragt:

»Glaubst du wirklich, daß sie sie getötet haben?«

Der, der saß, hat ihn verächtlich angesehen:

»Du armer Irrer! Hast du immer noch nicht begriffen?«

*

Sie sind vierzig Kilometer entfernt, eine halbe Autostunde. Wir können nicht mehr länger hierbleiben, morgen wären wir selber in der Schlacht. Wir sind schon ganz nahe daran; die Flugzeuge fliegen tiefer. Sie sind fast da. Die SS flieht, aber sie nimmt uns mit.

Das Kommando ist auf dem Platz angetreten. Einige Überraschungen: der polnische Blockälteste, ein Häftling, der seit einigen Tagen die baldige Befreiung begrüßte, trägt ebenfalls die Werkschutzuniform und ein Gewehr über der Schulter. Zwei polnische Kapos tragen ebenfalls Gewehre. Sie sind Häftlinge, sie haben ein Gewehr, die SS hat ihnen das Gewehr anvertraut, dieses Gewehr kann nur gegen uns gerichtet sein. Wir werden mehrmals abgezählt. Aus dem Kopfkissenüberzug habe ich mir einen Beutel gemacht, in den ich mein Brot hineingetan habe. Wir haben alle unsere Decke umgehängt. Die SS-Leute kommen: der Blockführer, der X . . . geschlagen hat, der Revierhauptfeldwebel, der die Kranken hat erschießen lassen, der Lagerführer, ein Österreicher. Die SS-Wachtposten, einige mit Gewehr, andere mit Maschinenpistole, die Kapos, der Lagerpolizist und die Eingegliederten mit Maschinenpistolen oder Gewehren. Ein Teil des Gepäcks der SS und der Kapos ist auf einen Karren geladen worden, den wir umeinander ziehen werden. Das Gepäck, das nicht aufgeladen worden ist, müssen wir tragen.

Appell. Die Kapos und die SS-Leute gehen durch die Baracken. Sie sind leer.

Die Erde auf dem Platz ist ganz trocken, die Sonne wärmt. Ein Pfiff, und wir marschieren in dieser Reihenfolge ab: Polen, Russen, Franzosen, Italiener. Etwa vierhundertfünfzig.

Der Wald ist dunkelgrün, die Sonne scheint darauf, der Hügel ist rötlich und grün. Das ist heute morgen passiert. Ich habe um mich geschaut, nachgesehen, ob keiner von ihnen da ist. Sie sind nicht da. Die andern stehen weniger als vierzig Kilometer entfernt, und wir können noch sterben, und wenn sie näher sein werden, können wir immer noch sterben und das bis zum Schluß. Diese Kameraden hatten das Geschütz gehört, sie sind gestorben, während sie es hörten.

Wir sind am Stacheldrahttor angekommen; das Revier liegt rechts, es ist leer; auf den Betten sind die Laken zerwühlt, der Ofen ist noch warm; auf dem Boden liegen noch Stücke von Papierverbänden. In den Laken sind noch die Spuren der Leiber, die Vertiefungen ihrer Beine, ihres Rückens. Das Revier, in dem es warm war, in dem andere wie K . . . ganz von selbst entschlummert sind, in das man so gern gekommen wäre, um zu schlafen, um sich um jeden Preis hinzulegen, das Revier ist ler.

Sie sind auf dem Hügel. Wir werden nicht hier sterben. Wir werden niemals mehr in diese Stacheldrahtumzäunung zurückkehren. Man stößt uns hinaus, der zur Verfügung gestellte Raum muß von Leuten wie uns gesäubert, geleert werden; man muß uns um jeden Preis behalten oder uns töten. Jetzt ist alles ganz klar.

Wir haben die Straße zur Linken genommen, in der umgekehrten Richtung zur Front. Wir sind an der Fabrik vorbeigekommen; die Meister standen in Volkssturmuniform am Tor. Einige sahen aus, als machten sie sich über uns lustig, weil wir wieder in der Falle saßen, weil wir nach hinten kamen, dort, wo man noch genügend Muße hatte, uns zu striezen.

Der Rheinländer stand bei den andern. Auch er trug die Uniform des Volkssturms; er hat uns mit jenem traurigen Ausdruck, den wir immer an ihm gekannt haben, vorbeikommen sehen. Diese Deutschen würden vielleicht in den Kampf ziehen, und auch er bekäme ein Gewehr, er würde vielleicht töten. Ihm war nicht nach Lachen zumute; er wußte seit langem, daß der Krieg verloren war, und doch hatte er sich einkleiden lassen, würde er sich gefangennehmen lassen. Er wußte nicht, wie er sich aus der Affäre ziehen würde, aber er hatte diese Katastrophe erwartet. Es war sicher, daß die Stunde kam, da die »Helden« krepieren oder sich ducken würden und er selber, falls er mit dem Leben davonkam – seine Mutter war im Bombenhagel umgekommen (er hatte es uns erzählt), sein Haus zerstört – endlich wieder aufatmen konnte.

Wir haben die Fabrik hinter uns gelassen. Die Straße führt an der Böschung entlang, auf der die Kirche steht, in der wir drei Monate lang untergebracht waren. Biegungen, die wir nicht kannten. Ein kleiner Bach. Die Kirche von hinten gesehen. Die Ebene hinter einer Biegung. In der Ferne ein Horizont von dunklen Hügeln. Der Rauch eines Zugs, der noch durch die Ebene fährt. Hinter uns die leeren Baracken und die unbemannten Wachtürme. Wir entfernen uns von dem Grab im Wald, bald werden wir nichts mehr sehen. Die Straße steigt an, wir nehmen einen Hügel in Angriff und verlangsamen das Tempo; wir fangen schon an zu schnaufen. Ein frisches Lüftchen, der Himmel ist nicht mehr so klar. Wo gehen wir hin? Sie ziehen sich zurück, suchen Schutz. Das Dorf dort hinten, einige Kilometer weiter von der Front entfernt, ist schon sicherer. Der Kanonendonner wird dumpfer sein. Jeder unserer Schritte richtet sich gegen uns, wir würden ihn lieber nach rückwärts gehen, sollen doch die, die Waffen haben, zwei Schritte machen, während wir nur einen machen. Der Krieg ist langsam; solange sie uns nicht auf die Schulter geklopft haben, sind wir noch nicht gerettet; es gibt Biegungen um Biegungen, bevor sie uns erreichen, und wer weiß überhaupt von unserer Existenz? Wer hat uns gesehen? Wir bleiben bei den SS-Leuten, wir fliehen das eroberte Land. In ihren Augen werden wir vielleicht an der Schlacht teilnehmen, die uns befreien wird. Sie rücken vor. Eine Grimasse, ein Schlag mit dem Gewehrkolben, es kommt, der letzte Schlag mit dem Gewehrkolben.

In dieser Angelegenheit werden wir bis zum Schluß auf deutscher Seite bleiben. Eines Tages werden wir vielleicht allein auf einer Straße stehen, wir werden uns umsehen, wir werden suchen, es wird niemand da sein, es wird vorbei sein.

Wir kommen durch einen Weiler. Der Weg ist schlammig. Niedrige Häuser; davor einige Frauen, kleine Kinder mit gelben Haaren; eine Kneipe, niemand ist drin. Wir sehen keine Männer in diesem Weiler. Die Frauen sehen die SS-Leute an. Einer von ihnen geht in die Kneipe, um was zu trinken. Unsere SS-Leute sind Drückeberger. Die Männer aus dem Weiler sind sicherlich an der Front. Wenn man Leute wie uns vorbeikommen sieht, ist das ein schlechtes Zeichen. Wir erinnern uns an diese kleinen Dörfer hinter der Maginotlinie, durch die wir auf dem Rückzug kamen. Auch hier wird alles so bleiben wie es ist. Wir überlassen sie den unseren. Das Dorf ist fast leer, die Passivität dieser Frauen, die durchziehende Kolonne, das alles ist ein Zeichen der Niederlage, da ist kein Irrtum mehr möglich. Aber dieser Weiler liegt noch in jenem deutschen Raum, der *nein* sagt. Ob er sich wehrt oder ob er sich nicht wehrt, er sagt *nein*. In den Häusern hängen noch Hitlerbilder. Der SS-Mann kann noch in die Kneipe gehen. Er wird von der Wirtin gut aufgenommen. Wir sind immer noch weniger als nichts. In zwei Tagen wird der Weiler vielleicht geschluckt sein, die Häuser werden dieselben bleiben. Dort hinten, vor uns, gibt es Häuser, Hügel, wo man einen Tag länger *nein* sagen wird. Man will auch uns dazu bringen, *nein* zu sagen. Wir müssen folgsam sein, wir müssen Deutschland *vorziehen*, müssen bei denen bleiben, die das letzte Karree verteidigen.

Wir sind an dem Weiler vorbei. Ein Wachtposten der SS hat mir seinen Koffer zu tragen gegeben. Er ist schwer. Alles, was auf dem Karren keinen Platz mehr gefunden hat, müssen wir tragen. Von Zeit zu Zeit nehme ich ihn in die andere Hand. Meine Hand brennt mich. Der Koffer zieht von der Schulter, vom Rücken her am Arm. Dieser Arm ist nur noch ein Stock, der vom Gewicht nach unten gezogen wird. Wenn ich die Hand öffne, fällt der Koffer, platzt vielleicht auf. Es tut zu weh. Ich nehme den Koffer in die andere Hand. Das Blut steigt mir ins Gesicht. Bis wann werde ich ihn tragen? Ich habe noch ein bißchen Kraft zum Laufen, aber ich werde den Koffer bald aufgeben müssen. Ich wechsele wieder die Hand. Eigentlich müßte ich jede Minute wechseln, die brennende Hand findet gar nicht die Zeit, sich zu erholen. Ich schaue mich nach den Kameraden um, einige von ihnen tragen ebenfalls Koffer; auch sie sind ganz rot; die andern sind grau, sie gehen langsam, sie versuchen Abstand zu halten von dem, der den Koffer trägt, damit sie ihn nicht übernehmen müssen.

Ich stelle ihn hin und gehe weiter. Die Kameraden hinter mir weichen ihm aus und gehen ebenfalls weiter. Niemand nimmt sich seiner an. Der SS-Mann hat mich gesehen und stürzt sich auf mich. Schläge mit dem Gewehrkolben. Ich muß ihn holen gehen. Er steht immer noch auf dem Boden inmitten der marschierenden Kolonne, etwa dreißig Meter hinter mir. Ich nehme ihn auf, der SS-Mann beobachtet mich, ich gehe schnell, mit kleinen Schritten, den Körper nach links geneigt, um wieder meinen alten Platz zu erreichen. Ich schwitze etwas, die Brille rutscht mir über die Nase. Ich schiebe sie mit der linken Hand wieder hoch. Ich nehme den Koffer in die andere Hand. Ich bin am Umfallen, ich schnappe nach Luft, ich kann nur noch Grimassen schneiden. Wenn ich stehenbleibe, gibt es Schläge. Wenn ich falle, einen Feuerstoß. Das kann ganz schnell gehen. Ich stelle den Koffer wieder ab. Der SS-Mann hat es nicht gesehen. Ich verdrücke mich auf die rechte Seite der Kolonne, und ich höre nichts mehr von der Sache.

Ich weiß jetzt, daß eine solche Anstrengung, wenn sie länger dauert, genügen würde, um mich umzubringen. Ich war schon fast am Ende, ich bekam den Mund nicht mehr zu, ich konnte die Kameraden nicht mehr voneinander unterscheiden. Meine Kraft war sofort erschöpft; der Kopf kann sich zwar noch zwingen, kann »du mußt«, »du mußt« sagen, aber nicht lange, dann ist auch er erschöpft und will nicht mehr. Ich habe neun Monate durchgehalten. Wenn man mich jetzt noch einmal zwingt, den Koffer zu tragen, bin ich erledigt.

Die Kolonne marschiert weiter. Die Beine gehen Schritt für Schritt vor, ich weiß nicht, was diese Beine noch können.

Von dieser Seite spüre ich noch keine Schwäche kommen. Wenn sie käme, könnte ich mich immer noch an den Arm eines Kameraden klammern, aber wenn ich dann nicht wieder zu Kräften käme, könnte der Kamerad mich nicht lange mitziehen. Ich werde zu ihm sagen: »Ich kann nicht mehr.« Er wird mich zwingen, er selber wird sich unheimlich anstrengen für mich, er wird alles tun, was man für jemanden tun kann, der man nicht selber ist. Ich werde immer wieder sagen »Ich kann nicht mehr«, zweimal, dreimal. Ich werde nicht mehr so aussehen wie jetzt, ich werde ein Gesicht haben, wie man es nicht gern haben möchte. Er wird nichts mehr für mich tun können, und ich werde fallen.

Wir sind durch mehrere Weiler marschiert, dann sind wir in eine bewaldete Gegend gekommen. Die Straße führte schnurgerade am Wald entlang. Der SS-Mann hat zur Pause gepfiffen. Die Kolonne hat sich aufgelöst, wir haben uns unter die Bäume gesetzt. Ich saß mit Francis, Riby, Paul und Cazenave aus Paris zusammen. Wir haben das Brot herausgenommen. Der Himmel hing voller Wolken. Es war dunkel im Wald. Im Rücken spürten wir eine kühle Luft. Wir haben angefangen zu essen. Die SS-Leute bildeten einen Kreis um uns, sie saßen jeweils zwanzig Meter auseinander. Sie saßen, das Gewehr neben sich, und aßen. Ihr Brot war nicht von der gleichen Art wie das unsere. Sie schnitten sich dickere Stücke davon ab, sie achteten nicht so darauf wie wir. Mein Brotlaib wurde kleiner; ich hatte schon über ein Viertel davon gegessen, und es war erst der erste Marschtag. Ich habe eine sehr gleichmäßige Scheibe davon abgeschnitten und etwas Margarine draufgeschmiert; mit dem Messer habe ich kleine Würfel von der Scheibe abgeschnitten, an denen ich sehr lange gekaut habe. Dieses Brot bildete sehr rasch einen Brei im Mund. Wir aßen mit gesenktem Kopf und sahen dabei abwechselnd auf den Boden und auf das Brot. Die Polen und die Russen waren ebenfalls still. Die Italiener sprachen. Lucien hatte eine Kiste, die er mit einem Stock auf der Schulter trug. Im Wald hat er seine Kiste aufgemacht, er hat Fleisch mit Brot gegessen, und er hat sich Kaffee gemacht; er war fett, er konnte seine Kiste mit Leichtigkeit tragen. Seit dem Abmarsch war er zurückhaltend, er ging zusammen mit denen aus der Küche, und er brüllte nicht.

Alle aßen. Lucien Fleisch; die SS-Leute Wurst, Marmelade; wir Brot und Margarine. Wir achteten aufmerksam auf das, was wir aßen, wir konnten nicht essen und zugleich reden. Mein Brot wurde immer weniger. Es ist mir gelungen, es wieder unter meine Jacke zu schieben und ich habe auch mein Messer wieder in die Tasche gesteckt. Man hatte noch nicht zum Pausenende gepfiffen. Ich habe mich auf das Moos ausgestreckt, es war kühl. Der Krieg würde bald vorbei sein. Zwischen den Zweigen der Bäume sah man Stücke weißen Himmels. Ein Kamerad sagte einmal in der Baracke: »Das wird der schönste Tag meines Lebens sein, jawohl, der schönste Tag meines Lebens.« Der Himmel war ganz nahe, es war kühl, das Moos war feucht, das Brot lag noch schwer auf meiner Brust, ich hatte noch welches, und nachher würde ich mir wieder eine Scheibe davon abschneiden, ich wäre immer noch Gefangener, wenn ich die letzte Scheibe davon abschneiden würde. Die letzte Scheibe des Krieges. Ich war noch hier, ich schickte mich an, den schönsten Tag meines Lebens zu erleben, das stimmte. Die SS-Leute bildeten einen Kreis um uns herum, um zu verhindern, daß dieser Tag kommt. Entweder würden sie sterben oder wir. Wer würde bezahlen? Cazenave war nicht sehr stark, er hatte Rheuma, und die SS-Leute hatten weder Lust zu sterben noch wegzugehen. Und das funktionierte; wenn es Fallschirmjäger gäbe, könnte es jetzt schon sein, in einer Viertelstunde. Wir würden unsre Freunde schon erkennen, wir würden auf die Straße laufen, wir würden schon noch die Kraft finden zu laufen.

Die Feuchtigkeit des Mooses drang in den Rücken. Die SS-Leute unterhielten sich miteinander. Sich in ihr Gespräch einmischen, ihnen sagen: »Der Krieg ist aus, ihr könnt aufhören ... Wir jedenfalls gehen jetzt.« Wir konnten nicht die Wahrheit sagen. Man würde uns *nie* glauben können. Wir konnten nicht dieselbe Sonne sehen. *Der Krieg ist nicht aus, nein, nein* ... und dazu das Gewehr auf dem Bauch. Sie waren gerade im Begriff den Krieg zu verlieren; sie aßen.

Mir war kalt, ich bin aufgestanden. Paul aß; er hat nachgesehen, was ihm noch an Brot blieb, und er hat sich eine weitere Scheibe abgeschnitten; er hat nicht allzu lange gezögert. Ich hingegen habe gezögert, ich habe das Stück, das unter meiner Jacke war, abgetastet. Die Trillerpfeife hat die Scheibe gerettet.

Die Kolonne hat sich neu gebildet; meine Beine waren steif; es ist kühl, die Läuse stechen nicht. Die Kolonne bricht auf. Wir sind im Begriff, den Krieg zu gewinnen. Heute morgen haben sie die Kameraden umgebracht, aber wir sind im Begriff, den Krieg zu gewinnen, und sie sind im Begriff, ihn zu verlieren. Cazenave klammert sich an meinen Arm. Die SS-Leute strotzen vor Gesundheit, der Blockälteste, ein polnischer Häftling, trägt eine Werkschutzuniform, ein Gewehr über der Schulter, er marschiert neben dem SS-Kommandanten her. Cazenave schleppt sich dahin, er schnauft.

Wir sind mehrere Stunden gelaufen. Es muß jetzt fünf Uhr nachmittags sein. Wir haben die Ebene verlassen. Wir gehen einen steilen Berghang an. Wir kommen an einem Steinbruch vorbei. Kein einziges Haus. In der Ferne hören wir Hundegebell. Die Kolonne bleibt einen Augenblick lang stehen, weil diejenigen, die den Karren ziehen, nur mit Mühe nachkommen. Wir müssen auf sie warten. Als wir sie an der letzten Biegung auftauchen sehen, marschieren wir weiter. Die Luft ist sehr kühl. Der Himmel wird rot. Die Wolken stürmen dahin. Es ist Abend. Der Abhang ist steil. Ein Kamerad vor mir ist stehengeblieben. Er senkt den Kopf, sein Kamerad bleibt bei ihm.

»Bleib nicht stehen, geh weiter, wir werden bald ankommen, geh weiter, geh!« sagt sein Kamerad zu ihm. Er schnauft und gibt keine Antwort. Bisher ist noch keiner gefallen. Die Kapos haben ihn gesehen. Wir überholen sie. Er hat noch etwas Zeit, die Italiener sind hinter ihm, aber er darf sich nicht von der ganzen Kolonne überholen lassen. Fritz ist stehengeblieben, er ist bereit. Ich drehe mich um, der Kamerad rührt sich immer noch nicht. Er steht reglos auf der Straße, sein Kopf hängt herab. Schließlich hat sein Kamerad seinen Arm genommen und ihn sich um den Hals gelegt und schleppt ihn mit. Wir gehen ganz langsam und es gelingt ihm, uns mit kleinen Schritten einzuholen. Er weint.

Fritz hat sich wieder in Marsch gesetzt. Von neuem bleibt der Kamerad stehen, er senkt den Kopf, er hält sich den Bauch, er verzieht den Mund. Sein Kamerad hält ihn immer noch unterm Arm. Die Kapos warten. Alle haben gesehen, daß die Kapos bereit sind. Der Kamerad zieht ihn nach: »Nun komm schon, geh weiter, geh, wir sind bald da.« Er hält sich den Bauch. Er muß weiter. Sein Kamerad zieht ihn. Er macht zwei Schritte. Er bleibt stehen; er krümmt sich. Die Kapos beobachten ihn immer noch, sie warten auf seinen Entschluß. Wir können nichts tun.

Es ist ihm gelungen, noch einmal weiterzugehen.

Der Tag geht zur Neige; das Hundegebell kommt näher; es kommt aus dem schwarzen Tal vor uns. Wir hören das Geschütz nicht mehr. An einer Kreuzung macht die Kolonne halt. Eine kleine Straße führt zu unserer Rechten steil nach unten. Die Polen und die Russen bleiben auf der großen Straße; wir und die Italiener schlagen den abwärtsführenden Weg ein. Wir gehen schnell. Das Gebell kommt immer näher, es ist das einzige Geräusch des Abends. Der Himmel ist rot, die Wolken gleiten dahin. Wir stürzen hinunter, wir stolpern über die Steine, und die Knie können sich nur mit Mühe halten. Am Ende des Tals taucht ein großes Holzhaus auf, wir sehen sogar die Hundehütten. Dieses Gebell ist das gleiche wie das in Buchenwald, wie das in Fresnes, es sind die SS-Hunde, es ist das Paar SS und Hund. Auch diese Hunde sind, wie die SS-Leute, zuerst klein und anmutig, und sie spielen.

Das Tal ist düster. Die Hunde zermalmen uns, die Nacht zermalmt uns. Die Hunde gehören ihnen, das Tal ebenfalls, die Nacht ebenfalls, wir sind bei ihnen. Das Stück roter Himmel und diese Wälder liegen schwer auf uns. Wer kann uns hier erreichen? Die unseren gewinnen zwar den Krieg, aber hier hören wir nichts, wir höre nicht mehr das Geschütz, nichts als die Hunde.

Wir sind fast unten im Tal angelangt. Das große Haus zur Linken. Wir verlassen die Straße und schlagen den kleinen Weg ein, der dort hinführt. Vor dem Haus ist ein großer Garten mit Hundehütten. In jeder Hütte ist ein Hund, der bellt. Wahrscheinlich werden wir hier schlafen. Die Kolonne macht im Garten halt. Wir werden gezählt, dann kommen wir in einen Saal, der einer Turnhalle gleicht. Er hat einen Holzfußboden. Wir bilden Gruppen und setzen uns auf den Boden.

Wir drängen uns dicht aneinander. Es ist fast stockdunkel im Saal. Ein Wachtposten und ein Kapo bewachen den Eingang. Zum Scheißen müssen wir hinaus und immer nur einer gleichzeitig. Schon hat sich eine Schlange gebildet. Die Hunde sind verstummt. Die Kapos haben die Kameraden weggeschickt, um Säcke zu holen. Diese Säcke sind voller Hundekuchen. Die Kapos haben zuerst versucht, sie zu verteilen, aber wir sind über die Säcke hergefallen. Die reinste Schlägerei. Wir stecken uns die Taschen voll. Wir stecken einem Kameraden welche zu, der sie in seinem Beutel sammelt. Diejenigen, die nicht drangekommen sind, schimpfen. Die SS-Leute kommen mit dem Gummiknüppel. Wir lassen die halbleeren Säcke im Stich. Ich beiße in einen Hundekuchen hinein, es sind zermahlene Knochen drin, sie schmecken bitter.

Es ist jetzt stockdunkel; die SS-Leute möchten schlafen; sie haben sich in einem kleinen Raum nebenan häuslich niedergelassen, die Tür steht halb offen, das Licht fällt herein. Von neuem machen sich die Kameraden über die Säcke her. Wieder kommt es zum Streit, aber die Säcke sind fast leer.

Diejenigen, die scheißen gehen, treten denen, die schon liegen, auf die Beine. Ein ungeheueres Stimmengewirr erfüllt den dunklen Saal. Ein SS-Mann kommt herein: *Ruhe!* Das Stimmengewirr läßt für einen Augenblick nach, dann schwillt es von neuem an. Man weiß nicht, wer schreit, ich schreie nicht, ich liege zwischen den Beinen eines Italieners. Wer schreit?

»Du Drecksack, kannst du nicht aufpassen?«

»Soll ich vielleicht hierher scheißen?«

»Du gehst uns auf den Wecker!«

Das kommt von hinten. Ein Fuß tritt mir ins Gesicht, ich packe den Knöchel mit beiden Händen, er leistet keinen Widerstand, ich hebe ihn hoch und stelle ihn auf den Fußboden zwischen meinen Schenkeln; jemand geht über mich hinweg. Ich versuche in dem Geschrei zu schlafen. Aber an der Tür ist ständig eine Schlange; Kameraden meckern, sie haben Durchfall und man hindert sie daran, hinauszugehen. Sie können es nicht mehr aushalten, und schließlich lassen sie, gegen eine Wand gekauert, die Hosen herunter.

»Das ist ja ekelhaft, da scheißt einer hier hin.«

Der Kerl gibt keine Antwort, er scheißt weiter.

»Kapo! Er scheißt hier!«

Eine Lampe geht an: der Kerl kauert im Lichtbündel der Lampe.

»Scheiße, Scheiße!« brüllt der Kapo.

Der Kapo schlägt zu, der Kerl fällt.

»Scheißerei, Scheißerei!« wimmert der Kerl.

»Was, Scheißerei, Schwein!«

Wenn es plötzlich im Saal hell werden würde, sähe man ein Durcheinander von gestreiften Lumpen, von schrumpeligen Armen, von spitzen Ellbogen, von lilafarbenen Händen, von riesigen Füßen; zur Decke hin geöffnete Münder, mit schwärzlicher Haut bespannte Gesichter, die Augen geschlossen, Totenschädel, gleiche Formen, die sich jedoch nie ähneln werden, leblos und wie auf den Schlamm eines Teiches gelegt. Man würde auch Einzelne dasitzen sehen, ruhige Irre, die in der Nacht ihren Hundekuchen kauen und wieder andere, die vor der Tür stehen und auf der Stelle trippeln, zusammengekrümmt.

*

Das Tal draußen ist dunkel. Kein Geräusch dringt von dort her.

Die Hunde schlafen einen gesunden und satten Schlaf. Die Bäume atmen ruhig. Die nächtlichen Insekten suchen auf den Wiesen ihre Nahrung. Die Blätter schwitzen, und die Luft saugt sich mit Wasser voll. Die Wiesen bedecken sich mit Tau und werden nachher in der Sonne funkeln. Sie liegen da ganz in der Nähe, man muß sie berühren, diesen riesigen Pelz streicheln können. Was läßt sich streicheln, und wie streichelt man? Was ist sanft unter den Fingern, was ist überhaupt da, um gestreichelt zu werden?

Nie ist man der Gesundheit der Natur gegenüber so aufgeschlossen gewesen. Nie ist man auch so nahe daran gewesen, eins zu werden mit der Allmacht des Baums, der sicherlich auch morgen noch lebendig sein wird. Man hat alles vergessen, was in dieser starken Nacht stirbt und verwest, auch die einsamen und kranken Tiere. Wir haben den Tod von den Dingen der Natur verjagt, weil wir in ihr keinen Geist sehen, der sich gegen die Dinge stellt und sie verfolgt. Wir fühlen uns so, als hätten wir jede mögliche Verwesung aufgesogen. Was in diesem Saal ist, erscheint als die außergewöhnliche Krankheit, und unser Tod hier als der einzig wirkliche. Den Tieren so ähnlich, ist jedes Tier für uns etwas Großartiges geworden; jeder verwesenden Pflanze so ähnlich, erscheint uns das Schicksal dieser Pflanze ebenso prachtvoll wie dasjenige, das durch den Tod im Bett zu Ende geht. Wir sind so weit, daß wir allem ähneln, das nur noch kämpft, um zu essen, und stirbt, wenn es nicht ißt, wir sind so weit, daß wir auf der gleichen Ebene stehen wie eine andere Gattung, die nie die unsere sein wird und der wir doch entgegenstreben; aber diese Gattung, die wenigstens nach ihrem eigenen, authentischen Gesetz lebt – Tiere können nicht tierischer werden –, erscheint ebenso großartig wie unsere »wirkliche«, deren Gesetz es durchaus sein kann, uns hierher zu bringen. Aber es gibt keine Zweideutigkeit, wir bleiben Menschen, wir werden nur als Menschen enden. Die Entfernung, die uns von einer anderen Gattung trennt, bleibt erhalten, sie ist nicht historisch. Es ist ein SS-Traum zu glauben, unsere historische Mission sei es, zu einer anderen Gattung zu werden, und da diese Verwandlung zu langsam stattfindet, töten sie. Nein, diese außergewöhnliche Krankheit ist nichts anderes als ein Höhepunkt in der Geschichte der Menschen. Und das kann zweierlei bedeuten: zunächst einmal, daß wir die Beständigkeit dieser Gattung unter Beweis stellen, ihre Unveränderlichkeit. Und dann, daß die Vielfalt der Beziehungen zwischen den Menschen, ihre Hautfarbe, ihre Sitten und Gebräuche, ihre Aufteilung in Klassen, eine Wahrheit verdecken, die hier, am Rande der Natur, wo wir an unsere Grenzen gekommen sind, ganz deutlich zutage tritt: es gibt nicht mehrere menschliche Gattungen, es gibt nur eine Gattung Mensch. Und weil wir Menschen sind wie sie, wird die SS letztlich nichts gegen uns ausrichten können. Und weil sie versucht haben, die Einheit dieser Gattung in Frage zu stellen, werden sie am Ende vernichtet werden. Aber ihr Verhalten und unsere Lage sind nur die Überzeichnung, die auf die Spitze getriebene Karikatur – in der sich sicherlich niemand wiedererkennen will noch kann – von Verhaltensweisen, von Situationen, die es in der Welt gibt und die sogar jene alte »wirkliche Welt« sind, von der wir träumen. Tatsächlich verhält sie sich so, als gäbe es mehrere Gattungen – oder genauer, als ob die Zugehörigkeit zur Gattung Mensch nicht sicher sei, als könne man da ein- und ausgehen, nur halb dazugehören oder ganz dazugehören oder nicht einmal im Verlaufe von Generationen dazugehören – die Aufteilung in Rassen oder in Klassen gehört zur

Richtschnur und erhält das immer bereite Axiom, die letzte Verteidigungslinie: »Das sind keine Leute wie wir.«

Hier nun ist das Tier ein Luxusgeschöpf, der Baum ist eine Gottheit, und wir können weder Tier noch Baum werden. Wir können es nicht, und die SS kann uns nicht dazu bringen. Und ausgerechnet in dem Augenblick, in dem die Maske ihren häßlichsten Ausdruck angenommen hat, in dem Augenblick, in dem sie unser Gesicht werden wird, fällt sie. Und wenn wir dann das denken, was hier sicherlich das Beachtlichste ist, was man denken kann: »Die SS-Leute sind Menschen wie wir«; wenn wir zwischen den SS-Leuten und uns – das heißt im Augenblick der größten Distanz zwischen den Menschen, im Augenblick, in dem die Grenzen der Unterwerfung der einen und die Grenzen der Macht der andern in einer übernatürlichen Beziehung erstarrt zu sein scheinen – im Angesicht der Natur und im Angesicht des Todes keinen wesentlichen Unterschied sehen können, müssen wir sagen, daß es nur eine menschliche Gattung gibt. Daß alles, was diese Einheit in der Welt verstellt, alles das, was die Menschen in die Situation von Ausgebeuteten, von Unterjochten bringt und gerade dadurch das Vorhandensein verschiedener Gattungen implizieren würde, falsch und wahnsinnig ist; und daß wir hier den Beweis dafür haben, und zwar den unwiderlegbarsten Beweis, denn selbst das ärmste Opfer kann nichts anderes tun als festzustellen, daß die Macht des Henkers selbst bei seinem schlimmsten Tun immer nur die eines Menschen sein kann: die Mordmacht. Er kann zwar einen Menschen töten, aber er kann ihn nicht in etwas anderes verwandeln.

*

Als ich die Augen aufgemacht habe, war es heller Tag; der Himmel war milchig, bleich. Ich hatte einen trockenen Mund und war durstig. Um mich herum schliefen die Kameraden, in Haufen dicht aneinander gedrängt, die leeren Hundekuchensäcke neben sich. Man hörte kein Geräusch. Der SS-Wachtposten stand immer noch vor der Tür. Ich bin hinausgegangen, um zu pinkeln. Der Boden war feucht, auf dem Gras lag Tau. Die Hunde schliefen noch. Beim Pinkeln habe ich mich gereckt. Der Dampf des warmen Urins stieg rasch in die Luft. Das Tal unten war klar, ein Bach floß am Garten entlang. Auf den Hängen der Berge sah man die braunen und roten Stämme der Tannen. Auf der anderen Seite, entlang des Weges, den wir am Abend zuvor heruntergekommen waren, erstreckte sich eine große Wiese. Das ganze Tal war kühl und feucht. Die Berge, die sich vom Himmel abhoben, hatten leichte Formen, und ich selber spürte auf dem Kies des Gartens, daß ich nichts wog. Ich bin an den Bach trinken gegangen, und ich habe mir Wasser ins Gesicht geschüttet. Ich zitterte. Ich spürte, wie ich auf den Schenkeln eine Gänsehaut bekam; meine Kinnbacken zitterten, ich konnte mich nicht mehr auf dem Boden halten; wenn mich jemand gestoßen hätte, wäre ich hingefallen; wenn ich gelaufen wäre, wäre ich hingefallen. Wir waren fast alle so, wir zitterten immer in der Morgenluft, zogen die Schultern nach vorn.

Als ich in den Saal zurückgekehrt bin, schlug mir ein Schwall Wärme entgegen; die meisten Kameraden schliefen immer noch. Wir erzeugten noch diese Wärme, diesen Geruch; alle diese hohlwangigen Burschen, die sich aneinander drängten, erzeugten diese warme Wolke, und wenn sie pinkelten, dann dampfte es noch. Dichte des Geruchs, Dichte des Hundekuchenbreis im Magen, Kleider, die stinken, sogar Dichte dieser Haut, die dennoch austrocknet, der Unterhose voller Läuse zwischen den Schenkeln, des schmierigen Hemdes. Man hätte nackt nach draußen gehen, sich abschrubben lassen, sich bis aufs Blut abkratzen müssen, um sich dann im taugesättigten Gras auszustrecken, die Luft und das Wasser auf sich einwirken zu lassen.

Die Kameraden sind allmählich wach geworden, sie begannen wieder Hundekuchen zu essen. Ich habe noch ein

Stück Brot. Ich müßte es eigentlich aufheben. Heute abend werde ich nichts mehr haben. Trotzdem esse ich das Brot, ich esse auch den Hundekuchen. Davon werden wir sicherlich Durchfall bekommen.

»Antreten!« brüllt der Kapo.

Ich binde schließlich alle meine Stricke fest. Langsam gehen wir hinaus. Die Hunde bellen immer noch nicht. Wir werden wieder gezählt. Dann überqueren wir den Bach und kommen auf die Wiese, die zu der Straße ansteigt, die wir gestern verlassen haben. Von dem Geschütz ist immer noch nichts zu hören. Es heißt, daß wir heute zwanzig Kilometer machen werden. Das werde ich sicherlich schaffen. Wir haben uns auf die Wiese gesetzt und essen Hundekuchen. Wir scherzen sogar. Sie werden uns einholen, das ist sicher, sie werden uns umzingeln, wir werden nicht ans Ziel kommen. Wo sollen wir eigentlich hin: Buchenwald, Dachau? Dachau? du machst wohl 'n Witz . . . das ist weit. Dachau: vorher werden wir befreit. Keine Hypothese haut hin, es gibt nichts, was sie absichert. Wir können nichts mehr herausbekommen. Die Wachtposten erzählen wenig. Die Kapos wissen überhaupt nichts. »Unterwegs befreit«, las Francis in den Karten. Ein Kamerad hat ihn gerade daran erinnert. Francis wiederholt, was die Karten sagten: »Eine kurze Reise . . . wir werden unterwegs befreit.« Der andere sagt nichts. Er hat nie an die Karten geglaubt. Er hat auch nie geglaubt, er könne auf der Straße plötzlich umfallen und mit einem Feuerstoß niedergestreckt werden. Jetzt weiß er nicht mehr, was er glaubt und was er nicht glaubt. Es ist möglich, daß wir auf diese Weise befreit werden: die Amerikaner können ganz schnell vorankommen. Aber die SS wird uns vorher umbringen. Trotzdem können sie uns nicht alle umbringen. Aber sie haben alle Kranken umgebracht, und in ihrem Gesicht sieht man nichts Besonderes. In den Karten steht, daß wir unterwegs, nach einer kurzen Reise, befreit werden, so stand es jedesmal drin, wenn Francis die Karten befragt hat, aber die Karten, das ist doch völliger Quatsch. Aber wenn es eine kurze Reise ist, dann ist es vielleicht schon morgen, und morgen ist schnell gekommen. Aber nichts deutet sich an, und so etwas spürt man doch von weitem schon kommen, da gibt es Anzeichen dafür. Aber daß wir auf der Straße sind, und daß niemand zu wissen scheint, wohin er uns führen soll, das ist immerhin ein Zeichen. Der Kamerad verzichtet.

»Der Krieg ist aus! Der Krieg ist aus!«

Das brummt Alex, der brave betrunkene Kapo vor sich hin, als er an uns vorbeikommt. Wir wissen, daß der Krieg aus ist, seit annähernd vierzehn Tagen sagt man das, aber für uns ist nichts aus bis zu dem Augenblick, in dem man uns einholt und uns der SS entreißt. Je sicherer der Sieg wird, um so deutlicher die Gefahr. Der Augenblick wird kommen, da es ihnen immer unerträglicher wird, uns zu sehen. Unser Leben wird von immer weniger Dingen abhängen, bald vielleicht nur noch von einer Laune. Nachdem wir einige Monate lang neutralisiert waren, werden wir durch den Sieg wieder in Frage gestellt. Wir erscheinen wieder als Tiere mit zu harter Haut, als nicht umzubringende Alptraumwesen. Bisher haben sie nur eine Masse gesehen, deren Liquidation man entweder beschleunigt oder die man krepieren läßt, je nach Befehl. Jetzt werden die Skelette mit den gekrümmten Rücken und den hohlen Bäuchen sie wieder aus der Fassung bringen. Das Bild vielleicht ihrer Sieger von nachher. Wenn die SS durch den kommenden Sieg ins Wanken gerät, dann wird sie uns zuerst sehen, und dann werden wir diesen Niedergang bezahlen müssen. Das Gewehr, die Maschinenpistole drücken von nun an das Wesen unserer Beziehungen am besten aus. Wird geschossen oder wird nicht geschossen. Bisher haben sie es einzurichten gewußt, daß wir unter solche Bedingungen leben mußten, daß der Tod gewissermaßen von allein kam. Jetzt warten sie nur auf die Gelegenheit, ganz schnell mit uns Schluß zu machen, und Gelegenheiten wird es unterwegs noch viele geben. Und dann wird die Gelegenheit einfach darin bestehen, daß wir noch leben und daß sie uns nicht einfach so laufen lassen können . . .

Wir klettern die Wiese hinauf. Der Anstieg ist steil. Auf der Straße warten die Polen und die Russen auf uns, von denen wir gestern abend getrennt worden sind und die die Nacht anderswo verbrachten. Wir schauen jetzt auf das Holzhaus und sein rotes Dach hinunter. Die lilafarbene Kolonne windet sich schmal auf dem Gras dahin. Die Sonne scheint ganz schwach, der Nebel kriecht dicht über die Wiesen. Es ist schön. Es ist schön, und man wird uns nachher vielleicht töten; es ist schön, und wir werden Hunger haben. Ich habe das Gras gesehen, den Nebel, die braunen Wälder; auch wir können das alles sehen.Ich versuche, diese Aufnahme in mir zu behalten. Nachher werde ich versuchen, nur die Bäume zu sehen, ihre Verschiedenartigkeit zu erfassen, festzustellen, daß wir aus dem dichten Wald auf die Lichtung kommen, ich werde sogar versuchen, neugierig auf die nächste Biegung zu warten. Kann man in der Kolonne sein und dennoch nur die Blumen auf der Böschung sehen, nur den Duft der feuchten Blätter riechen? Ich habe einen Augenblick lang diese Macht. Aber bald werde ich nur noch die Straße sehen und Rücken wie den meinen, und ich werde nur noch das Geschrei des Kapos hören *Aufrücken! Aufrücken! Aufrücken!* Es wäre gut, wenn ich während dieser zwanzig Kilometer nur das im Kopf behielte: ich gehe spazieren, die Berge sind schön, ich bin müde, aber wenn man läuft, wird man eben müde, das ist normal. Die Luft ist kühl auf dem Gesicht. Erschöpft würde ich nachher vielleicht umfallen; es tut gut, umzufallen, wenn man erschöpft ist; ich würde nichts mehr hören, ich würde den Kapo nicht kommen sehen; ein Feuerstoß: vorbei; auf der Böschung. Aber ich kann nie auch nur damit anfangen mir zu sagen: »Ich gehe spazieren.« Kaum haben wir uns warmgelaufen, werden die Läuse wach; die Stimme des Kapos quält uns, die Sonne brennt, der polnische Blockälteste trägt immer noch das Gewehr. Wo ist das Ende unserer Straße?

Der Krieg geht zu Ende. Man weiß nicht, ob ich lebe. Aber ich möchte, daß man weiß, daß ich heute morgen mitten drin bin, daß ich ihn bemerkt habe, daß meine Gegenwart unbestreitbare und übertragbare Spuren in diesem Morgen hinterläßt.

Der deutsche Bibelforscher ist auf der Straße stehengeblieben; über seine Wangen laufen zwei tiefe Falten. Er hat mir ein Zeichen gemacht. Er steht mit hängenden Armen etwas abseits von der Kolonne. Er rührt sich nicht, er schaut einfach nur auf die Berge und das Tal ringsum. Er ist ein alter Mann; er macht einen abwesenden und gleichzeitig entschlossenen, einen endgültigen und unerschütterlichen Eindruck. Niemand spricht mit ihm. Wenn wir ein paar Worte zu ihm sagen würden, würden seine Augen glänzen, er würde mit seiner langsamen Stimme so etwas antworten wie: *Gott ist über allem.* Ich habe im Vorbeigehen seine schönen Augen wieder gesehen und sein violettes Dreieck als »Kriegsdienstverweigerer«; Fritz war bei ihm. Der Bibelforscher war als Kriegsdienstverweigerer gekennzeichnet worden. Er stand auf der Straße, allein, abseits. Wir haben langsamer gemacht, ich weiß nicht warum. Wir sind weitergegangen; ich habe mich umgedreht, ich habe sein Gesicht in der Kolonne gesehen. Ich glaube fast, daß er beschlossen hat, sich nicht mehr zu rühren. *Das ist ein schöner Wintertag.* Kriegsdienstverweigerer. Die vierhundert Verweigerer marschieren, sie wollen durchhalten. Der Verweigerer, eine Privatperson; die sieben Millionen Juden, Verweigerer; die 250 000 französischen Politischen, Verweigerer; der Verweigerer L., fünfzig Jahre alt, der vor mir marschiert, blaß, der Hämorrhoiden hat und von zwei Kameraden gestützt wird.

Wir laufen schon eine ganze Weile. Zwei Schüsse hinter uns. Es bleibt nur noch das Geräusch unserer Füße. Alle haben es gehört, die Rücken bleiben gekrümmt, die Gangart wird schneller.Ich habe mich umgedreht, ich habe nur die Biegung gesehen, den Abgrund am Straßenrand und Tannen. Wer wars? Wir gehen etwas schneller. Irgendeiner ist hingefallen. Die Kolonne setzt ihren Weg fort. Wer wars? die

SS-Leute vorn haben nicht mit der Wimper gezuckt, niemand dreht sich mehr um, wir sind bereits an der nächsten Biegung. Es sind schon fünf Minuten, zehn Minuten her, seit man geschossen hat. Man spürt die beiden Schüsse hinter sich schon nicht mehr, das ist vorbei. Eine andere Biegung. Und zwei Biegungen weiter zurück liegt ein Mann, der vorhin mit uns aufgebrochen ist, jetzt flach unter einem Baum.

»Ich glaube, es war der alte Deutsche«, sagt jemand hinter uns.

Ein Italiener hat gesehen, wie er ein zweites Mal stehengeblieben ist. Fritz ist zu ihm hingegangen, er hat ihn einige Schritte zurücktreten lassen. Danach kam die Biegung und der Italiener hat nichts mehr gesehen.

Es war der Bibelforscher. Fritz hat auf ihn geschossen. Zwei Schüsse, während wir dahingingen. Niemand hat den Kopf umgedreht. Nicht einmal die Feierlichkeit des Verbrechens, auch nicht sein Geheimnis. Eines von unseren Leben ist unterbrochen worden, während wir marschierten, die Vierhundert haben es gehört, haben an nichts anderes gedacht, und alle haben sich taub gestellt. Aber die Kolonne, die sich nicht gemuckst hat, die weitermarschiert ist, weiß jetzt, wer gestorben ist, während sie marschierte, und warum er gestorben ist, sie weiß jetzt, daß man auf sie selber geschossen hat, und daß man eines ihrer Leben ausgelöscht hat, und daß das so weitergehen wird.

Alle gekrümmten Rücken wissen es. Die Verweigerung geht weiter. Die blauen Augen tun weh und die Einsamkeit am Fuße des Baums, während ich immer noch mit den Kameraden weitermarschiere. Wir trugen zusammen den Korb mit den Duralabfällen, und er sagte mir, er sei aus Wuppertal im Rheinland. Wir haben uns an einem schönen Wintermorgen die Hand gedrückt. Wenn mein Leben fortdauern sollte, wird das von nun an immer in ihm enthalten sein. Das schwöre ich mir, während wir dahintrotten.

Fritz ist wieder die Kolonne entlanggelaufen, die Maschinenpistole auf der Schulter. Sein Gang ist geschmeidig, er reckt die Nase und schnuppert die Luft.

Der alte Deutsche ist der erste, den sie umgebracht haben, seit wir in Gandersheim aufgebrochen sind.

*

Es ist Nachmittag. Wir haben auf einem unbebauten Gelände am Rande der Straße, etwa zwei Kilometer von einer kleinen Stadt entfernt, haltgemacht. Der Himmel hat sich zugezogen, es regnet. Ich habe meine Decke auseinandergefaltet, ich habe sie als Kapuze über den Kopf gezogen, sie hängt mir im Rücken. Die meisten Kameraden haben das gleiche getan. Das Gras ist naß, wir setzen uns nicht, wir laufen von einer Gruppe zur andern. Ich suche Cazenave, den Kupferschmied. Er hat vorhin langsamer gemacht, wir haben nicht darauf geachtet, das kommt öfters vor in der Kolonne. Er litt unter seinem Rheuma, seine Knie waren angeschwollen, er sagte nichts, andere haben ihn überholt. Ich finde Cazenave nicht. Gaston sucht ihn ebenfalls. Ich sehe mir die Gesichter der Leute unter ihrer Decke an, es ist nie das seine. Die Decke ist allmählich durchnäßt, wir sind schon lange hier. Wo werden wir hingehen? Es hat den Anschein, daß wir eingekreist sind. Seitdem wir von Gandersheim aufgebrochen sind, sprechen wir nur noch von der Einkreisung. Es heißt auch, die Alliierten seien in Weimar; dann können wir nicht nach Buchenwald gehen. Vielleicht wissen sie nicht mehr, wo sie uns hinbringen sollen, vielleicht warten sie auf Befehle. Der SS-Kommandant ist in die Stadt gegangen, um welche entgegenzunehmen.

Lucien ißt mit den Küchenbullen. Sie wärmen Kaffee auf. Wir betrachten sie aus der Ferne, eine kleine, isolierte Gruppe fetter Leute. Der spanische Arzt wärmt ebenfalls Kaffee.

Der Wind bringt Regenschauer mit.

Wo ist Cazenave? Gaston kommt niedergeschmettert zu mir.

»Es sieht so aus, als hätten sie ihn umgelegt.«

»Aber . . . wir haben doch nichts gehört! Nein, es ist der alte Deutsche, den sie umgelegt haben.«

»Nein«, sagt er, »Cazenave haben sie ebenfalls umgelegt, lange danach; er war auf der Straße hingefallen.«

Die Hände in den Taschen. Der Regen rinnt von der Decke auf meine Nase. Gaston ist bärtig, er hat dicke und blasse Lippen, das Wasser fällt auch auf seine Nase. Wir schauen uns an wie Greise.

Lucien trinkt dort drüben seinen Kaffee und freut sich.

»Antreten!«

Wir brechen wieder auf. Die Straße ist geteert. Bald werden wir in die Stadt kommen. Wir müssen die Decken abnehmen, sie zusammenrollen.

Die ersten Häuser. Die Straßen sind eng und verdreckt. An den Fenstern werden Vorhänge beiseite geschoben, und an den Scheiben tauchen die Gesichter von Frauen auf, die Radio hörten, sich am Herdfeuer wärmten oder stopften. Eine Kolonne kommt vorbei. Die Straße ist lang. *Konditorei. Café* . . . Einige lachen und zeigen mit dem Finger auf uns.

»Lacht ihr ruhig, aber das Lachen wird euch bald vergehen!« sagt ein Kamerad.

Andere sind erschüttert und legen die Hand vor die Augen, als ob wir sie blendeten. Die Straße ist abschüssig. Auf den Bürgersteigen bleiben die Leute stehen. Fritz, der neben uns hergeht, lächelt den jungen Frauen zu. Eine von ihnen fragt ihn, wer wir sind. Geschmeichelt gibt er zuvorkommend Auskunft. Sie nickt. Wir gehen wieder die Straße hinauf und kommen auf einen Platz vor einer Kirche. Wir müssen uns vor dem Portal aufstellen. Der SS-Kommandant spricht. Man übersetzt: »Ihr werdet in dieser Kirche schlafen. Es ist ein historisches Denkmal: führt euch nicht wie Banditen auf, sonst wird es zu Sanktionen kommen.« Die Polen gehen als erste hinein, wir folgen langsam.

Es ist tatsächlich eine Kirche. Die Orgel spielt, ja, die Orgel. Wir gehen langsam einer nach dem andern hinein. Es ist tatsächlich das Dunkel einer Kirche, es ist tatsächlich eine Orgel. Der Organist weiß nicht, wer da gerade hereingekommen ist. Eine alte Frau verliert den Kopf und räumt die auf den Regalen liegenden Meßbücher weg. Die Orgel spielt immer noch weiter. Fröhlichkeit, Ernst, Versenkung, Würde.

Der Organist weiß immer noch nichts. Am Altar steht niemand. Der Organist spielt weiter. Versteinert setze ich mich mit Kameraden auf eine Bank. Dann lachen wir.

Die Polen haben sich auf den Teppich vor dem Altar gelegt. Wir werden auf den Bänken oder auf den Fliesen schlafen. Jetzt gibt es Läuse in der Kirche, zumindest wird es Läuse in den Teppichen geben, die zum Altar führen. Die alte Frau ist verschwunden. Die Orgel ist verstummt. Wir haben den Organisten nicht gesehen.

Zum Scheißen müssen wir einer nach dem andern hinausgehen, wie in dem Haus mit den Hunden. Zum Pinkeln hat man einen Aborteimer in die Kirche gebracht.

Es ist schon sehr dunkel. Es gibt nur eine kleine Lampe am Eingang, die dem Wachtposten Licht spendet. Ich habe einen Hundekuchen gegessen, dann habe ich mich in die Decke gewickelt und mich auf eine Bank gelegt. Wir können nur schlecht die auf die Wände gemalten frommen Szenen erkennen. Wir frieren.

Der Hundekuchen hat zu Durchfall geführt. Neben dem Wachtposten stehen sie Schlange. Die Kerle treten von einem Fuß auf den andern, sie können es nicht mehr aushalten. Darauf verstecken sie sich und scheißen in der Kirche in die Ecken, neben die Beichtstühle, hinter den Altar. Diejenigen, die die Kraft haben zu warten, stöhnen an der Tür. Andere scheißen in den Aborteimer, der für den Urin vorgesehen ist. Der spanische Arzt kommt herbei:

»Was machst denn du da, du Drecksau? Hau nur schleunigst ab!«

Der Kerl bleibt auf dem Aborteimer sitzen. Der Wachtposten kommt, stößt ihn hinunter. Der Kerl geht weg und hält seine Hose fest. Italiener krümmen sich an der Eingangstür, sie können es nicht mehr zurückhalten. Jetzt scheißen fast alle in der Kirche. In der Dunkelheit begegnet man schnellen Schatten, die sich hinter Pfeilern verstecken. Meine Decke ist noch naß, ich komme nicht gegen die Kälte an. Jetzt fährts mir auch in den Bauch; ich kann nicht mehr warten, die Schlange ist zu lang: ich gehe auf den Eimer. Ein anderer macht es wie ich, auf dem entgegengesetzten Rand; ich spüre seine kalte Haut. Wir machen schnell, niemand hat uns gesehen.

Ich habe versucht, trotz der Schreie und der Klagen zu schlafen, aber die Kälte hat mich daran gehindert. Ich bin von der Bank aufgestanden und in der Kirche herumgegangen. Man sah fast nichts. In der Nähe der Tür brannte immer noch die Funzel über dem Wachtposten. Dort standen immer noch einige Männer, die sich den Bauch hielten und von einem Fuß auf den anderen traten.

*

Malvenfarbenes Tageslicht fällt durch die Kirchenfenster. Die Kameraden, eingehüllt in ihren Decken, schlafen, die einen auf den Fliesen, die anderen auf den Bänken. Die Kirche mit ihrem Strandgut zu Füßen der Pfeiler taucht aus der Dunkelheit auf. Der Schatten weicht, die Beichtstühle sind klar zu erkennen, der Kreuzgang, die Kruzifixe, der Marmoraltar, das ganze Gebäude.

Die Kapos sind gekommen. Sie wissen, daß wir in die Kirche geschissen haben. *Alles Scheiße!* Sie sind wütend und glücklich, daß sie es sein dürfen. Sie werden jetzt mit uns abrechnen können. Sie gehen wieder, um der SS Meldung zu erstatten.

Der spanische Arzt kommt mit einem Gummiknüppel.

»Alles aufstehen!«

»Saubande! Die haben in die Kirche geschissen!«

Die Kameraden werden wach. Als sich der Gummiknüppel nähert, stehen sie auf. Lucien mischt sich ein.

»Alles aufstehen! Saubermachen!«

»Womit saubermachen?«

»Das ist eure Sache!«

Der Spanier hält sich vor allem an die Italiener.

»Saubermachen, saubermachen!«

Er verfolgt sie mit dem Gummiknüppel. Der Altar, die Lampen, die frommen Bilder, die Statuen, das Kruzifix sind unbeweglich.

»Saubermachen, ihr Saubande!«

Italiener wischen mit Papier den Boden auf. Wir sind Schaufeln holen gegangen. Überall liegt Scheiße herum, überall dunkle Spritzer, mitten in der Kirche, in allen Ecken. Wir kratzen mit den Schaufeln, wir reiben anschließend die Fliesen mit dem Papier sauber, aber unsere Füße sind voller Scheiße, wir verschmieren sie anderswo, es ist unmöglich sauberzumachen.

»Wir werden alle dran glauben.«

Es ist Charlot, der das gesagt hat. Er ist zu der kleinen Gruppe gekommen, in der auch ich mich befinde. Seine Augen sind sehr beweglich geworden.

»Wer hat dir das gesagt?«

»Es ist ganz sicher, wir müssen nachher alle dran glauben. Der ehemalige Küchenkapo hat mir das gesagt.«

»Wir werden ja sehen.«

»Wir werden ja sehen, wir werden ja sehen, wir könnten vielleicht versuchen, uns zu wehren, oder nicht?«

Er sieht sehr ängstlich aus. Er weiß bestimmt Bescheid. Er wird sich wohl persönlich bedroht fühlen.

»Ja wie, wollt ihr das einfach so hinnehmen?«

»Womit sollen wir uns wehren? Wir werden ja sehen.«

Er geht zu einer anderen Gruppe, er horcht sie aus.

Ich gehe zu meiner Bank zurück, ich begegne einem Kameraden, der leise zu mir sagt:

»Es sieht so aus, als wollten sie Geiseln erschießen.«

»Weil wir in die Kirche geschissen haben?«

»Ja, das ist der Vorwand.«

Der Spanier droht immer noch mit seinem Gummiknüppel. Wir hören immer noch das Schaben der Schaufel auf den Fliesen. Wir versuchen immer noch herauszufinden, was da im Gange ist. Im Vorbeigehen habe ich gehört:

»Sie nehmen die Erschießungen in kleinen Gruppen vor.«

Der Spanier schreit immer noch herum. Er weiß sicherlich Bescheid.

In kleinen Gruppen. Das ist einfach, auf einer verlassenen Straße. Alle zusammen, da würden immer einige fliehen, einige würde man verfehlen. In kleinen Gruppen. Wir streifen in der jetzt hellen Kirche herum. »In kleinen Gruppen«, hört man von allen Seiten.

Wir sind alle bedroht, vor allem die Italiener und die Franzosen. Wem wir auch begegnen, er ist hier und heute genauso bedroht wie man selber. Derjenige, der in aller Ruhe seinen Hundekuchen frißt nicht weniger als derjenige, der die Fliesen abkratzt oder derjenige, der trübsinnig auf den Boden starrt. Vielleicht ist heute der Tag gekommen, an dem sie uns nicht mehr ertragen können. Ein SS-Mann treibt sich in der Kirche herum. Sein Gesicht drückt nichts Besonderes aus. Vielleicht weiß er, daß wir nachher alle am Boden liegen werden; vielleicht weiß er es auch nicht. Er läuft herum und paßt auf wie gestern, wie vorgestern, wie vor sechs Monaten. Blitzartig sehe ich mich mit dem Rücken an einem Massengrab stehen, Fritz mit einer Maschinenpistole vor mir. Das Bild verschwindet, kommt wieder. Die kranken Kameraden haben es bereits hinter sich, der Bibelforscher und Cazenave ebenfalls. Jetzt haben wir es eilig, aus dieser Kirche herauszukommen, damit es schnell soweit ist.

Wir gehen hinaus. Wir stellen uns in Fünferreihen vor dem Portal auf. Wir werden wie üblich gezählt. Dann werden die Männer für den Karren namentlich aufgerufen. Es ist das erste Mal, daß man namentlich für den Karren aufruft. Man ruft Charlot, den Stubendienst, der mit dem Lagerältesten schlief; sie ruft man, um mit ihnen abzurechnen; aber man ruft auch Politische auf, unter ihnen Gilbert.

Die Kolonne setzt sich in Bewegung. Der Himmel ist dunstig. Wir gehen zunächst auf die Straße hinunter, auf der wir gestern angekommen sind. Dann verlassen wir die Stadt auf einer anderen schmutzigen Straße. Ein Kerl, der den Durchfall hat, versucht sich an die Spitze der Kolonne zu setzen, damit er, wenn er fertig ist, nicht in gleicher Höhe wie der Karren ist.

Neben dem Karren ist Fritz, ein anderer Kapo, ein SS-Mann und der große Küchenbulle, der für den Karren zuständig ist.

Wir wenden uns nach links, nach Süden; auf jeder Seite der Straße erstreckt sich Brachland, über dem leichter Dunst hängt. Eine verlassene Gegend. Keine Mauer, kein Haus.

Der SS-Mann pfeift. Die Kolonne bleibt stehen. Ganz dicht an der Straße, zu unserer Rechten, ist ein breiter, langer Graben. Ich gehe hinunter, um in den Graben zu pinkeln. Aber ich bin noch nicht fertig, als ich mich umdrehe, ich fühle mich ertappt. Dabei geschieht offensichtlich nichts Anormales. Aber ich fühle mich im Graben liegen, und ich will nicht darin bleiben. Die Pause ist kurz. Die Männer am Karren werden gewechselt.

Die Straße steigt weiter an, durch Heideland und ab und zu durch lichte Wälder. Wir haben die Ausläufer des Harzes erreicht. In der Kolonne empfinden wir den Karren wie ein Geschwür. Niemand will dort gehen. Um ihn herum findet ein geheimes Gedränge statt, ein Spiel aus Fluchten, Ausweichen, Berechnungen. Wir rücken von ihm ab; wir versuchen uns unter die Polen zu mischen, die an der Spitze der Kolonne sind.

»Zehn Ruskys!«

Es ist der SS-Mann, der die zehn Russen gerufen hat. Sie kommen mit ernsten Gesichtern. Es sind dieselben, die vorgestern morgen aus dem Wäldchen in Gandersheim kamen, nachdem sie die Kameraden begraben hatten.

Die Kolonne marschiert weiter. Diejenigen, die heute Morgen beim Abmarsch von der Kirche den Karren gezogen haben, sind nicht mehr da. Wir drehen uns nicht um. Wir gehen schnell. Wir gehen nicht, wir fliehen. Wir versuchen, an die Spitze der Kolonne zu kommen. So weit wie möglich vom Karren entfernt sein. Niemand spricht. Wir sind allein auf der Straße, immer noch kein Haus in der Umgebung. Wir marschieren eine ganze Weile. Es herrscht eine lautlose Panik.

Der Feuerstoß. Er dauert lange. Zuerst ein dichtes Geknatter, dann vereinzelte Schüsse. Dann nichts mehr.

»Dreht euch nicht um, Herrgottnochmal!« schreit der lange Küchenbulle, der den Befehl über den Karren hat.

Wir gehen immer schneller.

»Los, los!« befiehlt der Küchenbulle denen, die den Karren ziehen.

In kleinen Gruppen. In drei Stunden wird keiner mehr da sein. Wir dürfen nicht langsamer gehen. Bald werden die Männer drankommen , die jetzt am Karren sind. Sie sind an der Reihe. *»Los, los!«* Sie ziehen. Wir gehen schneller.

Die Dinge geschehen hinten. Fritz sagt zu einem Kerl: *»Du, zurück!«* Der andre bleibt, er will nicht zurück. *Zurück!* Er quetscht das zwischen den Zähnen hervor. Der andere wird rot. *Zurück, los!* Der andere versucht zu verhandeln; Fritz ist kein SS-Mann, man spricht ihn sogar mit Vornamen an. *Zurück!* Kein Zögern in seinem Gesicht. Auch kein Zorn ist darin zu lesen, er tötet.

Die Pause. Es werden andere Leute für den Karren bestimmt. Diejenigen, die abgelöst werden, sehen sich einen Augenblick lang fassungslos an. Aber man hält sie nicht zurück. Sie mischen sich schnell unter die Kolonne. Diesmal werden sie nicht umgebracht werden. Gilbert kommt vom Ende der Kolonne zu uns. Er ist sehr blaß.

»Ich war beim ersten Schub; Fritz wollte mich umlegen. Ich habe mich gerade noch verdrückt.«

Er spricht stoßweise.

»Ich bin auf der Liste: seht mich nicht an, wenn ich spreche.«

Er schafft sich an die Spitze der Kolonne vor. Es ist immer noch dunstig. Es geht bergan, es ist kühler. Sie haben sie nicht getötet, die, die vorhin den Karren zogen. Wir gehen jetzt in dieser Reihenfolge: Russen, Polen, Italiener, Franzosen. Wir gehen eine ganze Weile, dann geht der SS-Blockführer, der an der Spitze war, zur Kolonnenmitte zurück. Er bleibt mit gespreizten Beinen am Straßenrand stehen und sieht zu, wie die Kolonne an ihm vorbeikommt. Er beobachtet. Jetzt kommen die Italiener. Er sucht.

»Du, komm her!«

Er hat auf den Alten gezeigt, der die riesigen Furunkeln im Rücken hatte. Der Alte tritt mit erschöpftem Gesicht aus der Kolonne, seine Augen blicken verstört. Er bleibt neben dem SS-Blockführer am Straßenrand stehen. Wir sehen ihn an. Er hat noch fünf Minuten am Straßenrand zu leben. Wir gehen vorbei. Wir können nichts machen. Wir sind völlig erschöpft, die meisten nicht einmal imstande zu laufen.

Der SS-Mann fährt fort:

»Du, komm her!«

Ein anderer Italiener tritt aus der Kolonne, ein Student aus Bologna. Ich kenne ihn. Ich sehe ihn an. Sein Gesicht ist rosig geworden. Ich schaue ihn genau an. Ich habe immer noch dieses Rosa in den Augen. Er bleibt am Straßenrand stehen. Auch er weiß nicht, was er mit seinen Händen anstellen soll. Er sieht verwirrt aus. Wir gehen an ihm vorbei. Niemand hält ihn fest, er hat keine Handschellen, er steht allein am Straßenrand, nahe am Graben; er rührt sich nicht. Er wartet auf Fritz, er wird sich Fritz ausliefern. Wir gehen vorbei.

Der »Fischfang« geht weiter. Jetzt kommen die Franzosen vorbei. Wir richten uns auf, um keine Zeichen von Müdigkeit zu verraten. Ich habe meine Brille abgenommen, um nicht aufzufallen. Wir versuchen uns so gut es geht nach rechts zu verdrücken, auf die Seite der Kolonne, die am weitesten von dem SS-Mann entfernt ist. Wir gehen schnell und schauen unter uns, wobei wir uns nach Möglichkeit hinter einem Größeren verstecken. Vor allem dürfen wir nicht dem Blick des SS-Mannes begegnen.

Die Feuchtigkeit des Auges, die Fähigkeit des Urteils, das ist es, was zum Töten reizt. Glatt muß man sein, uninteressant, schon abgestumpft. Jeder trägt seine Augen vor sich her wie eine Gefahr.

Der SS-Mann ist wieder zu den Italienern zurückgegangen.

Ein anderer.

Er tritt aus der Kolonne und bleibt ebenfalls am Straßenrand stehen.

Einige Augenblicke vergehen.

Der Feuerstoß. Immer das gleiche, die unzusammenhängenden Schüsse, wie ein Kippkarren, den man umkippt, dann vereinzelte Schüsse. Es klingt furchtbar. Es dringt einem in den Rücken, stößt einen nach vorn. Stille des Waldes. Es ist nicht das Lärmen der Jagd und auch nicht der Lärm des Krieges. Es ist der Lärm eines einsamen Entsetzens, eines nächtlichen, diabolischen Schreckens. Der letzte, vereinzelte Schuß ist für ein Auge, das noch glänzt.

Der Schrecken nimmt zu in der immer noch schweigsamen Kolonne, die immer noch im gleichen Tempo vorwärtszieht. Niemand dreht sich um, alles geschieht hinter unserem Rücken. Wir marschieren immer weiter. Wir haben überhaupt keine Vorstellung. Wir warten. Sie könnten noch fünfzig auf diese Weise töten, noch einmal fünfzig, sie werden uns vielleicht alle töten, aber solange noch welche übrigbleiben, gibt es auch noch die Kolonne, wird sie mit gekrümmten Rücken weitermarschieren. Wir können nichts anderes tun. Wenn nur noch zwanzig übriggeblieben sind, werden sie wieder warten, wieder weitermarschieren, bis die SS keine Kolonne mehr zu führen hat. Man könnte meinen, daß wir mit ihnen unter einer Decke stecken. Beim Abmarsch waren wir etwas mehr als vierhundert. Die SS-Leute werden mit den Kapos ankommen und bestimmt mit den Polen. Wir haben den Tod über dem Italiener gesehen. Er ist rosig geworden, nachdem der SS-Mann zu ihm gesagt hat: *»Du, komm her!«* Er hat sicherlich um sich geblickt, bevor er errötet ist, aber er war gemeint, und als es keinen Zweifel mehr gab, ist er rosarot geworden. Der SS-Mann, der einen Mann suchte, irgendeinen, egal wen, zum Töten, hatte ihn »gefunden«. Und als er ihn gefunden hatte, ist er dabei geblieben, er hat sich nicht gefragt: warum ihn eher als einen anderen? Und als der Italiener begriffen hatte, daß es sich wirklich um ihn handelte, hat er selber diesen Zufall angenommen, hat sich nicht gefragt: warum ich eher als ein anderer? Derjenige, der neben ihm war, muß sich so gefühlt haben, als habe man die Hälfte seines Körpers entblößt.

Wir reden nicht. Jeder versucht, bereit zu sein. Jeder hat Angst um sich: aber vielleicht haben wir uns auch noch nie so solidarisch miteinander gefühlt, so ersetzbar durch irgendeinen anderen. Wir bereiten uns vor. Das besteht darin, daß wir uns immer wieder sagen: »Wir kommen in kleinen Gruppen dran«, daß wir uns vor der Maschinenpistole stehen sehen. Bereit zu sterben, das sind wir, glaube ich, bereit, vom Zufall zum Sterben bestimmt zu werden, nein. Wenn das Los auf mich fällt, werde ich überrascht sein, und mein Gesicht wird rosig werden wie das des Italieners.

Die Straße steigt an. An den Böschungen schmilzt Schnee. Wir haben wieder halt gemacht. Diesmal muß ich an den Karren. Wir brechen wieder auf. Ich drücke hinten. Neben mir H., aus der Normandie, den ich ein wenig kenne. Der große Küchenbulle hat einen langen Stock in der Hand. Er schreit, damit wir fester schieben, und um sich ohne mögliche Verwechslung von uns zu unterscheiden.

»Dreht euch nicht um, vorwärts, vorwärts!«

Der Anstieg ist steil und schwierig. Vorne sind die Kameraden durch Ketten, die sie sich über die Schultern gelegt haben, an der Deichsel festgebunden. Wir schnaufen, wir machen langsamer.

»Vorwärts, vorwärts!« brüllt der Küchenbulle.

Hinten schieben wir dicht nebeneinander, wir stören uns

gegenseitig, wir schieben mit den Händen. Hinter uns kommen nur noch die Kapos und die SS-Leute. Hier wird alles erledigt. Wir sind an der Grenze. Die Leere hinter uns macht unseren Rücken steif.

Wir halten uns mit der Nase dicht am Karren.

H., der neben mir geht, weint.

»Ich werde dran glauben müssen.«

»Wenn wir dran glauben müssen, dann müssen wir alle dran glauben«, sagt ein Kamerad von der anderen Seite zu ihm, »dann bist du nicht der einzige. Warts ab.«

Der andere sagt weinend:

»Nein, ich muß dran glauben, der Spanier hats auf mich abgesehen, er hat mir einen Fußtritt verpaßt, er hat mich einen Faulpelz genannt.«

»Ja und?«

H. stolpert beim Gehen, er verliert seinen Platz am Karren, er bleibt ein wenig zurück. Er versucht mit dem Arm an den Karren zu kommen. Er will nicht, daß man ihn mit herabhängenden Armen sieht. Die Arme müssen auf dem Karren sein.

Der große Küchenbulle brüllt ihn an:

»Sag mal, du Lulatsch, willst du wohl etwas mitschieben!«

H. drängt sich vor, er versucht seine Hand auf den Karren zu legen. Man hilft ihm dabei, er greint, er ist außer sich:

»Siehst du, sie habens auf mich abgesehen, sie werden mich umbringen.« Er fährt fort, wobei seine Stimme zittert: »Wirst du meine Mutter aufsuchen, ja, und ihr alles erklären?«

»Herrgottnochmal, nun reg dich mal nicht so auf, wir sind alle in der gleichen Lage, Mann!« antwortet der Kamerad.

Sie haben leise gesprochen. Jetzt schweigt H., Tränen laufen ihm über die Wangen. Der andere neben mir, der H. geantwortet hat, sagt nichts mehr. Wir sind fast auf der Anhöhe angelangt. Wir sind allmählich völlig erschöpft. Ich spüre meine Beine und meine Arme. Ich vergesse die andern, die hinter uns sind, nichts als der Marsch des Maulesels, der auf und ab wippende Kopf. Wir kommen oben an. Der Karren ist nicht mehr so schwer.

Ein Pfiff. Wir halten mit dem Karren. Sie sind hinter uns. Sie holen uns ein. Wir drehen uns nicht um. Ich spüre sie hinter mir im Rücken, ich spüre Fritz.

Er hat nicht *Zurück* gesagt. Wir sind langsam vom Karren weg und zur Kolonne zurückgegangen. H. bekam wieder ein menschliches Gesicht, dann hat er gelächelt.

Der Tag geht zur Neige; wir stolpern die Hänge des Harzes hinunter. Die Wälder sind dunkel. Wir kommen in eine kleine Stadt. Der höchste Punkt der Steigung hat eine Brechung dieses Tages bedeutet. Jetzt finden keine Erschießungen mehr statt. Wir können uns entspannen und miteinander reden. Es ist ein schwerer Tag gewesen, wir wußten es schon beim Aufbruch. Morgen wird es vielleicht wieder genauso sein, aber vorher werden wir eine Nacht lang schlafen. Man könnte meinen, daß wir schon daran gewöhnt sind. Wir sind durch die Stadt marschiert und in der Nähe des Bahnhofs vor einem Sägewerk angekommen. Wir wateten im Schlamm und im Wasser. Es war fast Nacht. Wir sind in das Sägewerk hineingegangen. Es gibt kein Licht. Ich habe zwei Bretter genommen und habe sie nebeneinander auf den Boden gelegt; sie sind rauh und uneben und riechen nach frisch geschlagenem Holz. Ich lege mich drauf.

Ich habe im Harz eisiges Wasser getrunken, der Bauch tut mir weh, und ich muß aufstehen. In der Dunkelheit steige ich über Körper hinweg. In der Nähe der Tür steht ein kleiner Blecheimer; Kerle stehen drum herum; einer sitzt drauf; die andern vor ihm treten von einem Fuß auf den andern.

»Beeil dich, beeil . . .«

Derjenige, der sitzt, meckert:

»Nicht mal Zeit zum Scheißen.«

Ein anderer protestiert:

»Du kannst dich ja nachher wieder draufsetzen, steh auf, ich kanns nicht mehr aushalten.«

Der Kerl steht auf, der andere stürzt sich auf den Eimer. Der andere bleibt nun ebenfalls sitzen. Derjenige, der aufgestanden ist, hält seine Hose, er findet, daß der andre zu lange sitzen bleibt.

»Ich habe dir meinen Platz überlassen, du kannst dich ja nachher auch wieder draufsetzen.«

Der andere rührt sich nicht, er stöhnt leise. Derjenige, der aufgestanden ist, haut dem Sitzenden auf den Kopf.

»Du hast gesagt, ich sei zu lange drauf geblieben, ja und du?«

Hinten wird geschimpft.

»Was treibt der denn? Scheiß dich aus, Herrgottnochmal!«

Der Kerl bleibt sitzen; die andern kommen immer näher; der Kreis schließt sich um ihn; sie ersticken ihn fast. Er steht auf ohne ein Wort zu sagen, aber er geht nicht weg.

»Ich war vor dir da.«

Zwei stoßen sich gegenseitig weg, ein dritter setzt sich. Keiner sagt mehr etwas. Klagen, die Geduld ringsum, das ist alles.

*

Im Morgengrauen verlassen wir das Sägewerk. Vor vier Tagen sind wir in Gandersheim aufgebrochen. Die Luft ist sehr kalt. Wir gehen an einem Bach entlang, der durch eine Wiese fließt, dann überqueren wir ihn und gelangen zu einem Hügel. Ringsum sind die Hänge mit Wäldern bedeckt. Wir werden alle Himmel Deutschlands kennenlernen, die ungeheure Unordnung der Wolken. Wir klettern einen Pfad hinauf; die Kolonne ist schmaler geworden; wir gehen einer hinter dem andern. Wir haben eine von dichten Wäldern gesäumte Straße erreicht. Die Entspannung von gestern abend ist vorbei. Wir haben Angst vor den Wäldern, vor dem Nebel. Der Schlaf hat den Frieden getrunken, den wir auf Grund der Müdigkeit wiedergefunden hatten, als wir den Harz hinunterstiegen. Wir sehen uns wieder, wie wir sind, mager, klar, bereit. Wenn sie wieder anfangen, werden wir uns wieder aneinanderdrängen, werden wir wieder vor dem Karren fliehen, werden wir wieder den Rücken krümmen, werden wir wieder unsere Schritte beschleunigen. Der gestrige Tag hat uns nicht abgebrüht, wie wir gestern abend möglicherweise geglaubt haben. Unsere Angst ist unberührt, sie ist so unschuldig wie gestern morgen, die Nachtruhe hat sie neu geschaffen. Für jeden von uns ist die Angelegenheit vielleicht nur um einen Tag verschoben worden. Gestern haben wir uns beeilt, wir haben wegen nichts Angst gehabt, und wie eine dicke Luftblase ist der Bammel beim Harzabstieg entwichen. Als wir heute morgen die Augen aufgemacht haben, lag diese Angst wieder schwer auf der Brust. Einer von uns hat gesagt, was alle andern gedacht haben:

»Ich wollte, es wäre heute abend.«

Heute abend werden wir zwanzig oder dreißig Kilometer weiter sein oder vielleicht auch ganz einfach zwei oder drei Kilometer von hier, unter den Bäumen.

Aber die Pause kommt, dann noch eine. Der Tag wird ruhig sein. Die Sonne steht hoch am Himmel. Wir kommen durch kleine Dörfer. Auf der Straße gibt es schon Hindernisse, aber wir hören kein Geschütz. Die Berge halten den Schall ab. Wir gehen weiter. Wir nähern uns dem Ende des Tagesmarschs. Die Müdigkeit kommt wieder, der Hunger und damit auch der Friede. Wir haben Durst. Die Kameraden entfernen sich von der Kolonne und laufen zu den Rinnen am Straßenrand. Sie knien sich hin, versuchen das Wasser mit den Händen aufzufangen. Der SS-Mann hat sie gesehen. Er schießt, aber er verfehlt sie. Heute nimmt man keine Erschießungen vor, aber die Waffe ist immer bereit, es sind immer noch Feuerstöße möglich.

Ein Doppeldecker! Wie eine Libelle am Himmel. Wir müssen im Graben Deckung nehmen. Er gleitet dahin, sucht die Straßen ab. Er läßt eine Bombe fallen. Andere Flugzeuge kommen, das Brummen streichelt uns, es ist warm. Die

SS-Leute verstecken sich, wir schauen in die Luft, ruhig, entspannt.

Es ist Entwarnung, die Kolonne bildet sich wieder von neuem. Wir kommen in Wernigerode an. Es muß sechs Uhr abends sein. Das Licht des Himmels ist gelb. Wir kommen über baumbestandene Alleen in die Stadt. Eine kleine ruhige Stadt. Die Leute bummeln über die Bürgersteige oder gehen nach Hause. Lebensmittelgeschäfte. Bäckereien. Läden.

Als man gestern morgen die Kameraden tötete, bummelten diese Leute ebenfalls über die Bürgersteige; der Metzger wog die Fleischration ab. Ein Kind lag vielleicht krank in seinem Bett, es hatte ein rosiges Gesicht, die Mutter sah es beunruhigt an. Der Italiener auf der Straße, der ist auch rosarot im Gesicht geworden, der Tod trat sanft in sein Gesicht, und er wußte nicht, wie er sich verhalten sollte, um natürlich auszusehen. Die Mutter sieht uns jetzt vielleicht vorbeikommen: Gefangene. Vor fünf Minuten wußte sie nichts von uns; auch heute morgen hatten wir Angst, und Kameraden sahen ihre Mutter vor sich, und diese Mutter hier betrachtet uns und sieht nichts. Die Einsamkeit dieser kleinen Stadt in der Apathie, nach dem Fliegeralarm. Sie verlieren den Krieg, ihre Männer sterben, die Frauen beten für sie. Wer sieht sie von Granaten zerfetzt, und wer sah gestern jene, im Harz, die man gerade mit der Maschinenpistole niedergemäht hatte; wer sieht das kleine Kind mit dem rosigen Gesicht in seinem Bett, und wer sah gestern den Italiener mit dem rosigen Gesicht auf der Straße; wer sieht die beiden Mütter, die Mutter des Kindes und die Mutter des Italieners in Bologna, und wer vermöchte daraus wieder eine Einheit zu machen und diese ungeheuren Entfernungen zu erklären und diese Ähnlichkeiten? Aber jeder kann es sehen.

Solange wir leben, haben wir unseren Platz in dieser Geschichte, spielen wir darin eine Rolle. Alle, die da auf dem Bürgersteig sind, die auf dem Fahrrad vorbeikommen, die uns anschauen oder uns nicht anschauen, spielen eine Rolle in dieser Geschichte. Sie alle tun etwas im Zusammenhang mit uns. Man kann den Kranken noch soviele Fußtritte in den Leib versetzen oder sie umbringen, Menschen, die den Durchfall haben, zwingen, in einer Kirche eingeschlossen zu bleiben und sie dann erschießen, weil sie hineingeschissen haben, zum millionsten Mal brüllen *Alles Scheiße, alles Scheiße*, es gibt zwischen ihnen und uns eine Bindung, eine Beziehung, die nichts zerstören kann. Sie wissen, was sie tun, sie wissen, was man mit uns tut. Sie wissen es, als ob sie wir wären. Sie sind es. Und ihr seid wir! Wir sehen jeden dieser Menschen an, »der nichts weiß«, wir möchten uns in jedes Bewußtsein einnisten, das nichts anderes bemerkt haben möchte als ein Stück gestreiften Stoff oder eine Reihe von Menschen oder ein bärtiges Gesicht oder den martialischen SS-Mann, der an der Spitze geht. Man wird uns nicht kennen. Jedesmal, wenn wir durch eine Stadt kommen, kommt Menschenschlaf durch Menschenschlaf. Genau das ist der Schein. Aber wir wissen alles, die einen sowohl wie die andern und die einen von den andern.

Als wir durch Wernigerode marschieren, richten wir die Augen auf die, die auf den Bürgersteigen sind. Wir betteln um nichts; sie sollen uns nur sehen, sie sollen uns nicht auslassen. Wir zeigen uns.

Wir haben in der Nähe des Bahnhofs halt gemacht, und wir haben uns auf den Boden gesetzt. Ganz in der Nähe ist ein Militärlazarett mit großen Glasfenstern. Wir sehen die weißen Hauben der Krankenschwestern vorbeigehen. Auf einer Terrasse sitzen Verwundete, eine Krankenschwester geht zwischen ihnen hin und her. Sie plaudern, sie lächeln miteinander. Wir betrachten diese saubere, lächelnde Frau, diese mit weißen und grauen Schlafanzügen bekleideten Männer. Sie können aufstehen, sich setzen. Man bringt ihnen Milch, sie liegen in frischen Laken, man liebt sie. Wenn ich sehe, wie diese Frau zu ihnen tritt, ist das Bild der Liebe so stark, daß ich an ihrer Stelle die warme Ausstrahlung verspüre. Ein sauberes Lazarett, in dem die Krankheit prachtvoll ist, wo man nicht verfault, wo man wohl mit singender Seele stirbt.

Wieder ein Tag des Glücks, der Ruhe, des guten Gewissens am Vorabend der Katastrophe, denn die Sieger, das sind nun einmal wir, die »Fäulnis«.

Und wir ziehen weiter, wir verlassen die Stadt. Das Land ist flach. Ein undeutlicher Horizont von Hügeln. Wir haben endgültig das Gebirge verlassen. Hier und da gibt es kleine Häuser mit rauchenden Schornsteinen. Der Abend kommt. Seit wir aus Wernigerode heraus sind, ziehe ich das Bein nach. Meine Knie bleiben steif, ich gehe vornübergebeugt mit gesenktem Kopf. Manchmal hebe ich ihn; ich atme lange und tief durch, ich versuche mich aus meiner Erstarrung zu befreien, aber die Beine sind zu erschöpft, sie spielen nicht mehr mit. Ich bemühe mich, diese gefährliche Haltung aufzugeben, eine andere Gangart einzuschlagen, mich unter Kontrolle zu halten. Ich drücke die Kniekehlen steif durch. Ich hebe einen um den andern sorgfältig die Füße vom Boden, so, als ob ich Rad führe, aber meine Beine sind wie Blei und mein Kopf ist ebenfalls schwer. Wenn ich die Augen schließen würde, würde ich glatt umfallen.

Wir nähern uns einem großen Silo, das rechts von uns mitten auf einem Feld steht. Wahrscheinlich gehen wir dorthin. Es ist nichts anderes in Sicht, wo wir halt machen könnten. Wir kommen näher, meine Füße schleifen immer stärker über den Boden, ich sehe nichts anderes mehr von der Landschaft als dieses Dach. Ich weiß, daß ich umfallen werde, sobald wir angekommen sind. Die einzige Anstrengung, zu der ich mich noch aufraffen kann, ist die, meine Füße nachzuziehen. Ich könnte mich nicht mehr umdrehen, mich nicht mehr bücken. Ich habe Leibschmerzen, aber ich will nicht am Straßenrand haltmachen, ich würde nicht mehr aufstehen. Das Dach kommt näher, ich habe meine Kräfte im Hinblick auf diese Entfernung berechnet. Ich war sicher, daß ich nicht weitergehen könnte. Dabei sind wir jetzt in Höhe des Schuppens, aber wir biegen nicht nach rechts ab, wir gehen daran vorbei. Ich weiß nicht, wie ich noch weitergehen kann, ich weiß nicht, wo die Grenze meiner Kräfte ist.

Ich bin zwei Füße, die sich dahinschleppen, einer hinter dem andern, und ein Kopf, der herabhängt. Ich könnte hier umfallen, ich hätte sogar schon vor dem Schuppen umfallen können. Ich werde fallen oder werde nicht fallen; wenn ich falle, ist es der Körper, der die Entscheidung getroffen hat. Ich weiß es nicht. Ich weiß nur, daß ich nicht mehr gehen kann und daß ich gehe.

In der Ferne erkennen wir einen hohen Backsteinschornstein. Vielleicht ist es dort. Die Straße steigt leicht an. Der Abend ist klar. Heute hat man keinen erschossen. Nachher werden wir schlafen. Aber ich weiß nicht, ob ich bis zum Schornstein kommen werde. Er wird immer größer. Ich mache unaufhörlich Schritte und komme voran, ich lege Wege zurück wie Leute, die nicht müde sind; wenn ich mich frage, ob ich es schaffen werde, gehe ich vorwärts, der Entschluß des Körpers ist konstant, darüber kann ich mir Fragen stellen, kann mir einhämmern »du mußt, du mußt« oder den Kopf hängen lassen, die Füße gehen immer weiter. Dabei kann ich nicht mehr, ich kann nicht mehr und der Schornstein ist da, wir biegen nach rechts ab, noch hundert Meter, wir sind da, wir sind angekommen, ich kann nicht mehr, wir sind angekommen, aber wir gehen immer noch, hier ist es. Die Kolonne hat haltgemacht. Ich lege mich auf den Boden. Ich hätte weitergehen können.

*

Wir haben neben einer Ziegelei geschlafen, in einem Heu- und Strohschober. Ich habe neben Paul und Gaston geschlafen; wir waren auf engstem Raum ineinander verschachtelt. Militärzüge sind in dieser Nacht über die Straße gekommen und sogar Panzer. Von neuem hören wir das Geschütz. Ich habe weder Brot noch Hundekuchen. Wir werden keine Verpflegung bekommen. Wir müssen irgend etwas zu essen finden. Über uns, durch die Balken, sehen wir Männer, die mit vollen Säcken zurückkommen. Es sind feine Rübenschnitzel, sie gleichen kleinen harten, braunen oder weißen Nudeln. Wir finden sie in großen Papiersäcken, auf den Gängen eines der Gebäude der Ziegelei.

Über eine Leiter bin ich auf einen Holzboden gelangt, in dessen Mitte ein Heuhaufen liegt. Auf dieser Etage ist der Schuppen nach allen Seiten hin offen, und die Wachtposten passen auf. Ich habe mich beim Gehen ganz tief gebückt, um einen Ausgang in der Wand zu erreichen. Ich stand nun in einem dunklen Flur und bin sachte eine Treppe hinuntergegangen. Am Fuße der Treppe ein Berg voller Säcke. Ich sehe zwei Kerle, die sich in der Dunkelheit verstecken. Als sie mich erkennen, kommen sie zu dem geplatzten Sack zurück. Mit vollen Händen lassen sie die Schnitzel in ihren eigenen Sack fallen; als der Sack voll ist, gehen sie. Ich bin allein. Ich fahre mit der Hand tief in die Schnitzel hinein und schaufele sie in meinen geöffneten Leinenbeutel. Die Schnitzel sind getrocknet. Mit der Hand fühle ich, daß immer noch welche da sind, ich komme nicht auf den Grund. Ich lasse sie in meinen Beutel fallen. Diesmal sind es keine Nägel, das hier kann man essen. Die Schnitzel werden weniger, ich mache schnell, mein Beutel ist schon voll. Ich nehme ihn weg. Die Schnitzel rieseln weiterhin aus dem Papiersack und fallen auf den Boden.

Ich gehe wieder die Treppe hinauf und stehe nun im Licht. Von neuem habe ich mich gebückt, um mit meinem Beutel in der Hand durch das einsehbare Stück Raum zu kommen. Ich sehe wieder den Sack oben und die Schnitzel, die herausrieseln. Nachher wird der Kapo die Treppe herunterkommen, das ist sicher, das kann einfach nicht mehr so aus dem Sack rieseln, das ist zuviel. Der Kapo wird einen Kameraden von hinten sehen, wie er den Arm im Sack stecken hat. Der Kapo wird ganz plötzlich da sein, in einem Augenblick, in dem eine Hand drin ist. Einer muß so geschnappt werden. Das hätte ich sein können, aber ich bin es nicht. Ich esse eine Handvoll Rübenschnitzel. Gummiartiges Zeug, hart und biegsam, süß, mit einem Nachgeschmack nach Rüben, das man schlecht kauen kann. Sobald man ein paar Handvoll davon gegessen hat, widert einen das Zeug an.

Draußen in der Sonne habe ich mit Paul und Francis zwischen zwei Backsteinen ein Feuerchen gemacht; wir haben ein Kochgeschirr voller Rübenschnitzel und Wasser draufgestellt. Um uns herum haben kleine Gruppen von drei oder vier Mann ebenfalls Feuer gemacht. Manche, denen es gelungen war, Kartoffeln zu finden, lassen sie unter der Asche braten. Die andern lassen die Rübenschnitzel kochen. Der Rauch schwärzt das Gesicht, die Augen tränen; über das Feuer gebeugt, blasen wir in die Glut, um sie anzufachen. Die Rübenschnitzel fangen an braun zu werden; wir lassen sie einkochen; wir erhalten so eine Art Zuckersirup, den die, die Flaschen haben, abfüllen und auf Vorrat halten. Wir essen die gekochten Rübenschnitzel. Es ist scheußlich, und unser Durchfall wird noch schlimmer werden.

Alarm. Die Kapos stürzen sich auf die Feuerchen. Sie treten sie aus. Wir gehen mit Rübenschnitzeln und Kochgeschirr in den Schuppen zurück.

Ich habe viel davon gegessen. Das hat mich krank gemacht. Ich kann sie jetzt nur noch roh und in kleinsten Mengen zu mir nehmen.

Ich habe Kameraden gesehen, die Kartoffeln hatten. Es hat den Anschein, daß es in einem dunklen Raum im Erdgeschoß der Ziegelei eine ganze Menge davon gibt. Ich gehe hin. Ich habe dazu bis zum obersten Treppenabsatz den gleichen Weg genommen wie den zu den Rüben. Dort oben bin ich nach links abgebogen, bin durch einen Speicher gegangen und habe eine andere Treppe erreicht, die ich hinuntergestiegen bin. Es war dunkel. Schließlich bin ich auf einen Gang gestoßen, der in Gürtelhöhe Öffnungen hatte; diese Öffnungen gingen auf den Hof der Ziegelei, und dort standen Wachtposten; ich bin bis ans Ende des Gangs gekrochen, wo ich eine Tür gefunden habe. Ich habe sie aufgestoßen und habe im Dunkeln gestanden. Ich bin mit ausgestreckten Armen, wie ein Blinder, weitergegangen, ich habe nichts gespürt. Ich bin immer noch weitergegangen, und nach einer Weile bin ich auf Säcke gestoßen. Ich habe so lange umhergetastet, bis ich eine Öffnung gefunden habe, und ich habe den Arm hineingesteckt. Ich spürte kleine, runde und harte Dinger in meiner Hand. Ich habe versucht, in aller Eile, die größten zu erwischen. Ich habe sie in meinen Brotbeutel getan. Dann gab es ein Geräusch. Wenn es ein Wachtposten war, würde gleich das Licht angehen. Ich habe mich nicht gerührt. Die Schritte sind näher gekommen; man war jetzt ganz in meiner Nähe; eine Hand hat gesucht, sie hat den Sack erreicht. Kein Wort. Ich bin weggegangen.

Ich habe Francis am Feuer gefunden, das die Kameraden wieder angemacht hatten. Das Gewicht des Brotbeutels war beruhigend. Wir brauchen den andern nicht mehr mit Augen, deren man sich schämen muß, zuzusehen, wie sie Kartoffeln braten. Wir brauchen nicht mehr zuzusehen, wie die Flammen zwischen den beiden Steinen nutzlos brennen, wir werden auch nicht mehr die nackten Steine ansehen; wir werden uns auch nicht mehr zusehen, wie jeder reihum auf die Scheite bläst, damit das Feuer anbleibt, für nichts. Jetzt würden wir ebenfalls »braten«.

»Antreten!«

Die Kapos kommen. Wir hauen ab und verstecken dabei die Kartoffeln unter der Decke. Von neuem treten sie das Feuer aus. Die beiden Steine bleiben liegen, das Holz raucht noch ein wenig. Der Rauch hat unsere Augen gerötet, unsere Gesichter geschwärzt, aber wir haben nichts gegessen.

Es ist wieder die Rede davon, daß sie uns töten. Der russische Dolmetscher behauptet, daß es sicher sei. Sie haben nichts mehr, um uns zu verpflegen. Die Alliierten sind dreißig Kilometer entfernt und sie wissen nicht, was sie mit uns machen sollen. Dabei kocht auf dem benachbarten Bauernhof Wasser für uns mit Mohrrübenstücken drin; jeder wird einen halben Liter bekommen. In der Nähe des Bauernhofs liegt die Miete, aus der die Mohrrüben kommen. Wir stürzen hin, wir fahren mit den Händen hinein und holen einige heraus, voller Dreck, wir reiben sie ein wenig ab und essen sie.

Nachdem wir die Suppe getrunken haben, brechen wir auf. Wir marschieren immer noch nach Süden. Die Kartoffeln sind im Beutel, es ist alles, was ich noch zu essen habe. Als wir durch ein Dorf kommen, platzt der Beutel. Ich kann mich nicht bücken, um sie aufzuheben. Ich muß sparsam mit meinen Kräften umgehen. Als es mir gelingt, den Aderlaß zu stoppen, bleiben mir nur noch fünf oder sechs Stück. L . . ., der vor mir geht, leidet sehr unter seinen Hämorrhoiden. Zwei Kameraden stützen ihn. In der Ziegelei blutete er entsetzlich. Er ist sehr entkräftet. Er hat uns gesagt, er sei sicher, daß er ans Ziel kommen würde.

Auf den Wegweisern an den Abzweigungen lesen wir »Halle«, »Leipzig«. Wir suchen nicht mehr herauszufinden, wo wir hingehen. Wir vermögen die Landschaften, durch die wir in der Geographie Deutschlands kommen, nicht mehr einzuordnen. Straßen, die ansteigen, hinabführen, Biegungen und Kurven unter der unmerklich abnehmenden Sonne. Über der Kolonne liegt nicht mehr jener Druck, der während des Marsches durch den Harz auf uns lastete. Wir haben zwar auch diesmal keinen Grund, beruhigt zu sein, aber wir sind alle sehr erschöpft. Der beginnende Frühling macht uns zu schaffen, der Körper ist zu schwach, um ihn zu ertragen. Das Licht über den trocknenden Feldern ist gelb, und der Straßenrand ist weiß von Staub. Kriegsgefangene klopfen Steine, um Panzerhindernisse zu bauen. Von ihren verbrannten Gesichtern rinnt der Schweiß. Die Kolonne schleppt sich an ihnen vorbei. Es sind Franzosen unter ihnen. In der kleinen Stadt, durch die wir gerade gekommen waren, gab es auch Franzosen, die frei herumliefen, die Hände in den Taschen. Wir sind schlimmere Feinde als die, die Steine klopfen, und sie sind wiederum schlimmere Feinde als die, die frei in der Stadt herumlaufen, die Hände in den Taschen.

*

Es ist Abend. Ich bin an die Deichsel des Karrens festgebunden. Fahrzeugkolonnen, die unter abgeschnittenen Zweigen versteckt sind, und Sanitätswagen haben uns überholt. Der Geschützdonner ist jetzt ganz deutlich zu hören. Wir könnten mit dem Finger in die Richtung zeigen, in der die Kanone steht.

Ich ziehe jetzt schon eine ganze Weile an der Kette; ein Kamerad zieht ebenfalls, auf der anderen Seite der Deichsel. Wir ziehen nicht gleichmäßig. Häufig gerät der Wagen nach links, und wenn ein Lastwagen ihn zu streifen droht, ziehen wir ihn heftig nach dem Graben zu, und die Kapos brüllen. Die Kette scheuert an meiner Schulter; manchmal lockere ich sie und hole tief Atem. Zivilisten stehen vor der Tür ihrer Häuser; sie sehen die von der Front fliehenden Wagenkolonnen vorbeifahren, sie betrachten auch uns. So ist das Bild, das sie von der Niederlage haben, nicht einfach nur jämmerlich, weil wir, noch lebende Feinde, die bei Verkehrsstaus mit ihren eigenen Verwundeten in Berührung kommen, in den Ablauf dieses Zusammenbruchs einbezogen sind. Dieses Bild könnte häßlich und grotesk sein. Wir sind zuviel. Aber die Gesichter dieser Leute haben seit Beginn des Zusammenbruchs einen endgültigen Ausdruck bekommen. Sie haben ihre auf der Flucht befindlichen Truppen mit einem bestimmten Blick vorbeiziehen sehen, und als wir dann hinterherkommen, sind sie so überwältigt, überkommt sie so stark das Mitleid, daß ihre Augen nicht die Kraft haben, ihren Ausdruck zu ändern, ihn uns anzupassen. Höchstens, daß sich bei denen, die nicht ganz so niedergeschlagen sind, eine Verhärtung der Gesichtszüge zeigt, das Zeichen eines Erwachens. Doch in der Regel sind die Augen schon zu schwer von Not und Verzweiflung; wir bekommen gerade noch die Hoffnungslosigkeit mit, die der Anblick ihrer Landsleute verursacht hat, die vor uns kamen und die jene, die folgen, wiederfinden werden.

Zu unserer Linken, hinter uns, hellt sich der Himmel zeitweilig rot auf. Wir spüren bei dieser Flucht immer stärker, daß wir überhaupt nicht zählen. Die Kette auf der Schulter, gehören wir so wenig zu denen, die fliehen, wie zu denen, die vorrücken, sondern zu den SS-Leuten und den Kapos. Sie sind unsere Herren, wir ihre persönlichen Sklaven. Wohin lassen sie uns gehen? Wir sind sicher, daß sie es nicht mehr wissen. Allmählich erscheint es uns sogar unerhört, daß es mitten in diesem Zusammenbruch Deutsche in Uniform gibt, deren Aufgabe es ist, sich um uns zu kümmern.

Dieser Krieg konnte nicht mit einer vernünftigen Niederlage enden. Deutschland mußte zusehen, wie es verfaulte. Der Nazismus war eine Realität, er mußte diesem Ende sein Zeichen aufdrücken. Es gibt nicht nur die frischen Wunden im Gesicht oder am Körper ihrer Soldaten, es gibt auch die Fliegen um die fleischlosen Gesichter der Unseren, die in den Massengräbern verfaulen.

Es ist Nacht. Ich spüre nur noch diese Kette auf der Schulter. Es gibt ein Bild von Sklaven, an das wir seit der Schulzeit gewöhnt sind. Es gibt Statuen, Gemälde und Geschichten, die dieses Bild darstellen. Doch wir wußten nicht – ich jedenfalls wußte es nicht –, daß wir selber einmal diese Form annehmen könnten, daß ich selber dieser Sklave des alten Ägyptens sein könnte, dieser Gefangene der Assyrer . . . Jeder hat ein klassisches Bild vom menschlichen Sklaven im Kopf. Nachdem sich jeglicher Schrecken und jegliche Angst aufgelöst hatte, habe ich dieses Bild als meine eigene Schale empfunden. Ich habe damit begonnen, mich innerlich selber zu beschreiben. Mein in Gang gebrachtes Denken eilt sich und drängt sich, ich wiederhole mir immer wieder die gleichen Satzfetzen, es ist wie ein Keuchen: »Die Kette über der Schulter, an der Deichsel festgebunden, die Nacht, der zum Boden gesenkte Kopf, meine Füße, die ich sehe und die nach hinten rutschen, mein Schweiß, mein Schweiß . . .« Mit zusammengepreßtem Mund wiederhole und wiederhole ich immer wieder mein Stück Satz.

Dann macht die Kolonne wieder einmal halt. Ich habe die

Kette losgelassen und mich sofort in den Graben gelegt. Die Kameraden haben sich ebenfalls ausgestreckt, sie rühren sich nicht. Vielleicht werden wir hier bleiben. Links steht der rote Lichtschein höher am Himmel. Man hört jetzt kein vereinzeltes Geräusch mehr, sondern das Rollen der Geschütze. Das Rollen kommt von dorther, wo man frei ist; die Entfernung wird immer kleiner, aber sie existiert noch. Das Rollen bringt SS-Leute und Kapos zum Zittern. Sie beraten sich mitten auf der Straße. Die Nacht ist warm auf dem Gesicht, wir sind nicht verloren. Man braucht nur die Augen aufzumachen, der Himmel wird jetzt unablässig hell werden und dunkel werden.

Wir sind weitermarschiert und haben dann an einer Abzweigung wieder haltgemacht. Ich habe mich wieder auf den Kies am Straßenrand gelegt. Ich weiß nicht, wo Paul und Francis sind. Die meisten Kameraden sind erschöpft. Sie lassen einander im Stich, die Gruppen lösen sich auf, sie vergessen einander. Jeder liegt auf dem Boden und rührt sich nicht.

Wir sind schließlich vor großen Gebäuden angekommen, die an der Straße liegen. Wir sind in einen Hof gegangen, dann in einen Schuppen, wo eine dünne Schicht Heu lag; ich bin hineingefallen.

*

Die Sonne scheint. Francis bleibt im Heu liegen. Er will nicht weitergehen. Er liegt zusammengekrümmt im Heu, er hat seine Decke über sich ausgebreitet, er nimmt nur wenig Platz ein. Sein Gesicht ist eingefallen, farblos; er hat sein Käppi bis über die Ohren gezogen. Paul geht zu ihm. Francis hebt die Lider; seine schwarzen Augen sind feucht.

»Francis, steh auf, wir marschieren weiter«, sagt Paul.

Erschöpft und verärgert zugleich:

»Nein, ich bleibe hier.«

»Du bist verrückt, weißt du, was dich erwartet?«

Paul hat sich neben ihn gekauert:

»Wir werden bald frei sein, komm.«

Paul hat ihn an der Schulter hochgehoben.

»Steh auf, du mußt!«

Er hat ihn losgelassen und Francis ist zurückgefallen.

»Nein, ich kann nicht mehr«, sagt Francis mit einem ganz schwachen Brummen.

Paul ist zum Scheunentor gegangen. Er kann nichts anderes tun als zu Francis zu sagen »du mußt«. Vielleicht kann Francis wirklich nicht mehr. Paul kann es nicht wissen, Francis auch nicht, er hat gesagt: »Ich bleibe hier«, sein Körper hat sich auf diese Selbstaufgabe eingestellt. Vielleicht ist auch seine Stunde gekommen, die Stunde, da er sich weigert, sich das alles noch länger anzuhören, so wie auch die Stunde des Bibelforschers gekommen war, die Stunde Cazenaves. Wenn Francis beschließt, hierzubleiben, weiß er, daß er umgebracht wird, und Paul kann nichts daran ändern. Er hat nicht einmal mehr die Möglichkeit, die Tragweite seiner Ohnmacht sowie die Unabwendbarkeit von Francis' Entschluß zu ermessen. Alles geschieht in einem Nebel; Paul hat kaum die Kraft, in ihn einzudringen, zu insistieren. Francis liegt. Paul steht, aber die Stellung von Paul gegenüber Francis ist ungewiß. Er hat einen Teil seiner Energie aufgebraucht, ganz einfach zu ihm zu sagen: »Steh auf.«

Er ist ohne Überzeugung.

Im Hof wird angetreten. Francis ist dabei.

Wir gehen den gleichen Weg wie gestern, nur in umgekehrter Richtung. Wir marschieren jetzt also auf die Front zu. Wir kommen an einem Fluggelände vorbei. Der SS-Mann, der uns führt, weiß nicht, wo er hingehen soll, aber die Kolonne folgt ihm. Er spricht einen deutschen Fliegeroffizier an, sie sehen auf einer Karte nach. Wir hören in der Unterhaltung das Wort »Franzosen«: vor uns, etwa dreißig Kilometer weiter, stehen offenbar Franzosen an der Front. Es ist das erste Mal, daß wir in ihrer Sprache eine so unmittelbare Anspielung auf den Krieg verstehen. Alle wissen jetzt

Bescheid, und der SS-Mann muß unsere Gegenwart noch stärker empfinden. Wir können nicht in der gleichen Richtung weitergehen. Tatsächlich drehen wir um und biegen links auf einen Fahrweg ein.

Es ist drückend. Wir werden anfangen, uns im Kreise zu drehen. Der Weg ist lang, am Rand stehen alte, knotige Bäume. Auf jeder Seite farblose Felder.

Ich habe nur noch ein paar rohe Kartoffeln, ich habe seit gestern morgen nichts mehr gegessen, und ich habe keinen Hunger. Meine Zunge ist dick, der Hitzedunst bestreicht mich wie Leim. Es ist noch nicht lange her, seit wir aufgebrochen sind; wir marschieren so erst seit sechs Tagen. Aber schon hat die Kolonne keine Form mehr. Es gelingt uns nicht mehr, uns neben den Kameraden zu halten; wir haben einfach nicht mehr die Kraft zu diesem elementaren Band, das dazu führt, dazu führte, daß man neben dem Kameraden marschierte, den man ausgesucht hatte. Wir haben auch nicht mehr die Kraft zu sprechen. Ab und zu: »Wie gehts, Paul?« – »Es geht.« Ein Atemschöpfen, ein kurzes Erwachen, wie eine Synkope in dieser Meditation des Rückens und der Füße, in die man sofort wieder zurückfällt. Jeder einzelne ist allein. Wir stellen sogar keine Voraussagen mehr an. Die Befreiung läuft um uns herum, sie fliegt über uns hinweg wie dieses Flugzeug, das vorbeifliegt. Wir sind da, wir sehen auf, dann schauen wir vor uns: unser Herr ist der gleiche, grün gekleidet. Wird man uns als Guck-in-die-Luft krepieren lassen?

Am Ende des Wegs sind einige Häuser und eine kleine Brücke. Der Bach ist schmutzig. Vor ihre Wohnung haben Leute Wassereimer gestellt. Die Kapos reden mit ihnen über uns. Die Leute geben ihnen Bier. Der SS-Mann, der das Kommando über die Kolonne hat, spricht mit einem der Honoratioren des Dorfes. Der SS-Mann zeigt der angesehenen Persönlichkeit, die sprachlos zu sein scheint, seinen Zirkus. Die Kapos versuchen die Frauen lachen zu machen, indem sie auf die Kameraden zeigen. Sie lachen nicht. Die ganze Bevölkerung des kleinen Dorfes ist da. Die Gesichter machen einen verstörten Eindruck. Sie sehen uns an und scheinen völlig verwirrt; sicherlich werden sie nie wieder auf ein so vollkommenes Geheimnis stoßen. Man führt sie über die Grenzen des Menschlichen hinaus, und es sieht so aus, als könnten sie es nicht fassen. Die Kinder beobachten diese Unbekannten, die außergewöhnlicher sind als die aus ihren Bilderbüchern, die Menschen aus den gefährlichen, den zweifelhaften Gegenden, jene, die Böses tun und die soviele Abenteuer bestehen, alle jene, vor denen sie sich nachts zitternd ängstigen und über die sie dem Vater und der Mutter Fragen gestellt haben. Sie sehen zu, wie sie aus den Eimern trinken. In den Augen der Kinder können wir sehen, was wir geworden sind. Sobald wir uns den Eimern nähern, rücken die Frauen ab. Eine von ihnen hat sich in dem Augenblick gebückt, um das Gefäß an einen anderen Platz zu stellen, als ich mich vorbeugte, um zu trinken. Ich habe gesagt: *Bitte?*, sie ist zusammengezuckt, und sie hat den Eimer sofort stehenlassen. Ich habe sie angeschaut, ganz natürlich, glaube ich, dann habe ich mich gebückt, um den Eimer zu nehmen. Sie hat sich nicht gerührt. Als ich mich wieder aufgerichtet habe, habe ich ihr leicht zugenickt, sie hat sich immer noch nicht gerührt, ich bin weggegangen.

Einen Augenblick lang, vor dieser Frau, habe ich mich wie ein *normaler* Mensch verhalten. Ich sah mich nicht. Aber ich kann gut verstehen, daß es das Menschliche in mir war, das sie zurückweichen ließ. Bitte, von einem von uns gesagt, mußte teuflisch klingen.

Wir haben das Dorf verlassen und einen neuen Feldweg eingeschlagen. Er liegt parallel zu dem, der am Fluggelände entlangführte, doch wir gehen ihn in umgekehrter Richtung. Wir kommen zu unserem Ausgangspunkt von heute morgen zurück. Der Nachmittag ist glühend heiß. Paul geht neben mir. Er ist lang, aschfahl. Er stakst auf steifen Beinen dahin. Manchmal schneidet sein Gesicht eine Grimasse, er zieht die Schultern hoch, um atmen zu können. Seine Augen sind schwarz, klein, sie liegen tief in den Höhlen. Die Kolonne geht ganz langsam, seit heute morgen irren wir um das Fluggelände herum, das jetzt zu unserer Linken liegt. Stellenweise werfen Strohschober ihre Schatten.

»Ich kann nicht mehr, ich bleibe stehen«, sagt Paul.

Seit langer Zeit schon sprach er kein Wort mehr; er ist stehengeblieben. Wir sind am Ende der Kolonne.

»Ich bleibe auch hier. Leg dich hin.«

Wir gehen zum Straßenrand und Paul legt sich auf den Boden. Ich beuge mich vor, ich lege die Hand auf seine Schulter, als ob er krank sei. Fritz kommt mit seiner Maschinenpistole. Paul liegt nun völlig ausgestreckt auf dem Boden, er hat die Augen geschlossen. Fritz schaut ihn an. Andere Männer haben heute schon haltgemacht, und man hat keinen Feuerstoß gehört. Vielleicht ist der Befehl ergangen, keine Erschießungen mehr vorzunehmen. Fritz fragt mit einer Kopfbewegung, was Paul hat.

»Krank«, sage ich.

Er antwortet nicht. Er wird weggehen. Ich will ebenfalls bleiben, aber Fritz stößt mir mit der Maschinenpistole in den Rücken. Ich laufe noch etwa hundert Meter mit der Kolonne mit und fasse dann meinen Entschluß. Ich lege mich an den Straßenrand. Fritz kommt mit dem spanischen Arzt. Sie stehen vor mir.

»Krank«, sage ich wieder, aber diesmal von mir.

Fritz beobachtet mich einen Augenblick. Ich spüre meine Brille auf der Nase. Vielleicht wird die Sache jetzt erledigt. Aber Fritz geht weg. Ich habe in seinem Gesicht nichts Besonderes bemerkt. Als er im Harz gerade die Kameraden ermordet hatte, machte er dieses Gesicht, sein übliches Gesicht. Der spanische Arzt tritt zu mir, er streckt den Finger nach den Hügeln im Westen aus und sagt: »Sie sind vierzig Kilometer entfernt.«

Ich bin frei.

Die Karawane biegt ab, ich verliere sie aus den Augen. Ich bleibe liegen. Die Erde hat aufgehört, sich zu drehen. Ich habe bis hierhin Wälder gesehen, Lichtungen und alles, was man sieht, wenn man marschiert. Jetzt steht ein Gebüsch neben mir. Seit elf Monaten habe ich kein ähnliches mehr gesehen. Die Felder und der Himmel sind unbeweglich. Ich drehe mich um und strecke mich im Graben aus. Dieser Graben bewegt sich nicht, er läuft nicht vor mir her wie alle andern, an denen wir seit Gandersheim vorbeigekommen sind. Ich bin allein auf der Erde. Ich habe noch nie ein solches Gebüsch gesehen. Es ist rund und unbeweglich. Seine braunen Grannen stehen starr ab, aber sie bewegen sich nicht. Kleine, schwärzliche Beeren hängen dran, die ebenfalls unbeweglich sind. Es ist abwesend und starr wie ein dickes Insekt. Zum ersten Mal sehe ich mich dem allein gegenüber. Ich weiß nicht, was ich tun werde, weiß nicht einmal, ob ich mich bewegen werde. Ich bin überwältigt.

Zwei gestreifte Gestalten gehen etwa zweihundert Meter von mir entfernt auf den Fuß des Hügels zu, Richtung Westen. Ich glaube Paul zu erkennen. Ich stehe auf, ich rufe, niemand antwortet. Ich laufe aufs Feld; es ist riesig, die Erde ist gepflügt, ich versuche schnell zu gehen, um die beiden fliehenden Gestalten einzuholen. Das Laufen über die gepflügte Erde ist ermüdend, ich versuche herauszufinden, wer diese beiden sind, die es so eilig haben. Ich bin von weitem schon zu sehen auf dem Feld, und bestimmt hat man mich schon entdeckt, ebenso wie die beiden Kameraden, denen ich mich nähere. Es ist nicht Paul, der vor mir ist, ich erkenne jetzt Balaiseau und Lanciaux. Ich hole sie ein. Ihre Gesichter sind schwarz von Staub, wir hinken in dem schweren Boden. Wir fliehen unter den schlimmsten Bedingungen: wir haben nichts zu essen und sind erschöpft.

Als wir am Fuße des Hügels angekommen sind, beginnen wir sogleich mit dem Aufstieg. Wir erreichen so etwas wie einen kleinen Steinbruch, wo wir sichtgeschützt sind. Balaiseau will hier die Nacht verbringen und noch vor Tagesanbruch weitermarschieren, obwohl wir noch heute abend den Wald in westlicher Richtung erreichen und uns dort verstecken müßten. Aber er ist zu müde, um sofort weiterzugehen. Er legt sich hin. Lanciaux und ich legen uns ebenfalls hin. Die Sonne geht langsam unter, der Wind dringt in den Steinbruch, wir zittern vor Kälte. Um die Front zu erreichen, müßten wir ungefähr fünfunddreißig Kilometer zurücklegen. Die beiden Kameraden sind alt, sie haben wunde Füße. Wir müßten wirklich viel Glück haben. Wir bleiben liegen.

Kindergeschrei über uns. Das muß oben vom Rand des Steinbruchs kommen. Wir stehen auf. In diesem Augenblick taucht ein vierzehnjähriger Junge auf; er trägt Stiefel; er schreit und zeigt mit dem Finger auf uns. Wir haben die Kolonne vor nicht einmal einer Stunde verlassen. Es ist schon vorbei.

Wir rühren uns nicht. Der Junge geht weg. Einige Minuten später taucht ein Kerl in grüner Uniform auf, wahrscheinlich ein Gendarm. Was wir hier tun? *Krank*. Wir sind krank, wir haben die Kolonne verlassen, außerdem weiß man nicht mehr, wo man uns hinführen soll, der Krieg ist aus. Wo wir hingehen wollten? Nirgends, wir wollten hierbleiben und schlafen, wir sind krank.

Der Gendarm ist dick und rot im Gesicht. Er sagt nichts zu unseren Antworten, er schüttelt nur den Kopf. Er macht uns ein Zeichen, ihm zu folgen, wir haben von ihm nichts zu erwarten. Wir stehen auf und folgen ihm. Wir erreichen den Kamm des Hügels, von wo aus wir etwas weiter unten einen kleinen Teich erblicken. Der Junge, der uns entdeckt hat, kommt wieder zu unserer Gruppe; er läuft neben uns her wie die Kinder, die auf den Dorfstraßen hinter den Jahrmarktsleuten oder dem Einmannorchester herlaufen. Sie bringen ihre Beute ein. Wir sind wie tote Vögel und lassen die Köpfe hängen. Der Gendarm beobachtet uns mißtrauisch. Wir sind sicherlich gefährlicher als die von der Kolonne, da wir abgehauen sind.

Wir haben Durst. Der Junge führt uns zum Teich, das Wasser ist klar, mit langen Gräsern und Kresse bewachsen. Wir drücken das Gras weg und schöpfen das Wasser in die hohle Hand. Der Junge schaut uns aufmerksam beim Trinken zu. Als wir fertig sind, führt er uns wieder zum Berghang. Vor uns erstreckt sich, so weit der Horizont reicht, der Wald, den wir hätten erreichen müssen. Hinter dem Hügel, am Ende des Feldes, die Straße, die wir verlassen haben.

Ein anderer Gendarm kommt; er ist dunkelhaarig, finster, auf seiner grünen Mütze der Adler. Er bringt uns zum Dorf. Er zeigt uns einen Rinnstein, wo schon Russen und Italiener sind. Wagenkolonnen, die von der Front kommen, fahren unaufhörlich an uns vorüber. Andere Franzosen kommen, man hat sie ebenfalls gerade geschnappt; alles in allem sind wir ein Dutzend.

Die Gendarmen lassen uns allein. Wir sind abgestumpft. Auf dem Bordstein sitzend, die Füße in einer Rinne mit schmutzigem Wasser, sehen wir die Lastwagen vorüberfahren, die deutsche Wehrmacht, die zurückströmt. Warum töten sie uns nicht?

Wir warten lange. Schließlich kommt der erste Gendarm, der uns gefangengenommen hat, zurück und ruft uns. Wir verlassen das Dorf, er führt uns in einen offenen Schuppen mitten auf einem Feld. Kurz darauf kommt ein Karren, zwei Italiener liegen drauf, man holt sie herunter und legt sie auf den Boden; sie rühren sich nicht. Zwei Pakete lila gestreifter, zerrissener Lumpen, zerfallene, graue Gesichter; wir wissen nicht, ob sie tot sind. Ich gehe näher an sie heran, ich suche nach einer Bewegung ihrer Brust, nach irgendeinem Zeichen in ihrem Gesicht, nichts. Der Unterkiefer hängt herab, um die Nase herum ist eine schwarze Kruste, Feuchtes läuft daraus auf die Lippen. In Buchenwald haben wir schon welche gesehen, die so unter einem Zelt lagen, im kleinen Lager; man wußte nicht, ob sie tot waren; manchmal hoben sie ein Augenlid.

Der Gendarm hat gesagt, daß man uns abholen komme. Wir gehen vor den beiden Italienern hin und her, manchmal bleiben wir stehen, wir beugen uns vor, um sie zu betrachten; sie rühren sich immer noch nicht.

Zwei Männer kommen, der eine zu Fuß, der andere auf dem Rad. Der zu Fuß ist ein SS-Mann von unserer Kolonne, er hat seine Maschinenpistole dabei. Der auf dem Rad ist ein kroatischer Kapo, der ein Gewehr umgehängt hat. Als der SS-Mann uns sieht, fängt er an zu brüllen. *Los, los!* Der Gendarm geht weg. Wir brechen wieder auf. Die beiden Italiener läßt man auf dem Boden liegen. *Los!* Wir sind wieder auf dem Fahrweg, wir müssen schnell gehen. Der SS-Mann und der Kapo sind hinter uns, sie schreien ununterbrochen. Wir gehen fast im Laufschritt. Meine Schuhe halten diese Geschwindigkeit nicht aus; auf dieser Straße gibt es riesige Wagenspuren aus hartgewordenem Schlamm.

Ich hatte mich an die Spitze unserer Gruppe gesetzt, aber ich lasse mich abhängen; ich habe jetzt nur noch den Kapo hinter mir, der auf dem Rad fährt, und den SS-Mann. Der Kapo fährt mir mit dem Vorderrad in die Beine. Der SS-Mann versetzt mir mit dem Kolben seiner Maschinenpistole einige Schläge. *Los, du Schwein!* Die kleine Gruppe ist außer sich. Ich falle. Er kommt schreiend herbei, entreißt mir meinen Beutel. Fußtritte, Kolbenschläge. Ich stehe wieder auf. Ich ziehe meine Schuhe aus, gehe barfuß. Ich laufe, das Vorderrad reibt mir an den Fersen, ich versuche, den Feldrand zu erreichen. Kein Brotbeutel mehr, nichts mehr zu essen, aber es ist mir wurscht. Wir laufen verstört weiter, wie Irre. Niemand spricht ein Wort, wir hören nur die Schreie des SS-Manns, dessen Wut immer größer wird. Wir können dieses Tempo nicht durchhalten. Der Kapo kommt auf seinem Fahrrad und fährt uns in die Beine. Der SS-Mann drückt uns den Lauf seiner Maschinenpistole in den Rücken. Meine Brille rutscht herunter, ich schiebe sie mit der linken Hand hoch; mit der anderen halte ich meine Schuhe. Die Steine dringen mir in die Fußsohlen. Wir torkeln in den Wagenspuren, mit vorgestrecktem Kopf, von den Schreien gepeitscht. Eine Stunde dauert das.

Es ist fast Nacht, als wir vor einem offenen, mit Stroh gefüllten Schuppen ankommen. Hier sind die Kameraden der Kolonne. Der SS-Kommandant steht auf der Straße, er sieht zu, wie wir kommen; neben ihm ein polnischer Kapo. Der SS-Mann, der uns geführt hat, läßt uns vor ihm antreten. *Alle kaputt morgen!* sagt der Blockführer. Das habe ich gehört. Der polnische Kapo hat mich wegen meiner Brille wiedererkannt. Er kommt zu mir. *Du? Du?* Er zeigt mit dem Finger auf mich und lacht.

Er führt uns zum Schuppen, wo die Kameraden schlafen. Ich suche mir einen Platz zwischen ihren Beinen. Ich finde keinen. Als der polnische Kapo sieht, daß ich noch nicht liege, stürzt er sich auf mich. Ich setze mich auf die Füße eines Kameraden, aber ich kann mich nicht hinlegen. Darauf packt er sein Gewehr am Lauf und stößt mir mit dem Gewehrkolben in die Leber, wozu er schreit: *Bandit, Bandit!* Seine Augen treten aus den Höhlen, seine Nasenlöcher sind gebläht; er schlägt mit Vergnügen zu. Ich drehe mich etwas um, ich versuche meine Leber zu schützen, damit sie nicht platzt. Er hört auf. Ich versuche mich schnell hinzulegen, ich strecke mich neben dem Bein eines Kerls aus, der hinter mir liegt und halb eingeschlafen ist; er versetzt mir einen Fußtritt in den Rücken. Ich stehe wieder auf.

Der Kapo hat die Szene verfolgt. Er kommt zurück und fängt wieder an, mit dem Gewehrkolben zuzuschlagen. Diesmal habe ich mich auf die andere Seite gedreht, der Kolben trifft auf die Hüfte. Seine Wut ebbt ab, er hört auf und schnauft, wobei er mich mit seinen ausdruckslosen Augen anschaut. Er zögert noch und geht dann.

Für morgen früh. Die Kameraden schlafen, die Nacht ist kühl, ich versuche ebenfalls zu schlafen. Ich bin nicht mit Stroh bedeckt, ich friere und werde oft wach. Ich bin müde, aber ich kann nicht schlafen wie die andern. Diesmal bin ich dran. Ich bin dem Kapo aufgefallen. Ein Nebel von Müdigkeit, Schlaf, Angst, eingehüllt vom Schlaf der andern. Der Fuß, der unter meinem Kopf ist, rührt sich nicht, der Mann schläft gut; für ihn ist es nur eine Etappe mehr. Ich döse vor mich hin, im Kopf ein Einfall, eine Art Fremdkörper, ein

Insekt, das sich nicht auf mich stürzt, das ebenfalls döst. Morgen der Tod. Der Schlaf wandert zwischen der Müdigkeit und diesem nächsten Tag hin und her. Es wird nicht der tägliche Marsch sein, ich werde nicht zu wählen haben, ob ich schnell aufstehe oder mich herumdrücke, ich werde nicht pinkeln und dabei die Wolken betrachten, als ob es nur schwer sei, hier zu sein und weiterzumachen. Es wird noch etwas Zusätzliches geben. Und es ist genau das Samenkorn dieses Zusätzlichen, das schwer wiegt. Für den Bibelforscher und die andern ist es sehr schnell gekommen; hier habe ich Zeit, die Sache kommen zu sehen. Ich werde ebenfalls vor einer Grube stehen, ich habe Schlaf; vor mir: morgen eine Grube. Keine weiteren Etappen mehr, dumm, sich so schnappen zu lassen. Schlaf. Dieser Fuß unter meinem Kopf, die kühlen Beine, der Schlaf bleibt auf der Haut. Bei den Kameraden ist er ganz eingedrungen; bei mir läuft der Schlaf im Kreis, zeigt sich als Bild der Grube, das Bild der Grube wiederum als Schlaf . . . Ich bin weder hier noch zu Hause noch vor der Grube noch im Schlaf, alle Orte sind imaginär. Ich bin nirgends.

*

Es ist kaum Tag. Wir hören Maschinengewehre. Ich habe geschlafen. Es ist während des Schlafes geschehen. Aus dem Lärm des Geschützes wurde der Lärm des Maschinengewehrs. Wir müssen schnell aufstehen. Die SS-Leute haben es eilig. Sie sind offenbar nur noch sieben Kilometer entfernt.

Sie vergessen uns zu erschießen. Auch wir vergessen fast, daß wir erschossen werden sollten. Wir brechen auf. Ich bin in der Kolonne wie die andern. Keine Spur mehr von der Flucht, sie haben sie vergessen. Die Alliierten sind hinter uns, ganz nahe. *Los!* Wir schlagen einen Weg zwischen zwei Wiesen ein. Sie treiben uns zur Eile an, wir versuchen, das Tempo zu bremsen, ihre Flucht aufzuhalten. *Los!* Die SS-Leute ziehen uns nach. Sie drehen sich nach uns um wie nach störrischen Mauleseln. Überstürztes Wecken, überstürzter Aufbruch, ich habe mich in der Kolonne wiedergefunden, ich habe mir keine Frage gestellt; sicherlich hatten sie es zu eilig, um uns noch zu erschießen. Als wir aufbrachen, habe ich nach unten gesehen, damit dem SS-Mann und den Kapos meine Brille nicht auffallen sollte, und dann gings ab. Hundert, zweihundert Meter gewonnen. Sie vergessen es. Zwischen der Ankündigung von gestern abend und jetzt liegt der Lärm des Maschinengewehrs. Das nennt man Schwein. Ich gehe, ich spüre den Wind auf dem Gesicht wie jemand, der Schwein gehabt hat.

Wir werden auf diesem Weg von deutschen Soldaten auf Rädern überholt. Andere gehen zu Fuß, die einen allein, die andern in Gruppen zu zweit oder dritt. Sie gehen schnell. Sie tragen kein Käppi, sie sind schmutzig, viele sind schlampig gekleidet. Soldaten allein, ohne Käppi, das Gewehr in der Hand oder ohne Gewehr, der Lärm des Maschinengewehrs, ganz in der Nähe: da ist kein Irrtum möglich. Das ist nicht mehr der langsame, geordnete Rückzug, mit Staus zwar, doch trotzdem friedlich. Das ist die Hast des letzten Augenblicks, das noch freie Gelände, das immer kleiner wird, es ist die Stunde des Soldaten, der allein ist.

Wir bleiben an einer Kreuzung vor Häusern stehen. Jetzt hören wir auf die Feuerstöße der Maschinenpistolen. Ein deutscher Soldat, der vorbeikommt, zeigt dem SS-Mann mit einer Bewegung des Arms, wo sie sind, und macht sich aus dem Staub. Der SS-Mann scheint einen Augenblick lang aus der Fassung gebracht.

Ich habe Bauchschmerzen, ich gehe in die Wiese, ich lache für mich ganz allein. Es kann nichts mehr schiefgehen. Ich lache, ich schaue nach der letzten Biegung. Hier wird es zu Ende gehen, ich in der Wiese kauernd. Der SS-Mann bleibt an der Spitze der stehenden Kolonne. Die Kapos suchen, sie drehen sich auf der Stelle im Kreis. Es ist unwiderstehlich. Wir können gar nicht mehr weiter nach vorn. Wir werden zu der hinter uns liegenden Biegung gerufen. Wieder die Maschinenpistolen. Niemand trifft eine Entscheidung, wir zögern. Eine Bewegung zeichnet sich ab; Italiener versuchen aufzubrechen, wobei sie sich hinter den Bäumen verstecken. Der SS-Mann stürzt herbei, er schießt, die Kapos ebenfalls. Ein Italiener, der sich im Gras versteckt hat, wird umgelegt.

Daraufhin hat der SS-Mann reagiert; er hat einen Kapo auf einen Bauernhof geschickt, um zwei Traktoren zu holen; der Kapo kommt mit den beiden Traktoren zurück, die von Zivilisten gelenkt werden. An jeder Maschine hängt ein Kremser; der SS-Mann hat es eilig. Wir hören immer noch die Maschinenpistolen und wir schauen nach der hinter uns liegenden Biegung. *Los, los!* Der SS-Mann und die Kapos werden wütend und brüllen herum. Wir drängen uns in den Kremsern zusammen und fahren gleich darauf los. Wir kommen durch ein ausgestorbenes Dorf, in dem man nur ein paar Frauen in der Tür stehen sieht. Wir werden wohl die letzten »Deutschen« gewesen sein, die durchgekommen sind. Die Traktoren brausen mit Karacho dahin. Wir erdrücken uns gegenseitig in den Kremsern. Wir hören noch die Maschinenpistolen. Wir fahren jetzt auf einer großen Landstraße. Wir passen immer auf, was rückwärts passiert. Solange wir auf den Straßen sind, können wir eingeholt werden.

Aber wir verlassen die Straße und biegen auf einen Weg ein, der durch einen Wald führt. Die Wagen holpern über die Wagenspuren. Wir können noch die Abzweigung erkennen, an der wir die Straße verlassen haben, aber sie wird immer kleiner und sehr bald schon ist sie nur noch ein Punkt. Dann biegt der Weg ab, und wir fahren mitten im Wald. Sie werden nachher über die Straße kommen, aber sie werden uns nicht finden. Wir sind nicht zu greifen.

Wir sind wieder aus dem Wald herausgekommen. Der Weg führt jetzt an einer Wiese entlang, die in einem Talkessel zwischen den Hügeln liegt. Wir hören die Maschinenpistolen nicht mehr. Die Fahrzeugkolonne macht halt, alle steigen ab, die Wagen fahren wieder zurück. Ich lege mich in die Wiese.

Ich bin allein. Gilbert, Paul, Francis sind nicht mehr da. Gilbert hat die Kolonne an der Ziegelei verlassen. Paul und Francis am selben Tag wie ich, doch ich habe sie nicht mehr wiedergefunden.

Die SS sammelt sich auf der anderen Seite des Wegs um den Blockführer herum, der im Harz die Kameraden bestimmt hat, die umgebracht wurden. Wir liegen in der Wiese und beobachten sie. Sie haben uns in diese Gegend hier geführt, um ihre Entscheidung zu treffen.

Ein SS-Mann wirft sein Gewehr weg. Ein anderer reißt seine Tressen von der Schulter. Ein anderer zerreißt seine Papiere.

In der Wiese liegend, haben wir alles gesehen. Sie werden uns hier laufenlassen, es ist alles vorbei. Eine Gruppe Polen macht sich jetzt auf der Straße davon, auch Russen und einige Franzosen. Die SS-Leute kümmern sich nicht mehr um sie.

Jo, der Kamerad aus Nevers, der ebenfalls seine Kameraden verloren hat, legt sich neben mich. Er ist völlig erschöpft. Gaston ist ebenfalls da, erschöpft, er antwortet kaum, wenn man mit ihm spricht. Wir haben nichts mehr zu essen. Wir einigen uns darauf, wegzugehen, aber wir zögern zu lange. Ein Auto der Gestapo kommt und hält vor uns. Ein Offizier steigt aus, den Revolver in der Hand, und ruft den Blockführer. Die SS-Leute sind niedergeschmettert. Der Kerl von der Gestapo spricht barsch mit dem Blockführer, der Haltung annimmt. Die Unterhaltung dauert fünf Minuten. Schließlich langsamer und sehr feierlicher Hitlergruß des Kerls von der Gestapo, auf den der Blockführer schlaff antwortet. Das Auto fährt wieder weg. Der Kerl von der Gestapo hat unserer SS klargemacht, daß überhaupt keine Rede davon sein könne, uns freizulassen.

Der Blockführer ruft seine SS-Leute herbei. Er spricht ihnen nun seinerseits Mut zu, und derjenige, der sein Gewehr weggeworfen hatte, hebt es wieder auf. Dann geht der Blockführer mit einem Wachmann los, während die andern wieder aufpassen. Sie haben einen Befehl erhalten, und die Feder ist wieder aufgezogen. In der Ferne marschiert die Gruppe der Polen gemütlich über die Straße.

Lange danach kommt der Blockführer mit einem Traktor und zwei großen Anhängern zurück. Wir zwängen uns hinein und brechen wieder auf. Nach wie vor hören wir keine Maschinenpistolen mehr. Allmählich lassen wir die Hügelkette hinter uns, stoßen auf eine große Landstraße, die eine riesige, flache Ebene durchschneidet, die in der Ferne von anderen, düsteren Hügeln begrenzt wird. Der Himmel hängt tief über der ganzen Ebene. Auch hier wieder die wilde Flucht: wir begegnen Lastzügen, Pferden, vereinzelten Panzern, Infanteristen. Wir überholen einen mit Soldaten beladenen Wagen, die Soldaten essen Brot und Marmelade; wir haben Zeit, die dicke Schicht schwarzer Marmelade auf der dicken Brotscheibe zu sehen. Sie haben rote Backen. Sie verlieren den Krieg, aber sie sind noch zu Hause, mit Brot, Marmelade, Backen. Wir gewinnen den Krieg. Und plötzlich, beim Anblick dieser Brotschnitten, die wir leuchten sahen, weiß und schwarz, richtige Verpflegung, überkommt uns ein furchtbarer Hunger ... Keine Zivilisten auf den Straßen; wir erkennen diese Zeichen: die Gulaschkanone, die planlos am Grabenrand haltgemacht hat. Die Artilleristen, die sich an ihre Kanone lehnen. Die auf den Lastwagen zusammengedrängten Soldaten. Der Stau der Sanitätswagen. Auch der Offizier, der an der Spitze seiner Kolonne steif auf seinem Pferd sitzt; der Oberleutnant, der seine im Graben liegenden Männer betrachtet. Die Flieger, die Artilleristen, die Infanteristen, die Gendarmen, durcheinandergewürfelt auf der Straße. Ein Panzer steht mitten auf einer Wiese, ein dickes, ungefährliches Insekt. Diese Männer werden nicht mehr kämpfen, diese Waffen werden nicht mehr schießen; Panzer und Geschütze sind noch ganz, und doch sind sie schon Alteisen. Die Felder ringsum sind leer. Es gibt zwar Gräben und Löcher, um noch zu kämpfen, doch sie sind leer. Die Männer wollen auf der Straße sein, sie wollen nicht mehr haltmachen oder umkehren. Den Rücken dem Feind zugewandt. Nachdem man die Helden gespielt hat, nach dem Kampf gleich gegen gleich, nach den taktischen Mätzchen ist der Feind zum Schreckgespenst geworden. Beim Rückzug wird das Haus, das die Soldaten gerade verlassen haben, bereits vom Feind heimgesucht, die letzte Biegung ebenfalls. Auf der Straße schwillt die Angst in ihrem Rücken mit jedem Schritt an. Jetzt können sie sich nicht mehr stellen. Sie müssen marschieren, marschieren, dann laufen, der Feind ist da, im Rücken, er folgt auf dem Fuße.

Die Macht, die diesen Aufruhr entfesselt, ist unsichtbar. Es ist der ganze Horizont hinter ihnen, der vergiftet ist, und nur von diesem Horizont erwarten wir uns etwas.

Der Traktor hat in den Vororten einer Stadt haltgemacht. Wir nehmen unseren Fußmarsch wieder auf. Es ist Spätnachmittag. Wir kommen im Stadtkern an. Die alliierten Flugzeuge sind einige Stunden zuvor drübergeflogen. Aufgerissene Häuser, Krankenwagen, Rauch, laufende Menschen, verstörte Gesichter von Frauen, die seit einer halben Stunde Witwen sind. Wir haben das alles schon gesehen. Es ist hier genau das gleiche, die gleiche Anstößigkeit: das ausgestellte Schlafzimmer mit dem Spiegelschrank, der Tapete, und die gleiche Art von Ausgebombten, die sich auf der Straße um den Schutt herum versammeln und die nach oben schauen, zu den stehengebliebenen Mauern, die weggehen und dann wiederkommen zu den zerfetzten Balken und den Steinen, zu den Stätten.

Gleichgültig erkennt man alles wieder. Diese durch die Straßen irrenden Kinder, diese alten Frauen mit Wäsche unterm Arm vor den Trümmern, es ist ein Bild des Jammers, das an mir vorüberzieht wie ich an der Stadt vorüberziehe. Unsere Ängste und Verzweiflungen schauen sich an. Verzweifelte Blicke begegnen verzweifelten Blicken; und da gibt es nichts als die Freundlichkeit der Augen für die Augen, das Mitleid, das man für sich selber hat im Blick der andern.

Es wird gleich Nacht, ich gehe neben Jo und Gaston, der Leibschmerzen hat. Seit heute morgen spricht er nur in kurzen Sätzen, als sei er im Koma. Er reicht mir seinen Beutel und bleibt am Straßenrand stehen. Wir gehen lange. Gaston kommt nicht zurück.

Wir bleiben an einer Kreuzung stehen, die von Truppen verstopft ist. Es ist jetzt stockdunkel. Zivilisten verteilen an die Deutschen Kaffee, wir mischen uns unter sie, sie schütten die Brühe in unsere Kochgeschirre. Man gibt den unglücklichen Soldaten, die fliehen müssen, zu trinken, wir trinken wie die unglücklichen Soldaten. Die Wachtposten suchen uns. Wir setzen uns zwischen sie auf den Boden. Dieses Durcheinander ist beruhigend. Die Soldaten gehen weg, und kurz darauf bricht unsere Kolonne wieder auf. Wir kommen vor einem kleinen Bahnhof an. Wir werden den Zug nehmen. Wir finden uns in der Dunkelheit nicht zurecht. Ich sehe nicht einmal das Geländer. Ich bin in einer Gruppe von Kameraden. Sie rücken vor. Wir steigen ein. Wir quetschen uns in einen kleinen Waggon. Ich trete einem Wachtposten auf die Füße, der mir mit dem Gewehrkolben in die Beine stößt und knurrt. Man sieht nichts. Fritz spricht mit einem Wachmann. Ein Kamerad übersetzt: »Nach acht Kilometern sind wir aus der gefährlichen Zone heraus.«

Der Zug fährt ab, wieder einmal schafft man uns fort. Die deutsche Wehrmacht hat keinen Halt mehr, die Niederlage ist sichtbar, aber man behält uns. Die Unseren mögen zwar Städte ausradiert, den Rhein überquert, die mächtigsten Heere in die Flucht geschlagen, die Generäle eingesammelt haben, die in Deutschland verirrten Gestreiften jedoch, die Geiseln, gleiten ihnen durch die Finger. Wir bleiben auf dem gleichen, jetzt außer sich geratenen deutschen Planeten, auf dem die SS Herr bleibt, auf dem die Männer mit dem roten Blut und die Männer voller Eiter und Läuse in einem ländlichen Bummelzug durcheinandergemischt sind. Ich bin dicht an den Wachtposten gedrängt, der mir Kolbenschläge versetzt hat, er möchte, daß der Zug schneller fährt, und ich, daß er stehenbleibt; ich habe seine Gerüche in der Nase, er hat einen Feind noch nie aus dieser Nähe kennengelernt – Feind der Haut, der Kleidung nach. Wie lange kann man mit einem Menschen dicht gedrängt Leib an Leib stehen und der gleiche Feind bleiben? Ich dürfte diesen Ledergeruch nicht ertragen können. Das Messer würde tief in seinen Nacken eindringen. Doch in der Dunkelheit überkommt mich so etwas wie Apathie, und bald spüre ich nur noch die Stöße des Waggons. Vielleicht empfindet er mich, der ich für ihn nichts anderes mehr bin als das Zeichen einer Macht, die er noch hat, als jemand, der nur noch dank des Geruches existiert oder der so wenig existiert, daß er nur noch Geruch ist.

Wir haben die acht Kilometer zurückgelegt, und der Zug hat gehalten. Es ist tiefe Nacht. Fritz hat einige Worte zu den Wachtposten gesagt, die gelacht haben. Wir steigen aus, *los, los*. Sie sind beruhigt. Man hört kein Geschütz mehr und keine Maschinengewehre.

Wir haben uns wieder auf die Straße gemacht. Wir marschieren immer noch, stundenlang. Die Wachtposten sind ebenfalls müde. Wir kommen in der Dunkelheit durch Halle; nach dem Asphalt Pflastersteine, geschlossene Häuser, kein einziges Licht, Mauern, nichts als Mauern, dann die ersten Böschungen am Ausgang der Stadt, und von neuem Asphalt. Wir gehen weiter. Wir haben die Mauern Halles gestreift, wo Tausende von Menschen ihr Leben leben. Sie werden nie erfahren, wer in dieser Nacht durch ihre Stadt gekommen ist. Menschen sind durchgekommen, die ihre geschlossenen Läden angeschaut haben und die gern geschlafen hätten; sie haben in einem Taumel an ihr Bett gedacht und sie haben auch gezittert angesichts der Unwissenheit dieser Leute und dieses Schlafs, der jeden Abend hinter diesen Läden von neuem beginnt.

Hinter Halle haben wir die Saale auf einer Fähre überquert. Die Saale ist schwarz. Wir haben uns auf die Planken gelegt. Der Motor der Fähre brummt leise. Platsch! Jemand ist ins Wasser gesprungen. Ein Schuß. Ich werde kaum davon wach. Als wir am andern Ufer angekommen sind, können wir nur mit Mühe wieder aufstehen, die Knie sind aus Holz. Der überquerte Fluß entfernt uns noch etwas mehr vom Ende. Die Kilometer auf der Straße machen die Entfernung nicht so deutlich wie die Überfahrt über einen Fluß.

Wieder marschieren wir auf der Straße. B. klammert sich an meinen Arm, er hat einen weißen Fetzen um den Hals, deshalb kann ich ihn in der Nacht erkennen. Er geht mit gesenktem Kopf. Er hat sich ohne ein Wort zu sagen bei mir eingehängt. Er kann nicht mehr. Er hängt schwer an meinem Arm, und ich selbst habe mich schon allein nur mit Mühe dahingeschleppt. Diesmal ist die Müdigkeit langsam gekommen, es ist keine plötzliche Erschöpfung wie vor der Ziegelei. Wir marschieren stundenlang ohne haltzumachen. Hinter uns bleibt ein anderer Kamerad stehen; zwei Kameraden packen ihn unter den Armen und schleppen ihn mit. Die Kolonne ist am Ende.

»Pause! Pause!« wagen einige Kameraden zu rufen.

»Ruhe!« brüllen die Kapos.

Der Marsch geht weiter. B. klammert sich fest an mich. Ich ziehe ihn mit gesenktem Kopf mit. Ich versuche, hinter dem zu bleiben, der vor mir geht, mit ihm Schritt zu halten, mich so zu zwingen, vorwärts zu gehen; aber es ist unmöglich, ich gehe langsamer. Andere überholen uns, wobei sie uns anstoßen. Wir haben nicht einmal mehr die Kraft, uns auszuweichen. Wir gehen dahin wie Schlafwandler. Ich kann nicht mehr. Ich mache mich von B.s Arm los. Er wimmert: »Ich bin alt, du wirst mich doch nicht im Stich lassen.« Er nimmt wieder meinen Arm, ich antworte nicht. Ich könnte jetzt hinfallen, ich hebe und senke den Kopf, ich keuche wie ein Maulesel, ich atme tief, aber schnell durch, es gelingt mir nicht mehr. Ich spüre, daß mein Mund offen steht, herabhängt, daß meine Augen sich schließen. Es hat geheißen, daß wir die ganze Nacht hindurch marschieren würden; wenn das wahr ist, werden wir noch vor Tagesanbruch alle umgefallen sein. Die Spitze der Kolonne macht langsamer, wir werden vielleicht haltmachen.

»Pause! Pause!« rufen die Kameraden.

»Ruhe!« brüllen die Kapos.

Wir marschieren weiter. B. ist immer noch da. Die Nacht ist stockdunkel. Ich sehe von B. nur seinen weißen Fetzen. Die Gemeinschaft der marschierenden Gruppe ist zerfallen, jeder regelt seine Angelegenheit allein, mit seinen Beinen, seinem hängenden Kopf. Wenn man uns zwingt, noch länger zu marschieren, werden wir einer nach dem andern umfallen und dann alle getötet werden. Das ist leicht, das ist möglich. Seit wir in Deutschland sind, haben wir immer und immer wieder die Erfahrung dessen gemacht, was möglich ist. Wir gehen im Zickzackkurs, aufs Geratewohl; es gibt kein Ziel und kein Quartier mehr. Und immer noch B., der sich an meinem Arm mitschleppt. Er sagt »ich bin alt«; für ihn bin ich noch jung. Dabei sehe ich, wenn ich mich umdrehe, einen Schatten, Züge, die die meinen sein könnten. Wir haben alle kein Alter mehr. Als er sich anklammerte, hat sich dieser arme B. daran erinnert, daß er alt ist. Manchmal vernimmt man ein Keuchen, Klagen dann und wann, aber das Scharren der Schuhe über den Boden herrscht vor. Das Schlimme ist, daß der Atem nicht mehr mitmacht, ist das Aufderstelletreten des Atems. B. spricht allein vor sich hin, er weint, er hat keine Kraft mehr, seine Wörter zu bilden: »Kann nicht mehr ... will hier stehenbleiben ...« »Wir werden bald da sein, wir werden bald da sein.« Der Kamerad, der vor uns ist, hat bestimmt blasen müssen, um das in einem Zug zu sagen und dann wieder Atem zu schöpfen.

Wir machen halt. Die ganze Kolonne sinkt auf die rechte Straßenseite. B. ist nicht mehr da. Ich bin auf die Böschung gefallen.

Ein Motorengeräusch hat mich geweckt. Es ist Tag. Ich liege mit dem Gesicht im Gras in der gleichen Stellung, in der ich in der Nacht hingefallen bin.

Vor uns stehen zwei Traktoren mit Anhängern. Wir werden wieder aufbrechen. Wir erfahren, daß der Volkssturm, der sich heute nacht in der Gegend herumtrieb, uns töten wollte, und daß es die SS-Leute gewesen sein sollen, die sie daran gehindert haben.

Abgestumpft, die Füße nachschleppend, mit gerädertem Körper lassen wir uns in die Anhänger fallen. Wir fahren weiter. Die Ebene muß wohl schön sein, gelb und grün, dieser Morgen muß wohl kühl und gesund sein, der Tau muß wohl glänzen, dies muß wohl ein sehr schöner Morgen sein. Aber jetzt dringt das Gelb und das Grün und der Tau nicht mehr in unsere Augen. Es ist ein farbloser, reliefloser Raum, der sich abzeichnet. Ich nehme eine Fingerspitze voll Rübenschnitzel, die auf dem Boden von Gastons Beutel zurückgeblieben sind, ich kaue. Die ganze Ladung schaukelt in den Anhängern herum.

Wir erreichen die Autobahn Berlin–Leipzig und einige Augenblicke später kommen wir nach Bitterfeld, dreißig Kilometer von Leipzig entfernt. Man pfercht uns auf einem unbebauten Gelände in der Nähe des Bahnhofs zusammen.

Zivilisten gehen auf einer baumbestandenen Allee oberhalb unseres Lagerplatzes vorüber. Sie bleiben an den Geländern stehen und betrachten die Gestreiften, die da liegen, jene, die sich lausen, jene, die torkelnd aufs Klo gehen: bärtige Gesichter, bedeckt mit schwarzen Schmutzflecken, ohne Wangen, kahlgeschorene Schädel, trunkene Leiber auf weißen Eiterbeinen. Manchmal drehen auch wir uns um und betrachten die vorübergehenden Zivilisten. Einige französische Arbeiter sind unter ihnen. Sie kommen näher.

»Wo bist du her?« fragt ein Zivilist.

»Aus Paris«, antwortet einer.

Einige rufen:

»Widerstandsbewegung. Hast du nicht vielleicht etwas Brot?«

Die Kapos treten dazwischen, um uns daran zu hindern, Verbindung aufzunehmen. Wir schweigen und sehen zu, wie sich die Zivilisten entfernen.

Ein Kapo ist zusammen mit Polen Brot holen gegangen.

Eine Scheibe für jeden und ein Stückchen Wurst. Wir stehen Schlange vor dem Kapo, der die Verpflegung ausgibt. Das Stück Brot ist nicht groß, es riecht gut, die Wurst auch. Ich schneide mir das Brot in kleine Würfel und hebe mir die Hälfte der Wurst in einer kleinen Dose aus Duralaluminium auf. Von meinem Brot habe ich nichts zurücklegen können. Nachdem ich gegessen habe, habe ich mich hingelegt. Die Sonne scheint, mein Gesicht ist warm, ich döse vor mich hin. Man läßt uns einige Stunden lang in Ruhe.

Die Zivilisten, die auf der Allee vorübergehen, bleiben immer vor dem Geländer stehen. Sie legen die Ellbogen auf und betrachten uns. Wenn sie denselben Mann ein paarmal gesehen und seine Art und Weise sich hinzulegen beobachtet haben, wenn sie dem Gang desjenigen, der zum Abort geht, so lange gefolgt sind, bis er im Häuschen verschwindet, blicken sie lange auf die Wiese, den Bahnhof nebenan, den SS-Mann, dann gehen sie weg.

*

Heute ist der 14. April. Vor zehn Tagen sind wir in Gandersheim aufgebrochen. Wir hatten beim Abmarsch drei Viertel Brotlaib bekommen. Das Brot hat zwei Tage gehalten. Jetzt haben wir gerade wieder eine Scheibe Brot bekommen.

Die SS-Leute wissen, daß wir nicht mehr gehen können. Sie wissen auch, daß wir auf den Straßen geschnappt werden würden. Der Blockführer scheint uns nicht unbedingt töten zu wollen, da er sich die Mühe gemacht hat, uns hierher zu bringen. Man hat ihm den Befehl erteilt, uns irgendwohin zu bringen, vielleicht nach Dachau. Und dieser Befehl zählt. Die Alliierten sind etwa dreißig Kilometer von uns entfernt. Dem SS-Mann bleibt vielleicht noch eine Möglichkeit, den Befehl auszuführen, das ist der Zug.

Dritter Teil

Das Ende

Der Zug ist bei Sonnenuntergang abgefahren. Solange es noch etwas hell war, ist ein Wachtposten in unserem Waggon geblieben, vor den geöffneten Türen. Der SS-Mann stand Gewehr bei Fuß und sah hinaus. Sein Rücken nahm fast die ganze Öffnung der Tür ein; zwischen seinen Beinen und auf jeder Seite seines Körpers sahen wir Stücke von Bäumen, Stücke von Häusern vorüberflitzen. Er rührte sich fast nicht. Dann wurde das Tageslicht schwächer. Der Rücken des SS-Mannes ist schwarz geworden; er hat sich von der Tür abgehoben wie im Eingang eines Schilderhäuschens. Als der Zug einmal gehalten hat, ist er ausgestiegen und hat die Waggontür verriegelt. Wir sind allein geblieben.

Wir waren nicht zahlreich: etwa fünfzig. Wir saßen uns in zwei Reihen auf dem Holzboden gegenüber, den Kopf an die Waggonwand gelehnt. An den beiden Enden des Waggons gab es eine Fensterluke, durch die man ein Stück Himmel sah.

Die Ladung versank in der Dunkelheit. Jeder betrachtete das Viereck Himmel, das in den Fensterluken schwarz wurde und in dem bereits ein, zwei Sterne auftauchten. Es war der einzige Ausblick auf den Raum, und dorthin schauten wir, weil von dort der Tag kommen würde. Alles, was geschehen sollte, würde sich im Weiß und im Schwarz dieses Loches, das jetzt immer dunkler wurde, rhythmisch gliedern lassen.

Ich habe mich neben Jo und H . . . gelegt, den Normannen, der im Harz mit mir den Karren zog. In dieser Hälfte des Waggons lagen noch Lanciaux, den ich nach dem Verlassen der Kolonne wiedergetroffen hatte, C . . ., drei Spanier, einige aus den Vogesen, einer aus der Vendée usw.

Der Zug fuhr nicht sehr schnell. Wir überließen uns diesem Rollen, das für uns keinen Sinn hatte. Wir wußten nicht, wohin es ging. Wir wurden weggebracht. Die kostbare

Fracht der Verweigerer aus Gewissensgründen war *gerettet* worden.

Solange es noch hell war, sind wir so sitzen geblieben, vielleicht weil etwas passieren konnte, solange es hell war, wir hätten durch irgendein Zeichen herausfinden können, wo wir uns befanden, wie lange wir noch im Waggon bleiben würden, wohin wir fuhren; die Tür würde vielleicht aufgerissen werden, und man würde rufen: *»Los, alle heraus!«* vielleicht, um ein Stück Brot zu fassen, vielleicht wegen nichts, um auf dem Schotter stehenzubleiben.

Unmerklich ist es im Waggon stockdunkel geworden. Wir konnten fast nicht mehr die Gesichter erkennen. In der Dunkelheit konnte nichts Erwartetes mehr geschehen. Der Zug würde durch die Nacht fahren, vielleicht stehenbleiben, aber wir würden nichts mehr durch die Fensterluke sehen, wir würden nicht einmal die SS-Leute hören. Wir haben zunächst einmal unsere Schuhe ausgezogen, wir haben sie unter den Kopf gelegt, dann haben wir uns ausgestreckt. Derjenige, der mir gegenüber lag, war sehr groß und seine Füße drückten auf meine Geschlechtsteile; ich habe den Fuß genommen und habe versucht, ihn so weit zu bringen, daß er das Bein biegt, aber er hat es steif gemacht; ich habe es hochgehoben und es zur Seite gelegt. Er hat geschimpft:

»Kannst du nicht ruhig liegen bleiben?«

Ich habe sein Bein losgelassen, das schwer auf meinen Schenkel gefallen ist. Darauf habe ich ebenfalls meinen Fuß ausgestreckt, und ich habe sein Gesicht unter meinem Fuß gespürt:

»Widerlich!«

»Du brauchst nur deinen Fuß anzuziehen!«

Er hat meinen Fuß genommen, er hat ihn hochgehoben und hat mein Bein weggedrückt, das auf den Schenkel seines Nachbarn gefallen ist.

»Du gehst uns langsam auf den Wecker!« hat der Nachbar gebrüllt, der nun aus Leibeskräften zu strampeln anfing.

H . . ., der neben mir lag, bekam die Füße auf seine Beine und begann nun ebenfalls, Fußtritte auszuteilen.

Es gab keinen Platz, um die Beine unterzubringen. Diejenigen, die in diesem Kampf als erste müde wurden, wurden unter Beinen begraben. In der anderen Hälfte des Waggons war es das gleiche. Der Waggon brüllte. In der Dunkelheit bildeten die ineinanderverschlungenen Beine Knoten, die gewaltsam gelöst wurden: keiner wollte erdrückt werden. Es war nur ein Kampf von Beinen. Mit geschlossenen Augen gab man sich diesem Gewimmel hin, als ob der Körper oberhalb des Bauches abwesend sei. Schließlich fielen die Beine erschöpft herab, willigten ein, von anderen, stärkeren zermalmt zu werden. Aber die stärksten wollten immer die stärksten sein, sich auf einem Bett von Beinen ausbreiten. Darauf lehnten die Schwächeren sich auf, und in der Dunkelheit ging das Gewimmel weiter, die Beine strampelten wieder in alle Richtungen. Die Luke zeigte überhaupt nichts mehr an, sie war schwarz. Das geschah in der Mitte des Waggons. Man spürte das Gesicht unter dem Fuß oder den Fuß auf dem Gesicht. Das war ein Gebrüll in der Dunkelheit.

Aber dieser Kampf war anstrengend, und mit der Zeit fielen die Beine wieder herunter. Ob oben oder unten, fanden sie sich, feindlich und zusammengedrängt, damit ab.

Ich habe mich auf die rechte Seite gelegt. Der Hüftknochen schlug gegen den Boden. Mein Kopf lag an H . . .'s Rücken, Jo stützte den seinen gegen meinen Rücken. Es ist uns gelungen, uns in der Vibration des Waggons reglos zu verhalten. Und langsam sind die Läuse wachgeworden. Auf der reglosen Haut begannen sie umherzukrabbeln; sie machten halt und bissen sich fest. Ich habe angefangen mich zu kratzen, zuerst, indem ich die Schultern bewegte, dann, indem ich mit der Hand das Hemd gegen die Haut rieb; aber bald war das Jucken überall gleichzeitig, im Rücken, auf der Brust, unter den Armen, zwischen den Schenkeln. H . . . und Jo haben ebenfalls angefangen sich zu kratzen und zu bewegen. Die Ringe der Gefangenschaft vermehrten sich. Wir waren im Käfig des Waggons, wir waren in einem Läusekäfig, wir waren die Gefangenen des Waggons und das Gefängnis der Laus. Wir versuchten, die Beine nicht woanders hinzulegen, aber das Jucken wurde wirklich zu stark; es wurde unmöglich, wir mußten uns bewegen, wir mußten kratzen; jetzt bewegten sich auch die von gegenüber. Die Schlacht der Beine begann wieder von vorn, und das lenkte für einen Augenblick vom Jucken der Läuse ab. Doch wenn sich die Beine beruhigten, fing das Jucken wieder an.

Es war dunkel. Aber in diesem Waggon war die Nacht unbestimmt, ebenso fern wie der Tag und die Sonne. Der Tag, das wäre etwas später ein weißes Viereck in der Wand. Er würde das Durcheinander der Decken und das Gewimmel der Beine entdecken. Auch die Gesichter würden erscheinen und jene, die sich Armleuchter geschimpft hatten, die sich die ganze Nacht über mit ihren Schenkeln bekämpft hatten und die sich so wenig hassen würden wie zuvor, die sich nicht einmal ansehen würden. Von dieser Wut, die in der Dunkelheit hochkam, als die Gesichter sich nicht sahen und die Augen sie nicht korrigieren konnten, von dieser Wut des Körpers, sich von den Beinen, den Armen, der Haut zu befreien, von diesem alptraumartigen Zwiegespräch zwischen Unbekannten mit Beinen, zwischen Nachbarn mit Hüften, würde nichts mehr übrigbleiben, sobald der Tag heraufgekommen wäre. Er würde jedem seine Zurückhaltung, seine Scham zurückgeben.

Die Luke ist heller geworden. Der Kasten ist allmählich weiß geworden und was am Boden wimmelte, ist aus der Nacht aufgetaucht. Der Tag ist auch über uns aufgegangen. Wir hatten noch Augen, ihn zu sehen. Es gab sogar Wolken, die wir durch die Luke dahinwandern sahen. Die Läuse sind mit Anbruch des Tages eingeschlafen. Sie waren noch alle da, im Hemd, in den Schamharen, überall, voll. Man spürte sie, man wußte intuitiv ihr Gewicht, aber sie rührten sich nicht. Der Zug hatte mehrmals in der Nacht gehalten; wenn dann der

Waggon stand, spürte man ihre Gegenwart noch stärker; das Gefängnis war noch enger geworden, noch genauer. Wenn sich ihr Umherlaufen nicht mehr in der Vibration des Waggons verlor, wurde es unerträglich deutlich. Jetzt, bei Tag, spürte man das Jucken nicht mehr so stark, sondern nur noch den Schmutz des an der Haut klebenden Hemdes, die Dichte eines eingeschlafenen Gewimmels.

Der alte Spanier, der unter der Luke lag, hat sich aufgesetzt und gegen die Wand des Waggons gelehnt. Er war Katalane. Einer seiner Söhne ist in Frankreich vor seinen Augen erschossen worden, der andere liegt da, neben ihm. Der Alte hat ein gelbliches, rundes, vertrocknetes Gesicht voller Falten, man kann sein Alter nicht erraten. Der Sohn könnte gut zwanzig sein.

In Gandersheim hatte der Vater eines Tages eine Schlägerei mit dem *Mörder* wegen einiger Kartoffeln gehabt. Er hatte geblutet, er war altes Arschloch geschimpft worden. Der Sohn hatte ihn verteidigt und war dann zu ihm gekommen und hatte gesagt: *Padre!* Der Alte hatte ihn angesehen mit seinem vertrockneten Gesicht und geweint.

Der Vater in Gegenwart seines Sohnes Arschloch geschimpft. Der halbverhungerte Alte, der vor seinem Sohn stehlen würde, damit sein Sohn etwas zu essen hat. Der Vater und der Sohn mit Läusen bedeckt; beide verlieren ihr Alter und gleichen sich. Die beiden, von denen jeder ausgehungert ist, bieten sich gegenseitig mit vergötternden Augen ihr Brot an. Und beide jetzt hier, auf dem Holzboden des Waggons. Wenn sie beide sterben würden, wer würde dann das Gewicht dieser beiden Toten tragen?

In der Nacht ist der Alte von seinem Nachbarn angerempelt worden, und sie haben sich gegenseitig beschimpft. Man hat gehört, wie er mit schriller, meckernder Stimme gedroht hat: *Maricon!* Sein Sohn hat es ebenfalls gehört, und er hat ihn leise beruhigt: *Cailla, cailla.*

Jetzt ist er ebenfalls wach, und er ruft:

»Padre! que tal?«

Der Alte, der sich aufgesetzt hat, schneidet eine Grimasse ohne zu antworten.

Alle Geheimnisse des Alten sind auf seinem Gesicht ausgebreitet. Das Geheimnis des unbeugsamen Fremden, der ein Vater bleibt, hat sich in Hunger und Läusen offenbar aufgelöst. Es ist jetzt durchsichtig.

Die SS glaubt, daß die Liebe in jenem Teil der Menschheit, den sie ausgesucht hat, verkommen wird, weil sie nur die Nachäfferei der Liebe der wirklichen Menschen ist, weil es sie nicht wirklich geben kann. Aber hier, auf dem Holzboden des Waggons, tritt die ungewöhnliche Dummheit dieses Mythos klar zu Tage. Der alte Spanier ist für uns vielleicht durchsichtig geworden, aber nicht für den Jungen; für ihn liegt noch das gelbliche und faltige Gesicht des Vaters auf dem Fußboden, und über ihm hat sich das der Mutter eingeprägt und durch sie hindurch noch das ganze mögliche Geheimnis der Abstammung. Für den Sohn bleiben die Sprache und die Transparenz des Vaters ebenso unauslotbar wie damals, als der Vater noch voll und ganz unfehlbar war.

Einige Tage sind vergangen. Ich kann sie nicht mehr zählen und auch nicht mehr sagen, was in diesen Tagen vorgefallen ist. Unser Raum hat sich nicht verändert: der Waggon. Was die Zeit angeht, so war es immer das mal weiße, mal schwarze Loch der Luke. Wir haben nie daran gedacht, die Uhrzeit zu wissen oder herauszufinden, ob Montag oder Dienstag war.

Ich erinnere mich, daß ich einmal ausgestiegen bin, als der Zug hielt und daß ich mich kaum aufrecht halten konnte. Ich erinnere mich auch, daß ich zwei Tage nach unserer Abfahrt von Bitterfeld eine Scheibe Brot bekommen habe. Daß ich das Wasser aus der Lokomotive getrunken habe, das ein Kamerad holen gegangen war. Abgesehen davon Schreie, Fußtritte in der Dunkelheit, die Läuse, die auf dem Rücken und auf dem Bauch bissen. Gesichter von Kameraden, die ich bei der Abfahrt im Waggon sah und die ich plötzlich nicht mehr sehe. Sie sind, ich weiß nicht wann noch wie, verschwunden. Eine Erschöpfung, die unmerklich lähmt. Man stellt fest, daß man kaum noch aufstehen und sich auf den Beinen halten kann. Kameraden, die noch etwas Kraft behalten haben, bemühen sich, ruhig zu versichern: »Wir werden es schaffen! Wir müssen nur durchhalten!« Andere sterben neben ihnen.

Erst in Dachau, als wir das Datum unserer Ankunft erfuhren, haben wir gewußt, wieviele *Tage* wir in dem Waggon zugebracht hatten, denn wir kannten das Abfahrtsdatum.

Von dem, was sich zwischen beiden Daten zugetragen hat, heben sich nur ganz wenige Momente heraus. Aber zwischen dem, woran ich mich erinnere, und dem übrigen gibt es, wie ich glaube, keinen Unterschied, weil ich weiß, daß es in dem, was verloren ist, Momente gibt, die ich gern im Gedächtnis behalten hätte. Es bleibt eine Art Erinnerung eines tauben und blinden Bewußtseins.

Ich weiß also das, was ich noch vor mir sehe, nicht besser als das, was ich nicht mehr vor mir sehe. Aber ganz sicher ist es der Druck dessen, was nicht mehr vor dem geistigen Auge erscheint, was diese wenigen Stücke Helligkeit und Dunkelheit leuchtend und voller Leben plötzlich auftauchen läßt.

*

Der Zug hält. Es ist Tag. Lanciaux laust sich. C . . . sitzt, den Kopf auf die Schulter geneigt.

»Laus dich«, sagt Lanciaux mit seiner gedämpften Stimme.

C . . . rührt sich nicht. Er antwortet unbestimmt.

»Ja, nachher.«

Lanciaux fährt dumpf fort:

»Laus dich, du bist zum Kotzen, wegen Kerlen wie dir können wir nicht mehr schlafen!«

C . . . gibt keine Antwort.

»Laus dich, C . . .!« fängt ein anderer Kamerad an.

C . . . ist völlig erschöpft.

»Ihr geht mir auf den Wecker, ich weiß schon, was ich zu tun habe!« antwortet er.

Man kümmert sich nicht mehr um ihn.

Ich habe meine Jacke und mein Hemd ausgezogen. Es ist kalt. Ich sehe meine Arme an, sie sind sehr mager, es ist Blut darauf. Auch das Hemd ist von schwarzen Blutflecken übersät. Ich drehe es um; lange schwarze Läusestreifen zeichnen sich auf dem Stoff ab. Ich zerquetsche ganze Läusetrauben auf einmal. Ich brauche nicht zu suchen. Das Hemd ist voll. Ich zerquetsche. Die Arme werden müde, weil sie zum Zerquetschen gebogen bleiben; die Fingernägel sind rot. Ab und zu halte ich inne und betrachte mir das Hemd: gemütlich und langsam krabbeln sie herum. Fette Nissentrauben säumen die Nähte. Ein schlaffes Geräusch zwischen den Fingernägeln. Eifer der Hände, die schnell zu machen versuchen. Ich sehe nicht auf. Fast alle zerquetschen. Wir beschimpfen einen Kerl, der vor der Tür sitzt und das Licht wegnimmt. Am liebsten würde ich das Hemd wegwerfen. Aber dann müßten wir alles wegwerfen, auch die Decken, müßten nackt gehen. Es wächst mir über den Kopf. Über mein Hemd laufen immer noch Läuse. Ich muß mich wieder aufraffen. Geduld allein genügt nicht mehr. Man braucht auch genügend Kraft, um die Arme gebogen zu halten und zu zerquetschen. Ich gehe wieder zum Angriff vor. Sie sind braun, grau, weiß, vollgepumpt mit Blut. Sie haben mich ausgesaugt. Man kann von den Läusen besiegt werden. Die Arme haben nicht mehr die Kraft zu zerquetschen. Diese einfache, immer wieder vorgenommene kleine Bewegung schwächt sie. Am liebsten ließe ich das Hemd Hemd sein und legte mich zurück. Läusekadaver kleben noch am Stoff. Und das werde ich wieder anziehen. Meine Brust ist ganz zerstochen. Die Rippen stehen heraus. Auch auf dem Kopf habe ich Läuse. Im Augenblick laufen sie auf meinem Hals herum. Das Käppi ist voll davon. Ich habe mein Hemd wieder angezogen. Ich ziehe jetzt die Hose und die Unterhose aus; im Schritt ist die

Unterhose schwarz. Unmöglich sie alle zu töten. Ich rolle sie zusammen und werfe sie durch die Tür des Waggons. Ich bleibe in der Nähe der Tür, lüfte meine Schenkel aus; sie sind violett, vernarbt, sie haben keine Form mehr; die Knie sind riesig, wie die der Pferde. Um das Geschlecht herum bin ich voller Läuse. Sie hängen an den Haaren. Ich reiße sie ab. Ich bin ihr Nest, ihr Gehege, ich gehöre ihnen.

Auch die Hose ist voll davon. Der Kragen der Jacke ebenfalls. Die Decke ebenfalls. Auch die Zipfel der Decke, die ich abgeschnitten habe und die mir als Socken dienen. Jo und H . . . zerquetschen ebenfalls, mit bloßen Schenkeln.

Es gibt Männer, deren Schenkel zwischen die von Frauen gleiten, und die Hände dieser Frauen fahren da hin, wo unsere Läuse sind. »Wenn meine Frau mich sähe . . .«, sagen die Kameraden. Aber in der Heimat weiß man nichts. Hier können von einem Augenblick zum andern soviele Dinge geschehen. Zu Hause weiß man nichts.

Die Frauen wissen nicht, daß wir jetzt unberührbar sind. Zur Zeit des Kommandos rief ich nach M . . . Ich glaube, jetzt wage ich es nicht mehr. Ein Nebel hüllt mich ein. Ich verbrauche meine ganze Kraft, mich auf den Beinen zu halten und die Läuse zu zerquetschen.

*

Der Zug kommt in Dresden an. Die Tür des Waggons wird aufgemacht. Wir sehen den Bahnhof, auf dem es von Leuten wimmelt, die mit Koffern und Paketen umherlaufen. Zivilisten steigen ein. Wir liegen und betrachten diese Leute, die so weit sind, daß sie zu uns kommen. Ein Wachtposten folgt ihnen. Er zwingt uns, uns dicht zusammenzudrängen, um ihnen den Platz in der Mitte des Wagens zu überlassen. Sie sind gut angezogen, sie haben Backen, sie bewegen nur die Augen zu uns hin, wagen es aber kaum, den Kopf nach uns umzuwenden. Sie bleiben unter sich in der Mitte des Waggons. Sie haben ihre Frauen, ihre Pakete, sie fliehen aus freien

Stücken. Vorhin, vor kaum einer Stunde, waren sie noch daheim. Der Wachtposten ist näher bei uns als bei ihnen. Zivilisten hier, Leute, die nachts in Betten liegen, Leute mit Küssen und Beerdigungen. Friedliche Gesichter, an der richtigen Stelle, korrekt über dem Hemdkragen sitzend. Die deutsche Nation wird bald geschlagen sein, ihre Menschen bleiben fett. Sie können uns nicht ansehen. Es ist wirklich schon genug, fliehen, in Viehwaggons steigen zu müssen; die Feinde, die Bomben, das ist alles grausam, doch man weiß, was das bedeutet, das läßt rotes Blut fließen, man schreibt in den Zeitungen darüber; der Krieg ist eine Institution. Aber die, die da liegen, die hätte man besser nicht gesehen, außerdem war der Waggon geschlossen. In der Regel sind sie versteckt, aber natürlich kann man in solchen Augenblicken auf sie stoßen.

Der Zug fährt weiter. Auf dem nächsten Bahnhof steigen die Zivilisten aus.

Die Stöße des Wagens wiegen einen hin und her. So langsam er auch fährt, irgendwohin fährt der Zug. Wenn er hält, drücken die Wände des Waggons um so schwerer auf uns, wird der Aufmarsch der Läuse auf der Haut, die nicht mehr vibriert, um so spürbarer, tauchen die Körper in der Stille des stehenden Waggons erstarrt und verurteilt wieder auf.

Ich bin aufgestanden, um an die Luke zu gehen und bin auf einige Beine getreten; die Kameraden haben mich beschimpft. An der Luke war die Luft frisch, es war Luft. Immer die gleichen Böschungen, die gleichen Schottersteine am Rande der Gleise. Oberhalb eines Feldes steht ein Haus, man könnte es lange betrachten, lange irgend etwas betrachten, irgendein Stück Raum, wenn er nur außerhalb unseres Kastens liegt. Als ich zu meinem Platz zurückkehre, bin ich wieder auf Beine getreten; die Kameraden haben mich beschimpft. Sie haben sofort geschrien, vielleicht noch bevor ich sie mit dem Fuß berührt habe. Ich brauche mich ja nicht zu rühren, ich brauche ja keine Lust zu haben, durch die Luke zu schauen.

Die Nacht kommt, der Zug rollt dahin. Der Kamerad aus der Vendée, der einen schwarzen Flicken auf dem rechten Auge hat, hat seinen Platz verloren. Er hat nur noch einen Gesichtsstummel. Sein linkes Auge irrt halb erloschen umher. Er hat Durchfall. Er will sich mitten zwischen unsere Beine legen. Er setzt sich. Man beschimpft ihn. Er bekommt Fußtritte in die Rippen. Er stöhnt. Er hat nicht mehr die Kraft zu weinen.

»Laßt mir doch einen Platz, einen kleinen Platz!« fleht er. Und er setzt sich.

Er setzt sich auf unsere Beine. Wir können es nicht mehr aushalten. Wir schimpfen.

»Du hättest ja auf deinem Platz bleiben können!«

Ich ziehe meine Beine an, er dreht sich nach mir um:

»Du Schweinehund.«

Er hört auf, dann wimmert er wieder:

»Laßt mir doch einen Platz zum Hinlegen!«

Die Beine bewegen sich in alle Richtungen. Die Kameraden schreien.

»Der Kerl geht uns auf den Wecker!«

Unsere Beine liegen auf ihm, er steht auf; wir sehen seine lange Gestalt, die sich in der Dunkelheit mit gesenktem Kopf auf der Stelle dreht.

»Mir ist alles wurscht!« sagt er.

Und streckt sich der ganzen Länge nach aus.

Wir ziehen wieder unsere Beine zurück. Alle schimpfen. Er wimmert und stößt hervor:

»Ihr seid brutale Säcke, Schweinehunde, seht ihr denn nicht, daß ich am Krepieren bin?«

Er fleht:

»Laßt mir einen Platz zum Krepieren . . .«

Und er weint.

»Wir werden alle hier krepieren! . . . Du gehst uns auf den Wecker!«

Aber er bleibt liegen und jammert leise vor sich hin.

Am Ende des Waggons, auf unserer Seite, jammert ein

Kerl aus den Vogesen. Er hat ebenfalls Durchfall. Er sucht nach seinem Kochgeschirr.

»Was machst denn du da?« fragt ihn sein Nachbar.

Er gibt keine Antwort.

»Du Drecksack, wenn wir es alle so machen würden!«

»Ich kann es nicht mehr aushalten!« antwortet der aus den Vogesen.

»Du hättest ja nicht zu trinken brauchen!«

Man sieht den Kerl zwar nicht, doch man hört das Geräusch eines Kochgeschirrs.

»Es ist eine Sauerei!«

»Ich hab Durchfall, Herrgottnochmal!« sagt der andere stöhnend.

Dann steht er auf, er will die Luke erreichen, um sein Kochgeschirr auszuleeren; er tastet sich vorsichtig vor, er tritt auf Beine und bekommt einen Fußtritt; aus dem Kochgeschirr schwappt ein wenig über.

»Dreck-sau, Dreck-sau!« artikuliert ein Kerl laut und deutlich, irrsinnig vor Wut.

Der aus den Vogesen gibt keine Antwort, er versucht sein Gleichgewicht zu halten, das Kochgeschirr in den Händen. Ein schwankender Schatten, erreicht er die Luke.

Auch ich habe Leibschmerzen. Es ist ganz plötzlich gekommen. Ich kann nicht mehr an mich halten, nicht mehr warten, bis es Tag ist. Ich reiße ein Stück von meiner Decke ab, lasse die Hosen herunter. Jo und Marcel sagen nichts. Die Scham. Ich lege mein Stück Decke zusammen, ich halte es in der Hand, ich stehe auf und versuche, über die Kameraden hinwegzusteigen, um an die Luke zu gehen. Ich falle über den Bauch eines Liegenden, der schimpft. Ich habe immer noch mein Stück Decke. Ich stehe auf. Ich bin von den Beinen eingeschlossen, ich taste um mich; wohin ich den Fuß auch setze, ist ein Gesicht, ein Bauch und Kerle, die schimpfen. Die Scham. Ich ziele das blaue Loch an. Als ich nahe genug bin, lasse ich mich nach vorne fallen, stütze mich mit einer Hand gegen die Wand und werfe das Stück Decke hinaus. Als ich zurückgehen will, finde ich mich nicht mehr zurecht. Der Zug fährt plötzlich langsamer, ich falle wieder. Ich krieche auf allen Vieren, wobei ich auf die Leute trete, die mir Fußtritte in die Rippen versetzen. Ich glaube, daß ich wieder an meinem Platz bin. Ich lege mich auf Jo, der zwar reagiert, aber nicht schreit. Meinen Platz gibt es nicht mehr. Ich bin verloren. Mit Händen auf Knochen gestützt, versuche ich ihn wiederzufinden, aber ich muß ihn erkämpfen. Ich bin an den aus der Vendée gestoßen, der jammert: »So ein Stier, so ein Stier!« Ich habe den Mund nicht aufgemacht, ich habe mich hingelegt. Ich rühre mich nicht mehr. Das Loch der Luke ist ganz nahe.

Es ist Tag geworden. Weil Tag ist, sind wir ganz mechanisch aufgestanden und haben uns an die Wand des Waggons gesetzt. Nur der aus der Vendée bleibt kraftlos liegen. Man weckt ihn. Er ist viel schwächer als gestern. Er schleppt sich mühsam dahin und fällt gegen die Tür. Er hat immer noch den schwarzen Flicken auf dem rechten Auge, das andere sieht nicht mehr. Sein Kopf ist auf die Schulter herabgefallen. Ein ersticktes Brummen kommt aus seinem Mund.

»Ich werde krepieren, das ist sicher, ich werde krepieren!« sagt er.

Man gibt ihm jetzt keine Antwort mehr, man sieht ihn an.

Eine leise Stimme, neben mir:

»Heute abend wird er tot sein.«

Um seine Nase herum ist von Staub geschwärzter Schleim getrocknet. Die Kameraden rings um ihn sind ebenso mager und grau wie er, doch er trägt das Zeichen: das Augenlid, das sich nicht mehr schließen läßt, der Unterkiefer, der anfängt herunterzuhängen. Ich versuche zu schlafen, aber die Läuse hindern mich daran. Ich ziehe wieder mein Hemd aus und fange von neuem an zu zerquetschen; manchmal halte ich inne und sehe den aus der Vendée an; dann kehre ich zu meinem Hemd zurück, dann wieder zu dem aus der Vendée. Während ich mich lause, stirbt er. Als ich aufschaue, sehe ich, wie er stirbt. Er sitzt da wie wir zwischen zwei Kameraden, die etwas abgerückt sind und manchmal den Kopf umdrehen und sein Auge zu sehen versuchen.

»Ist er tot?« fragt einer.

»Nein, noch nicht«, antwortet der Nachbar.

Er hört nicht mehr. Ich habe nicht mehr die Kraft mich zu lausen. Wir sehen den Kameraden aus der Vendée an, ungeniert und ohne Angst. Sicherlich fangen wir an, ihm zu gleichen. Er ist erschöpfter als wir, also wird er sterben. Wir reden nicht über ihn, wir reden auch nicht über uns selbst. Diejenigen, die Leibschmerzen haben, stöhnen, aber sie reden nicht über ihre Schmerzen. Da ist nicht eigentlich ein Schmerz. Es ist der Körper, der sich selber auffrißt.

Am andern Ende des Waggons beschreiben zwei Kerle, die noch etwas beieinander sind, eine Bouillabaisse, dann eine Sahnetorte, dann einen Hasenpfeffer. Wenn man mit den Augen der Reihe der Kameraden von einem Ende zum andern folgt, so sehen sie alle ziemlich ähnlich aus. Doch der Kopf mit dem schwarzen Flicken bildet eine Lücke.

»Er ist tot«, sagt sein Nachbar.

Die beiden, die die Bouillabaisse beschrieben, schweigen nun.

Heute morgen war der aus der Vendée nicht verschieden von dem, was er jetzt ist. Und heute nacht ist der Tod gekommen. Sein Gesicht sieht nicht furchtbar aus, nur der schwarze Flicken gibt ihm etwas Dramatisches. Er sitzt immer noch.

»Wir sind heute nacht gemein gewesen«, sagt ein Kamerad.

Wir schweigen. Es sind keine Gewissensbisse, es ist nicht einmal Wut. Es ist Ekel. Dieser Tote, der dasitzt und der keine Angst macht und der heute nacht von uns mit Fußtritten traktiert worden ist, als er im Sterben lag, richtet sich jetzt vor allen Lebenden auf.

Zwei Kameraden haben ihn hingelegt und mit einer Decke zugedeckt. Später, als der Zug gehalten hat, haben wir mit

Fäusten an die Tür des Waggons geschlagen. Ein Wachtposten ist gekommen und hat aufgemacht.

»Ein Kamerad tot!« hat jemand gesagt und auf die Decke gezeigt. Der SS-Mann hat ein Zeichen gemacht, ihn herauszuschaffen. Die beiden, die ihn zugedeckt hatten, haben ihn aus dem Waggon getragen und ihn in einen Graben gelegt.

Wir sind in die Tschechoslowakei gekommen. Der Zug fährt langsam auf Prag zu.

Seit wir in Bitterfeld weggefahren sind, haben wir eine Scheibe Brot und einen Napf Suppe auf einem Bahnhof bekommen, das war vor einigen Tagen, fünf vielleicht.

Die Polen haben in ihrem Waggon Säcke voller Kartoffeln. Wenn der Zug hielt, haben wir gesehen, wie sie sich dicke Suppen kochten. Wir sahen zu, wie ihre Suppe dicker wurde, dann sind wir pinkeln gegangen und wieder in den Waggon eingestiegen. Die Kapos duldeten nicht, daß die Franzosen am Fuße des Waggons stehenblieben.

Während eines Aufenthalts ist es H . . . gelungen, an den Bahngleisen etwas Löwenzahn zu pflücken. Er hat mir und Jo einige Blätter gegeben. Wir haben sie abgeputzt und sie dann langsam gegessen. Jetzt ist nichts mehr da. Wir müßten eigentlich schlafen, aber mit dieser Leere im Innern ist das unmöglich. Der Hunger ist wachsam wie eine Flamme, die Tag und Nacht im Körper aufpaßt. Sie erspäht die Stille, lauert auf das kleinste mögliche Zeichen. Vielleicht wird irgend etwas zum Kauen kommen.

Einige Männer im Waggon haben noch ein paar Rübenschnitzel; einige haben Sojabohnen, die sie auf dem Marsch gefunden haben. Sie tauschen untereinander Sojabohnen gegen Rübenschnitzel: eine halbe Handvoll Sojabohnen gegen eine Handvoll Rübenschnitzel, weil die Bohnen fetter, nährstoffreicher sind. Einer hat Jo ein paar davon gegeben. Jo liegt, er dreht mir den Rücken zu. Wie alle ist er ausgehungert. Mein Kopf liegt an seinem Rücken. Sein rechter Arm hebt sich, er dreht sich mit geschlossener Faust nach mir um.

Ich bin der Bewegung des Arms gefolgt; er öffnet die Hand vor mir. Er hat Sojabohnen in der Hand. Er sagt nichts. Ich habe die Bohnen genommen. Ich kaue eine. Sie ist klein, aber fetthaltig und sie wird dicker im Mund. Man kann lange daran kauen. Es bleibt ein Geschmack davon zurück, der einen glauben machen kann, daß die Bohne noch da ist, obwohl man sie schon hinuntergeschluckt hat, und hinterher kann man noch den Speichel kauen, der danach schmeckt.

Es ist die letzte Bohne. Der, der mir gegenüber liegt, hat einen kleinen Sack voll davon. Er kaut unaufhörlich. Ich folge seinen Händen, die sie fingerspitzenweise herausholen und folge seinen Kinnladen, die sich bewegen. Sein Kamerad neben ihm ißt ab und zu welche, die er ihm gibt. Derjenige, dem die Bohnen gehören, hat seinen kleinen Sack vor sich zwischen den Beinen stehen. Er hat einen Speicher vor sich. Sorgfältig macht er ihn auf und zu, und wenn er sich ausstreckt, legt er den Sack unter seinen Kopf. Ich habe keine Bohnen mehr. Er hat keinen Grund, mir welche zu geben.

Prag, besetztes Land. Durch die Luke sieht man die spitzen, patinierten Kirchtürme. Die Deutschen sind hier, wie sie an der Gare de l'Est waren. Die tschechischen Eisenbahner wie die französischen Eisenbahner. Die tschechische Sprache dröhnt in den Lautsprechern. Geheimes Einverständnis ringsum, keine Deutschen zu sein. Diese Sprache ist guttural und sanft und viele Deutsche verstehen sie nicht; sie haben mit dieser Sprache rechnen müssen wie mit der unseren. Der Soldat, der auf dem Bahnsteig umherschlendert, muß achtgeben.

Der Waggon steht auf einem Abstellgleis. Wir erfahren, daß Fritz, natürlich mit Erlaubnis der SS, den Transport verlassen hat.

Die Nacht fällt herein. Alle üblichen Geräusche eines Bahnhofs: das Rollen der vorbeifahrenden Züge, der Gepäckwagen, das Zischen des Dampfes, die Pfiffe dringen in den Waggon. Der Waggon bleibt stehen. Vom Bahnsteig aus sieht er sicherlich aus wie ein Güterwagen, eine Nummer, eine Luke; ein Waggon wie alle andern, die tagelang in Sonne und Regen stehen. Im Innern dieses Waggons sind Menschen.

Wir haben Prag bei Nacht verlassen.

Erster Aufenthalt bei Tag auf einem kleinen tschechischen Bahnhof. Ein Kamerad hat sich an die Luke gestellt. Eisenbahner laufen auf dem Bahnsteig herum. Es gibt keinen Wachtposten in der Gegend. Der Kamerad ruft einem Eisenbahner zu:

»Hier, Franzosen! Brot, bitte . . .«

Und er macht ein Zeichen, indem er mehrmals seine Hand zum Mund führt: zu essen! . . .

Wir werden wach im Waggon, und die Kerle reden laut.

»Haltet mal den Mund!« sagt der Kamerad an der Luke. »Wir werden vielleicht was zu essen bekommen . . .«

Der Eisenbahner ist weggegangen. Eine Frau, die außerhalb des Bahnhofs mit den Ellbogen auf einem Geländer liegt, hat uns bemerkt. Der Kamerad macht ihr das gleiche Zeichen wie dem Eisenbahner; sie hat mit dem Kopf genickt. Wir lassen den Kerl, der an der Luke ist, nicht mehr aus den Augen. Man hört kein Geräusch mehr im Waggon. Plötzlich zieht sich das Gesicht des Kerls an der Luke zusammen. Er streckt den Arm nach draußen und holt ein Paket herein, das er Ben gibt, der zu seinen Füßen unter der Luke sitzt.

»Beeil dich«, sagt er, »es gibt noch mehr!«

Er streckt den Arm wieder hinaus und holt ein anderes Paket herein. Er lacht, als er sich bedankt. Er bleibt auf Posten. Ben hat die beiden Pakete zwischen seine Beine gestellt; wir sehen sie an. Er macht das erste auf: Brotscheiben; im zweiten ebenfalls. Wir werden sie unter neunundvierzig verteilen.

Die Frau ist wieder zum Geländer zurückgekommen; sie hat einem anderen Eisenbahner ein Paket gegeben. Er paßt auf. – »Er kommt!« verkündet der Kamerad. Wieder streckt er den Arm hinaus. Brot und einige Zigaretten.

Wir sind aus der Erstarrung erwacht. Wir lassen nur davon ab, den Kameraden an der Luke anzustarren, um auf das Brot zu achten, das Ben auf einer Decke ausgebreitet hat.

Die auf der anderen Seite des Waggons erkundigen sich ängstlich:

»Wir teilen doch alles, ja?«

»Nun heult mal nicht, ihr bekommt euer Teil!« antwortet Ben. »Ich mache die Portionen und Jo teilt aus . . . Einverstanden?«

»Einverstanden.«

Aber sie lassen ihn nicht aus den Augen und überwachen die Teilung. Die Brotscheiben liegen aufeinander, groß wie eine halbe Hand und dick wie zwei Finger. Sie bilden einen schönen Haufen. Jo beginnt mit der Verteilung. Die Scheiben gehen von Hand zu Hand; sie kommen durch den ganzen Waggon. Ich beiße in mein Stück hinein. Ich sehe es nicht an. Noch nie habe ich so langsam gekaut. Dieses Stück Brot schläfert mich ein: ich sehe nicht einmal, wie es kleiner wird. Als ich nichts mehr im Mund habe, halte ich einen Augenblick lang inne, dann beiße ich ein anderes Stückchen ab. Der Mund ist vollgestopft mit Brot. Ich habe den Eindruck, daß der Körper dicker wird.

Es gibt eine Zigarette für sieben: drei Züge ungefähr für jeden. Die erste Zigarette nimmt ihren Anfang an der Luke. Ein Mund zieht daran und schon hebt sich die Hand des nächsten und nähert sich diesem Mund. Der erste hält die Zigarette immer noch mit starren Augen, dann nimmt er sie heftig aus dem Mund, und während er sie immer noch hält, wendet er sich wütend dem Nächsten zu:

»Du bekommst sie . . . du bekommst sie!« sagt er.

Die Hand des Nachbarn fällt herab. Er läßt den Mund, der noch einen Zug nimmt, nicht aus den Augen. Die Hand hebt sich von neuem, nähert sich der Zigarette und zieht sie aus dem Mund, der sie diesmal nicht festhält. Der, der rauchte, senkt den Kopf und entleert sich langsam des Rauches wie des tiefsten Gedankens.

Eine andere Hand hat sich jetzt dem Mund genähert, der an der Zigarette zieht; sie bleibt in der Schwebe und beim dritten Zug reißt sie die Kippe an sich.

»Du bekommst sie . . . du bekommst sie!« sagt er.

Aber der Nächste hat sie schon im Mund; er hört nicht mehr.

Bei einem Halt hat ein Wachtposten die Tür des Waggons aufgemacht. Ich bin ausgestiegen, um auf den Schotter zu pinkeln. Dieses lächerliche Geschlecht. Aber wir gehören noch zur männlichen Art. Ich habe keine Unterhose mehr und meine Hose ist zerrissen: der Wind kann herein, und ich bekomme eine Gänsehaut an den Schenkeln. Beim geringsten Lufthauch fängt man an zu zittern.

Ich habe einen Kameraden aus dem anderen Waggon getroffen. Er ist bärtig und schmutzstarrend, er hat Löcher im Gesicht, fahle Lippen; er schwebt am Rand der Gleise entlang; die Luft könnte ihn umwerfen. Vornübergebeugt, den Kopf in den Schultern, friert er ebenfalls. Sein Unterkiefer zittert. Er hat immer noch diese schmutzigen Streifen am Körper, die sich durch nichts auslöschen lassen, diese Gitterstäbe, die man nicht absägen kann. Ich hatte ihn seit Bitterfeld nicht mehr gesehen. Wir haben einander prüfend betrachtet. Wir wissen jetzt, wo wir sind. Er hat mir gesagt, daß D . . . tot sei; er war vor Hunger verrückt geworden, und bevor er starb, hat er lange geschrien. Man hat ihn in einen Graben gelegt.

Es ist jetzt sicher, daß wir nach Dachau kommen. Ein Kamerad, der an der Luke stand, hat gehört, wie ein Wachtposten es zu einem Kapo gesagt hat. Die Alliierten sind nicht mehr weit, sagen die tschechischen Eisenbahner. Aber der Krieg ist immer noch nicht aus. Deutschland ist ein Abgrund. Panik kommt auf. Manchmal denke ich, daß wir den Krieg nicht lebend überstehen. Für den aus der Vendée ist er aus, für D . . . und für die andern, vorher, in Gandersheim. Der alliierte Generalstab findet sicherlich, daß *sich die Lage sehr günstig entwickelt.* Unsere Leute zu Hause, unsere *Geiseln*, drehen am Radio und betrachten die Landkarten. Sie folgen dem Vormarsch; sie glauben, dabei zu sein, aber zu ihrer Verzweiflung können sie ihm immer nur auf eine alptraumartige Entfernung folgen.

»Wir müssen durchhalten«, sagen die Kameraden. Wir sind zwar immobil, aber in den Vormarsch mit einbezogen. Im haltenden Waggon liegend, hat der Krieg mit uns bestimmt sogar die engste Verbindung. Entweder geht er zu Ende oder aber wir . . . Wir können nicht mehr länger nebeneinanderher leben.

*

Der alte Korse, der in Gandersheim seinen Goldzahn gegen Suppe getauscht hat, liegt ausgestreckt neben H . . . Er röchelt leise. Er verlangt nach Wasser.

»Er macht nicht mehr lange . . . wir könnten ihm ein wenig geben«, sagt Ben leise.

Der Korse hat glasige Augen. Jemand schüttet Wasser in seinen trockenen Mund, der offen bleibt.

Ich liege da, ich rühre mich nicht; das Röcheln dringt gedämpft zu mir her; es ist eines der Geräusche im Waggon.

Während der alte Korse mit dem Tode rang, habe ich ein wenig geschlafen. Als ich wachgeworden bin, war er tot.

Man hat eine Decke über ihn gebreitet und hat ihn an die Tür gelegt. Gestern ging er einigen Männern auf die Nerven wegen seinem Platz; man schimpfte ihn einen alten Deppen, und da er taub war, schrie man es ihm ganz laut ins Ohr. Wenn einer nahe am Sterben ist, wird er schwierig und jammert und man beschimpft ihn. Wenn er dann seinen Hagel an Schimpfworten eingesteckt hat, stirbt er.

Der spanische Friseur vom Kommando sucht einen Platz, um sich hinzusetzen. Auch er bekommt einen Fußtritt; er kehrt an seinen Platz zurück, er flucht, er schickt sich an, sich auf den Toten zu setzen.

»Nun setz dich bloß nicht drauf!« sagt Ben zu ihm.

Am andern Ende des Waggons scheißt einer auf seinen eigenen Platz. Sein Nachbar schreit ihn an:

»Du bist vielleicht ein altes Schwein!« brüllt er.

Kameraden schütteln ihn. Er murmelt schwach:

»Ich werde krepieren . . . laßt mich in Frieden!«

Andere protestieren:

»Nun machts mit ihm nicht wie mit dem andern!«

»Seht ihr denn nicht? . . . Er liegt in seiner eigenen Scheiße: Wir werden hier alle krepieren, verpestet.«

Der Kerl weint. Er läßt sich gegen die Wand fallen. Sein Kopf hängt herab. Der Zug fährt immer noch. Wir kümmern uns nicht mehr um den Kameraden, der im Todeskampf liegt. Apathie im Waggon. Bestimmt dauert das Stunden. Er ist tot. Eine Decke drüber.

Als der Zug haltmacht, schaffen wir die beiden in einen Graben.

Es sieht so aus, als bekämen wir rohe Kartoffeln. Wir müssen den Waggon verlassen. Ich stehe auf, ich stütze mich an der Wand, und ich steige aus. Wir stellen uns in eine Reihe. Das Käppi in der Hand, gehen wir einer nach dem andern an einem Kapo vorbei. Ein paar rohe Kartoffeln ins Käppi. Ich bin mit Jo und zwei andern zusammen. Wir können Wasser holen gehen, um sie zu kochen. Ich soll es holen gehen, während die andern das Feuer anmachen. Wir sind sehr tief unterhalb der Gleise. Um zum Wasser zu kommen, muß man klettern. Ich gehe mit einem Kochgeschirr los. Das Gelände ist sehr uneben. Ich gehe im Zickzackurs; ich versuche hinaufzuklettern, ich falle. Ich stehe wieder auf, aber ich kann nicht weitergehen.

Ein Kamerad geht an meiner Stelle Wasser holen, und ich blase auf das Feuer. Um uns herum gehen kleine Feuerchen an. Die Leute sammeln Brennesseln, Gräser, um sie zu kochen und zusätzlich zu den Kartoffeln zu essen oder um einige Kartoffeln aufzusparen. Das Wasser kommt. Wir schneiden Kartoffeln, wir kochen sie. Ich teile mir mit Jo ein Kochgeschirr voll Suppe; wir essen ganz langsam. Sie ist warm und dick; ich sehe nicht von meinem Kochgeschirr auf; ich schiebe den ganzen Löffel in den Mund, und dann lecke ich ihn ab. Bei den letzten Löffeln mache ich langsamer. Ich lasse das Kochgeschirr nicht aus den Augen. Das Kochgeschirr ist leer. Etwas fällt herab, die Hand, der Kopf, der Löffel; die Wandung des Kochgeschirrs ist kalt . . . meine Augen sind drin.

Der SS-Mann pfeift. *Los! Los!* Wir erinnern uns an dieses Geschrei, aber das scheint sehr lange her zu sein. Seit Tagen hatten sie keine Gelegenheit mehr, so zu schreien. Man spricht immer noch in der gleichen Sprache zu uns. Die Kameraden klettern schon die Böschung hinauf, um den Zug zu erreichen. Der Anstieg ist sehr steil. Ich gehe ganz langsam; ich bin unter den letzten. Als ich am Fuß des Abhangs angekommen bin, mache ich einen Schritt, noch einen Schritt und falle. Ich klammere mich am Gras fest, ich rutsche auf den Knien weiter; ich schaue hoch, es ist noch weit. Noch einen Schritt auf den Knien. Das Gras gibt nach. Dabei klettern neben mir welche ziemlich leicht. Ich reiße mich zusammen, meine Beine zittern, ich bin fast oben. Der SS-Mann steht da, vor mir. *Los!* brüllt er. Mit meiner sich festklammernden Hand, die mich hochzieht, spüre ich schon den Sand des Pfades am Rande der Gleise, aber mein ganzer Körper hängt noch am Abhang. Ich stürze hin, mit dem Kopf ins Gras. Der SS-Mann steht über mir. Ich kann mich nicht mehr mit den Armen hinaufziehen. *Los!* Ich bin der letzte, der SS-Mann braucht nur noch auf mich zu schauen. Er schaut zu, wie ich mich abmühe. *Los!* Meine Hand krallt sich in den Sand. Ich kann den Waggon nicht erreichen, ich kann nicht mehr. Ich hänge da, mit den Beinen auf dem Abhang, vor dem SS-Mann.

Ein Pole, der ganz in der Nähe ist, kommt und zieht mich am Arm. Der SS-Mann geht weg.

Am Waggon angekommen, habe ich die Hände ausgestreckt; die Kameraden haben mich hochgezogen und ich bin über den Fußboden zu meinem Platz gekrochen. Ich weine.

*

Als wir wachgeworden sind, stand der Zug. Es war heller Tag. Die Tür des Waggons öffnete sich auf eine unermeßliche Wiese. Kühe weideten; am äußersten Ende der Wiese gab es ein paar kleine Häuser.

Ein Wachtposten, der auf dem Schotter hin und her geht, sagt, daß wir in Dachau sind.

Der Zug ist beträchtlich länger geworden; ganz hinten am Ende Kerle wie wir, in gestreiften Anzügen, die auf die Gleise pinkeln. Auf der Wiese, weit weg, gekrümmte Gestalten, die Gras pflücken, lilafarbene Gestalten auf dem Grün; es sind Frauen.

Das Wetter ist grautrüb. Es heißt: »Das ist Dachau«, und man sieht die Wiese. Man sieht nicht das Lager. Man sucht vergeblich Stacheldraht, Mauern, Baracken, einen Ort, der uns nicht täuscht, aber wir sehen nichts.

Wir wissen noch nicht, wieviele Tage wir im Waggon geblieben sind. Alles ist aufeinandergeklebt. Wir können nur die Dunkelheit und das Licht voneinander trennen. Die Zeit, das war der Hunger, der Raum, das war die Wut. Und jetzt diese Wiese, die angenehm anzuschauen ist. Sie erfrischt die Augen.

Der Zug hat sich wieder in Bewegung gesetzt. Die Ladung ist friedlich. Der alte Spanier sieht seinen Sohn an. Im Waggon herrscht ein undeutliches Lächeln. Der Waggon selbst fährt aus uns heraus, er wird wieder ein *Eisenbahnwaggon*.

Wir fahren auf dem Lagerbahnhof ein. Hier sind die ersten SS-Kasernen. Ein Stau von Lastwagen und Gepäckstücken. Sie ziehen aus. Wieder stehen wir vor ihrer Niederlage.

Die Sonne kommt hervor. Als wir aus dem Waggon aussteigen, blendet uns das Licht und verbrennt uns. Unsere Kolonne hat sich seit dem Abmarsch aus Gandersheim um die Hälfte vermindert. Es bleiben vielleicht noch hundertfünfzig.

Jo hilft mir beim Gehen. Die schweigsame Brüderlichkeit Jos. Im Waggon den Kopf an seiner Schulter, die Sojabohnen in der Hand, jetzt sein Arm, auf den ich mich stütze.

»Zu fünft!«

Wieder einmal. Wir passieren das Eingangstor. »Arbeit macht frei« steht darüber. Ein SS-Mann zählt uns, als wir durchgehen; er ist allein, finster. Die Sonne scheint weiß. Der Himmel ist verhangen. Der große Lagerplatz ist in blendendes Licht getaucht. Ringsum Baracken. Die SS-Leute laufen in alle Richtungen. Man pfercht uns in einer Ecke des Platzes zusammen. Wir legen uns auf den Boden. Dort, wo wir liegen, wird der Boden mit Läusen verseucht sein. Wir gleichen Strandgut, das man aus dem Wasser gezogen hat und das jetzt in der Sonne trocknet.

Franzosen aus dem Lager kommen uns besuchen. Sie werden sich um uns kümmern. Aber sie kommen nicht allzu nahe an uns heran: wir sind unberührbar. Sie streichen um die kleinen, liegenden Haufen herum, um die Läusenester. Es steht uns noch nicht frei, brüderlich und zugänglich zu sein. Wir gewähren noch etwas Unterschlupf, unseren Läusen, und das weiß man; unsere Gesichter sind tot; unsere Körper unbeweglich; unser Haufen ist eine Höhle mit wimmelnden Wänden, ein Haufen, der in der Sonne einstürzen und als Staub verschwinden könnte.

27. April. Wir sind am 14. in Bitterfeld abgefahren. Wir sind dreizehn Tage im Waggon gewesen.

Wir haben gerade eine Scheibe Brot bekommen. Jeder ißt für sich, ein krankes, leidendes Tier.

Die Franzosen des Lagers beruhigen uns. Die Alliierten sind nicht weit. Der Krieg geht zu Ende. Wir hören mit offenem Mund zu, die Stimme, der unseren gleich, spricht die Sprache des Menschen, der Bescheid weiß, der Brot gibt und nicht beschimpft. Die Gesichter lassen sich von dieser Stimme liebkosen; wir sind bereit alles zu glauben.

Wir gehen weg, wir überqueren den Platz und stoßen auf

eine Allee, die längs des elektrischen Stacheldrahtzauns um das Lager führt. Auf den Wachtürmen stehen immer noch Posten. Wir sind vom Stacheldrahtzaun nur durch einen breiten Graben getrennt. Fast überall auf der Allee finden wir Müllhaufen, Tote mit angezogenen Beinen, Liegende, die noch nicht tot sind und ihnen gleichen, ausgehungerte Russen, die uns ansehen.

Die Franzosen des Lagers verlassen uns nicht. Sie haben uns gesagt, daß wir Pakete vom Roten Kreuz bekämen: ein Paket für drei Mann. Die Russen wittern die Pakete, die man uns geben wird, und sie folgen uns. Sie bekommen keine Pakete vom Roten Kreuz. Wir müssen uns zusammendrängen, einander stützen, sogar einen *Ordnungsdienst* bilden, wenn wir die Verpflegung behalten wollen. Die Kameraden aus dem Lager rahmen uns ein; sie haben Stöcke. Die Russen bilden hinter ihnen einen Kreis. Wir sitzen in der Mitte.

Die Pakete kommen an. Eines für drei. Ich bin mit Lanciaux und einem andern zusammen. Die Russen kommen näher. Die Kameraden aus Dachau heben die Stöcke; die Russen weichen zurück. Wir teilen die Pakete: Zucker, Fleisch, Kakao, Zigaretten. In den grauen Händen und zwischen den Beinen häufen sich die Reichtümer an. Alles ist für uns. Wieder die Russen, ihre Hände strecken sich ins Leere und verkrampfen sich. Die Kameraden heben wieder den Stock. Die Polen fraßen dicke Suppen, wenn der Zug hielt, und wir schauten zu, dann gingen wir pinkeln. Jetzt essen wir. Unser Augenblick ist gekommen, die Stunde unserer Verpflegung. Wir essen alles gleichzeitig: Fleisch, Schokolade, Fleisch, Kuchen, Zucker, Fruchtschnitten; wir haben den Mund voll mit Fleisch und Kakaostaub. Wir schaffen es nicht: es gibt noch vieles zu essen, wir haben noch zwischen den Beinen. Die Russen bleiben stehen, sie rühren sich nicht wegen der Stöcke der Kameraden. Die Franzosen essen. Man muß die Franzosen essen lassen, die Franzosen *alle Scheiße*. Die Franzosen, die Schalen und Abfälle fraßen, die Franzosen mit den Schlägen auf den Arsch, wenn sie die Kartoffeln in der Miete stahlen, die Franzosen, die man nie anders nannte als »wieder mal die Franzosen«. Die entfesselten Franzosen essen auch im Namen jener, die im Waggon verhungert sind. Sie essen voller Wut und freuen sich dabei. Das Paket ist voller schmackhafter Dinge, Dinge zum Freuen und sich erinnern, daß es Fleisch auf dem Tisch gab. Wir sehen uns an, mit von Zucker und Fett klebrigen Lippen; wir nicken mit dem Kopf, wir lachen und freuen uns und zeigen auf die bereits halb leeren Konservendosen.

Die Augen der Russen starren die Pakete an und folgen auch den Bewegungen der Hände, die tief hineinlangen, und der Bewegung der Münder, die kauen. Die Kameraden halten sie immer noch im Zaum, indem sie ab und zu den Stock hochheben. Die Franzosen essen. Ein Russe bückt sich und kriecht auf uns zu, wobei er sich an den Boden festklammert. Seine Augen sind stärker gewesen; er kommt auf uns zu wie ein Blinder, unter den erhobenen Stöcken. Wir werfen ihm eine leere Dose zu. Er fängt sie und leckt sie aus.

Die Qual der Russen um uns herum berührt uns kaum. Wir stecken tief im Essen drin. Sie sind bereits an dem Punkt angelangt, wo man angreift, um was zu essen zu bekommen, und nur die Kameraden mit dem erhobenen Stock haben uns beschützen können. Und wir sind an dem Punkt angelangt, wo es uns unvorstellbar erscheint, daß man das Essen mit einem anderen als dem Kameraden aus dem Waggon teilen könnte.

Schwarze Wolken schieben sich vor die Sonne. Wir bleiben auf der Allee inmitten der Müllhaufen liegen, außerhalb des Barackengebiets, das wir mit unseren Läusen verseuchen würden. Wir haben so schnell gemampft, daß uns Müdigkeit überkommt. Wir dürfen nicht schlafen, und wir dürfen auch nicht allein auf der Allee herumgehen, wenn wir das behalten wollen, was noch von den Paketen übriggeblieben ist. Die ausgehungerten Gesichter der Russen streifen immer noch um uns herum. Wir bleiben aneinandergeschweißt.

Der Himmel ist tief verhangen, dunkelgrün und gelb am Horizont. Ein Gewitter zieht herauf.

Wir hören den Geschützdonner. Er ist nahe.

Ich habe etwas Kakao in ein Kochgeschirr getan und habe Wasser darüber gegossen. Es fing an zu regnen. Wir ziehen uns die Decke über den Kopf. Schon fallen die ersten dicken Tropfen: sie werden immer dichter. Ich stehe auf, ich suche einen Schutz zum Unterstellen unter einem vorspringenden Barackendach. Unter dem linken Arm trage ich die Pappschachtel mit den Resten aus dem Drittel des Pakets; in der rechten Hand halte ich das Kochgeschirr mit Kakao. Es regnet jetzt in Strömen. Meine Decke wird klatschnaß und fällt mir über die Augen. Die andern Kameraden suchen ebenfalls nach einem Unterschlupf. Ich bin behindert mit meiner Schachtel, meinem Kochgeschirr und meiner schon vom Regen durchnäßten Decke. Der Himmel wird immer schwärzer. Hin und her gestoßen, lasse ich mich treiben. Die Plätze, wo man sich unterstellen kann, sind schon besetzt. Ich suche immer noch. Peng! ein heftiger Stoß. Etwas wird aus meinem linken Arm gerissen, das Kochgeschirr kippt und fällt. Versteinert sehe ich Kerle zu meinen Füßen, die mit ihren Fingernägeln in der Erde scharren, um zu versuchen, das Kakaopulver aufzulesen. Die Zuckerwürfel sind um mich herum verstreut; die Russen stürzen sich drauf und verhauen sich. Der Angriff war so heftig gewesen, daß die Pappschachtel geplatzt ist. Innerhalb weniger Sekunden ist nichts mehr da. Ich schütte schnell die wenigen Schlucke Kakao hinunter, die noch im Kochgeschirr sind.

Niedergeschlagen stehe ich da. Wieder einmal habe ich nichts zu essen. Wie vorher. Das ist sehr schnell gekommen. In einer Stunde habe ich mehr bekommen, als wir seit annähernd einem Jahr erwarten durften, ich habe essen können und stehe jetzt wieder da wie zuvor, aber diesmal allein durch meine Schuld. Die Kameraden halten ihre Pappschachtel fest unterm Arm. Mein linker Arm ist noch gekrümmt; ich halte das leere Kochgeschirr vor mir als ob es noch voll wäre. Der Regen rinnt mir auf die Nase. Es gibt kein Plätzchen, wo ich hingehen könnte; ich bleibe im Regen stehen. Ich habe gerade eine Katastrophe erlebt. Mein Kochgeschirr ist leer, und ich bin ebenfalls leer. Stumpf bleibe ich da stehen, die Decke über der Nase.

*

Es ist die Rede davon, daß wir die Nacht draußen verbringen. Bei Einbruch der Dunkelheit haben wir uns auf dem Boden dicht zu einer kompakten Masse aneinandergedrängt und haben die Decken über unsere Köpfe gebreitet, eine neben die andere, so daß sie ein Dach bilden. Ich habe mich zwischen die Schenkel eines Kameraden gesetzt, ein anderer zwischen die meinen. Benommenheit unter den Decken. Seit dem Nachmittag hat es unaufhörlich geregnet. Mit dem Rücken schiebend, versucht jeder, in die Mitte des Haufens zu kommen. Eifer kleiner, abgebrochener Bemühungen, Verbissenheit, die sogleich von der Müdigkeit erstickt wird. Beine, Arme, Rücken. Jeder behindert, da er seinen ganzen Körper vorm Regen schützen will.

Aber schließlich teilt man uns mit, daß wir nicht draußen bleiben werden. Eine Baracke ist geräumt worden, um die Transporte dort unterzubringen. Sie ist am andern Ende des Lagers. Wir stellen uns auf. Es ist fast Nacht. Man sieht keine deutschen Kapos, es sind immer noch Franzosen, die sich um uns kümmern. Ein anderer Transport, der aus Buchenwald kommt, schließt sich dem unseren an. Wir sind jetzt sehr zahlreich.

Wir haben lange da gestanden und gewartet, dann hat sich die Kolonne in Marsch gesetzt und ist bis zum Außengang einer Baracke gelangt. Es regnet. Hier, vor der Baracke, müssen wir noch einmal lange warten, vielleicht eine Stunde lang. Jo spricht mit mir, ich kann nicht mehr antworten. Den Kopf zum Boden gerichtet, stütze ich mich mit der Hand gegen die Barackenwand, ich sacke unaufhörlich ein; um mich hochzuheben, strecke ich die Hand aus, man zieht mich hoch, aber ich sacke von neuem zusammen. Mein Kopf hängt herab, der Mund steht auf, ich versuche, mich auf den Beinen zu halten, reglos, an den Arm Jos geklammert; meine Beine zittern. Der Boden ist durchgeweicht, man darf sich nicht auf die Erde legen. Man ruft die Kranken. Was soll denn das wieder heißen, *die Kranken*? Einige verlassen die Kolonne; ich folge ihnen. Das elektrische Licht in der Baracke blendet. Franzosen und Belgier aus dem Lager sind da, in blauweiß gestreiften Anzügen, sauber, strahlend. Wir gehen an ihnen vorbei, sie stoßen uns sanft in die Stube. Dort stehen einige Reihen mit Dreietagenbetten, die durch Gänge voneinander getrennt sind. In einer dritten Etage ist noch ein Platz frei. Ich bleibe stehen und strecke die Hand aus. Ein bärtiges Gesicht lächelt mir zu, eine Hand zieht mich. Als ich das Bein hochziehe, stoße ich den Nachbarn an, aber niemand hat mehr die Kraft zu schimpfen. Ich liege neben dem, der mir zugelächelt und mich hinaufgezogen hat. Auch er ist gerade erst mit einem Transport angekommen. Wir sind beide schwarz vor Schmutz, wir haben die gleichen Augen, wir können nebeneinander liegen. Er hat gelächelt, als ob er glücklich sei, als ob er auf dem Brett bereits einen Frieden gewonnen hätte, von dem er wollte, als er mich an der Hand zog, daß auch ich ihn erreiche. Er hätte auch meckern können, aber bestimmt kam auch er von zu weit her, um noch meckern zu können.

Wir liegen auf jeder Bretteretage nicht nur eng aneinandergedrückt, sondern auf jedem Brett liegen sich zwei Reihen Männer gegenüber, und die Beine sind ineinandergeschoben. Mir gegenüber liegt ein Mann von etwa fünfzig Jahren. Er hat einen grauen Bart, einen schwarzen, schmutzigen Mantel, eine breite Binde um den Kopf, auf der sich ein großer Fleck getrockneten schwarzen Blutes ausbreitet. Er kommt aus Buchenwald; er ist im Waggon von einem SS-Mann niedergeschlagen worden. Er schläft nicht, er beklagt sich nicht.

Manchmal fallen seine Augenlider plötzlich zu, und sofort schlägt er sie langsam wieder auf.

Wir drücken uns fast zu Tode in dieser Baracke, wir ersticken. Die Beine, die sich aneinanderreiben, reißen die Wunden auf. Der Schmutz der Körper und der Kleider schmilzt allmählich und verpestet den Körper. Mit der Wärme werden die Läuse wach. Das Fieber kommt, wir ersticken, wir schreien, wir rufen:

»Wasser! Wasser!«

Kameraden weinen. Arme werden ausgestreckt, Hände verkrampfen sich, wenn im Gang ein Franzose aus Dachau mit einem Feldbecher vorbeikommt. Er klettert zu uns hinauf, er hält den Feldbecher hin. Ein Schluck, noch einer. Wir klammen uns an den Feldbecher. Wir lutschen das Wasser.

Die Stube ist wie eine Kehle voller Geschrei und voller Klagen. Diejenigen, die keinen Platz bekommen haben, haben sich auf den Boden gelegt. Niemand schläft. An diesem ersten Abend greift der Schlaf nicht mehr. Wir werden alle von einer Welle getragen, die vom Schlaf weder gebrochen noch beruhigt werden kann. Immer löst ein Schrei den andern ab; eine Klage, noch eine Klage. Das wird nicht aufhören.

*

28. April. – Wir müssen hinaus, um Brühe zu fassen. Es nieselt, und es ist windig. Wir zittern. Der Regen hat die Temperatur abgekühlt. Wieder stehen wir in einer Reihe vor der Baracke. Wenn sich die Sonne hervorwagt, und mag sie noch so schwach scheinen, ist sie uns lästig, wenn sie verschwindet, sind wir erstarrt. Wir warten lange auf diese Brühe, mit eingezogener Schulter und klappernden Kiefern. Sie kommt schließlich, doch wir müssen uns wieder darum schlagen, damit wir sie bekommen, solange sie noch warm ist.

Nachdem ich sie getrunken hatte, bin ich mit Jo in den

Waschraum der Baracke gegangen. Wir haben Jacke und Hemd ausgezogen. Ich habe versucht, mir die Hände gründlich zu waschen, aber ich habe die Vorderarme nicht lange genug gekrümmt halten können; sie fielen wieder herab. Darauf habe ich mir etwas Wasser aufs Gesicht getan, aber es ist schwarz geblieben. Jo hat mir den Rücken gescheuert. Wir zitterten vor Kälte. Wir haben uns mit dem von Schmutz und Läusekadavern dicken Hemd abgetrocknet.

Jetzt laufen wir auf dem Außengang herum; wir dürfen nicht in die Stube gehen. Ich möchte mich hinlegen können, irgendwohin, aber ich möchte im Warmen liegen. Der Arzt der Baracke ist überlastet. Er rät uns, im Augenblick nicht aufs Revier zu gehen; das ist unklug.

Das Geschütz kommt immer näher; in der Ferne hören wir das Geknatter der ersten Maschinengewehre. Morgen werden sie sicherlich da sein. Das ist unerhört. Aber habe ich noch die Kraft, das zu empfinden? Dafür werden wir wieder bezahlen müssen. Bis morgen und selbst nachher wird es noch so manchen Toten geben.

Zwei Kerle haben gerade einen aus der Baracke getragen und ihn ans äußere Ende des Gangs gelegt, mit dem Kopf in der Rinne, nahe am Stacheldrahtzaun, neben einen anderen, der schon heute früh dorthin gelegt worden ist. Wenn wir in ihrer Richtung auf dem Weg gehen, sehen wir zwei dunkle Gestalten mit angezogenen Beinen, die sich erschöpft hingelegt haben könnten. Wenn man auf sie zugeht, werden sie größer, und wenn wir so nahe sind, daß wir sie sehen können, bleiben wir stehen, drehen uns um und gehen zurück. Wir erreichen sie nie ganz.

Wie die andern haben sie heute nacht in der Baracke geklagt, und heute morgen hat man sie tot aufgefunden. Von denen, die sie hinausgetragen haben, hielt der eine sie an den Füßen, der andere am Kopf, und sie haben einfach nur »Achtung« gesagt, um sich einen Weg zu bahnen. Die fünfhundert Leute, die jetzt auf die Suppe warten, werfen im Gehen einen Blick auf die beiden Köpfe, die anstelle toter

Ratten in der Rinne liegen. Der Karren wird kommen; die beiden kräftigen Kerle mit den dicken Handschuhen – die nicht sterben werden, weil sie zu essen bekommen, die zu essen bekommen, weil sie nicht sterben dürfen, damit sie die Toten wegtragen können – werden sie an den Füßen und am Kopf nehmen und werden sie auf den Karren werfen; steife Beine werden darüber hinausragen.

*

Die Sirene. Panzeralarm. Auf den Wachtürmen stehen immer noch die Posten. Wir gehen in die Baracke zurück. Sie wimmelt von Menschen. Wir hören die Maschinengewehre, die näherkommen. Vielleicht wird es heute sein.

Der Mann mit dem verbundenen Kopf wird schwächer. Niemand kann ihn behandeln: es ist nichts mehr zu machen. Seine Wunde eitert, und er hat Schmerzen. Wenn er von Zeit zu Zeit schläft, drücke ich meinen Fuß auf den seinen, um festzustellen, ob er schon tot ist. Darauf richtet er sich ein wenig auf, schaut auf seinen Fuß und fällt wieder zurück.

Er wohnte früher in Paris, hat er mir gestern gesagt; er war Journalist gewesen. Ich habe ihn gefragt, ob er mir seinen Namen sagen könne.

»Das ist nicht mehr wichtig«, hat er mir zur Antwort gegeben.

*

In der Baracke sind Pakete gestohlen worden. Eine Art Polizei ist organisiert worden. Ein dicker Kerl mit einem Bart hat die Sache aufgezogen.

»Wir müssen dem Kerl, der stiehlt, die Fresse polieren! Wenn ich einen finde . . .«, sagt er.

Und er zeigt die Faust.

Es sieht so aus, als ob ein junger Russe – der kein Paket bekommen hat – tatsächlich etwas gestohlen hat. Der Kerl mit dem Bart hat ihn sich vorgenommen. Der Russe leugnet. Die Stimme des Dicken wird lauter. Der andere, mager, hat Angst. Der Moralapostel empört sich und blüht auf im Fett. Der Mann ist sicherlich sehr stark. Es ist ein Kerl, der gegessen hat. Seine Stimme und sein Gehabe sind die eines Menschen, der immer zu essen gehabt hat. Auf dem Menschen, der noch stark ist, liegt hier immer ein Verdacht. Sicherlich könnte jeder mit dem Glück, das jener gehabt hat, ebenso dick sein wie er. Aber hier, mitten unter den andern, muß man sich seiner Schenkel, seiner Arme, seiner Backen schämen, wenn sie voll sind. Gewiß, der Kerl, der den Russen beschimpft, ihn bedroht, ihn schüttelt, tut das alles für uns. Aber diese Gewalt gegenüber dem andern, der so mager ist, ist ein Skandal. Er verteidigt uns nicht mit unseren Mitteln, sondern mit der Kraft von Muskeln, über die hier niemand verfügt. Und dieser Mann, der sicherlich nützlich ist und tüchtig, kommt uns nicht wie einer der unseren vor.

Die Stube ist zum Bersten voll. Unschuldig hebt die Klage der auf dem letzten Loch pfeifenden Ladung Menschen an. Alle sind bewegungslos. Die gleichmäßige Modulation der Schreie ergibt ein Meeresgeräusch. Diejenigen, die mit dem Buchenwaldtransport gekommen sind, sind am schwächsten. Manche, die man zu den Duschen geführt hat, konnten sich unter dem Wasserstrahl nicht aufrecht halten und haben sich auf den Zementboden gelegt. Andere waren, falls das überhaupt möglich ist, noch schwächer, und Krankenpfleger hoben sie hoch und tauchten sie in Wasserzuber, wie man es mit den Kindern tut.

Entwarnung. Diesmal ist es also noch nicht. Wir sind nicht einmal mehr enttäuscht. Ich gehe auf die Latrine. Ich muß dazu durch den Vorraum, in dem sich die Kalfaktoren der Baracke aufhalten. Der saarländische Blockälteste, ein holländischer, ein belgischer, ein französischer Stubendienst, sauber, rasiert, volle Backen.

Die Latrine ist überfüllt. Alle haben den Durchfall. Die fünf Kloschüsseln sind besetzt. Kerle treten davor von einem Bein aufs andere, schütteln denjenigen, der mit gesenktem Kopf auf der Kloschüssel sitzt, einzuschlafen scheint. Einer von denen, die warten, kann es nicht mehr aushalten: er scheißt in die Pinkelrinne. Da er sich nicht in der Hocke halten kann, streckt er seine Hand aus und ein anderer hält ihn.

Ein Polizist hat ihn gesehen.

»Du Drecksau! Steh auf und mach das sauber!«

Der Mann in der Hocke rührt sich nicht. Er stöhnt. Der Kamerad hält ihn immer noch fest. Er steht mühsam auf. Es sind immer noch die gleichen dünnen, violetten Schenkel und die Stöcke der Schienbeine, auf die das Hemd herabhängt. Seine Hose ist auf dem Boden geblieben, sie liegt in der Scheiße. Mit dem Kopf macht der Mann mehrmals langsam »nein«. Er hat Augen ohne Tränen, aber sein Gesicht weint. Der vollwangige Polizist mit dem Stock steht vor dieser hohlwangigen »Drecksau«, der »Drecksau«, die sich den Bauch hält und wieder in die Hocke geht und die Hand ausstreckt; aber da ist keine Hand mehr; der Mann fällt in die Scheiße. Ich sitze auf der Schüssel und krümme mich, und ein Kerl mit halb heruntergelassener Hose klopft mir auf die Schulter. Der Polizist holt den Mann aus der Scheiße.

»Geh dich waschen, du Drecksau!«

Die »Drecksau« lehnt sich an die Wand, der Kopf fällt ihm auf die Schulter. Der andere klopft wieder auf die meine und ruft flehend: »Kamerad, Kamerad!« Ich bleibe taub, an die Kloschüssel geschweißt; aber die Hand läßt meine Schulter nicht mehr los. Ich stehe auf; er rutscht sofort auf die Schüssel. Ich bleibe vor ihm stehen, um danach wieder den Platz einzunehmen.

Um in die Stube zurückzugehen, durchquere ich von neuem den Vorraum der Kalfaktoren. Sie sitzen bei Tisch und essen mit einer Gabel aus Blechtellern Büchsenfleisch. Das sieht aus, als säßen sie hier zu einem mehrgängigen Abendessen.

Es ist still hier. Das zweite Kochgeschirr mit Suppe steht auf dem Tisch, es ist bereits für den nächsten Tag zurückgestellt. Hier stürzt man sich nicht auf das Fleisch, man schluckt die Bissen ganz ruhig, aber ohne übertriebene Langsamkeit, einen nach dem andern. Man schielt nicht nach der beiseite gestellten Suppe, man kann sie sogar neben sich schieben, ohne sich Sorgen machen zu müssen. Hier ist man gesittet.

Ich gehe durch. Wenn ich stehenbliebe, würde ich sie vielleicht stören; sie würden zu mir sagen: »Geh auf deine Bude!« Ein Kerl mit vollen Wangen würde das zu mir sagen; dabei weiß er, wie es in der Stube ist, und daß man sich wünschen kann, einen Augenblick in der Stille zu bleiben. Aber wenn es alle so tun würden, das ist das Problem. Und er ist verantwortlich, es muß Ruhe herrschen. Das ist nun mal so, das ist logisch. Es muß einen Blockältesten geben, einen Stubendienst. Sie sind in einer jetzt entsetzlich lange zurückliegenden Zeit aufgetaucht, die wir nicht gekannt haben. Sie sind ein Segen gewesen, eine Chance, die wahrgenommen werden mußte. Hätte man sie nicht wahrgenommen, wäre wahrscheinlich keiner von uns mehr da. Sie sind jetzt eine Notwendigkeit, aber auch ein Verhängnis: immer noch das einzige Mittel, für eine bestimmte Situation eine Lösung zu finden, zugleich aber auch ein Produkt dieser Situation. Sie hat zwischen den Häftlingen Unterschiede geschaffen, die jetzt noch sichtbarer und noch grausamer sind. Und weil sie das in vermehrtem Maße sind, sind wir versucht zu glauben, daß sie die Situation noch mehr mißbrauchen. Die Ungleichheit ist auffällig. Doch wenn wir meckern und auf sie schimpfen, besteht genau in dem Augenblick, in dem unser Schrei der Empörung gerade auf Grund ihres Aussehens und unseres Aussehens am ehesten gerechtfertigt erscheinen mag, eine Möglichkeit gegen zwei, daß wir uns irren und ungerecht sind. Aber sie laufen eine noch viel größere Gefahr, ungerecht zu sein. *Sie müssen ganz einfach »menschlicher« sein als wir.*

In diesem Vorraum ist es ruhig; ein großer Ofen steht

darin, auf dem Brot gegrillt wird. Das Meeresgeräusch hört man hier nur gedämpft. Einer sitzt auf seinem Bett. Er zieht seine Hose aus: seine Schenkel sind fett und weiß. Er sieht aus wie eine dicke Amme, die in Talk konserviert wird. Ich sehe mir das Fleisch genau an: alles ist da, die Falten zwischen dem Schenkel und dem Gesäß, die Rundung der Hinterbacken. Ein in Fett eingelegter Körper. Das Behagen des in einem Einmachglas voller Fett konservierten Fleisches. Dieser Mensch hat die Hungersnot überstanden. Man holt den Schenkel aus der Hose wie ein Gänsebein. Das Gesicht gleicht einer gepflegten, rosigen Hinterbacke; einer natürlichen Rosigkeit und nicht der Rosigkeit der Kälte oder der Atemlosigkeit, das blühende Rosa. Einen Menschen wie diesen könnte man sicherlich essen. Ich bin zu ihm gegangen und habe ihn um Feuer gebeten. Ich will noch nicht in die Stube zurückgehen. Ich schicke mich an, mich für einen Augenblick auf sein Bett zu setzen. Ohne Grobheit hindert er mich daran; ich hatte es vergessen.

Die andern essen zu Abend. Es bleibt mir nichts anderes übrig, als den Raum zu verlassen. Ich gehe auf die Stubentür zu, ich zögere noch. Ich mache sie auf. Ich bin in meiner Zelle: Gestank, Klagen, lange Gesichter, zur Decke gerichtete Augen. Je weiter ich durch den Gang komme, um so mehr entfernt sich die Stille des Vorraums. Ich klettere an meinen Platz. Es gibt ihn nicht mehr. Ich muß ihn neu erschaffen, den wegstoßen, der sich auf den Rücken gelegt hat, den Raum für meine Hüfte auf dem Brett wiedererobern.

Der Mann mit dem verbundenen Kopf ist immer noch halb hinüber. Sein Nachbar, der sich ab und zu aufstützt und sein Gesicht beobachtet, um herauszufinden, ob er nicht tot ist, liegt immer noch neben ihm; der, der mir gestern abend die Hand hingestreckt hat, liegt neben mir. Gesellschaft der Füße und der Hüften. Keiner von uns Vieren hat die Kraft, sich mit einem der Leben an seiner Seite näher zu befassen. Ich habe den Alten nach seinem Namen gefragt, denn es hätte sein können, daß ich ihn gekannt habe. Er hat ihn mir nicht gesagt. Ich mutmaße nichts. Einen Augenblick lang habe ich in seinem Blick etwas gespürt, das der Neugierde hätte gleichen können, aber es hat nicht angehalten. Wenn vier Männer so stundenlang zusammen sind und sich anschauen, ohne ein Wort zu sagen, sich gegenseitig stoßen, sich mit den Füßen, den Beinen, den Hüften knuffen, dann bilden sie trotz allem eine Gesellschaft. Jeder hat hier ein Recht, das Recht auf seinen Platz, und es ist sicherlich nicht schockierend, daß ich den Rücken meines Nachbarn angestoßen habe, um mich auszustrecken. Er hat gemeckert, weil ich meinen Platz ja nicht hätte zu verlassen brauchen; ich mußte natürlich scheißen, aber als ich wieder auf das Bett geklettert bin, habe ich ihn angestoßen, er hatte sich an meinen Platz gewöhnt, während ich auf der Latrine war, er hatte somit zwei, er konnte sich auf den Rücken legen. Der, der gemeckert hat, ist der gleiche, der mir gestern die Hand hingestreckt hat, um mir zu helfen, hinaufzukommen. Sicherlich muß man sich ungeheuer anstrengen oder im Sterben liegen, um nicht zu meckern und zu schimpfen. Dabei hat er gestern gelächelt, und heute schnauzt er mich an. Wir haben eine Nacht nebeneinander verbracht, und schon stoßen wir uns hin und her. Ein Bauch an seinem Rücken, Beine an den seinen, der Platz neben dem seinen. Jetzt würde er vielleicht nicht mehr die Hand ausstrecken. Wir haben uns eigentlich nur für eine Sekunde gesehen. Gestern abend, als ich ankam, träumte ich sicherlich, und er auch. Es war einfach zu viel, den Waggon verlassen zu haben, gegessen zu haben, so nahe am Ende zu sein und sich hinlegen zu können. So etwas wie allzuviel Glück hat bewirkt, daß er eine Hand ausgestreckt und gelächelt hat. Ich habe mir die Erinnerung daran bewahrt; dicht an ihm liegend, empfand ich diesen Rücken brüderlich, er schüchterte mich fast ein. Jetzt meckert er. Es ist schon vorbei, wir haben uns bereits abgenutzt.

Hilflosigkeit meines Kinns an seinem Rücken. Jeder hat seine Läuse. Jeder seine Beine, seine Schenkel, seine alten Schenkel für Frauenschenkel und einen Mund zum Küssen.

Die Toten lösen sich und fallen wie welke Blätter von diesem riesigen Baum.

29. April. – Blaß bricht der Tag an. Das Strandgut tritt allmählich aus der Dunkelheit heraus. Im Gang der Baracke die gedämpften Schritte der ersten, die auf die Latrine gehen. Es gibt keinen Appell mehr. Sich nicht mehr rühren. Sonst wollen wir nichts. Diejenigen, die nicht aufstehen, werden keine Brühe bekommen. Was solls. Liegenbleiben, sich nicht mehr rühren. Ich habe vorhin die Nase hinausgestreckt, als ich pinkeln ging; ich zitterte wie Espenlaub, ich bin wieder aufs Bett geklettert. Ich werde mich nicht mehr rühren. Man soll ja nichts von mir verlangen, man soll mich hier liegenlassen. Die Läuse haben heute nacht lange an mir gesaugt, dann haben sie sich beruhigt. Die entsetzliche Farbe auf den Gesichtern, tagsüber. Langsam lösen sich die Beine, die Gestreiften bewegen sich. Ein erschöpftes Leben versucht sich seit dem Erwachen freizumachen. Entstehung einer dichten, langsamen Welle.

Man hört das Maschinengewehr ganz in der Nähe. Es ist ganz bestimmt für heute.

Wir sind vorgestern in Dachau angekommen. Die Gestalten der SS-Leute waren noch auf den Wachtürmen. Jetzt weiß ich nicht, ob sie noch dort sind. Es gibt keine Arbeit. Keinen Appell. Die Zeit ist tot. Keine Befehle. Keine Prognosen. Keine Freiheit.

Zum ersten Mal, seit es Dachau gibt, ist die Nazi-Uhr stehengeblieben. Die Baracken sind voller Menschen, der Stacheldraht umgibt sie noch. Noch eingeschlossen innerhalb der Umzäunung, verfaulen die Körper ohne ihre Herren. Reif, reif zum Sterben, reif um frei zu sein. Reif der, der krepieren wird, und reif der, der davonkommen wird. Reif für das Ende.

Unbeweglich daliegend, haben wir jetzt das Gefühl, daß die Dinge mit ungeheurer Geschwindigkeit auf uns zukommen. Das kleinste Zeichen, ein Kopf, der sich plötzlich aufrichtet, der kleinste Schrei kann der Schrei des Endes sein.

Wir warten noch stundenlang. Dann gibt es draußen wieder die Suppe. Ich habe Hunger. Ich zwinge mich, vom Brett herunterzuklettern. Neue Tote in der Rinne. Der Himmel ist grau und hängt tief. Amerikanische Flugzeuge drehen über dem Lager ihre Runden. Die Feuerstöße der Maschinengewehre kommen jetzt näher.

Wieder Flugzeuge mit Sternen. Geknatter der Maschinengewehre um das Lager herum.

Die weiße Fahne weht über dem Lager. Die Flugzeuge drehen ganz tief ihre Runden.

Die Wachtürme sind leer. Die Flugzeuge drehen ganz tief ihre Runden. Alle Köpfe blicken zum Himmel auf. Auf die Toten in der Rinne wird nicht geachtet. Die Augen bleiben auf die Flugzeuge gerichtet, die immer tiefer herabkommen.

Wieder die Maschinengewehre. Der ganze Himmel singt.

Wir haben es bald geschafft. Dichter kann man nicht mehr dran sein.

Von neuem schickt man uns in die Baracke zurück.

Von neuem liegen wir dicht aneinander. Die Stubendecke erdrückt uns. Einige sind nicht hinausgegangen, um ihre Suppe zu fassen, vor allem der Alte mit dem verbundenen Kopf. Ich habe Mühe gehabt, wieder auf meinen Platz zurückzuklettern. Meine Beine lassen mich im Stich und meine Füße und meine Knöchel schwellen allmählich an. Draußen zitterte ich wie Espenlaub. Und jetzt ersticke ich. Das Fieber kommt und geht. Die Läuse werden wieder wach. Hier hört man die Flugzeuge nicht mehr. Wieder die ineinander verschlungenen Beine, die Tritte mit den Fersen gegen die Wunden. Der Greis hat die Augen halb geschlossen. Mit meinem Fuß drücke ich auf den seinen:

»Wir sind bald frei!«

Er muß es mitkriegen, er muß leben. Selbst aus so weiter Ferne, dort, wo er jetzt ist, muß er es erfahren.

Er hebt die Augenlider an. Sie fallen sofort wieder zu. Mit dem Kopf macht er »nein«.

*

»Sie sind da!«

Ich richte mich auf.

Ein runder Helm kommt auf dem Weg draußen, vor den Fenstern, vorüber.

In der Stube sind alle atemlos. Ich richte mich auf meinen Ellbogen auf.

Jetzt hört man es brüllen. Eine Art *Marseillaise*, angestimmt von Wahnsinnsstimmen, schwillt in der Baracke an. Im Barackengang schreit einer etwas. Er hält den Kopf in beiden Händen. Er sieht aus, als sei er verrückt.

»Ja habt ihr nicht begriffen! Wir sind frei, frei . . .«

Er sagt es immer wieder, immer wieder. Er stampft mit den Füßen auf. Er brüllt.

Auf meinen Arm gestützt, folge ich mit den Augen den Stahlhelmen, die auf dem Weg vorübergehen. Ich drücke aus Leibeskräften, ich trete dem Greis auf die Füße.

»Wir sind frei, schauen Sie her! Schauen Sie her!«

Ich schlage aus Leibeskräften auf seinen Fuß. Er muß das sehen, er muß einfach. Er versucht sich aufzurichten. Er dreht sich nach dem Weg um, er reckt den Kopf. Die Stahlhelme sind schon vorüber. Es ist zu spät. Er fällt wieder zurück.

Ich falle ebenfalls wieder zurück. Ich habe nicht sofort hinunterspringen können, um zu den Soldaten zu gehen. Wir sind fast allein auf dem Bett, der Greis und ich. Die runden Helme sind vor meinen Augen vorbeigehuscht. Er hat nicht einmal etwas gesehen.

Die Befreiung ist vorbei.

*

30. April. – Dachau hat zwölf Jahre lang gedauert. Als ich im Gymnasium war, hat es diese Baracke, in der ich liege, bereits gegeben, den elektrischen Stacheldraht ebenfalls. Zum ersten Mal seit 1933 sind hier Soldaten hereingekommen, die nichts Böses wollen. Sie verteilen Zigaretten und Schokolade.

Man kann mit den Soldaten reden. Sie geben einem Antwort. Man braucht vor ihnen nicht die Mütze abzunehmen. Sie halten einem das Päckchen hin, man nimmt und raucht die Zigarette. Sie stellen keine Fragen. Man dankt für die Zigarette und die Schokolade. Sie haben das Krematorium gesehen und die Toten in den Waggons. Männer, die die Brüder jener waren, die jetzt im Krematorium sind oder in den Rinnen liegen, kommen zu ihnen und bitten sie, nicht mit Gebärden, sondern mit einer Stimme, um Zigaretten. Manchmal wagen diese Männer nicht einmal sofort darum zu bitten. Sie fragen den Soldaten zuerst einmal, ob er aus New York ist oder aus Boston. Sie versuchen auf englisch zu sagen, daß New York schön ist, und sie sagen es auf deutsch. Wenn der Soldat sie fragt, ob sie Paris kennen, und er glaubt, daß sie mit *yes* antworten, sagen sie *ja*. Darauf lachen die Männer ein wenig, und der Soldat ebenfalls.

Die Soldaten tragen immer noch die Maschinenpistole oder das Gewehr. Sie sind an den Ecken des Lagers, auf den Wagen, so ziemlich überall postiert. Der Krieg geht weiter, und schließlich ist es ein Lager. Tausende von Leuten sind darin, und man braucht Soldaten, um sie zu bewachen.

Die Männer kommen aus den Baracken, sie wollen ein wenig die Befreiung schnuppern. Die aus unserer Baracke können noch nicht auf den großen Lagerplatz gehen, weil sie immer noch ihre Läuse haben; daher gehen die, die noch laufen können, auf den Weg, der am Stacheldraht entlangführt. Dort sind Haufen mit brennendem Unrat, und da sie frieren, wärmen sie sich an den Feuern. Die wenigen Soldaten, die in diesem Teil des Lagers sind, haben ihre Zigaretten schon hergegeben. Es gibt nichts zu sagen und nichts zu tun; man betrachtet die Soldaten mit ihren Maschinenpistolen, und man wärmt sich neben dem Unrat.

Die Männer haben sich bereits wieder an freundliches Verhalten gewöhnt. Sie gehen ganz nahe an den amerikanischen Soldaten vorbei, sie betrachten ihre Uniform. Die tieffliegenden Flugzeuge sind für sie ein freudiger Anblick.

Wenn sie wollen, können sie einen Gang ums Lager machen, doch wenn sie es verlassen wollten, würde man – im Augenblick jedenfalls – einfach zu ihnen sagen: »Das ist verboten, gehen Sie *bitte* wieder zurück.«

Man ist nett zu ihnen, und sie sind auch nett. Wenn man zu ihnen sagt: »Ihr werdet was zu essen bekommen«, glauben sie es. Seit gestern sind sie nicht mehr mißtrauisch. Dabei können sie nicht sagen, daß diese Soldaten sie besonders mögen. Es sind Soldaten. Sie kommen von weit her, aus Texas zum Beispiel, sie haben vieles gesehen. Doch darauf waren sie nicht gefaßt. Sie haben gerade den Deckel eines merkwürdigen Kochtopfs hochgehoben. Es ist eine merkwürdige Stadt. Mitten zwischen Unrat und Müll liegen Tote auf der Erde, und Kerle spazieren drum herum. Da gibt es welche, die starren die Soldaten dumpf an. Und da gibt es andere, die mit offenen Augen auf der Erde liegen und nichts mehr anschauen. Es gibt auch welche, die korrekt reden und allerhand über den Krieg wissen. Es gibt auch welche, die setzen sich neben den Unrat und schauen unendlich lange unter sich.

Wir haben ihnen nichts besonderes zu sagen, denken die Soldaten vielleicht. Wir haben sie befreit. Wir sind ihre Muskeln und ihre Gewehre. Aber zu sagen haben wir ihnen nichts. Es ist entsetzlich, ja, wirklich, diese Deutschen sind mehr als Barbaren! *Frightful, yes frightful!* Ja, es ist wirklich entsetzlich.

Wenn der Soldat das laut sagt, versuchen einige, ihm so manches zu erzählen. Zuerst hört der Soldat zu, aber dann hören die Kerle nicht mehr auf: sie erzählen und erzählen, und bald hört der Soldat nicht mehr hin.

Manche schütteln den Kopf und lächeln kaum, wenn sie den Soldaten ansehen, so daß der Soldat meinen könnte, daß sie ihn ein wenig verachten. Hier kommt die ungeheure Unwissenheit des Soldaten zum Vorschein. Und dem Häftling offenbart sich seine eigene Erfahrung zum ersten Mal wie losgelöst von ihm, als Ganzes. Dem Soldaten gegenüber spürt er bereits unter dieser Zurückhaltung das Gefühl hochkommen, daß er von nun an einem unendlichen Wissen ausgeliefert ist, das sich nicht mitteilen läßt.

Andere wieder sagen mit dem Soldaten und im gleichen Tonfall wie er: »Ja, das ist entsetzlich!« Diese sind viel demütiger als jene, die nicht reden. Indem sie sich des gleichen Ausdrucks bedienen wie der Soldat, lassen sie ihn in dem Glauben, daß es keinen Platz gibt für ein anderes Urteil als das, das er fällt; sie lassen ihn in dem Glauben, daß er, ein Soldat, der gerade angekommen ist, der sauber und stark ist, diese Wirklichkeit genau erfaßt hat, da sie selber, die Häftlinge, gleichzeitig mit ihm das gleiche im gleichen Tonfall sagen; da sie ihm gewissermaßen beipflichten.

Andere schließlich scheinen alles vergessen zu haben. Sie sehen den Soldaten an, ohne ihn zu sehen.

Die Geschichten, die die Kerle erzählen, sind alle wahr. Aber es bedarf großer Kunstfertigkeit, um ein kleines Teilchen Wahrheit herüberzubringen, und bei diesen Geschichten ist es nicht der Kunstgriff, der die notwendige Skepsis überwindet. Hier müßte man alles glauben, aber die Wahrheit anzuhören kann ermüdender sein als eine erfundene Geschichte. Ein Stück Wahrheit würde genügen, ein Beispiel, eine Vorstellung. Aber jeder hier hat nur ein Beispiel anzubieten, und es gibt Tausende von Männern. Die Soldaten laufen in einer Stadt umher, in der man die Geschichten Stück für Stück aneinanderfügen müßte, in der nichts belanglos ist. Aber niemand besitzt diese Untugend. Das Bewußtsein der meisten ist schnell zufriedengestellt, und mit einigen Worten bilden sie sich aus dem Nichtzukennenden eine endgültige Meinung. So können sie uns schließlich gelassen gegenübertreten, sich an das Schauspiel dieser Tausenden von Toten und Sterbenden gewöhnen. (Später, als man Dachau wegen Typhus unter Quarantäne stellt, geschieht es sogar, daß man Häftlinge ins Gefängnis steckt, die um jeden Preis das Lager verlassen wollen.)

Unvorstellbar, das ist ein Wort, das sich nicht teilen läßt, das nicht einschränkt. Es ist das bequemste Wort. Läuft man mit diesem Wort als Schutzschild umher, diesem Wort der Leere, wird der Schritt sicherer, fester, fängt sich das Gewissen wieder.

*

Wir müssen hinaus, um Suppe zu fassen. Wir sind ungefähr fünfhundert, die bedient werden müssen. Es wird sehr lange dauern, wir haben keine Mütze auf dem Kopf und der Wind ist kalt. Wir werden zittern. Nicht alle verlassen die Stube, viele bleiben auf den Brettern liegen. Wir haben die Wahl: essen und vor Kälte krepieren oder nicht essen und im Warmen bleiben. Man muß essen.

Wir gehen langsam durch den Vorraum der Kalfaktoren. Der Abend fällt herein. Niemand will hinausgehen. Wir warten auf dem Korridor, an der Latrine aneinandergepreßt. Der flämische Stubendienst und die Polizisten vermögen nicht, uns hinauszudrängen. Darauf nehmen sie die Leute einen nach dem andern am Arm und schmeißen sie hinaus. Aber die Leute kommen durch die andere Tür wieder herein.

Wir brüllen:

»Rührt uns ja nicht an . . . wir sind frei!«

Wir sagen immer wieder mit Nachdruck: »Wir sind frei! Herrgottnochmal! Rührt uns nicht an!«

»Hinaus! Hinaus!« antworten die andern.

Wir können nicht draußen bleiben. Alles, aber das nicht. Wir verstecken uns auf der Latrine. Die Kalfaktoren brüllen. Es sind nicht nur Franzosen unter uns, daher fluchen sie auf deutsch, wenn sie uns anstoßen.

»Schweinehunde! Wir sind frei . . . sprecht französisch!« brüllen die Kameraden.

Einer, der sich nicht mehr aufrecht halten kann, wälzt sich am Boden, vor der Wand.

»Die Kranken hinein!« sagte einer der Kapos.

Alle stürzen hinein. Derjenige, der am Boden war, ist mühselig aufgestanden.

»Bist du krank? Was hast du?«

»Ich kann nicht draußen bleiben, ich kann mich nicht auf den Beinen halten«, sagt er.

»Verschwinde!«

Er bleibt und lehnt sich an die Tür des Vorraums. Der flämische Stubendienst stößt ihn an.

»Rühr mich nicht an, verdammt nochmal!«

»Ich rühre dich nicht an: ich will, daß du hinausgehst.«

»Ich kann nicht draußen bleiben.«

»Dann bekommst du nichts zu essen . . .«

Der Kopf des Kerls fällt auf die Schulter. Er klammert sich an die Tür. Ein Polizist stößt ihn. Er weint.

»Aber begreift ihr denn nicht, daß ich nicht mehr kann!« schreit er.

Er ist hingefallen. Andere tun so, als schissen sie und bleiben auf den Kloschüsseln sitzen, um nicht hinaus zu müssen. Aneinandergeklebt zittern wir alle. Panik des Strandguts angesichts der Kälte. Wir wollen nicht mehr wissen, ob wir hinaus können oder nicht hinaus können. Es wird keine Suppe geben. Dann eben nicht. Wir bleiben an der Latrine stehen, wie Deppen. Wir haben Angst vor der Kälte.

Im Vorraum ist es still, der Blockälteste sitzt an seinem Tisch und ißt ruhig.

Wir schreien uns die Lungen aus dem Leib – wie wütende Kinder, die man nicht anerkennen will –, daß wir frei sind, frei, im Warmen zu bleiben, drinnen zu essen . . . Wir begreifen nicht, aber sie begreifen auch nicht. Wir können es nicht mehr ertragen, daß man uns anrührt, wir fühlen uns heilig. Frei, das heißt, daß wir alle unsere Rechte wiedererlangt haben, daß wir zu allem »nein« oder zu allem »ja« sagen können, aber so, wie wir wollen. Das heißt, daß wir plötzlich eine Macht zurückgewonnen haben, die einzuschränken niemand das Recht hat.

Aber ich habe noch Läuse, ich bin häßlich und die Kameraden auch; das Bild, das man von uns hat, ist noch das gleiche wie das, das man vorgestern von uns haben mochte. Und gerade dagegen lehnen wir uns auf und meckern: wir wollen nicht wie vorgestern behandelt werden; es gibt jetzt keine Jammergestalt mehr *unter* diesen Lumpen ... Ja aber ... Aber wir sind fünfhundert in dieser Baracke. Wir müssen einen Kompromiß schließen. Wir müßten mit einem Minimum an Disziplin einverstanden sein, aber auch die Kalfaktoren müßten sich jetzt stärker anstrengen als je zuvor, um *jedem* – denn jetzt muß wirklich an jeden gedacht werden – zu ersparen, unnütz zu leiden. Aber manche behalten den Stil von vorgestern bei, und gerade das macht uns verrückt. Wenn es möglich ist, die Suppe drinnen auszuteilen, dann soll man uns ersparen hinauszugehen, da wir draußen vor Kälte zittern.

*

Das war möglich. Der Befehl, den einer Masse von fünfhundet Leuten zu geben so verlockend geworden war: *Alle raus!* wurde nicht gegeben. Wir haben die Suppe drinnen gegessen.

Ich habe meinen Schlafplatz nicht mehr wiederbekommen. In der Tat sind andere gekommen, und die Stube war überbelegt. Es gibt zwar fünf Plätze pro Bett, aber diese Plätze sind nicht voneinander getrennt. Die drei Bettetagen sind übervoll. Ich habe versucht, mich quer zwischen die beiden Reihen zu legen. Ich lag auf Beinen und bekam Fußtritte. Oder aber Beine machten sich auf meinem Bauch lang, was ich nicht lange aushielt. Ich habe alles versucht, um mich hinzulegen. Die Kerle reagierten nicht. Sie beschimpften mich nicht. Sie behielten ihren Platz bei. Wenn ich auf einen Fuß zu liegen kam, wurde er zurückgezogen und landete automatisch auf meinem Bauch. Wenn ich versuchte, mich zwischen zwei Körper zu legen, stießen Arme mich an und warfen mich automatisch hinaus. Einen Augenblick lang bin ich zwischen zwei Reihen sitzengeblieben, wie ein Dummkopf. Sie sagten nichts. Sie warteten darauf, daß ich weggehe. Auch Jo sah mich an, er konnte nichts tun, er hatte nur seinen eigenen Platz. Ich konnte nicht sitzen bleiben. Ich bin hinuntergeklettert, auf den Stubengang. Der Fußboden war klatschnaß, ich habe mich nicht auf den Boden legen können. Ich habe mich auf eine Bank gesetzt.

Das Licht ist jetzt erloschen. Auch auf dieser Bank kann ich mich nicht ausstrecken, weil noch andere drauf sitzen.

Neben mir ist ein Schatten und ein Stück glühende Zigarette. Von Zeit zu Zeit beleuchtet eine Rauchwolke einen Mund und eine Nase, wie einen fernen Leuchtturm.

Das Stückchen Glut hat sich vom Mund entfernt, der wieder in die Dunkelheit eintaucht. Das Stückchen Glut nähert sich mir. Ich achte nicht darauf. Ein Stoß mit dem Ellbogen an meinen Arm. Das Stückchen Glut kommt noch näher. Ich nehme die Zigarette. Ich ziehe zweimal. Die Hand nimmt sie wieder.

»Danke.«

Es ist das erste Wort. Ich war allein. Ich wußte nicht, daß es ihn gab. Warum diese Zigarette zu mir hin?

Ich weiß nicht, wer er ist. Das Stückchen Glut leuchtet wieder rot vor seinem Mund, dann entfernt es sich davon und nähert sich mir wieder. Ein Zug. Wir sind jetzt zusammen, er und ich: wir ziehen an derselben Zigarette. Er fagt:

»Franzose?«

Und ich antworte:

»Ja.«

Er zieht an seiner Zigarette. Es ist spät. Es gibt kein Geräusch mehr in der Stube. Diejenigen, die auf der Bank sitzen, schlafen nicht, aber sie schweigen. Ich frage ebenfalls:

»Rusky?«

»Ja.«

Er spricht leise. Seine Stimme klingt jung. Ich kann ihn nicht sehen.

»Wie alt?«

»Achtzehn.«

Er rollt ein wenig das R. Es entsteht eine Stille, während er einen Zug macht. Dann hält er mir die Zigarette hin und verschwindet von neuem in der Dunkelheit. Ich frage ihn, wo er her ist.

»Sewastopol.«

Er antwortet jedesmal folgsam, und in der Dunkelheit hier ist es, als ob er mir sein Leben erzählte.

Die Zigarette ist erloschen. Ich habe ihn nicht gesehen. Morgen werde ich ihn nicht wiedererkennen. Der Schatten seines Körpers hat sich vornübergebeugt. Ein Augenblick vergeht. Aus der Ecke kommt Schnarchen. Ich habe mich ebenfalls vornübergebeugt. Es gibt nichts mehr außer diesem Menschen, den ich nicht sehe. Meine Hand hat sich auf seine Schulter gelegt.

Mit leiser Stimme:

»Wir sind frei.«

Er richtet sich auf. Er versucht mich zu sehen. Er drückt mir die Hand.

»Ja.«

Paris, 1946-1947

Inhalt

Marguerite Duras

Der Schmerz
Roman. Aus dem Französischen von Eugen Helmlé
1986. 208 Seiten

»Wann und wie immer diese Seiten zustande gekommen sind, sie treffen und wühlen auf, beschreiben schreckliches, verzweifeltes, bis zur Selbstaufgabe getriebenes Warten, verbunden mit einem tödlichen Schuldgefühl, dessen Ursache nach und nach zutage tritt – das alles auf dem düsteren Hintergrund der letzten Kriegstage in Paris.«

Christoph Kuhn, Tages-Anzeiger, 8. 3. 1986

Carl Hanser Verlag

Primo Levi

Wann, wenn nicht jetzt?
Roman. Aus dem Italienischen von Barbara Kleiner
1986. 384 Seiten

»Levi erzählt die Geschichte eines Kampfes, der weder um Geld noch um Land oder Macht geführt wird. Es ist ein Kampf ums Überleben, aber in erster Linie ist es ein Kampf gegen das jahrhundertealte Bild vom Juden als wehrlosem Opfer.

Der Erzählgestus ist von Distanz und Nähe gekennzeichnet – von dem Bemühen um historische Genauigkeit und von der leidenschaftlichen Parteinahme für seine Menschen. Das Buch gleicht einem großflächigen historischen Gemälde, auf dem der Beschauer eine überwältigende Fülle von grausamen und anrührenden, belehrenden und schwer verständlichen, absurden und unmittelbar einsichtigen Szenen sieht. Sie gehen ineinander über, verblassen manchmal oder überlagern sich, geraten plötzlich aus dem Blickwinkel und drängen sich, ändert man die Perspektive, unvermittelt wieder nach vorne. Wie man ein solches Bild betrachtet, kann man aus Levis Buch lesen. Seine Bereitschaft, alles zu sagen und zu zeigen, die Ruhe, mit der er erzählt, gleichen der Haltung der Chronisten vieler Jahrhunderte, welche die Wahrheit überliefern wollten und deren Niederschrift Eindringlichkeit gewinnt durch ihr Beharren auf dem Motto: ›Es darf nichts vergessen werden‹.

So ist ein poetisches Werk entstanden, das unvergeßliche Geschichten enthält.« *Frankfurter Allgemeine Zeitung*